SEGURO OBRIGATÓRIO
DE
RESPONSABILIDADE CIVIL AUTOMÓVEL
E
LEGISLAÇÃO COMPLEMENTAR

FRANÇA PITÃO

SEGURO OBRIGATÓRIO
DE
RESPONSABILIDADE CIVIL AUTOMÓVEL
E
LEGISLAÇÃO COMPLEMENTAR

DECRETO-LEI N.º 522/85, DE 31 DE DEZEMBRO

(alterado pelos Decs.-Lei n.os 122-A/86, de 30 de Maio, 81/87, de 20 de Fevereiro,
122/92, de 2 de Julho, 358/93, de 14 de Outubro,
130/94, de 19 de Maio, 3/96, de 25 de Janeiro e 68/97, de 3 de Abril)

Anotações
Jurisprudência

LIVRARIA ALMEDINA
COIMBRA – 1999

TÍTULO:	SEGURO OBRIGATÓRIO DE RESPONSABILIDADE CIVIL AUTOMÓVEL
AUTOR:	FRANÇA PITÃO
EDITOR:	LIVRARIA ALMEDINA – COIMBRA
DISTRIBUIDORES:	LIVRARIA ALMEDINA ARCO DE ALMEDINA, 15 TELEF. (039) 851900 FAX (039) 851901 3004-509 COIMBRA – PORTUGAL Livrarialmedina@mail.telepac.pt LIVRARIA ALMEDINA – PORTO R. DE CEUTA, 79 TELEF. (02) 2059773 / 2059783 FAX (02) 2026510 4050-191 PORTO – PORTUGAL EDIÇÕES GLOBO, LDA. R. S. FILIPE NERY, 37-A (AO RATO) TELEF. (01) 3857619 FAX (01) 3862056 1250-225 LISBOA – PORTUGAL
EXECUÇÃO GRÁFICA:	G.C. – GRÁFICA DE COIMBRA, LDA. JULHO, 1999
DEPÓSITO LEGAL:	139523/99

Toda a reprodução desta obra, por fotocópia ou outro qualquer processo, sem prévia autorização escrita do Editor, é ilícita e passível de procedimento judicial contra o infractor.

NOTA EXPLICATIVA

O Decreto-Lei n.º 522/85, de 31 de Dezembro, profusamente alterado desde a sua entrada em vigor, veio estabelecer as regras fundamentais em matéria de seguro obrigatório de responsabilidade civil, decorrente da circulação viária, adaptando o direito interno português às directivas comunitárias impostas pela nossa integração na Comunidade Europeia.

Este diploma deu-nos o mote para elaborarmos o presente trabalho de recolha legislativa e jurisprudencial, que não se cinge ao tema do seguro obrigatório, aproveitando-se, pelo contrário, para, de forma sistemática, referir a legislação mais saliente relacionada com o tema daquele diploma e com interesse para o jurista que tenha de lidar, no seu dia a dia, com a problemática da responsabilidade civil e matérias complementares ao seguro obrigatório de responsabilidade civil automóvel.

Aproveitou-se ainda para transcrever, embora de forma sumária e indicativa, a jurisprudência mais recente nas matérias tratadas, a qual manifesta uma importância cada vez maior no nosso sistema jurídico, pese embora a não aplicabilidade imperativa do *precedent*, como acontece no sistema anglo-saxónico.

Seguiu-se, no fundo, a orientação que imprimimos noutros trabalhos já publicados, tentando, sobretudo, criar uma obra de consulta rápida para o prático do direito e que, esperamos, possa ajudar os consulentes nos problemas que se lhes deparem.

Funchal, Maio de 1999

DECRETO-LEI N.º 522/85, DE 31 DE DEZEMBRO

A institucionalização do seguro obrigatório de responsabilidade civil automóvel revelou-se uma medida de alcance social inquestionável, que, com o decurso do tempo, apenas impõe reforçar e aperfeiçoar, procurando dar resposta cabal aos legítimos interesses dos lesados por acidentes de viação.

A estabilização dos valores fixados tem gerado uma deterioração no valor real das indemnizações, que se revela incompatível com o justo ressarcimento dos prejuízos sofridos.

Esta situação torna-se ainda mais grave com a alteração dos limites máximos das indemnizações devidas por acidentes quando há culpa do responsável e no momento em que Portugal adere às Comunidades Europeias.

Com efeito, o Decreto-Lei n.º 190/85, de 24 de Junho, deu nova redacção ao artigo 508.º do Código Civil, passando a indexar os limites de responsabilidade civil pelo risco à alçada da relação, pelo que tais valores são consideravelmente elevados a partir do dia 1 de janeiro de 1986.

Sendo certo que o capital obrigatoriamente seguro fixado pelo Decreto-Lei n.º 408/79, de 25 de Setembro, se situa em valores muito mais baixos dos que foram estabelecidos para o artigo 508.º do Código Civil, é manifestamente imperiosa a sua adequação a tais valores.

Por outro lado, a adesão de Portugal à Comunidade Europeia obriga a tomada de medidas necessárias ao cumprimento dos princípios contidos na 2ª directiva do Conselho, de 30 de Dezembro de 1983 (84/5/CEE).

Assim, a cobertura do seguro obrigatório automóvel deverá ser, desde já, alargada aos passageiros transportados gratuitamente, mesmo que se encontrem ligados ao tomador do seguro ou ao condutor por laços de parentesco. O Fundo de Garantia Automóvel deve, no máximo até 1992, passar a cobrir também os danos materiais em relação a acidentes em que o responsável, sendo conhecido, não seja portador de seguro válido e eficaz. Finalmente, dever-se-á alcançar, até final de 1995, o valor correspondente a 600.000 ECUs para o capital obrigatoriamente seguro, o qual, conforme o estabelecido no Tratado de Adesão, deverá atingir em finais de

1988 e 1992, respectivamente, os limites mínimos de 16% e 31% daquele montante.

Nestes termos, no presente diploma adequou-se o seguro obrigatório à nova redacção do artigo 508.º do Código Civil, para além de se darem passos firmes no sentido da harmonização da nossa legislação do seguro obrigatório automóvel ao direito derivado comunitário, através do aumento considerável do valor do capital seguro, do alargamento do âmbito do seguro obrigatório aos passageiros transportados gratuitamente e da inclusão no Fundo da Garantia Automóvel do ressarcimento de lesões materiais, quando o responsável, sendo conhecido, não beneficie de seguro válido ou eficaz e careça de meios económicos suficientes.

Procurou-se, por outro lado, clarificar alguns aspectos que, de um ponto de vista técnico-jurídico, levantaram dúvidas na aplicação do Decreto-Lei n.º 408/79, de 25 de Setembro, nomeadamente no que concerne aos sujeitos da obrigação de segurar, aos casos de insuficiência de capital e ao regime regulador de acidentes que revistam simultaneamente a natureza de trabalho e de viação.

Finalmente, elevaram-se os montantes das multas aplicáveis às contravenções a este diploma, cujos valores se encontravam manifestamente desajustados, e estabeleceu-se um sistema de cooperação entre as seguradoras e a Direcção-Geral de Viação no que respeita à inspecção periódica de veículos.

Estão, pois, criadas, mediante o presente diploma, as condições indispensáveis a um enquadramento normativo na linha da justiça social que caracteriza o seguro obrigatório de responsabilidade civil automóvel, dando-se cumprimento aos princípios comunitários que regem esta matéria.

Nestes termos:

O Governo decreta, nos termos da alínea a) do n.º 1 do artigo 201.º da Constituição, o seguinte:

segue o texto legal

DECRETO-LEI N.º 122-A/86, DE 30 DE MAIO

ALTERA O DEC.-LEI N.º 522/85, DE 31.12

Considerando a adesão de Portugal às Comunidades Europeias e a consequente necessidade de completar a harmonização das nossas disposições legais com os princípios constantes dos actos de direito derivado comunitário sobre seguros, nomeadamente no que respeita ao âmbito territorial do seguro de responsabilidade civil automóvel, de modo a que um contrato celebrado em Portugal abranja todo o território comunitário: O Governo decreta, nos termos da alínea a) do n.º 1 do artigo 201.º da Constituição, o seguinte:

Artigo 1.º

É dada a seguinte redacção aos artigos 4.º, 5.º, 6.º, 7.º, 20.º, 21.º, 23.º, 25.º, 26.º, 27.º, 29.º, 32.º, 33.º e 35.º do Decreto-Lei n.º 522/85, de 31 de Dezembro:

As alterações vão introduzidas nos lugares próprios

Artigo 2.º

Compete ao Gabinete Português de Certificado Internacional de Seguro, constituído em conformidade com a Recomendação n.º 5, adoptada pelo Subcomité de Transportes Internos da Comissão Económica para a Europa da Organização das Nações Unidas, a satisfação, ao abrigo da Convenção Complementar entre Gabinetes Nacionais, das indemnizações devidas, nos termos legais e regulamentares do seguro obrigatório de responsabilidade civil automóvel, aos lesados por acidentes causados por veículos matriculados noutros Estados membros da Comunidade Económica Europeia ou em países terceiros cujos gabinetes nacionais de seguros tenham aderido à referida Convenção Complementar, bem como por veículos matriculados noutros países terceiros que sejam portadores de um documento válido justificativo da subscrição num outro Estado membro de um seguro de fronteira.

DECRETO-LEI N.º 436/86, DE 31 DE DEZEMBRO

ALTERA O DEC.-LEI N.º 522/85, DE 31.12

    O Tratado de Adesão de Portugal às Comunidades Europeias possibilitou, no âmbito do seguro obrigatório de responsabilidade civil automóvel, que o capital mínimo exigido pela Directiva n.º 84/5/CEE – 600.000 ECUs – viesse a ser progressivamente atingido até 31 de Dezembro de 1995.
    A primeira dessas actualizações deveria ocorrer, o mais tardar, até 31 de Dezembro de 1988, correspondendo a uma percentagem superior a 16% do capital mínimo exigido pela citada directiva.
    No entanto, torna-se conveniente que estas actualizações sejam menos espaçadas no tempo, por forma a evitar alterações bruscas, tendo sobretudo em vista a protecção dos interesses dos consumidores.
Assim:
    O Governo decreta, nos termos da alínea a) do n.º 1 do artigo 201.º da Constituição, o seguinte:

Artigo 1.º

    O artigo 6.º do Decreto-Lei n.º 522/85, de 31 de Dezembro, com as alterações introduzidas pelo Decreto-Lei n.º 122-A/86, de 30 de Maio, passa a ter a seguinte redacção:

    A alteração vai introduzida no lugar próprio

Artigo 2.º

    1. O presente decreto-lei entra em vigor em 1 de Janeiro de 1987, aplicando-se a partir daquele momento a todos os contratos que venham a ser celebrados, bem como aos contratos vigentes àquela data.

2. Os contratos vigentes à data da entrada em vigor do presente decreto-lei ficam automaticamente adaptados ao presente normativo, sem prejuízo do direito das seguradoras à parte do prémio que for devido, cuja cobrança deverá ser efectuada até ao termo da respectiva anuidade em curso.

DECRETO-LEI N.º 81/87, DE 20 DE FEVEREIRO

ALTERA O DEC.-LEI N.º 522/85, DE 31.12

O seguro obrigatório de responsabilidade civil automóvel, instituído pelo Decreto-Lei n.º 408/79, de 25 de Setembro, viu o seu regime ser adequado aos novos valores das indemnizações devidas por acidentes e aos princípios contidos na 2ª Directiva do Conselho de 30 de Dezembro de 1983, da Comunidade Económica Europeia (84/5/CEE), pelo Decreto-Lei n.º 522/85, de 31 de Dezembro.

O artigo 3.º deste último decreto-lei estabelece que os Estados estrangeiros, de acordo com o princípio da reciprocidade, as organizações internacionais de que seja membro o Estado Português e o próprio Estado Português ficam isentos da obrigação de segurar, sem prejuízo, neste último caso, da sujeição à obrigação de segurar dos departamentos e serviços oficiais se e na medida em que tal ficar decidido por despacho do ministro respectivo.

Torna-se, no entanto, necessário clarificar qual a entidade competente para, no caso das regiões autónomas, exarar o despacho e emitir o certificado a que se referem, respectivamente, os n.ºs 2 e 5 da citada disposição legal.

Assim:

O Governo decreta, nos termos da alínea a) do n.º 1 do artigo 201.º da Constituição, o seguinte:

Artigo único

O artigo 3.º do Decreto-Lei n.º 522/85, de 31 de Dezembro, passa a ter a seguinte redacção:

A alteração vai introduzida no lugar próprio

DECRETO-LEI N.º 394/87, DE 31 DE DEZEMBRO

ALTERA O DEC.-LEI N.º 522/85, DE 31.12

O Tratado de Adesão de Portugal às Comunidades Europeias possibilitou, no âmbito do seguro obrigatório de responsabilidade civil automóvel, que o capital mínimo de 600.000 ECU, exigido pela Directiva n.º 84/5/CEE, viesse a ser progressivamente atingido até 31 de Dezembro de 1995.

A primeira dessas actualizações deveria ocorrer até 31 de Dezembro de 1988, correspondente a uma percentagem superior a 16% do capital mínimo exigido pela citada directiva e 31% desse mesmo capital até 31 de Dezembro de 1992.

Entendeu-se que estas actualizações deveriam ser menos espaçadas no tempo e consequentemente mais graduais, de modo a evitar alterações demasiado bruscas, e tendo em vista a protecção dos interesses dos segurados e dos cidadãos vítimas da circulação automóvel, entendimento esse que levou já à elaboração do Decreto-Lei n.º 436/86, de 31 de Dezembro.

Assim:
O Governo decreta, nos termos da alínea a) do n.º 1 do artigo 201.º da Constituição, o seguinte:

Artigo 1.º

O artigo 6.º do Decreto-Lei n.º 522/85, de 31 de Dezembro, com as alterações introduzidas pelos Decretos-Leis n.ºs 122-A/86, de 30 de Maio, e 436/87, de 31 de Dezembro, passa a ter a seguinte redacção:

A alteração vai introduzida no lugar próprio

Artigo 2.º

1. Os contratos vigentes à data da entrada em vigor do presente decreto-lei ficam automaticamente adaptados ao presente normativo, sem prejuízo do direito das seguradoras ao prémio suplementar que for devido, cuja cobrança deverá ser efectuada até ao termo da respectiva anuidade em curso.

2. O presente decreto-lei entra em vigor no dia 1 de Janeiro de 1988, aplicando-se, a partir daquela data, a todos os contratos vigentes, bem como aos que venham a ser celebrados.

Artigo 3.º

É revogado o Decreto-Lei n.º 435/86, de 31 de Dezembro.

DECRETO-LEI N.º 122/92, DE 2 DE JULHO

ALTERA O DEC.-LEI N.º 522/85, DE 31.12

O n.º 3 do artigo 9.º do Decreto-Lei n.º 451/91, de 4 de Dezembro, que aprovou a Lei Orgânica do XII Governo Constitucional, integrou a Direcção-Geral de Viação no Ministério da Administração Interna, pelo que é necessário proceder a adaptações pontuais na legislação conexa com esta matéria.

É o caso das verbas do Fundo de Garantia Automóvel destinadas à prevenção rodoviária, que passarão a ser definidas por despacho dos Ministros da Administração Interna e das Finanças e entregues à Junta Autónoma de Estradas e a entidades designadas por despacho do Ministro da Administração Interna, em partes iguais.

Assim:

Nos termos da alínea a) do n.º 1 do artigo 201.º da Constituição, o Governo decreta o seguinte:

Artigo 1.º

O artigo 27.º do Decreto-Lei n.º 522/85, de 31 de Dezembro, passa a ter a seguinte redacção:

A alteração vai introduzida no lugar próprio

Artigo 2.º

É revogado o Decreto-Lei n.º 415/89, de 30 de Novembro.

DECRETO-LEI N.º 18/93, DE 23 DE JANEIRO

ALTERA O DEC.-LEI N.º 522/85, DE 31.12

A Directiva n.º 84/5/CEE, de 30 de Dezembro de 1983, relativa à aproximação das legislações dos Estados membros respeitantes ao seguro de responsabilidade civil que resulta da circulação de veículos automóveis, obriga a que o capital mínimo do seguro obrigatório de responsabilidade civil automóvel seja de 600.000 ECU em todos os Estados membros da Comunidade Europeia.

O Tratado de Adesão de Portugal às Comunidades Europeias consagrou um período derrogatório até 31 de Dezembro de 1995, tendo de se verificar uma actualização até 31 de Dezembro de 1992.

O presente diploma vem dar cumprimento a essa obrigação, tendo como objectivo a aproximação progressiva do limite acima enunciado.

Assim:

Nos termos da alínea a) do n.º 1 do artigo 201.º da Constituição, o Governo decreta o seguinte:

Artigo 1.º

O artigo 6.º do Decreto-Lei n.º 522/85, de 31 de Dezembro, passa a ter a seguinte redacção:

A alteração vai introduzida no lugar próprio

Artigo 2.º

Os contratos vigentes à data da entrada em vigor do presente decreto-lei ficam automaticamente adaptados ao presente diploma, sem prejuízo do direito das seguradoras ao prémio suplementar que for devido, cuja cobrança deverá ser efectuada até ao termo da respectiva anuidade em curso.

Artigo 3.º

É revogado o Decreto-Lei n.º 394/87, de 31 de Dezembro.

DECRETO-LEI N.° 358/93, DE 14 DE OUTUBRO

ALTERA O DEC.-LEI N.° 522/85, DE 31.12

Com a publicação do Decreto-Lei n.° 122/92, de 2 de Julho, alterou--se a alínea d) do n.° 6 do artigo 27.° do Decreto-Lei n.° 522/85, de 31 de Dezembro, no sentido de ser o Ministro da Administração Interna a atribuir 50% da verba destinada à segurança rodoviária às entidades que entenda, na sequência da transferência de competências que haviam sido consagradas na Lei Orgânica do XII Governo Constitucional.

No entanto, na redacção do diploma de 1992, não foi considerada a rectificação existente em relação à forma de cálculo da verba a atribuir, feita em finais de 1989, por ocasião da entrada em vigor do diploma que criou aquela norma – o Decreto-Lei n.° 415/89, de 30 de Novembro.

Impõe-se, pois, adequar a letra da lei ao seu espírito, alterando o texto da alínea d) do n.° 6 do artigo 27.° do Decreto-Lei n.° 522/85, de 31 de Dezembro.

Assim:

Nos termos da alínea a) do n.° 1 do artigo 201.° da Constituição, o Governo decreta o seguinte:

Artigo único

O artigo 27.° do Decreto-Lei n.° 522/85, de 31 de Dezembro, alterado pelo Decreto-Lei n.° 122/92, de 2 de Julho, passa a ter a seguinte redacção:

A alteração vai introduzida no lugar próprio

DECRETO-LEI N.º 130/94, DE 19 DE MAIO

ALTERA O DEC.-LEI N.º 522/85, DE 31.12

No quadro da aproximação das legislações dos Estados membros respeitantes ao seguro de responsabilidade civil relativo à circulação de veículos automóveis, urge dar cumprimento à Directiva n.º 90/232/CEE, do Conselho, de 14 de Maio de 1990, bem como se aproveita para contemplar a Decisão n.º 91/323/CEE, da Comissão, de 30 de Maio de 1991.

Nestes termos, para além de se consagrarem as alterações que decorrem da mencionada decisão, são transpostas para a ordem jurídica interna as disposições da referida directiva, ainda que as alterações introduzidas nos artigos 5.º e 7.º do Decreto-Lei n.º 522/85, de 31 de Dezembro só entrem em vigor em 31 de Dezembro de 1995, por força do período transitório que foi concedido a Portugal.

Aproveita-se igualmente a oportunidade para melhorar a fiscalização da obrigação de segurar e para articular a obrigação de realização de inspecções periódicas dos veículos com a realização do seguro.

Foi ouvida a Associação Nacional de Municípios Portugueses.
Assim:
Nos termos da alínea a) do n.º 1 do artigo 201.º da Constituição, o Governo decreta o seguinte:

Artigo 1.º

Os artigos 5.º, 7.º, 20.º, 21.º, 30.º, 34.º e 39.º do Decreto-Lei n.º 522//85, de 31 de Dezembro, com as alterações introduzidas pelo Decreto-Lei n.º 122-A/86, de 30 de Maio, passam a ter a seguinte redacção:

As alterações vão introduzidas nos lugares próprios

Artigo 2.º

As referências feitas à convenção complementar entre gabinetes nacionais constantes dos artigos 4.º, 20.º, 21.º, 26.º, 32.º e 33.º do Decreto-Lei n.º 522/85, de 31 de Dezembro, com as alterações introduzidas pelo Decreto-Lei n.º 122-A/86, de 30 de Maio, e do artigo 2.º deste último diploma, consideram-se reportadas ao Acordo Multilateral de Garantia entre Serviços Nacionais de Seguros, assinado em Madrid em 15 de Março de 1991.

Artigo 3.º

1. Nos veículos terrestres a motor obrigados a seguro e matriculados em Portugal deverá ser aposto um dístico, em local bem visível do exterior, que identifique, nomeadamente, a seguradora, o número da apólice, a matrícula do veículo e a validade do seguro, o qual comprovará também a realização das inspecções periódicas obrigatórias.
2. Os sujeitos isentos da obrigação de segurar a que se refere o artigo 3.º do Decreto-Lei n.º 522/85, de 31 de Dezembro, deverão apor igualmente um dístico, em local bem visível do exterior do veículo, que identifique, nomeadamente, a matrícula, a situação de isenção, a validade e a entidade responsável pela indemnização em caso de acidente, o qual comprovará também a realização das inspecções periódicas obrigatórias.
3. A aplicação do disposto nos números anteriores ficará dependente de regulamentação a aprovar por portaria conjunta dos Ministros da Administração Interna e das Finanças.

Artigo 4.º

É vedado às seguradoras celebrarem o contrato de seguro de responsabilidade civil automóvel relativo a veículos automóveis que não tenham realizado a respectiva inspecção periódica obrigatória, nos termos da legislação em vigor.

Artigo 5.º

1. O presente diploma entra em vigor no dia seguinte ao da sua publicação, sem prejuízo do disposto no número seguinte.

2. As alterações que o artigo 1.º do presente diploma introduz aos artigos 5.º e 7.º do Decreto-Lei n.º 522/85, de 31 de Dezembro, com a redacção que lhe foi dada pelo Decreto-Lei n.º 122-A/86, de 30 de Maio, entram em vigor em 31 de Dezembro de 1995.

DECRETO-LEI N.º 3/96, DE 25 DE JANEIRO

ALTERA O DEC.-LEI N.º 522/85, DE 31.12

A Directiva n.º 84/5/CEE, de 30 de Dezembro de 1983, relativa à aproximação das legislações dos Estados membros respeitantes ao seguro de responsabilidade civil que resulta da circulação de veículos automóveis, estabelece, de entre outros critérios, que o montante global mínimo para danos corporais e materiais por sinistro pelos quais o seguro é obrigatório seja equivalente a 600.000 ECU.

O Tratado de Adesão de Portugal às Comunidades Europeias consagrou, no entanto, um período derrogatório até 31 de Dezembro de 1995 para se alcançar o referido montante de capital mínimo.

O presente diploma vem dar cumprimento a esta obrigação, introduzindo, no entanto, uma margem de segurança, destinada a cobrir flutuações cambiais, por forma a manter o limite mínimo acima dos 600.000 ECU.

Assim:
Nos termos da alínea a) do n.º 1 do artigo 201.º da Constituição, o Governo decreta o seguinte:

Artigo 1.º

O artigo 6.º do Decreto-Lei n.º 522/85, de 31 de Dezembro, alterado pelo Decreto-Lei n.º 122-A/86, de 30 de Maio, passa a ter a seguinte redacção:

A alteração vai introduzida no lugar próprio

Artigo 2.º

Os contratos vigentes à data da entrada em vigor do presente decreto-lei, que vigorem com capitais inferiores, ficam automaticamente adaptados ao presente diploma, sem prejuízo do direito das seguradoras ao prémio suplementar que for devido, cuja cobrança poderá ser efectuada até ao termo da respectiva anuidade em curso ou conjuntamente com o próximo prémio de renovação.

Artigo 3.º

O eventual prémio suplementar previsto no artigo anterior deve ser calculado, *pro rata temporis*, com base na tarifa em vigor à data da última renovação do contrato.

Artigo 4.º

Este diploma produz efeitos a partir do dia 1 de Janeiro de 1996.

Artigo 5.º

É revogado o Decreto-Lei n.º 18/93, de 23 de Janeiro.

DECRETO-LEI N.º 68/97, DE 3 DE ABRIL

ALTERA O DEC.-LEI N.º 522/85, DE 31.12

Entre as indemnizações que ao Fundo de Garantia Automóvel compete satisfazer, nos termos e condições legalmente previstos, incluem-se as indemnizações por morte ou lesões corporais quando seja declarada a falência da seguradora.
Sendo aconselhável que, em caso de falência, o esforço financeiro imposto ao Fundo de Garantia de cada país por sinistros cobertos por sucursais de outros Estados membros ou seguradoras actuando em regime de livre prestação de serviços, seja transferido para o Fundo de Garantia do Estado membro de origem da seguradora.
Assim:
Nos termos da alínea a) do n.º 1 do artigo 201.º da Constituição, o Governo decreta o seguinte:

Artigo único

Os artigos 26.º e 27.º do Decreto-Lei n.º 522/85, de 31 de Dezembro, com as alterações que resultam dos Decretos-Leis n.os 122-A/86, de 30 de Maio, 122/92, de 2 de Julho, 358/93, de 14 de Outubro e 130/94, de 19 de Maio, passam a ter a seguinte redacção:

As alterações vão introduzidas nos lugares próprios

CAPÍTULO I
DO ÂMBITO DO SEGURO OBRIGATÓRIO

ARTIGO 1.º
(Da obrigação de segurar)

1. Toda a pessoa que possa ser civilmente responsável pela reparação de danos patrimoniais e não patrimoniais decorrentes de lesões corporais ou materiais causadas a terceiros por um veículo terrestre a motor, seus reboques ou semi-reboques, deve, para que esses veículos possam circular, encontrar-se, nos termos do presente diploma, coberta por um seguro que garanta essa mesma responsabilidade.
2. A obrigação referida no número anterior não se aplica aos responsáveis pela circulação de veículos de caminho de ferro, bem como das máquinas agrícolas não sujeitas a matrícula.

EVOLUÇÃO LEGISLATIVA

* Este preceito é redacção do Decreto-Lei n.º 522/85, de 31.12.
* Corresponde aos n.ºs 1 e 6 do artigo 1.º do Decreto-Lei n.º 408/79, de 25.09.

REMISSÕES

1. Responsabilidade por factos ilícitos – arts. 483.º e segs. CC; indemnização a terceiros em caso de morte ou lesão corporal – art. 495.º CC; indemnização por danos não patrimoniais – art. 496.º CC; prescrição do direito de indemnização – art. 498.º CC; responsabilidade pelo risco – arts. 499.º e segs. CC; responsabilidade do comitente – art. 500.º CC; acidentes causados por veículos – art. 503.º CC; beneficiários da responsabilidade – art. 504.º CC; exclusão da responsabilidade – art. 505.º CC; colisão de veículos – art. 506.º CC; responsabilidade solidária – art. 507.º CC; obrigação de indemnizar – arts. 562.º segs. CC.

LEGISLAÇÃO COMPLEMENTAR

CLASSIFICAÇÃO DOS VEÍCULOS: CÓDIGO DA ESTRADA (REPUBLICADO PELO DECRETO-LEI N.° 2/98, DE 3 DE JANEIRO), ARTIGOS 105.° A 113.°

Artigo 105.° (Automóveis)
Automóvel é o veículo com motor de propulsão, dotado de pelo menos quatro rodas, com tara superior a 400 kg, cuja velocidade máxima é, por construção, superior a 25 km/h, e que se destina, pela sua função, a transitar na via pública, sem sujeição a carris.

Artigo 196.° (Classes e tipos de automóveis)
1. Os automóveis classificam-se em:
a) Ligeiros: veículos com peso bruto até 3500 kg e com lotação não superior a nove lugares, incluindo o do condutor;
b) Pesados: veículos com peso bruto superior a 3500 kg ou com lotação superior a nove lugares, incluindo o do condutor, e veículos tractores.
2. Os automóveis ligeiros ou pesados incluem-se, segundo a sua utilização, nos seguintes tipos:
a) De passageiros: os veículos que se destinam ao transporte de pessoas;
b) De mercadorias: os veículos que se destinam ao transporte de carga;
c) Mistos: os veículos que se destinam ao transporte, alternado ou simultâneo, de pessoas e carga;
d) Tractores: os veículos construídos para desenvolver um esforço de tracção, sem comportar carga útil;
e) Especiais: os veículos destinados ao desempenho de uma função específica, diferente do transporte normal de passageiros ou carga.
3. As categorias de veículos para efeitos de aprovação de modelo são definidas em regulamento.

Artigo 107.° (Motociclos, ciclomotores e quadriciclos)
1. Motociclo é o veículo dotado de duas ou três rodas, com motor de propulsão com cilindrada superior a 50 cm^3, ou que, por construção, exceda em patamar a velocidade de 45 km/h.
2. Ciclomotor é o veículo dotado de duas ou três rodas cuja velocidade não exceda, em patamar, e por construção, 45 km/h e que possua motor de combustão interna de cilindrada não superior a 50 cm^3.
3. Os veículos dotados de quatro rodas e cuja tara não exceda 400 kg são englobados na categoria de motociclos ou ciclomotores de acordo com as suas características, nomeadamente de cilindrada e velocidade máxima em patamar e por construção nos termos a fixar em regulamento.

***Artigo 108.º** (Veículos agrícolas)*
1. Tractor agrícola ou florestal é o veículo com motor de propulsão, de dois ou mais eixos, construído para desenvolver esforços de tracção, eventualmente equipado com alfaias ou outras máquinas e destinado predominantemente a trabalhos agrícolas.
2. Máquina agrícola ou florestal é o veículo com motor de propulsão, de dois ou mais eixos, destinado à execução de trabalhos agrícolas ou florestais, sendo considerado pesado ou ligeiro consoante a sua tara ou peso bruto exceda ou não 3500 kg.
3. Motocultivador é o veículo com motor de propulsão, de um só eixo, destinado à execução de trabalhos agrícolas ligeiros, que pode ser dirigido por um condutor a pé ou em semi-reboque ou retrotrem atrelado ao referido veículo.
4. Tratocarro é o veículo com motor de propulsão, de dois ou mais eixos, provido de uma caixa de carga destinada ao transporte de produtos agrícolas ou florestais e cujo peso bruto não ultrapassa 3500 kg.

***Artigo 109.º** (Outros veículos a motor)*
1. Veículo sobre carris é aquele que, independentemente do sistema de propulsão, se desloca sobre carris.
2. Máquina industrial é o veículo, destinado à execução de obras ou trabalhos industriais e que só eventualmente transita na via pública, sendo pesado ou ligeiro consoante a sua tara exceda ou não 3500 kg.

***Artigo 110.º** (Reboques)*
1. Reboque é o veículo destinado a transitar atrelado a um veículo a motor.
2. Semi-reboque é o veículo destinado a transitar atrelado a um veículo a motor, assentando a parte da frente e distribuindo o peso sobre este.
3. Os veículos referidos nos números anteriores tomam a designação de reboque e semi-reboque agrícola ou florestal quando se destinam a ser atrelados a um tractor agrícola ou a um motocultivador.
4. Máquina agrícola ou florestal rebocável é a máquina destinada a trabalhos agrícolas ou florestais que só transita na via pública quando rebocada.
5. Máquina industrial rebocável é a máquina destinada a trabalhos industriais que só transita na via pública quando rebocada.
6. A cada veículo a motor não pode ser atrelado mais de um reboque.
7. É proibida a utilização de reboques em transporte público de passageiros.
8. Exceptua-se do disposto nos n.ºs 6 e 7 a utilização de um reboque destinado ao transporte de bagagem nos veículos pesados afectados ao transporte de passageiros, de reboques em comboios turísticos, bem como, nos termos a fixar em regulamento local, de reboques em tractores agrícolas ou florestais.
9. Quem infringir o disposto nos n.ºs 6 e 7 é sancionado com coima de 20.000$ a 100.000$.

Artigo 111.º (Veículos únicos e conjuntos de veículos)
   1. Consideram-se veículos únicos:
   a) O automóvel pesado composto por dois segmentos rígidos permanentemente ligados por uma secção articulada que permite a comunicação entre ambos;
   b) O combóio turístico constituído por um tractor e um ou mais reboques destinados ao transporte de passageiros em pequenos percursos e com fins turísticos ou de diversão.
   2. Conjunto de veículos é o grupo constituído por um veículo tractor e seu reboque ou semi-reboque.
   3. Para efeitos de circulação, o conjunto de veículos é equiparado a veículo único.

Artigo 112.º (Velocípedes)
   Velocípede é o veículo com duas ou mais rodas accionado pelo esforço do próprio condutor por meio de pedais ou dispositivos análogos.

Artigo 113.º (Reboque de veículos de duas rodas e carro lateral)
   1. Os motociclos, ciclomotores e velocípedes podem atrelar, à retaguarda, um reboque de um eixo destinado ao transporte de carga.
   2. Os motociclos de cilindrada superior a 125 cm^3 podem acoplar carro lateral destinado ao transporte de um passageiro.

RESPONSABILIDADE CIVIL NOS ACIDENTES CAUSADOS POR VEÍCULOS: ARTIGOS 503.º A 508.º DO CÓDIGO CIVIL

Artigo 503.º (Acidentes causados por veículos)
   1. Aquele que tiver a direcção efectiva de qualquer veículo de circulação terrestre e o utilizar no seu próprio interesse, ainda que por intermédio de comissário, responde pelos danos provenientes dos riscos próprios do veículo, mesmo que este não se encontre em circulação.
   2. As pessoas não imputáveis respondem nos termos do artigo 489.º.
   3. Aquele que conduzir o veículo por conta de outrem responde pelos danos que causar, salvo se provar que não houve culpa da sua parte; se, porém, o conduzir fora do exercício das suas funções de comissário, responde nos termos do n.º 1.

Artigo 504.º (Beneficiários da responsabilidade)
   1. A responsabilidade pelos danos causados por veículos aproveita a terceiros, bem como às pessoas transportadas em virtude de contrato; mas, neste caso, abrange só os danos que atinjam a própria pessoa e as coisas por ela transportadas.
   2. No caso, porém, de transporte gratuito, o transportador responde apenas, nos termos gerais, pelos danos que culposamente causar.

3. São nulas as cláusulas que excluam ou limitem a responsabilidade do transportador pelos acidentes que atinjam a pessoa transportada.

Artigo 505.º *Exclusão da responsabilidade)*
Sem prejuízo do disposto no artigo 570.º, a responsabilidade fixada pelo n.º 1 do artigo 503.º só é excluída quando o acidente for imputável ao próprio lesado ou a terceiro, ou quando resulte de causa de força maior estranha ao funcionamento do veículo.

Artigo 506.º *(Colisão de veículos)*
1. Se da colisão entre dois veículos resultarem danos em relação aos dois ou em relação a um deles, e nenhum dos condutores tiver culpa no acidente, a responsabilidade é repartida na proporção em que o risco de cada um dos veículos houver contribuído para os danos; se os danos forem causados somente por um dos veículos, sem culpa de nenhum dos condutores, só a pessoa por eles responsável é obrigada a indemnizar.
2. Em caso de dúvida, considera-se igual a medida da contribuição de cada um dos veículos para os danos, bem como a contribuição da culpa de cada um dos condutores.

Artigo 507.º *(Responsabilidade solidária)*
1. Se a responsabilidade pelo risco recair sobre várias pessoas, todas respondem solidariamente pelos danos, mesmo que haja culpa de alguma ou algumas.
2. Nas relações entre os diferentes responsáveis, a obrigação de indemnizar reparte-se de harmonia com o interesse de cada um na utilização do veículo; mas, se houver culpa de algum ou de alguns, apenas os culpados respondem, sendo aplicável quanto ao direito de regresso, entre eles, ou em relação a eles, o disposto no n.º 2 do artigo 497.º.

Artigo 508.º *(Limites máximos)*
1. A indemnização fundada em acidente de viação, quando não haja culpa do responsável, tem como limites máximos: no caso de morte ou lesão de uma pessoa, o montante correspondente ao dobro da alçada da relação; no caso de morte ou lesão de várias pessoas em consequência do mesmo acidente, o montante correspondente ao dobro da alçada da relação para cada uma delas, com o máximo total do sêxtuplo da alçada da relação; no caso de danos causados em coisas, ainda que pertencentes a diferentes proprietários, o montante correspondente à alçada da relação[1].
2. Se a indemnização for fixada sob a forma de renda anual e não houver culpa do responsável, o limite máximo é de um quarto da alçada da relação para

---

[1] A alçada da Relação é, actualmente, de 3.000.000$00 por força do disposto no n.º 1 do artigo 24.º da Lei n.º 3/99, de 13 de Janeiro (alteração à Lei da Organização e Funcionamento dos Tribunais Judiciais – Lei 38/87, de 23.12).

cada lesado, não podendo ultrapassar três quartos da alçada da relação quando sejam vários os lesados em virtude do mesmo acidente.

3. Se o acidente for causado por veículo utilizado em transporte colectivo, são elevados ao triplo os máximos totais fixados nos números anteriores; se for causado por caminho de ferro, ao décuplo.

OBRIGAÇÃO DE INDEMNIZAÇÃO: CÓDIGO CIVIL, ARTIGOS 562.° A 572.°

Artigo 562.° (Princípio geral)
Quem estiver obrigado a reparar um dano deve reconstituir a situação que existiria, se não se tivesse verificado o evento que obriga à reparação.

Artigo 563.° (Nexo de causalidade)
A obrigação de indemnizar só existe em relação aos danos que o lesado provavelmente não teria sofrido se não fosse a lesão.

Artigo 564.° (Cálculo da indemnização)
1. O dever de indemnizar compreende não só o prejuízo causado, como os benefícios que o lesado deixou de obter em consequência da lesão.
2. Na fixação da indemnização pode o tribunal atender aos danos futuros, desde que sejam previsíveis; se não forem determináveis, a fixação da indemnização correspondente será remetida para decisão ulterior.

Artigo 565.° (Indemnização provisória)
Devendo a indemnização ser fixada em execução de sentença, pode o tribunal condenar desde logo o devedor na pagamento de uma indemnização, dentro do quantitativo que considere já provado.

Artigo 566.° (Indemnização em dinheiro)
1. A indemnização é fixada em dinheiro, sempre que a restituição natural não seja possível, não repare integralmente os danos ou seja excessivamente onerosa para o devedor.
2. Sem prejuízo do preceituado noutras disposições, a indemnização em dinheiro tem como medida a diferença entre a situação patrimonial do lesado, na data mais recente que puder ser atendida pelo tribunal, e a que teria nessa data se não existissem danos.
3. Se não puder ser averiguado o valor exacto dos danos, o tribunal julgará equitativamente dentro dos limites que tiver por provados.

Artigo 567.° (Indemnização em renda)
1. Atendendo à natureza continuada dos danos, pode o tribunal, a requeri-

mento do lesado, dar à indemnização, no todo ou em parte, a forma de renda vitalícia ou temporária, determinando as providências necessárias para garantir o seu pagamento.

2. Quando sofram alteração sensível as circunstâncias em que assentou, quer o estabelecimento da renda, quer o seu montante ou duração, quer a dispensa ou imposição de garantias, a qualquer das partes é permitido exigir a correspondente modificação da sentença ou acordo.

Artigo 568.º (Cessão dos direitos do lesado)

Quando a indemnização resulte da perda de qualquer coisa ou direito, o responsável pode exigir, no acto do pagamento ou em momento posterior, que o lesado lhe ceda os seus direitos contra terceiros.

Artigo 569.º (Indicação do montante dos danos)

Quem exigir a indemnização não necessita de indicar a importância exacta em que avalia os danos, nem o facto de ter pedido determinado quantitativo o impede, no decurso da acção, de reclamar quantia mais elevada, se o processo vier a revelar danos superiores aos que foram inicialmente previstos.

Artigo 570.º (Culpa do lesado)

1. Quando um facto culposo do lesado tiver concorrido para a produção ou agravamento dos danos, cabe ao tribunal determinar, com base na gravidade das culpas de ambas as partes e nas consequências que delas resultaram, se a indemnização deve ser totalmente concedida, reduzida ou mesmo excluída.

2. Se a responsabilidade se basear numa simples presunção de culpa, a culpa do lesado, na falta de disposição em contrário, exclui o dever de indemnizar

Artigo 571.º (Culpa dos representantes legais e auxiliares)

Ao facto culposo do lesado é equiparado o facto culposo dos seus representantes legais e das pessoas de quem ele se tenha utilizado.

Artigo 572.º (Prova da culpa do lesado)

Àquele que alega a culpa do lesado incumbe a prova da sua verificação; mas o tribunal conhecerá dela, ainda que não seja alegada.

JURISPRUDÊNCIA

ASSENTO DO SUPREMO TRIBUNAL DE JUSTIÇA, DE 8 DE JULHO DE 1980 (BOL. MIN. JUST. N.º 299): "A condenação em processo penal do responsável por acidente de viação, em indemnização a liquidar em execução de sentença, constitui caso julgado, que obsta a que o lesado o possa demandar em acção declarativa cível tendente a obter indemnização pelo mesmo facto, ainda que proposta também contra a mesma seguradora."

ASSENTO DO SUPREMO TRIBUNAL DE JUSTIÇA, DE 14 DE ABRIL DE 1983 (BOL. MIN. JUST. N.º 326): " A primeira parte do n.º 3 do artigo 503.º do Código Civil, estabelece uma presunção de culpa do condutor do veiculo por conta de outrem pelos danos que causar, aplicável nas relações entre ele como lesante e o titular ou titulares do direito à indemnização."

PRESCRIÇÃO: "Por força do disposto no n.º 1 do artigo 306.º do Código Civil, o prazo de prescrição do direito a indemnização estabelecido no n.º 1 do artigo 498.º do mesmo Código não começa enquanto estiver pendente a processo penal impeditivo, nos termos dos artigos 29.º e 30.º do Código de Processo Penal, de proposição em separado de acção civil por responsabilidade civil conexa com a responsabilidade penal." *(Acórdão do Supremo Tribunal de Justiça, de 86.02.04, Bol. Min. Just. n.º 354, pág. 505)*

CONDUTOR DE VEÍCULO MILITAR: "O soldado condutor de veículo militar não pode ser irresponsabilizado, por via da exclusão da ilicitude, apenas porque obedeceu à ordem do comandante da coluna em que se integrava no sentido de mudar de direcção, sem averiguar se da manobra resultaria perigo para o trânsito." *(Acórdão do Supremo Tribunal de Justiça, de 86.07.17, Bol. Min. Just. n.º 359, pág. 687)*

PROVA DA CULPA: "Em matéria de acidentes de circulação terrestre é aplicável o disposto no n.º 1 do artigo 487.º do Código Civil – que dispõe incumbir ao lesado provar a culpa do autor da lesão, salvo havendo presunção legal de culpa –, e não o disposto no artigo 493.º, n.º 2, do mesmo diploma legal, como se fixou no Assento de 21 de Novembro de 1979, do Supremo Tribunal de Justiça." *(Acórdão do Supremo Tribunal de Justiça, de 87.01.06, Bol. Min. Just. n.º 363, pág. 488)*

CONDUÇÃO COMO ACTO DE VONTADE: "Porque a condução é um acto de vontade e os condutores devem observar as regras do Código da Estrada, deve ter-se como culposo o desrespeito de qualquer dessas regras, a menos que se prove qualquer circunstância que o justifique." *(Acórdão da Relação de Coimbra, de 87.11.10, Bol. Min. Just. n.º 371, pág. 551)*

CULPA: "I – A condução de veículos automóveis na via pública não pode fazer-se por instintos ou impulsos naturais e sem reflexão, mas sim com racional uso dos seus sentidos e adequado emprego da inteligência. II – Age culposamente dando causa a um sinistro, o condutor que, dado o aparecimento dum cão na faixa de rodagem, para evitar atropelá-lo, desvia instintivamente o veículo para a esquerda, embatendo num outro veículo que circulava em sentido contrário." *(Acórdão da Relação do Porto, de 87.11.18, Bol. Min. Just. n.º 371, pág. 543)*

FALECIMENTO DA VÍTIMA: "Falecida a vítima de acidente de viação, o direito à indemnização por danos não patrimoniais radica-se nas pessoas indicadas no artigo 496.º do Código Civil." *(Acórdão da Relação de Évora, de 87.11.19, Bol. Min. Just. n.º 371.º, pág. 562)*

ATROPELAMENTO; DEVER DE INDEMNIZAR: "Mesmo não se tendo provado a existência de danos materiais, subsiste o dever de indemnizar visto o simples atropelamento ser, em si mesmo, causador de lesões morais que, pela sua gravidade, merecem a tutela do direito." *(Acórdão da Relação do Porto, de 87.11.19, Bol. Min. Just. n.º 371, pág. 543)*

NEXO CAUSAL ENTRE A CONDUTA E O EVENTO: "I – A verificação do nexo causal entre a conduta e o evento só se traduz exclusivamente em apreciação de matéria de facto quando é possível estabelecer uma relação directa e necessária de causa para efeito entre o evento e a conduta do lesante. II – De contrário, transcende-se a apreciação da simples matéria de facto, exigindo-se a análise da situação à luz de critérios jurídicos, o que constitui matéria de direito sujeita à eventual censura do Supremo. III – A conduta do autor foi causal do acidente pois ele perdeu o controlo do veículo que conduzia, porquanto, circulando em velocidade excessiva para veículos do seu tipo, entrou em derrapagem após uma curva e foi embater no auto-pesado, maugrado a circunstância de este lhe haver deixado livres dois metros de faixa de rodagem por onde podia ter passado. IV – A circunstância de o auto-pesado vir ocupando meio metro da faixa de rodagem que lhe era contrária não foi a causa (ou concausa) do acidente, na medida em que, muito provavelmente, o acidente se teria produzido mesmo que tal condição não tivesse sido posta pela condutora do auto-pesado, só que o embate se teria produzido um pouco mais para lá. V – Afastado o nexo causal que permitisse imputar a ocorrência a facto da condutora do auto-pesado, necessário se torna indagar da sua eventual culpa relativamente ao facto de ocupar meio metro da semi-faixa contrária à sua." *(Acórdão do Supremo Tribunal de Justiça, de 87.11.26, Bol. Min. Just. n.º 371, pág. 402)*

PRESCRIÇÃO: "I – A prescrição do direito de ser indemnizado em virtude de acidente de viação não corre contra menores e nem começa a decorrer enquanto estiver pendente a investigação das circunstâncias do mesmo acidente. II – É nula a sentença se, não tendo sido pedidos juros moratórios sobre a indemnização de acidente de viação, condena levando em conta esses juros." *(Acórdão da Relação de Évora, de 88.04.07, Bol. Min. Just. n.º 376, pág. 676)*

VERACIDADE DE DOCUMENTO: "Não há incompatibilidade entre a veracidade de um documento em que o segurado se atribui a culpa do acidente, nomeadamente declarando ter perdido a direcção efectiva do veículo e passando a circular aos ziguezagues, e a não correspondência à verdade das declarações nele feitas." *(Acórdão da Relação do Porto, de 88.04.12, Bol. Min. Just. n.º 376, pág. 651)*

EMBATE; EXCESSO DE VELOCIDADE; MORTE DE INTERVENIENTE: "I – Ao ser considerado o resultado consequente da inobservância das regras do art. 7.º do Código da Estrada, não importa apenas indagar se o embate pode ser considerado como resultado directo do excesso de velocidade, devendo, para além disso, apreciar-se o nexo de causalidade entre a velocidade excessiva e a gravidade dos danos resultantes do acidente. II – É um facto notório que não depende de alegação nem de prova que as consequências do impacto entre duas massas em movimento são tanto mais graves quanto maior é a velocidade de deslocação das duas massas, não podendo, assim, o tribunal deixar de equacionar, na ponderação da gravidade dos danos e na graduação das respectivas culpas concorrentes, o excesso de velocidade verificado em acidente de viação, mesmo quando aquela transgressão não tenha sido causal do acidente. III – Em caso de morte de algum dos intervenientes no acidente cujo funeral tenha sido pago pelo Centro Regional de Segurança, o terceiro só é responsável pelo reembolso àquele Centro das despesas do funeral, na medida e proporção em que foi responsável pelo acidente. IV – Tratando-se de responsabilidade civil delitual e estando já em vigor, ao tempo do acidente e da propositura da acção, o n.º 3 do artigo 805.º do Código Civil introduzido pelo Dec.-Lei n.º 262/83, de 16 de Junho, o devedor constitui-se em mora, pelo menos, a partir da citação." *(Acórdão do Supremo Tribunal de Justiça, de 88.01.28, Bol. Min. Just., n.º 373, pág. 520)*

LITIGÂNCIA DE MÁ FÉ: "I – Nas acções de indemnização fundadas em acidente de viação é altamente censurável a litigância de má fé, dada a enorme dificuldade que normalmente acompanha a prova das circunstâncias do acidente. II – Deve, no entanto, ter-se em conta que o imprevisto da situação, a dinâmica do acidente e a concomitante emoção gerada nos seus intervenientes não facilita a exacta percepção do seu preciso circunstancialismo." *(Acórdão da Relação do Porto, de 88.04.19, Bol. Min. Just. n.º 376, pág. 665)*

RESPONSABILIDADE SOLIDÁRIA DA SEGURADORA: "I – A seguradora, pelo contrato de seguro, co-assume, toma para si, juntamente com o segurado, a responsabilidade deste, que pode ser por facto ilícito. II – Por isso, se o segurado está obrigado ao pagamento de juros de mora, está-o igualmente a seguradora, não por força do contrato de seguro, em si, mas por força e em consequência da mora em que se constitui e de que é responsável. III – Tratando-se de responsabilidade por facto ilícito, o devedor só se constitui em mora, desde a notificação para contestar o pedido de indemnização, uma vez que a falta de liquidez do crédito, até então, não lhe era imputável." *(Acórdão do Supremo Tribunal de Justiça, de 88.06.08, Bol. Min. Just., n.º 378, pág. 723)*

MÁXIMO LEGAL DE INDEMNIZAÇÃO; JUROS MORATÓRIOS: "A fixação, no limite máximo legal, da indemnização resultante do acidente de viação, quando não haja culpa do responsável, não obsta a que sejam devidos juros legais moratórios, a partir da citação para a acção, os quais representam o prejuízo do credor resultante da privação do seu capital." *(Acórdão da Relação de Coimbra, de 88.06.14, Col. Jurisp., 1988, Tomo III, pág. 89)*

PAGAMENTO PELO ESTADO; SUB-ROGAÇÃO: "Não tem o Estado direito de exigir, com base na sub-rogação, os vencimentos, diuturnidades, gratificações e fardamento, que despendeu com um seu servidor vítima de acidente de viação imputável a terceiro, visto o pagamento pelo Estado dessas importâncias não ter por causa específica o evento danoso do acidente de viação, sendo aquele pagamento um direito do lesado e uma obrigação legal do Estado, conforme deriva da conjugação dos artigos 8.º, parágrafo 4, 9.º e 13.º do Decreto-Lei n.º 19748, de 18 de Março de 1931 e do artigo 7.º do Decreto-Lei n.º 49 041, de 27 de Maio de 1969." *(Acórdão da Relação do Porto, de 88.06.30, Bol. Min. Just. n.º 378, pág. 782)*

PEDIDO FUNDAMENTADO NO RISCO; PRESCRIÇÃO: "I – Num acidente de viação, o pedido, mesmo fundamentado no risco, não pode evitar que o autor prove factos que alegou e que, provados, mostram culpa (ainda que parcial) do réu, quando tal prova possa afastar a prescrição. II – Embora aquele pedido tenha que ser mantido dentro dos limites do risco, uma coisa é saber se está a tempo de pedir, outra com que causa pede. III – O autor é livre de pedir o menos, mesmo quando podia pedir o mais." *(Acórdão da Relação de Évora, de 88.11.17, Bol. Min. Just. n.º 311, pág. 763)*

RESPONSABILIDADE SOLIDÁRIA: "Atento o disposto nos artigos 490.º e 497.º do Código Civil, se forem vários os autores, instigadores ou auxiliares de um acto ilícito, todos eles respondem solidariamente pelos danos que hajam causado." *(Acórdão do Supremo Tribunal de Justiça, de 89.03.29, Bol. Min. Just. n.º 385, pág. 379)*

COMPRESSOR INDUSTRIAL: "I – Um compressor industrial, não sendo um veículo especialmente destinado a transitar atrelado aos automóveis, não pode ser considerado reboque para o efeito do seguro obrigatório, os termos do artigo 1.º do Decreto-Lei n.º 522/85, de 31 de Dezembro. II – Tratando-se duma máquina industrial transportada por veículo automóvel, os danos causados são cobertos pelo seguro obrigatório deste, quer o transporte nas vias públicas seja feito sobre a caixa do veículo, quer venha, simplesmente, engatado ou atrelado a este. III – A forma como é feito o transporte do compressor não é, contudo, indiferente para efeitos da graduação da culpa do condutor." *(Acórdão da Relação do Porto, de 89.04.04, Bol. Min. Just. n.º 386, pág. 505)*

CÁLCULO DE INDEMNIZAÇÕES: "I – Os nascituros não têm direito a indemnização por danos morais próprios, mas poderão vir a tê-lo como herdeiros, pela perda do direito à vida do «de cujus». II – Quaisquer tabelas para cálculo de indemnizações não são directamente aplicáveis ao cômputo da indemnização por acidentes de viação, embora possam servir de critério de orientação, sem necessidade de demonstração aritmética do resultado alcançado." *(Acórdão da Relação do Porto, de 89.04.13, Col. Jurisp., 1989, Tomo II, pág. 221)*

PRESCRIÇÃO: "O direito de indemnização por dano involuntariamente causado em acidente de viação prescreve no prazo de três anos (não sendo hoje possível, por ter deixado de ser criminalmente punível o dano involuntário, aplicar-se ao caso o disposto no artigo 498.°, n.° 3 do Código Civil)." *(Acórdão da Relação de Coimbra, de 90.03.06, Bol. Min. Just. n.° 395, pág. 677)*

RENDAS PAGAS PELO CENTRO NACIONAL DE PENSÕES; REDUÇÃO DA INDEMNIZAÇÃO: "I – Quem tinha direito a alimentos, a prestar pela vítima mortal de acidente de viação, tem direito de indemnização pelo dano dessa perda, mas o lesante não pode ser condenado em prestação superior, no montante e na duração, à que o lesado provavelmente suportaria se fosse vivo. II – Para calcular o capital produtor de rendimento que cubra a diferença entre a situação anterior e a actual até ao fim da presumida vida activa da vítima, devem preferir-se as tabelas financeiras usadas para a determinação do capital necessário à formação de uma renda periódica correspondente ao juro anual de 9%. III – A seguradora responsável pelo acidente de viação não pode invocar as rendas pagas pelo Centro Nacional de Pensões para obter redução da indemnização, porque tais pensões são provisórias e o Centro deve exigir o seu pagamento. IV – O seguro de responsabilidade civil é elemento do património do responsável, a ter em conta representando contrapartida dos prémios pagos, mas não basta para ser atribuída ao lesado indemnização superior à que se mostre equitativa." *(Acórdão da Relação do Porto, de 90.11.06, Col. Jurisp., 1990, Tomo V, pág. 183)*

VELOCIDADE EXCESSIVA: "I – A velocidade inadequada ou excessiva é um conceito relativo, que envolve matéria de direito, dependendo da conjugação de inúmeros factores: características dos veículos, condições da via, intensidade do tráfego, condições climatéricas e destreza e perícia de cada condutor, entre outros. II – Para se poder ajuizar acerca da inobservância das regras constantes do artigo 7.° do Código da Estrada é necessário que, em cada caso concreto, se aleguem e demonstrem factos que permitam concluir se o condutor regulou ou não a velocidade do seu veículo por forma a impedir a criação do perigo para a segurança dos demais utentes. III – A redução de velocidade que as alíneas b) e f) do n.° 2 do artigo 7.° impõe não é de observância absoluta: com efeito, se a velocidade a que o veículo já vem a circular é diminuta e perfeitamente adequada para locais de reduzida visibilidade, é evidente que o facto de não ter sido ainda mais reduzida na entrada de uma curva de fraca visibilidade não envolve o desrespeito por essas regras." *(Acórdão da Relação do Porto, de 91.03.06, Bol. Min. Just. n.° 405, pág. 525)*

FIXAÇÃO DA INDEMNIZAÇÃO; MORA: I – Num acidente de viação em que um dos veículos ultrapassou a metade da faixa de rodagem em cinquenta centímetros embatendo noutro que aí circulava, não pode considerar-se haver culpas concorrentes pelo facto de este último ir a ultrapassar outro veículo. A isso se opõe a 2ª parte do n.º 3 do art. 5.º do Código da Estrada, uma vez que circulava dentro da sua faixa. II – A desvalorização da moeda é um facto que tem de ser considerado na fixação da indemnização uma vez que a lei manda atender a todas as circunstâncias que possam influir na fixação do respectivo montante. III – No caso de responsabilidade civil por facto ilícito ou risco o devedor constitui-se em mora com a citação, mesmo que os factos tenham ocorrido em data anterior à entrada em vigor do artigo 805.º, n.º 3, com a redacção que lhe foi dada pelo Dec.-Lei n.º 262/83, de 16 de Junho. Todavia, tendo havido lugar a correcção monetária, os juros de mora só são devidos a partir do momento até ao qual essa correcção monetária foi levada em conta." *(Acórdão do Supremo Tribunal de Justiça, de 91.03.13, Bol. Min. Just., 405, pág. 443)*

PREJUÍZO DA ECONOMIA DOMÉSTICA: "I – Sendo prejudicada a economia doméstica em consequência de acidente de viação sofrido por um dos cônjuges, os dois em conjunto, ou qualquer deles isoladamente, enquanto titulares dessa economia, podem pedir a condenação do responsável no pagamento da respectiva indemnização. II – Assim, a mulher do ofendido, vinculada como está, para mais, ao dever legal de socorro e auxílio ao marido, é directamente lesada com o acidente, ao ter de abandonar a actividade remunerada que exercia para passar a amparar e assistir a tempo inteiro o seu cônjuge, vítima do acidente, podendo consequentemente, pedir indemnização pelos danos patrimoniais resultantes daquele forçado abandono. III – Não lhe assiste, porém, o direito à indemnização por danos não patrimoniais, visto que a lei apenas atribui indemnização por este tipo de danos ou à própria vítima do acidente ou a determinados familiares dela (nos quais se inclui, evidentemente o cônjuge), mas só quando a mesma vítima tiver falecido." *(Acórdão da Relação do Porto, de 91.04.04, Col. Jurisp., 1991, Tomo II, pág. 254)*

APRECIAÇÃO E REPARTIÇÃO DE CULPAS: "I – Trata-se de matéria de direito a apreciação e repartição de culpas, baseadas da violação de preceitos legais, que o tribunal tem de determinar, interpretar e aplicar. II – Quando *A* conduz um automóvel ligeiro, no crepúsculo vespertino de um dia de Outubro, a cerca de cem quilómetros por hora, com os faróis em posição de cruzamento, por se aproximar em sentido contrário veículo análogo com os faróis na mesma posição ambos circulando numa extensa recta; e o veículo *A* vai colidir com a motorizada de *B,* que seguia à sua frente sem qualquer luz acesa, numa estrada asfaltada com faixa de rodagem de 5,20 metros, e quando caía chuva miudinha; tendo resultado o falecimento imediato de *B,* dessa colisão; este e *A* actuam com culpas concorrentes, a graduar em cinquenta por cento para cada um. III – Os acórdãos do STJ, tirados em reunião conjunta de secção conforme o artigo 728.º, n.º 3 do CPC, geram jurisprudência vinculativa para esse tribunal, enquanto esta não for alterada em novo acórdão também das secções, ou por assento do STJ. IV – Só por esta razão seguimos a orientação traçada no acórdão deste Supremo, em reunião de secções, de 17.03.1971, a respeito de indemnização civil autónoma pela perda do direito à vida do sinistrado em acidente de viação e da sua transmissibilidade para os direitos daquele." *(Acórdão do Supremo Tribunal de Justiça, de 91.04.09, Acórdãos Jurisprudenciais, Tomo 18.º, pág. 12)*

INDEMNIZAÇÃO; MORA: I – Na indemnização resultante de acidente de viação há que ter em conta os danos emergentes, respeitantes a despesas médicas e similares; os danos futuros na perda de capacidade laboral do sinistrado e os danos não patrimoniais. II – Havendo incapacidade permanente para o trabalho, por parte do lesado, a indemnização deve representar um capital que se extinga no fim da sua vida activa e seja susceptível de garantir, durante esta, as prestações periódicas correspondentes à sua perda de ganho. III – Em caso de responsabilidade por facto ilícito ou pelo risco, e não obstante o crédito ser líquido, o devedor constitui-se em mora desde a citação, nos termos do n.º 3 do artigo 805.º do Código Civil (redacção do Dec.-Lei n.º 262/83, de 16 de Junho)." *(Acórdão do Supremo Tribunal de Justiça, de 92.11.17, Bol. Min. Just., n.º 421, pág. 414)*

CONJUNTO DE TRACTOR E REBOQUE: "I – Embora se conceba como uma unidade circulante o conjunto do tractor e reboque, a responsabilidade para com terceiros, emergente da circulação do conjunto, deve resultar do somatório dos seguros das duas componentes, mesmo que pertencentes a donos diferentes e coberta por diversas companhias seguradoras que, nesse caso, respondem em acumulação. II – No juízo de equidade que deve presidir à determinação concreta da indemnização pela perda do direito à vida, deverá o tribunal atender, nomeadamente, ao grau de culpa do lesante e também ao valor intelectual e humano da vítima, à sua formação académica e científica, às suas qualidades de trabalho e idoneidade moral." *(Acórdão da Relação de Coimbra, de 91.11.26, Col. Jurisp., 1991, Tomo V, pág. 71)*

MÁQUINA RECTRO-ESCAVADORA: "I – Uma máquina rectro-escavadora em serviço na estrada onde procedia à tapagem de uma vala aberta, para além de veículo automóvel com os riscos inerentes ao comum desses veículos, sobretudo derivados da sua circulação, tem riscos de máquina de trabalho. II – Tendo, nessas condições, originado danos num outro veículo automóvel que passava no local, o regime adequado à situação é o do artigo 493.º, n.º 1, do Código Civil, que impunha ao dono da máquina o ónus de provar que nenhuma culpa houve da sua parte." *(Acórdão da Relação de Coimbra, de 93.02.09, Col. Jurisp., 1993, Tomo I, pág. 41)*

RESPONSABILIDADE SOLIDÁRIA; JUROS DE MORA: I – São devidos juros moratórios legais desde a citação, mesmo quanto à indemnização fixada para os danos não patrimoniais. II – O lesado pode exigir a indemnização quer do responsável pelo veículo quer da entidade patronal. III – As indemnizações não podem cumular-se, somando-se uma à outra, mas apenas se completam até ao inteiro ressarcimento do dano, pelo que, tendo o lesado recebido da entidade patronal a indemnização que lhe é devida, nada mais tem a reclamar do responsável pelo acidente de viação, e vice-versa. Sendo indemnizado por este último, na hipótese de o quantitativo de uma das indemnizações exceder o da outra, o lesado poderá exigir a diferença. IV – A lei não coloca no mesmo plano os dois riscos, pois que considera como causa mais próxima do dano o inerente ao veículo que produziu o acidente e daí que, se o detentor do veículo tiver liquidado a indemnização ao lesado, nenhum direito tem relativamente à entidade patronal, mas, ao invés, se a entidade patronal tiver liquidado a indemnização ao lesado, já tem direito de requerer contra o detentor do veículo, se o lesado não lhe houver exigido a indemnização no prazo de um ano a contar do acidente. V – A vítima que esteja a receber a pensão atribuída pela entidade patronal ou seguradora desta e também a indemnização baseada nos danos do acidente de viação paga pelo responsável por este ou sua seguradora tem obrigação de restituir àquela entidade patronal ou sua seguradora o que destas houver recebido, muito embora não haja que deduzir à indemnização pelos lucros cessantes fixada na acção de indemnização a pensão ou as demais quantias pagas pela entidade patronal ou sua seguradora." *(Acórdão do Supremo Tribunal de Justiça, de 93.05.26, Col. Jurisp., Acórdãos do Sup. Trib. Just., 1993, Tomo II, pág. 130)*

CÁLCULO DA INDEMNIZAÇÃO: "I – O cálculo da frustração do ganho deverá conduzir a um capital que considere a produção de um rendimento durante todo o tempo de vida activa da vítima, adequado ao que aufeririria se não fora a lesão correspondente ao grau de incapacidade e adequado a repor a perda sofrida. II – Isto implica que se entre em linha de conta com a idade ao tempo do acidente, prazo de vida activa previsível, rendimentos auferidos ao longo desta, encargos, grau de incapacidade, além de outros elementos eventualmente atendíveis. III – O recurso a tabelas para cálculo do dano, tabelas para formação de rendas vitalícias, acidentes de trabalho e remissão de pensões, tabelas financeiras, juros passivos da banca comercial, ou tabelas baseadas em avaliação de um usufruto, é sempre aleatório. IV – Acima delas, há que respeitar as regras indemnizatórias fixadas no Código Civil, designadamente a de que a indemnização em dinheiro tem como medida, em princípio, a diferença entre a situação patrimonial do lesado na data mais recente que puder ser atendida e a que teria, nessa data, se não existissem danos. (...)" *(Acórdão do Supremo Tribunal de Justiça, de 93.06.08, Col. Jurisp., Acórdãos do Sup. Trib. Just., 1993, Tomo II, pág. 138)*

ASSENTO DO SUPREMO TRIBUNAL DE JUSTIÇA N.º 3/1994 (D.R. N.º 66, DE 19 DE MARÇO, PÁG. 1399): "A responsabilidade por culpa presumida do comissário, estabelecida no art. 503.º, n.º 3, primeira parte, do Código

Civil, é aplicável no caso de colisão de veículos prevista no artigo 506.°, n.° 1 do mesmo código."

CRÉDITOS DOS HOSPITAIS: "(...) III – Os créditos dos hospitais pelas despesas com o tratamento e internamento de sinistrados em acidentes de viação representam uma indemnização devida a terceiros e não ao próprio lesado, mas essas despesas ficam a cargo do responsável pelo acidente e devem ser satisfeitas integralmente, não dependendo da graduação da culpa dos intervenientes no acidente (art. 6.°, n.° 2, do Dec.-Lei n.° 147/83)." *(Acórdão do Supremo Tribunal de Justiça, de 94.04.13, Bol. Min. Just. n.° 436, pág. 358)*

ASSENTO DO SUPREMO TRIBUNAL DE JUSTIÇA N.° 7/1994 (D.R. N.° 98, DE 28 DE ABRIL, PÁG. 2061): "A responsabilidade por culpa presumida do comissário, nos termos do artigo 503.° do Código Civil, não tem os limites fixados no n.° 1 do artigo 508.° do mesmo diploma."

SEGURO DE TRACTOR: "O seguro de tractor cobre os riscos provenientes da circulação do conjunto tractor-reboque, mesmo que o reboque, com o qual se deu o embate, não venha mencionado na respectiva apólice." *(Acórdão da Relação do Porto, de 94.05.24, Col. Jurisp., 1994, Tomo III, pág. 217)*

CENTRO NACIONAL DE PENSÕES: "I – O Centro Nacional de Pensões deve ser tido como 'lesado' em relação aos subsídios e pensões em consequência de acidente de viação. II – A absolvição do arguido pela autoria do crime que determinou o facto do direito a indemnização do C.N.P. não exclui essa indemnização, desde que provado o nexo de causalidade e os restantes factos que levariam à procedência do pedido. III – Nomeadamente, no caso de ter havido transacção entre a seguradora do arguido e o outro lesado e que levou à desistência do pedido por parte deste. IV – A Segurança Social deve ser reembolsada de tudo o que pagou ao lesado, sem qualquer redução e sem inclusão das prestações ainda não pagas e em dívida ao lesado." *(Acórdão do Supremo Tribunal de Justiça, de 95.01.05, Col. Jurisp., Acórdãos do Sup. Trib. Just., 1995, Tomo I, pág. 163)*

JUROS DE MORA: "I – O n.° 2 do artigo 566.° do Código Civil impõe interpretação restritiva do n.° 3 do artigo 805.°, no sentido de a fixação da mora, na data da citação, só ter lugar se o cálculo da indemnização com a actualização de valor por depreciação da moeda não se reportar a momento ulterior a essa data. II – Tendo a Relação decidido que a indemnização pelos danos decorrentes do acidente de viação tem de ser actualizada, com base no n.° 2 do artigo 566.°, levando-se em conta o tempo decorrido até à data da decisão proferida nesse tribunal, só são de decretar juros de mora, a partir da data dessa decisão." *(Acórdão do Supremo Tribunal de Justiça, de 95.02.14, Col. Jurisp., Acórdãos do Sup. Trib. Just., 1995, Tomo I, pág. 79)*

DANO FUTURO; DIMINUIÇÃO DA CAPACIDADE DE GANHO: "I – A circunstância do lesado não exercer qualquer profissão à data do acidente, não afasta a existência de um dano patrimonial futuro indemnizável. II – Estando apurado o carácter irreversível das lesões (e a inerente percentagem de I.P. para o trabalho) é acertado optar-se pela solução de determinar o montante da indemnização de acordo com a equidade. III – Com a fórmula utilizada como instrumento de trabalho e referida no Ac. do STJ de 5-5-94 (C.J., STJ, II, Tomo II, 86) obtém-se a prestação a receber pelo lesado no 1.º ano, já que ela não contempla a inflação anual, os ganhos de produtividade e as evoluções salariais por progressão na carreira. IV – Por isso, para que ela seja actualizada, há que considerar na determinação de P a seguinte fórmula:

$$i = \frac{1+r}{1+k} - 1$$

em que r representa a taxa de juro nominal líquida das aplicações financeiras e k a taxa anual de crescimento da prestação a pagar no primeiro ano." *(Acórdão da Relação de Coimbra, de 95.04.04, Col. Jurisp., 1995, Tomo II, pág. 23)*

SUB-ROGAÇÃO DO ESTADO: "O Estado tendo pago, ainda que por imperativo legal, os vencimentos a um seu servidor que, em serviço, sofreu um acidente rodoviário, tem o direito de, por via da sub-rogação, exigir do verdadeiro responsável por aquele o reembolso do que pagou, relativamente ao período de baixa (vide arts. 10.º do Decreto-Lei n.º 38.523, de 23.11.51, 483.º, n.º 1, e 592.º, n.º 1, do Código Civil)." *(Acórdão da Relação de Lisboa, de 95.05.24, Bol. Min. Just. n.º 447, pág. 553)*

CULPA DO COMITENTE E COMISSÁRIO: "I – A responsabilidade do comitente pressupõe a responsabilidade do comissário. II – A expressão 'veículo', contida no artigo 503.º, n.º 3 do CC, abrange a expressão 'combóio'. III – Por condutor do combóio entende-se não só o maquinista como o revisor que tem que lhe dar o sinal de partida. IV – Daí que tal revisor tenha que ilidir a presunção da sua culpa. V – Não o fazendo, a comitente C.P. é solidariamente responsável pelo pagamento da indemnização." *(Acórdão do Supremo Tribunal de Justiça, de 95.07.04, Col. Jurisp., Acórdãos do Sup. Trib. Just., 1995, Tomo II, pág. 152)*

DANOS FUTUROS; JUROS MORATÓRIOS: "I – Não existe qualquer relação proporcional entre incapacidade funcional do lesado e vencimento auferido pelo exercício profissional. II – Finda a vida activa do lesado, por incapacidade permanente, não é razoável ficcionar que a vida física desaparece no mesmo momento e com ela todas as suas necessidades. III – Foi bem computada em 5.000.000$00 a indemnização devida pela incapacidade geral e definitiva para o trabalho de 50%, em jovem de 27 anos, que auferia o vencimento mensal de 48.000$00 e demais regalias. IV – Os juros moratórios não são uma forma de actualização do valor da

prestação. V – Tais juros, em acidente de viação, causados por facto ilícito, contam-
-se a partir da citação." *(Acórdão do Supremo Tribunal de Justiça, de 95.09.28,
Col. Jurisp., Acórdãos do Sup. Trib. Just., 1995, Tomo III, pág. 36)*

DÍVIDAS DE ASSISTÊNCIA HOSPITALAR: "I – Em embargos de executado, em que o título executivo é uma certidão de dívida relativa a prestação de assistência hospitalar, incumbe ao Hospital embargado a prova dos factos constitutivos do seu direito, os quais através daquele título apenas gozam de força probatória de mera aparência. II – Assim, tendo advindo, em acidente de viação, para os passageiros de veículo segurado as lesões determinantes da prestação da assistência hospitalar, a seguradora só é responsável se o seu segurado tiver agido com culpa na produção do acidente. III – Donde os embargos só poderem ser improcedentes se o Hospital embargado demonstrar os pressupostos da obrigação de indemnizar, entre eles, a culpabilidade do causador do acidente." *(Acórdão da Relação do Porto, de 95.10.10, Col. Jurisp., 1995, Tomo IV, pág. 215)*

"CATERPILAR": "I – O 'caterpilar' é um veículo cuja actividade de funcionamento é perigosa. II – Para obstar ao dever de indemnização com a utilização de tal máquina o lesante tem o ónus de provar que não teve culpa. III – Esse ónus não é cumprido quando se utilizou tal máquina em escavações em Lisboa para a construção de um lote sem solicitar aos TLP uma planta de rede telefónica que veio a ser danificada." *(Acórdão do Supremo Tribunal de Justiça, de 95.12.12, Col. Jurisp., 1995, Tomo III, pág. 153)*

CONTAGEM DOS JUROS; MORA: "I – Na indemnização devida por acidente de viação, os juros contam-se, em princípio, desde a citação e não são capitalizados. II – Após o trânsito em julgado da decisão que condenou em indemnização acrescem juros à taxa anual de 5%, nos termos do n.º 4 do artigo 829.º-A do Código Civil. II – Mas esses juros dividem-se em partes iguais pelo lesado e pelo Estado. III – Se a embargante calculava por excesso o que tinha a pagar ao embargado, para além de efectuar ilegal retenção de juros a título de IRS, mesmo assim não incorre em mora se lhe ofereceu quantia superior ao que tinha a pagar e que foi recusada a pretexto da retenção dos juros." *(Acórdão do Supremo Tribunal de Justiça, de 96.01.09, Col. Jurisp., Acórdãos do Sup. Trib. Just., 1996, Tomo I, pág. 40)*

INDEMNIZAÇÃO A ALIMENTANTE DO LESADO; SEPARAÇÃO DE FACTO: "I – Têm direito à indemnização não só as pessoas que no momento da lesão podiam exigir alimentos do lesado, como os que só mais tarde poderiam vir a ter esse direito. II – A mulher separada de facto do seu marido só tem direito à indemnização pela morte dele se alegar e provar que tinha direito a exigir-lhe alimentos." *(Acórdão do Supremo Tribunal de Justiça, de 96.02.29, Col. Jurisp., 1996, Tomo IV, pág. 104)*

LEGITIMIDADE; ÓNUS DE ALEGAR E PROVAR: "I – Não estamos perante excepção dilatória de ilegitimidade o saber quem são os titulares do direito a indemnização por danos não patrimoniais por morte da vítima. II – Tais danos nascem, por direito próprio, na titularidade das pessoas designadas pela lei. III – Tais pessoas apenas têm de alegar serem titulares de um direito de indemnização por danos não patrimoniais por morte da vítima, cabendo à Ré alegar e provar factos extintivos de tal direito, como a existência de outros herdeiros." *(Acórdão do Supremo Tribunal de Justiça, de 96.05.09, Col. Jurisp., Acórdãos do Sup. Trib. Just., 1996, Tomo II, pág. 58)*

RENÚNCIA PRÉVIA AO DIREITO DE INDEMNIZAÇÃO: "I – O princípio da reposição natural quanto à obrigação de indemnização conduz à indemnização em dinheiro sempre que o prejuízo causado ao devedor seja consideravelmente superior ao sofrido pelo credor com a não verificação de tal obrigação. II – O credor terá direito não só ao valor da coisa, antes de danificada, mas ainda ao dano traduzido em não manter o uso da mesma sem a devida reposição. III – Este valor do dano será apreciado segundo princípios de equidade. IV – Em princípio, não é vedada a renúncia prévia ao direito de indemnização por lucros cessantes, através de cláusulas limitativas de responsabilidade contratual." *(Acórdão do Supremo Tribunal de Justiça, de 96.05.09, Col. Jurisp., Acórdãos do Sup. Trib. Just., 1996, Tomo II, pág. 61)*

DANOS NÃO PATRIMONIAIS; PEDIDO GENÉRICO: "Tendo-se formulado pedido genérico para os danos não patrimoniais, nada impede que na própria acção se liquidem esses danos, após a determinação das consequências do acidente, através do incidente de liquidação previsto nos artigos 378.º a 380.º do Código de Processo Civil, com o inerente adicionamento dos factos relevantes ao questionário." *(Acórdão da Relação de Coimbra, de 96.05.21, Bol. Min. Just. n.º 457, pág. 452)*

BRISA; RESPONSABILIDADE EXTRA-CONTRATUAL: "A responsabilidade da Brisa pelas consequências dos acidentes estradais afere-se pelas regras estabelecidas no Código Civil para a responsabilidade extra-contratual a qual se desdobra na responsabilidade por factos ilícitos, pelo risco e por intervenções ilícitas." *(Acórdão da Relação do Porto, de 96.09.24, Col. Jurisp., 1996, Tomo IV, pág. 197)*

RESPONSABILIDADE CIVIL DA BRISA: "A responsabilidade civil assacável à Brisa, relativamente a acidentes de viação, por força de circunstâncias relativas às auto-estradas, assenta em culpa e não em responsabilidade objectiva, atentas as regras aprovadas pelo Dec.-Lei 315/91." *(Acórdão da Relação de Lisboa, de 96.10.31, Col. Jurisp., 1996, Tomo IV, pág. 149)*

INTERRUPÇÃO DA PRESCRIÇÃO: "Tendo a seguradora, antes de decorrido o prazo da prescrição, colocado à disposição do lesado determinada quantia para a reparação dos danos, ainda que inferior à pretendida, tem-se por interrompida a prescrição, começando a correr novo prazo a partir da data em que a oferta foi feita." *(Acórdão da Relação de Coimbra, de 96.11.06, Bol. Min. Just. n.° 461, pág. 529)*

ACIDENTE PROVOCADO POR RETROESCAVADORA: "I – 'Acidente de viação' é todo o acidente de circulação automóvel. II – Tanto pode ocorrer em vias públicas como particulares e até em locais, em princípio, não destinados à circulação. III – A responsabilidade civil por danos provocados por uma retroescavadora, na sua função de escavação e não enquanto veículo circulante não emerge de um acidente de viação (inaplicável, por isso, o artigo 29.°, n.° 1, al. a) do Dec.--Lei 522/85" *(Acórdão da Relação de Coimbra, de 96.12.12, Col. Jurisp., 1996, Tomo V, pág. 139)*

FORÇA E AUTORIDADE DE CASO JULGADO: "I – A excepção de caso julgado tem como finalidade evitar a repetição de causas, encontrando-se os seus requisitos taxativamente enumerados no artigo 498.° do Código de Processo Civil: identidade de sujeitos, de pedido e de causa de pedir. II – A autoridade de caso julgado pressupõe a decisão de certa questão que não pode voltar a ser discutida, não sendo necessário, para que actue, a coexistência das três identidades referidas no artigo 498.°. III – Se num primeiro processo, por acidente de viação, proposto contra a companhia seguradora a questão da culpa foi decidida favoravelmente ao demandante e transitou em julgado, seria ferir a autoridade de caso julgado, considerar numa segunda acção, com outra causa de pedir, proposta pelo mesmo Autor, contra a mesma Ré e outros, que não se provou a culpa, apesar de se ter provado que o acidente ocorreu dentro do mesmo condicionalismo fixado em ambos os processos." *(Acórdão da Relação de Coimbra, de 97.01.21, Col. Jurisp., 1997, Tomo I, pág. 22)*

OBRIGAÇÕES DA BRISA; CULPA E NEXO DE CAUSALIDADE: "I – A Brisa está obrigada a assegurar permanentemente as boas condições de segurança e comodidade nas auto-estradas. II – Havendo um lençol de água na auto-estrada, criando uma força que prendeu as rodas do lado direito do automóvel que aí circulava e o levou a sair da via, rodando para a direita, quando seguia a 90 Km/h, há deficiente escoamento e nexo de causalidade entre a água acumulada e o despiste pelo qual a Brisa é responsável." *(Acórdão da Relação de Coimbra, de 97.03.18, Col. Jurisp., 1997, Tomo II, pág. 32)*

REBOQUE E SEMI-REBOQUE SEGURADOS POR COMPANHIAS DIFERENTES: "I – O tractor e semi-reboque constituem um veículo único e obrigam as seguradoras de ambas as peças se forem diferentes. II – A incapacidade permanente parcial para o trabalho é de índole patrimonial e consiste numa redução da capacidade de trabalho. III – Tendo o autor 33 anos à data do acidente, era soldado da G.N.R., esteve internado em reanimação, cirurgia e queimados, ficou com quase metade do corpo com cicatrizes de queimaduras, perdeu parte dos pavilhões auriculares, teve um *quantum doloris* de 5 numa escala de 1 a 7 e as cicatrizes são de grau 6 numa escala que vai até 7, deve-lhe ser arbitrada a indemnização de 3.000.000$00 por danos não patrimoniais." *(Acórdão da Relação de Coimbra, de 97.10.14, Col. Jurisp., 1997, Tomo IV, pág. 34)*

LIMITES DO MONTANTE INDEMNIZATÓRIO; UNIÃO DE FACTO: "I – Em caso de colisão não culposa de veículos, muito embora o artigo 506.º, n.º 1, do Código Civil, se refira apenas 'aos danos causados pela colisão nos próprios veículos (em ambos ou em um deles apenas)', mediante a interpretação extensiva (que deverá fazer-se) abrange também 'todos os prejuízos que tenham tido como causas concorrentes os riscos próprios dos dois veículos' e ainda as pessoas transportadas em qualquer dos veículos e as coisas por elas neles transportadas. II – Nessas situações, a que alude o citado artigo 506.º, o montante das indemnizações está sujeito aos limites estipulados pelo artigo 508.º do Código Civil. III – E esses limites máximos só operam depois de repartida a responsabilidade pela forma determinada no referido artigo 506.º. IV – Não obstante se não encontrarem na acção todas as pessoas com direito a indemnização a que alude o artigo 496.º, n.º 2, do Código Civil, tal não obsta a que o Tribunal fixe, desde logo, a quota indemnizatória dos presentes. V – É que apesar da lei, naquele artigo, usar a expressão 'em conjunto', tal não significa que o Tribunal não deva discriminar a parte que concretamente cabe a cada um dos beneficiários, de acordo com os danos por eles sofridos, já que 'terem direito à indemnização em conjunto' significa que os descendentes não são chamados só na falta do cônjuge, como sucede com os beneficiários do 2.º e 3.º grupos indicados no mesmo n.º 2, para os quais vigora o princípio do chamamento sucessivo. VI – O consorte marital que com o falecido vivia em união de facto (há vários anos) tem, ao abrigo do n.º 3 do artigo 495.º do Código Civil, direito a ser indemnizado pela perda dos alimentos que aquele lhe prestava." *(Acórdão do Supremo Tribunal de Justiça, de 97.10.14, Col. Jurisp., Acórdãos do Sup. Trib. Just., 1997, Tomo III, pág. 61)*

RESPONSABILIDADE OBJECTIVA; LIMITE DA INDEMNIZAÇÃO: "I – Não se demonstrando as circunstâncias concretas em que ocorreu o acidente, a responsabilidade extra-contratual é objectiva. II – Fixado o montante da indemnização em montante superior ao permitido pela lei, mas não tendo havido recurso do facto é aquele montante que deve ser considerado. III – O direito a indemnização quanto a danos não patrimoniais, não pode ser reclamado pelos pais da vítima, se ela era casada ao tempo do acidente. IV – A indemnização por perda do direito à vida tem natureza hereditária, sendo direito próprio do cônjuge e não dos pais da vítima." *(Acórdão do Supremo Tribunal de Justiça, de 98.01.29, Col. Jurisp., Acórdãos do Sup. Trib. Just., 1998, Tomo I, pág. 46)*

ASSISTÊNCIA HOSPITALAR: "Executada apenas a Seguradora por dívida emergente de prestação de serviços de assistência hospitalar por acidente de viação, e tendo embargado com base em que a colisão dos dois veículos se devera, não ao seu segurado, mas exclusivamente a culpa do outro condutor – o assistido – o que não conseguiu provar, há que aplicar o disposto no artigo 506.° do Código Civil, considerando-se igual a culpa de cada um dos condutores e a medida da contribuição de cada um dos veículos para os danos." *(Acórdão da Relação do Porto, de 98.02.05, Col. Jurisp., 1998, Tomo I, pág. 207)*

INDEMNIZAÇÃO; SALVADOS: "I – A indemnização, não havendo reconstituição natural, opera-se pelo pagamento em dinheiro da importância correspondente ao valor do bem antes do acidente. II – Não há, assim, que deduzir o valor dos salvados no valor da indemnização nem que transferir para o lesado o risco da respectiva venda. III – Mas tudo se passa como se o responsável pela indemnização adquirisse o veículo ou o que dele restasse, ao lesado, pelo valor do mesmo antes do acidente, tendo, por isso, direito à entrega do mesmo. IV – Devem ainda ser considerados da conta dos responsáveis pela indemnização as possíveis despesas e custos que devam ser suportados para conseguir a viatura de substituição." *(Acórdão da Relação de Évora, de 98.02.12, Col. Jurisp., 1998, Tomo I, pág. 270)*

ACIDENTE DE VIAÇÃO; UNIÃO DE FACTO: INAPLICABILIDADE DO ARTIGO 496.°, N.° 2, DO CÓDIGO CIVIL: "I – Não é inconstitucional o n.° 2 do artigo 496.° do Código Civil, ao não contemplar a chamada união de facto. II – O princípio da igualdade não recusa as distinções, podendo o legislador estabelecer distinções de tratamento desde que para elas exista fundamento material. III – O que o princípio recusa é o arbítrio legislativo, ou seja, à luz de tal princípio, inconstitucionais são apenas as distinções de tratamento que a lei estabeleça e que sejam manifestamente irrazoáveis, irracionais. IV – No caso não existem razões materiais capazes de explicar, de tornar racionalmente aceitável, a atribuição do direito de indemnização ao ex-cônjuge e de não prever outro tanto para o ex-companheiro de facto. V – A doutrina do Assento do S.T.J. de 23/04/87 foi declarada inconstitucional, com força obrigatória geral, apenas por violação do princípio da não discriminação dos filhos, contido no art. 36.°, n.° 4 da Constituição, e não por ter sido preterida a equiparação da união de facto à relação matrimonial. VI – O art. 67.° da Constituição *não proíbe* que o legislador dispense certa protecção à *união de facto*, mas o que *não lhe impõe* é que o faça. VII – O direito à vida é um direito ao *respeito* da vida perante as outras pessoas, é um direito a exigir um comportamento negativo dos outros. VIII – Atentar contra o direito ao respeito da vida produz um dano – a morte – superior a qualquer outro no plano dos interesses da ordem jurídica, sendo o prejuízo supremo. IX – A morte é um dano único que absorve os outros prejuízos não patrimoniais, pelo que o montante da sua indemnização deve ser superior à soma dos montantes de todos os outros danos imagináveis. X – Não há que distinguir os juros devidos na indemnização por danos patrimoniais dos devidos na indemnização por danos não patrimoniais, sendo em princípio, e em ambos os casos, devidos a partir da citação. XI – Mas já assim não será se a fixação da indemnização se tiver reportado à data posterior à citação pois, para não haver duplicação de valores, será a partir desta data que serão devidos." *(Acórdão do Supremo Tribunal de Justiça, de 98.04.23, Col. Jurisp., Acórdãos do Sup. Trib. Just., 1998, Tomo II, pág. 49)*

SUB-ROGAÇÃO PELO CENTRO NACIONAL DE PENSÕES: "I – O subsídio por morte e as pensões de sobrevivência têm uma função reparadora, visando fazer face ao acréscimo de despesas e à diminuição de rendimentos do agregado familiar do falecido. II – Nos termos do artigo 16.° da Lei n.° 28/84, o Centro Nacional de Pensões tem direito de sub-rogação contra o terceiro responsável pelo acidente de viação (e/ou respectiva seguradora), quanto ao subsídio por morte e pensões de sobrevivência que tenha pago aos familiares do beneficiário falecido. III – Os valores a esse título pagos são dedutíveis nas verbas indemnizatórias a arbitrar aos respectivos familiares, em sede de responsabilidade civil pelo acidente de viação." *(Acórdão da Relação de Évora, de 98.05.12, Actualidade Jurídica, Ano II, n.° 18, pág. 28)*

CUSTO DA REPARAÇÃO SUPERIOR AO VALOR COMERCIAL DO VEÍCULO; MEDIDA DA INDEMNIZAÇÃO: "I – Não se provando que o lesado poderia adquirir no mercado um veículo em tudo idêntico ao sinistrado por preço igual ao valor comercial deste último, deve a seguradora que o não mandou reparar, pagar àquele lesado a quantia necessária a essa reparação ainda que o respectivo montante seja superior ao do referido valor comercial. II – São indemnizáveis como danos não patrimoniais os simples incómodos que resultam da privação dum veículo para o seu proprietário enquanto se aguarda a sua reparação." *(Acórdão da Relação de Lisboa, de 98.06.04, Col. Jurisp., 1998, Tomo III, pág. 123)*

NOVO PEDIDO DE INDEMNIZAÇÃO NO FORO CÍVEL, DEPOIS DA ACÇÃO PENAL: "Tendo sido intentada acção penal, por crime de homicídio involuntário (acidente de viação), e tendo os titulares do direito a indemnização aí formulado pedido de indemnização apenas quanto a certo ou certos danos, ficam inibidos de, depois, no foro cível, peticionarem indemnizações por outros danos." *(Acórdão do Supremo Tribunal de Justiça, de 98.07.02, Col. Jurisp., Acórdãos do Sup. Trib. Just., 1998, Tomo II, pág. 167)*

INDEMNIZAÇÃO; JUROS: I – O recurso a fórmulas matemáticas, onde entram como variáveis as taxas de juros, tempo provável da vida do lesado e salários auferidos ao tempo do acidente, perda total ou parcial da capacidade laboral, constitui apenas critério auxiliar da determinação da indemnização ajustada aos danos, sabido que as taxas de juro e os salários não são dados fixos e imutáveis e a duração da vida humana é imprevisível. II – No que respeita aos danos não patrimoniais, nos termos dos arts. 496.°, n.° 3 e 494.° do Código Civil para a sua determinação equitativa há que atender à natureza e intensidade do dano causado, grau de culpa do responsável e do lesado, a situação económica do responsável e do lesado e demais circunstâncias que seja equitativo ter em conta. A respectiva indemnização deve equivaler à quantia considerada necessária para proporcionar ao lesado prazeres compensatórios do dano. III – Há lugar a juros desde a citação desde que no cálculo da indemnização não se tenha procedido a qualquer actualização por depreciação da moeda, no tempo de corrido entre a citação e a decisão de 1ª instância." *(Acórdão do Supremo Tribunal de Justiça, de 98.07.02, Actualidade Jurídica, Ano II, n.° 22, pág. 13)*

TRACTOR AGRÍCOLA COM REBOQUE; SEGURO APENAS DO TRACTOR: I – A responsabilidade para com terceiros decorrente da circulação do conjunto tractor-reboque deve resultar do somatório dos seguros das duas componentes, havendo-os. II – Encontrando-se abrangido pelo seguro apenas o tractor agrícola, nem, por isso, a respectiva Seguradora fica excluída da responsabilidade de indemnizar, desde que verificados os respectivos pressupostos, a viúva e filhas de passageiro que cai do reboque quando este circulava atrelado ao tractor conduzido por comissário e com culpa presumida deste, e é morto pelo respectivo rodado, impondo-se, apenas, uma redução dessa indemnização a fixar equitativamente. III – Tal indemnização tem cabimento mesmo que naquele transporte haja infracção às regras relativas ao transporte de passageiros constantes do Código da Estrada, salvo, apenas, quanto às lesões materiais causada ao passageiro, que não podem ser exigidas no âmbito do seguro obrigatório." *(Acórdão da Relação do Porto, de 98.11.12, Col. Jurisp., 1998, Tomo V, pág. 188)*

ACIDENTE EM AUTO-ESTRADA; RESPONSABILIDADE DA CONCESSIONÁRIA DA EXPLORAÇÃO: "I – A obrigação da "BRISA" de proceder à conservação das auto-estradas e de assegurar boas condições de segurança--comodidade, sujeitando-se a responsabilidade civil, é uma obrigação assumida para com o concedente e não para com terceiros. II – Nas relações com terceiros regem os princípios gerais da responsabilidade civil. III – Consequentemente, se numa auto-estrada houve um acidente de viação, provocado pela entrada inopinada à via de um canídeo, cabe ao lesado provar a culpa da concessionária "BRISA" no aparecimento do canídeo na auto-estrada." *(Acórdão da Relação do Porto, de 98.12.02, Col. Jurisp., 1998, Tomo V, pág. 207)*

CRIME DE CONDUÇÃO PERIGOSA; CASSAÇÃO DE LICENÇA DE CONDUÇÃO; INTERDIÇÃO DE LICENÇA DE CONDUÇÃO: "Não merece censura a cassação de licença de condução e a interdição de licença de condução de qualquer tipo de veículo aplicadas a arguido que, à noite, no exercício da condução de um auto-pesado de mercadorias, iniciou uma perseguição a um veículo ligeiro, dirigindo-lhe as luzes de máximos, buzinando insistentemente, e, depois do veículo ligeiro ter parado para o deixar passar, manteve o pesado à frente do veículo ligeiro e quando este o tentou ultrapassar, depois de retomar a marcha, quando se encontravam a par, dirigiu o veículo pesado para a esquerda para impedir o veículo ligeiro de o passar, manobra que repetiu." *(Acórdão da Relação de Coimbra, de 98.12.10, Col. Jurisp., 1998, Tomo V, pág. 60)*

FALTA DE CAPACETE DE PROTECÇÃO; ÓNUS DA PROVA DOS DANOS EM TAL SITUAÇÃO: "I – Em acidente de viação a falta de capacete de protecção da vítima só releva, para efeitos do n.º 1 do artigo 570.º do Código Civil, quando o acidente é imputável ao condutor do veículo de duas rodas (e já não quando o mesmo é da responsabilidade de terceiro). II – Nesses casos, é sobre a vítima-autora que impende o ónus de alegar e provar que, não obstante a sua falta de capacete, as lesões por si sofridas, e com a gravidade atingida, teriam, na mesma, ocorrido, caso levasse o capacete protector. III – O cálculo da indemnização do dano patrimonial, lucros cessantes, presentes e futuros, derivados da incapacidade de que o autor ficou a sofrer tem de ser feito, no que aos futuros diz respeito, com recurso à equidade. IV – Nesse julgamento de equidade não podem deixar de entrar circunstâncias, tais como: a expectativa de duração de vida da vítima, a sua expectativa de progressão na carreira profissional (se for caso disso), e a flutuação do valor da moeda. V – A indemnização em dinheiro do dano futuro de incapacidade permanente deverá corresponder a um capital produtor do rendimento que a vítima irá perder, mas que se extingue no final do período provável de vida. VI – Tendo o juiz fixado o montante de indemnização monetária aferido pelo valor que a moeda tem à data da decisão final proferida em 1ª instância (e, portanto, já actualizada), sobre o mesmo só devem acrescer juros de mora, a partir da data de prolação de tal decisão." *(Acórdão do Supremo Tribunal de Justiça, de 98.12.15, Col. Jurisp., Acórdãos do Supremo Tribunal de Justiça, 1998, Tomo III, pág. 155)*

ARTIGO 2.º
(Sujeitos da obrigação de seguro)

**1. A obrigação de segurar impende sobre o proprietário do veículo, exceptuando-se os casos de usufruto, venda com reserva de propriedade e regime de locação financeira, em que a referida obrigação recai, respectivamente, sobre o usufrutuário, adquirente ou locatário.
2. Se qualquer outra pessoa celebrar, relativamente ao veículo, contrato de seguro que satisfaça o disposto no presente diploma, fica suprida, enquanto o contrato produzir efeitos, a obrigação das pessoas referidas no número anterior.
3. Estão ainda obrigados os garagistas, bem como quaisquer pessoas ou entidades que habitualmente exerçam a actividade de fabrico, montagem ou transformação, de compra e ou venda, de reparação, de desempanagem ou de controle do bom funcionamento de veículos, a segurar a responsabilidade civil em que incorrem quando utilizem, por virtude das suas funções, os referidos veículos no âmbito da sua actividade profissional.
4. Podem ainda, nos termos que vierem a ser aprovados por norma regulamentar do Instituto de Seguros de Portugal, ser celebrados seguros de automobilista.**

EVOLUÇÃO LEGISLATIVA

* Este preceito é redacção do Decreto-Lei n.º 522/85, de 31.12.
* O n.º 1 corresponde ao n.º 1 do artigo 3.º do Decreto-Lei n.º 408/79, de 25.09.

REMISSÕES

1. Direito de propriedade – arts. 1302.º segs. CC; usufruto – arts.1439.º segs. CC; reserva de propriedade nos contratos de alienação – art. 409.º CC; venda a prestações com reserva de propriedade – art. 934.º CC; regime jurídico da locação financeira – Decreto-Lei n.º 149/95, de 24 de Junho.

LEGISLAÇÃO COMPLEMENTAR

REGIME JURÍDICO DO CONTRATO DE LOCAÇÃO FINANCEIRA: DECRETO-LEI N.º 149/95, DE 24 DE JUNHO

Artigo 1.º (Noção)
Locação financeira é o contrato pelo qual uma das partes se obriga, mediante retribuição, a ceder à outra o gozo temporário de uma coisa, móvel ou imóvel, adquirida ou construída por indicação desta, e que o locatário poderá comprar, decorrido o período acordado, por um preço nele determinado ou determinável mediante simples aplicação dos critérios nele fixados.

Artigo 2.º (Objecto)
1. A locação financeira tem como objecto quaisquer bens susceptíveis de serem dados em locação.
2. Quando o locador construa, em regime de direito de superfície, sobre terreno do locatário, este direito presume-se perpétuo, sem prejuízo da faculdade de aquisição pelo proprietário do solo, nos termos gerais.

Artigo 3.º (Forma e publicidade)
1. Os contratos de locação financeira podem ser celebrados por documento particular, exigindo-se, no caso de bens imóveis, reconhecimento notarial presencial das assinaturas das partes.
2. A locação financeira de bens imóveis ou de móveis registáveis fica sujeita a inscrição na competente conservatória.

Artigo 4.º (Rendas e valor residual)
1. A renda deve permitir, dentro do período de vigência do contrato, a recuperação de mais de metade do capital correspondente ao valor do bem locado e cobrir todos os encargos e a margem de lucro do locador, correspondendo o valor residual do bem ao montante não recuperado.
2. Compete ao Banco de Portugal estabelecer os limites mínimos e máximos do valor residual, tendo em atenção, designadamente, a evolução da economia portuguesa e do sector da actividade de locação financeira.
3. Enquanto o Banco de Portugal não fizer uso da competência a que se refere o número antecedente, o valor residual não pode ser inferior a 2% do valor do bem locado e, relativamente aos bens móveis, não pode ser superior a 25%.
4. A data de vencimento da primeira renda não pode ultrapassar o decurso de um ano sobre a data a partir da qual o contrato produz efeitos.
5. Entre o vencimento de cada renda não pode mediar mais de um ano.
6. O valor de cada renda não pode ser inferior ao valor dos juros correspondentes ao período a que a renda respeite.

Artigo 5.° (Redução das rendas)
Se, por força de incumprimento de prazos ou de quaisquer outras cláusulas contratuais por parte do fornecedor dos bens ou do empreiteiro ou ainda de funcionamento defeituoso ou de rendimento inferior ao previsto dos equipamentos locados, se verificar, nos termos da lei civil, uma redução do preço das coisas fornecidas ou construídas, deve a renda a pagar pelo locatário ser proporcionalmente reduzida.

Artigo 6.° (Prazo)
1. A locação financeira de coisas móveis não pode ser celebrada por prazo inferior a 18 meses, sendo de 7 anos o prazo mínimo da locação financeira de imóveis.
2. O prazo de locação financeira de coisas móveis não deve ultrapassar o que corresponder ao período presumível de utilização económica da coisa.
3. O contrato de locação financeira não pode ter duração superior a 30 anos, considerando-se reduzido a este limite quando superior.
4. Não havendo estipulação de prazo, aplicam-se os prazos previstos no n.° 1.

Artigo 7.° (Destino do bem findo o contrato)
Findo o contrato por qualquer motivo e não exercendo o locatário a faculdade de compra, o locador pode dispor do bem, nomeadamente vendendo-o ou dando-o em locação ou locação financeira ao anterior locatário ou a terceiro.

Artigo 8.° (Vigência)
1. O contrato de locação financeira produz efeitos a partir da data da sua celebração.
2. As partes podem, no entanto, condicionar o início da sua vigência à efectiva aquisição ou construção, quando disso seja caso, dos bens locados, à sua tradição a favor do locatário ou a quaisquer outros factos.

Artigo 9.° (Posição jurídica do locador)
1. São, nomeadamente, obrigações do locador:
a) Adquirir ou mandar construir o bem a locar;
b) Conceder o gozo do bem para os fins a que se destina;
c) Vender o bem ao locatário, caso este queira, findo o contrato;
2. Para além dos direitos e deveres gerais previstos no regime da locação que não se mostrem incompatíveis com o presente diploma, assistem ao locador financeiro, em especial e para além do estabelecido no número anterior, os seguintes direitos:
a) Defender a integridade do bem, nos termos gerais de direito;
b) Examinar o bem, sem prejuízo da actividade normal do locatário;
c) Fazer suas, sem compensações, as peças ou outros elementos acessórios incorporados no bem pelo locatário.

Artigo 10.º (Posição jurídica do locatário)
1. São, nomeadamente, obrigações do locatário:
a) Pagar as rendas;
b) Facultar ao locador o exame do bem locado;
c) Não aplicar o bem a fim diverso daquele a que ele se destina ou movê-lo para local diferente do contratualmente previsto, salvo autorização do locador;
d) Assegurar a conservação do bem e não fazer dele uma utilização imprudente;
e) Realizar as reparações, urgentes ou necessárias, bem como quaisquer obras ordenadas pela autoridade pública;
f) Não proporcionar a outrem o gozo total ou parcial do bem por meio da cessão onerosa ou gratuita da sua posição jurídica, sublocação ou comodato, excepto se a lei o permitir ou o locador a autorizar;
g) Comunicar ao locador, dentro de 15 dias, a cedência do gozo do bem, nos termos da alínea anterior;
h) Avisar imediatamente o locador, sempre que tenha conhecimento de vícios no bem ou saiba que o ameaça algum perigo ou que terceiros se arrogam direitos em relação a ele, desde que o facto seja ignorado pelo locador;
i) Efectuar o seguro do bem locado, contra o risco da sua perda ou deterioração e dos danos por ele provocados;
j) Restituir o bem locado, findo o contrato, em bom estado, salvo as deteriorações inerentes a uma utilização normal, quando não opte pela sua aquisição.
2. Para além dos direitos e deveres gerais previstos no regime da locação que não se mostrem incompatíveis com o presente diploma, assistem ao locatário financeiro, em especial, os seguintes direitos:
a) Usar e fruir o bem locado;
b) Defender a integridade do bem e o seu gozo, nos termos do seu direito;
c) Usar das acções possessórias, mesmo contra o locador;
d) Onerar, total ou parcialmente, o seu direito, mediante autorização expressa do locador;
e) Adquirir o bem locado, findo o contrato, pelo preço estipulado.

Artigo 11.º (Transmissão das posições jurídicas)
1. Tratando-se de bens de equipamento, é permitida a transmissão entre vivos, da posição de locatário, nas condições previstas pelo artigo 115.º do Decreto-Lei n.º 321-B/90, de 15 de Outubro, e a transmissão por morte, a título de sucessão legal ou testamentária, quando o sucessor prossiga a actividade profissional do falecido.
2. Em qualquer dos casos, pode o locador opor-se à transmissão da posição contratual, provando não oferecer o cessionário garantias bastantes à execução do contrato.
3. Não se tratando de bens de equipamento, a posição do locatário pode ser transmitida nos termos previstos para a locação.

4. O contrato de locação financeira subsiste para todos os efeitos nas transmissões da posição contratual do locador, ocupando o adquirente a mesma posição jurídica do seu antecessor.

Artigo 12.º *(Vícios do bem locado)*
O locador não responde pelos vícios do bem locado ou pela sua inadequação face aos fins do contrato, salvo o disposto no artigo 1034.º do Código Civil.

Artigo 13.º *(Relações entre o locatário e o vendedor ou o empreiteiro)*
O locatário pode exercer contra o vendedor ou o empreiteiro, quando disso seja caso, todos os direitos relativos ao bem locado ou resultantes do contrato de compra e venda ou de empreitada.

Artigo 14.º *(Despesas)*
Salvo estipulação em contrário, as despesas de transporte e respectivo seguro, montagem, instalação e reparação do bem locado, bem como as despesas necessárias para a sua devolução ao locador, incluindo as relativas aos seguros, se indispensáveis, ficam a cargo do locatário.

Artigo 15.º *(Risco)*
Salvo estipulação em contrário, o risco de perda ou deterioração do bem corre por conta do locatário.

Artigo 16.º *(Mora no pagamento das rendas)*
1. A mora no pagamento de uma prestação de renda por um prazo superior a 60 dias permite ao locador resolver o contrato, salvo convenção em contrário a favor do locatário.

2. O locatário pode precludir o direito à resolução, por parte do locador, procedendo ao pagamento do montante em dívida, acrescido de 50%, no prazo de oito dias contados da data em que for notificado pelo locador da resolução do contrato.

Artigo 17.º *(Resolução do contrato)*
O contrato de locação financeira pode ser resolvido por qualquer das partes, nos termos gerais, com fundamento no incumprimento das obrigações da outra parte, não sendo aplicáveis as normas especiais, constantes da lei civil, relativas à locação.

Artigo 18.º *(Casos específicos de resolução do contrato)*
O contrato de locação financeira pode ainda ser resolvido pelo locador nos casos seguintes:
　a) Dissolução ou liquidação da sociedade locatária;
　b) Verificação de qualquer dos fundamentos de declaração de falência do locatário.

Artigo 19.º (Garantias)
Podem ser constituídas a favor do locador quaisquer garantias, pessoais ou reais, relativas aos créditos de rendas e dos outros encargos ou eventuais indemnizações devidas pelo locatário.

Artigo 20.º (Antecipação das rendas)
A antecipação das rendas, a título de garantia, não pode ser superior a um semestre, devendo ser acordada e cumprida no início da vigência do contrato.

Artigo 21.º (Providência cautelar de entrega judicial e cancelamento de registo)
1. Se, findo o contrato por resolução ou pelo decurso do prazo sem ter sido exercido o direito de compra, o locatário não proceder à restituição do bem ao locador, pode este requerer ao tribunal providência cautelar consistente na sua entrega imediata ao requerente e no cancelamento do respectivo registo de locação financeira, caso se trate de bem sujeito a registo.
2. Com o requerimento, o locador oferecerá prova sumária dos requisitos previstos no número anterior.
3. O tribunal ouvirá o requerido sempre que a audiência não puser em risco sério o fim ou a eficácia da providência.
4. O tribunal ordenará a providência requerida se a prova produzida revelar a probabilidade séria da verificação dos requisitos referidos no n.º 2, podendo, no entanto, exigir que o locador preste caução adequada.
5. A caução pode consistir em depósito bancário à ordem do tribunal ou em qualquer outro meio legalmente admissível.
6. Decretada a providência e independentemente da interposição de recurso pelo locatário, o locador pode dispor do bem, nos termos previstos no artigo 7.º.
7. No caso previsto no número anterior, o locatário tem direito a ser indemnizado dos prejuízos que sofrer se, por decisão transitada em julgado, a providência vier a ser julgada injustificada pelo tribunal ou caducar.
8. São subsidiariamente aplicáveis a esta providência as disposições gerais sobre providências cautelares, previstas no Código de Processo Civil, em tudo o que não estiver especialmente regulado no presente diploma.
9. O disposto nos números anteriores não é aplicável aos contratos de locação financeira que tenham por objecto bens imóveis.

Artigo 22.º (Operações anteriores ao contrato)
Quando, antes de celebrado um contrato de locação financeira, qualquer interessado tenha procedido à encomenda de bens, com vista a contrato futuro, entende-se que actua por sua conta e risco, não podendo o locador ser, de algum modo, responsabilizado por prejuízos eventuais decorrentes da não conclusão do contrato, sem prejuízo do disposto no artigo 227.º do Código Civil.

Artigo 23.º (Operações de natureza similar)
Nenhuma entidade pode realizar, de forma habitual, operações de natureza

similar ou com resultados económicos equivalentes aos dos contratos de locação financeira.

JURISPRUDÊNCIA

GUARDA DE VEÍCULO PARA REPARAÇÃO: "Não existe a presunção de culpa a que se refere o n.º 1 do artigo 493.º do Código Civil, se a viatura causadora dos danos era conduzida, no momento em que ocorreu o acidente, por um estranho que a subtraiu, quando ela se achava estacionada na via pública, onde fora colocada, com o vidro do lado do condutor aberto e a chave de ignição no lugar, pela empresa a quem o seu proprietário a havia confiado para reparação. II – Num tal caso, é o proprietário admitido a provar que a culpa pertence à empresa que a tinha à sua guarda para reparação." *(Acórdão da Relação do Porto, de 81.03.24, Col. Jurisp., 1981, Tomo II, pág. 92)*

ACIDENTE PROVOCADO POR EMPREGADO; SEGURO DE GARAGISTA: "I – A firma proprietária de uma garagem de reparação de veículos automóveis, a quem haja sido confiado um veículo automóvel para reparação, responde por perdas e danos causados a terceiros enquanto o veículo lhe estiver confiado. II – Para garantir o pagamento das indemnizações devidas aos lesados, é tal firma obrigada por lei a efectuar um seguro. III – Assim, se um empregado do garagista a quem o veículo fora entregue para reparação, ao introduzir este na oficina, atropelou mortalmente um peão com culpa sua, sem que o garagista tenha feito aquele seguro, é ao Fundo de Garantia Automóvel – e não à companhia seguradora do dono do veículo – que compete satisfazer o pagamento das indemnizações devidas aos lesados." *(Acórdão da Relação do Porto, de 91.02.06, Col. Jurisp., 1991, Tomo I, pág. 265)*

SEGURO DE GARAGISTA: "I – O seguro obrigatório previsto no artigo 41.º, n.º 1 do Dec.-Lei n.º 522/85, de 31.12, abrange: *a)* Os seguros obrigatórios existentes à data da sua entrada em vigor; *b)* Os seguros facultativos existentes à data da sua entrada em vigor de responsabilidade civil de circulação automóvel cujos destinatários sejam pessoas transportadas no veículo seguro; *c)* Os seguros facultativos anteriores, de responsabilidade civil por danos de circulação automóvel utilizada no âmbito das actividades profissionais referida no n.º 3 do seu artigo 2.º. II – Assim, não abrange o seguro de garagista quando os danos são provenientes de acidente de viação em que um mecânico da garagem vai experimentar o carro reparado." *(Acórdão do Supremo Tribunal de Justiça, de 93.07.08, Col. Jurisp., 1993, Tomo II, pág. 192)*

VEÍCULO REQUISITADO À LOCADORA POR COMPANHIA DE SEGUROS: "I – Ainda que um veículo tenha sido requisitado à locadora, por uma

Companhia de Seguros que, simultaneamente, se tenha comprometido a pagar o respectivo aluguer durante certo período, o locatário é no entanto quem subscreve o respectivo contrato e se responsabiliza pelo pagamento do aluguer, para além daquele período. II – E é o locatário que responde perante a locadora pelas consequências emergentes do acidente de viação sofrido pelo veículo alugado, desde que não prove que a causa dos danos não lhe é imputável." *(Acórdão da Relação de Lisboa, de 95.01.29, Col. Jurisp., 1995, Tomo I, pág. 109)*

CONTRATO DE TRANSPORTE: "I – Não se compreende no âmbito da actividade de transitário providenciar para que seja cumprida pelo destinatário das mercadorias a cláusula CAD (dinheiro contra documentos). II – Tal obrigação de providenciar por aquele cumprimento resulta para o transportador, do contrato de transporte. III – Nada impede que o transitário seja também transportador, tratando--se porém de actividades distintas com base em distintos contratos. IV – O cumprimento do contrato de transporte não se esgota na mera deslocação de bens ou pessoas dum local para outro. V – Encontrando-se clausulado em apólice de seguro de responsabilidade civil da actividade de transitário, que o âmbito da cobertura do seguro se reporta a actos ou omissões praticados pelo segurado ou seus representantes como agente transitário, não é a seguradora responsável por danos causados por aquele (ou os ditos representantes) como transportador." *(Acórdão da Relação de Lisboa, de 96.01.18, Col. Jurisp., 1996, Tomo I, pág. 88)*

CÔNJUGE DO CONDUTOR; LEGÍTIMO DETENTOR: "I – O cônjuge casado em comunhão geral de bens com o condutor do veículo e que nele segue como passageiro, é não só dono como seu legítimo detentor. II – No âmbito do seguro obrigatório de responsabilidade civil, o contrato garante a responsabilidade civil dos legítimos detentores e condutores do veículo pelos danos patrimoniais decorrentes de lesões provocadas a terceiros, mas o legislador exclui dessa garantia os danos sofridos por essas mesmas pessoas. III – Em caso de acidente de viação, nas condições referidas em I, devido a culpa exclusiva do condutor e de que resultou a morte do cônjuge passageiro, os seus filhos não têm direito a indemnização pelo dano não patrimonial decorrente da perda do direito à vida, que só por via sucessória lhes podia ser atribuído. IV – Os danos não patrimoniais que os próprios filhos suportaram com a morte do seu ascendente não são abrangidos pelas exclusões daquele seguro obrigatório. V – Sobre o *quantum* indemnizatório são devidos juros desde a citação, nos casos de responsabilidade por facto ilícito ou pelo risco, quer se trate de danos patrimoniais, quer de danos não patrimoniais." *(Acórdão do Supremo Tribunal de Justiça, de 97.03.18, Col. Jurisp., Acórdãos do Sup. Trib. Just., 1997, Tomo I, pág. 163)*

CONTRATO DE SEGURO E PROPRIEDADE DO VEÍCULO: "I – Não basta, para se ter como assente uma relação comitente-comissário, a simples verificação de proprietário diferente do condutor do veículo interveniente no acidente.

II – Tendo o condutor de veículo celebrado contrato de aluguer de longa duração em relação a veículo interveniente em acidente, do qual dispunha, e tendo celebrado em seu nome o respectivo contrato de seguro, não se tipifica uma relação de comissão entre o dono do veículo e o condutor do mesmo." *(Acórdão da Relação do Porto, de 97.11.20, Col. Jurisp., 1997, Tomo V, pág. 192)*

ARTIGO 3.º
(Sujeitos isentos da obrigação de segurar)

1. Ficam isentos da obrigação de segurar os Estados estrangeiros, de acordo com o princípio da reciprocidade, e as organizações internacionais de que seja membro o Estado Português.
2. O Estado Português fica também isento da referida obrigação, sem prejuízo da sujeição à obrigação de segurar dos departamentos e serviços oficiais, se e na medida em que tal for decidido por despacho do ministro respectivo ou dos membros competentes dos governos regionais.
3. As pessoas isentas da obrigação de segurar respondem nos termos em que responde o segurador e gozam, no que for aplicável, dos direitos que a este assistem.
4. Os Estados estrangeiros e as organizações internacionais referidas no n.º 1 devem fazer prova dessa isenção através de um certificado de modelo a aprovar por despacho dos Ministérios da Administração Interna e das Finanças e a ser emitido pelo Instituto de Seguros de Portugal, do qual constará obrigatoriamente o nome da entidade responsável pela indemnização em caso de acidente.
5. O Estado Português deve fazer prova da isenção referida no n.º 2 através de um certificado emitido pelo ministério respectivo ou pelas secretarias regionais competentes.

EVOLUÇÃO LEGISLATIVA

* Corresponde ao artigo 4.º do Decreto-Lei n.º 408/79, de 25.09.
* Os n.os 1, 3 e 4 mantêm a redacção original do Decreto-Lei n.º 522/85, de 31.12.
* Os n.os 2 e 5 são redacção do artigo único do Decreto-Lei n.º 81/87, de 20.02.

Redacção anterior:

DECRETO-LEI N.º 522/85, DE 31.12

Artigo 3.º (Sujeitos isentos da obrigação de segurar)
(...)
2. *O Estado Português fica também isento da referida obrigação, sem prejuízo da sujeição à obrigação de segurar dos departamentos e serviços oficiais, se e na medida em que tal for decidido por despacho do ministro respectivo.*
(...)
5. *O Estado Português deve fazer prova da isenção referida no n.º 2 através de um certificado emitido pelo ministério respectivo.*

LEGISLAÇÃO COMPLEMENTAR

CERTIFICADO DE ISENÇÃO DE SEGURO: PORTARIA N.º 530/87, DE 29.06

O Decreto-Lei n.º 522/85, de 31 de Dezembro, que regulamenta o seguro obrigatório de responsabilidade civil automóvel, isenta dessa obrigação, para além do Estado Português, os Estados estrangeiros e as organizações internacionais.

Tornando-se necessário estabelecer o modelo do certificado de isenção da obrigatoriedade de celebração do seguro de responsabilidade civil automóvel:

Manda o Governo da República Portuguesa, ao abrigo do n.º 4 do artigo 3.º do Decreto-Lei n.º 522/85, de 31 de Dezembro, pelos Ministros das Finanças e da Administração Interna, o seguinte:

1.º É aprovado o certificado de isenção de seguro a que se refere o n.º 4 do artigo 3.º do Decreto-Lei n.º 522/87, de 31 de Dezembro, conforme o modelo anexo à presente portaria.

2.º Os referidos certificados são emitidos pelo Instituto de Seguros de Portugal.

3.º A presente portaria entra em vigor no 1.º dia do 2.º mês seguinte ao da sua publicação, devendo, nessa data, ser substituídos os cartões existentes ao abrigo da Portaria n.º 630/79, de 29 de Novembro.

4.º É revogada, na data referida no número anterior, a Portaria n.º 630/79, de 29 de Novembro.

Modelo

(Frente)

Instituto de Seguros de Portugal
Certificado de isenção de seguro n.º _____
(Seguro de responsabilidade civil automóvel)
Entidade proprietária responsável _____
Veículo: marca e modelo: _____
Número de matrícula, de chassis ou de motor: _____
Data de emissão ____/____/____

O Conselho Directivo

(Verso)

A entidade a que este certificado se refere está isenta da obrigação de seguro de responsabilidade civil automóvel, nos termos das disposições aplicáveis do artigo 3.º do Decreto-Lei n.º 522/85, de 31 de Dezembro.

Este certificado deverá ser devolvido ao Instituto de Seguros de Portugal logo que o veículo mude de proprietário ou a entidade deixe de beneficiar de isenção.

Modelo aprovado pela Portaria n.º 530/87, de 29 de Junho.

(A7-74mmx105mm)

OBRIGATORIEDADE DE APOSIÇÃO DE DÍSTICO: DECRETO-LEI N.º 130/94, DE 19.05 – ARTIGO 3.º, N.º 2

Artigo 3.º

1. Nos veículos terrestres a motor obrigados a seguro e matriculados em Portugal deverá ser aposto um dístico, em local bem visível do exterior, que identifique, nomeadamente, a seguradora, o número da apólice, a matrícula do veículo e a validade do seguro, o qual comprovará também a realização das inspecções periódicas obrigatórias.

2. Os sujeitos isentos da obrigação de segurar a que se refere o artigo 3.º da Decreto-Lei n.º 522/85, de 31 de Dezembro, deverão apor igualmente um dístico, em local bem visível do exterior do veículo, que identifique, nomeadamente, a matrícula, a situação de isenção, a validade e a entidade responsável pela indemnização em caso de acidente, o qual comprovará também a realização das inspecções periódicas obrigatórias.

3. A aplicação do disposto nos números anteriores ficará dependente de regulamentação a aprovar por portaria conjunta dos Ministros da Administração Interna e das Finanças.

DÍSTICO NOS VEÍCULOS TERRESTRES A MOTOR: PORTARIA N.º 56/95, DE 25.01 – N.º 5.º

5.º Relativamente aos veículos isentos da obrigação de segurar, a respectiva vinheta deverá ser emitida pelas entidades mencionadas nos n.ºs 4 e 5 do artigo 3.º do Decreto-Lei n.º 522/85, de 31 de Dezembro, e por estas entregue juntamente com o certificado que emitem, devendo ser de cor verde e respeitar o seguinte modelo:

(segue modelo)

Nota: *O texto completo do diploma vai transcrito em anotação ao artigo 20.º*

ARTIGO 4.º
(Âmbito territorial do seguro)

1. O seguro obrigatório previsto no artigo 1.º abrange:
   a) O território de Portugal continental e das Regiões Autónomas da Madeira e dos Açores;
   b) O território dos restantes Estados membros da Comunidade Económica Europeia;
   c) O território dos países terceiros em relação à Comunidade Económica Europeia cujos gabinetes nacionais de seguros sejam aderentes da Convenção Complementar entre Gabinetes Nacionais;
   d) O trajecto que ligue directamente o território de dois Estados membros da Comunidade Económica Europeia, quando nesse território de ligação não exista gabinete nacional de seguros.
2. O seguro obrigatório pode também abranger a responsabilidade civil decorrente da circulação de veículos nos territórios de outros Estados, que não os referidos nas alíneas *b)* e *c)* do número anterior, onde exista um gabinete, constituído em conformidade com a Recomendação n.º 5, adoptada pelo Subcomité de Transportes Internos da Comissão Económica para a Europa da Organização das Nações Unidas, desde que seja garantida por um certificado internacional de seguro (carta verde) válido para a circulação nesses países.

EVOLUÇÃO LEGISLATIVA

* Este preceito é redacção do art. 1.º do Dec.-Lei n.º 122-A/86, de 30.05.

Redacção anterior:

DECRETO-LEI N.º 522/85, DE 31.12

Artigo 4.º (Âmbito territorial do seguro)
   1. O seguro obrigatório estabelecido nos termos do presente diploma abrange o território continental e o das Regiões Autónomas da Madeira e dos Açores.

2. *O seguro previsto no artigo 1.° pode também abranger a responsabilidade civil decorrente da circulação de veículos nos territórios dos Estados em que exista um gabinete constituído em conformidade com a Recomendação n.° 5, adoptada, a 25 de Janeiro de 1984, pelo Subcomité de Transportes Internos da Comissão Económica para a Europa da Organização das Nações Unidas, desde que seja garantida por um certificado internacional de seguro (carta verde).*

LEGISLAÇÃO COMPLEMENTAR:

REMISSÃO PARA ACORDO MULTILATERAL DE GARANTIA ENTRE SERVIÇOS NACIONAIS DE SEGUROS: DECRETO-LEI N.° 130/94, DE 19.05, ARTIGO 2.°

Artigo 2.°
As referências feitas à convenção complementar entre gabinetes nacionais constantes dos artigos 4.°, 20.°, 21.°, 26.°, 32.° e 33.° do Decreto-Lei n.° 522/85, de 31 de Dezembro, com as alterações introduzidas pelo Decreto-Lei n.° 122-A/86, de 30 de Maio, e do artigo 2.° deste último diploma, consideram-se reportadas ao Acordo Multilateral de Garantia entre Serviços Nacionais de Seguros, assinado em Madrid em 15 de Março de 1991.

Nota: *Cfr., a este propósito, em Apêndice, Decisão da Comissão n.° 91/323/CEE, de 30.05.91 e Decisão da Comissão n.° 93/43/CEE, de 21.12.92.*

JURISPRUDÊNCIA

CONVENÇÃO DE BRUXELAS; RESPONSABILIDADE EXTRA--CONTRATUAL: "I – Tendo a seguradora portuguesa sido condenada, pelo competente Tribunal espanhol, em indemnização por acidente de viação, após a entrada em vigor, em Portugal, da Convenção de Bruxelas Relativa à Competência Judiciária e à Execução de Decisões Estrangeiras em Matéria Civil e Comercial, é esta aplicável ao pedido de declaração de exequibilidade da decisão estrangeira, nos termos dos seus artigos 5.°, n.° 3, e 54.°, declaração que compete ao Tribunal de 1ª instância. II – E tendo a seguradora sido devidamente representada, no processo em Espanha, por outra seguradora, sua representante legal para o efeito, não houve violação do seu direito de defesa nem do contraditório, pelo que não há razão para recusar a declaração de exequibilidade, a esse título." *(Acórdão da Relação de Lisboa, de 98.11.10, Col. Jurisp., 1998, Tomo V, pág. 86)*

ARTIGO 5.º
(Âmbito de cobertura)

O seguro de responsabilidade civil previsto no artigo 1.º abrange:
a) **Relativamente a acidentes ocorridos no território referido na alínea** *a)* **do n.º 1 do artigo 4.º, a obrigação de indemnizar estabelecida na lei civil, até ao montante do capital obrigatoriamente seguro, por sinistro e por veículo causador, e relativamente aos danos emergentes de acidentes não excepcionados no presente diploma;**
b) **Relativamente a acidentes ocorridos nos territórios referidos na alínea** *b)* **do n.º 1 do artigo anterior, a obrigação de indemnizar estabelecida em conformidade com a lei aplicável, com os limites e condicionalismos da cobertura do seguro automóvel exigido pela legislação do país onde ocorrer o acidente ou a do país em que o veículo tem o seu estacionamento habitual, quando esta cobertura for superior;**
c) **Relativamente a acidentes ocorridos nos territórios referidos na alínea** *c)* **do n.º 1 do artigo anterior, a obrigação de indemnizar estabelecida, com os respectivos limites e condicionalismos, na legislação nacional sobre o seguro automóvel do país onde ocorrer o acidente;**
d) **Relativamente a acidentes ocorridos nos trajectos referidos na alínea** *d)* **do n.º 1 do artigo anterior, o contrato de seguro apenas cobre os danos de que sejam vítimas os nacionais dos países referidos nas alíneas** *a)* **a** *c)* **do mesmo n.º 1 do artigo anterior, a serem indemnizados nos termos do presente diploma.**

EVOLUÇÃO LEGISLATIVA

* A al. *a*) é redacção do art. 1.º do Dec.-Lei n.º 122-A/86, de 30.05.
Corresponde, em parte, à redacção original que lhe foi dada pelo Dec.-Lei n.º 522/85, de 31.12, que era a seguinte:

Artigo 5.º (Âmbito de cobertura)
O seguro de responsabilidade civil previsto no artigo 1.º garante a obrigação de indemnizar estabelecida na lei civil até ao montante do capital obriga-

toriamente seguro por sinistro e por veículo causador e relativamente aos danos emergentes de acidentes não excepcionados no presente diploma.

* As als. *b)*, *c)* e *d)* são redacção do art. 1.º do Dec.-Lei n.º 130/94, de 19.05.
Correspondem às als. *b)* e *c)*, na redacção do Dec.-Lei n.º 122-A/86, de 30.05, cujo teor era o seguinte:

Artigo 5.º *(Âmbito de cobertura)*
(...)
b) Relativamente a acidentes ocorridos nos territórios referidos nas alíneas b) e c) do n.º 1 do artigo 4.º, a obrigação de indemnizar estabelecida, com os respectivos limites e condicionalismos, na legislação nacional sobre seguro automóvel do país onde ocorreu o acidente;
c) Relativamente a acidentes ocorridos nos trajectos referidos na alínea d) do n.º 1 do artigo 4.º, o contrato de seguro apenas cobre os danos de que sejam vítimas os nacionais dos países referidos nas alíneas a) a c) do mesmo n.º 1 do artigo 4.º, a serem indemnizados nos termos do presente diploma.

REMISSÕES

Obrigação de indemnizar – arts. 562.º segs. CC.

JURISPRUDÊNCIA

APLICAÇÃO DA LEI NO TEMPO: "I – A nova redacção do n.º 3 do artigo 805.º do Código Civil, introduzida pelo Dec.-Lei n.º 262/83, de 16 de Junho, tem natureza inovadora e, por isso, só é aplicável aos factos posteriores ao começo da sua vigência, precisamente porque se trata de norma que regula os efeitos de factos geradores de responsabilidade civil (artigo 12.º daquele Código). II – Consequentemente, tratando-se de acidente ocorrido em 1979, a nova lei não tem aplicação aos efeitos dele decorrentes, pelo que os juros de mora relativos às respectivas indemnizações se iniciam com a determinação dos seus montantes por decisão definitiva do tribunal (n.º 2, al. *b)*, e n.º 3 do referido artigo 805.º, na sua primitiva redacção). III – Tendo em conta o resultado imediato do referido acidente para o lesado (amputação da perna direita pelo terço superior), o tempo de internamento hospitalar (cerca de um mês), os sofrimentos, as sequelas daí decorrentes e, sobretudo, o actual poder de compra da moeda, a quantia de 400.000$00, arbitrada ao ofendido (de 36 anos, solteiro, servente de pedreiro, ao tempo único amparo de sua velha mãe) para compensação de todos esses desgostos, não se afigura exagerada, pois corresponde aos rendimentos auferidos em poucos meses em qualquer actividade profissional." *(Acórdão do Supremo Tribunal de Justiça, de 88.05.05, Bol. Min. Just. n.° 377, pág. 471)*

LIMITE DO SEGURO: "I – Invadindo um dos veículos a faixa de rodagem contrária, onde veio a chocar com outro que circulava em sentido oposto – tal invasão faz presumir, como ilação lógica, a culpa do respectivo condutor, segundo as regras da experiência comum. II – O limite do seguro conferido pela carta verde (certificado internacional de seguro) é o do seguro obrigatoriamente estabelecido pela lei do país onde se deu o acidente. III – A Relação pode conhecer oficiosamente dos juros pedidos, não obstante a sentença da 1ª instância não ter falado neles nem haver recurso especificado sobre essa matéria." *(Acórdão da Relação de Coimbra, de 89.04.04, Col. Jurisp., 1989, Tomo II, pág. 63)*

PRESUNÇÃO DE CULPA DO CONDUTOR: "I – O Assento de 14.04.1983 não é materialmente inconstitucional. II – Não é aplicável o disposto no artigo 506.° do Código Civil se houver presunção de culpa do condutor de um dos veículos que colidiram. III – Os juros de mora incidem sobre o montante global de indemnização e não apenas sobre o montante dos danos patrimoniais. IV – O facto de se tratar de culpa presumida não justifica, só por si, limitação da indemnização nos termos do artigo 494.° do Código Civil." *(Acórdão do Supremo Tribunal de Justiça, de 93.01.14, Col. Jurisp., Acórdãos do Sup. Trib. Just., 1993, Tomo I, pág. 34)*

ACIDENTE OCORRIDO NO ESTRANGEIRO: "Basta que um dos elementos da causa de pedir, tal como o contrato de seguro, tenha ocorrido em Portugal para se verificar a competência dos tribunais portugueses, nos termos da alínea *b)* do n.° 1 do artigo 65.° do Código de Processo Civil, relativamente a acidente ocorrido no estrangeiro." *(Acórdão da Relação de Coimbra, de 93.04.20, Col. Jurisp., 1993, Tomo II, pág. 48)*

ARTIGO 6.º
(Capital seguro)

1. O capital mínimo obrigatoriamente seguro, nos termos e para os efeitos das alíneas *a)* e *c)* do artigo anterior, é de **120.000.000$** por sinistro, para danos corporais e materiais, seja qual for o número de vítimas ou a natureza do dano.
2. O capital mínimo obrigatoriamente seguro nos seguros que se reportam a transportes colectivos e provas desportivas é, respectivamente, de **240.000.000$** e de **960.000.000$** por sinistro, com o limite, por lesado, de **120.000.000$**.

EVOLUÇÃO LEGISLATIVA

* Corresponde, em parte, ao artigo 8.º do Decreto-Lei n.º 408/79, de 25.09.
* Redacção do artigo 1.º do Dec.-Lei n.º 3/96, de 25 de Janeiro.

Redacções anteriores:

DECRETO-LEI N.º 522/85, DE 31.12

Artigo 6.º (Capital seguro)
  1. O capital obrigatoriamente seguro nos termos do artigo anterior é de 3000 contos por lesado, com o limite de 5.000 contos no caso de coexistência de vários lesados.
  2. O limite de capital em caso de coexistência de vários lesados é de 10.000 contos nos seguros que se reportem a transportes colectivos e de 500.000 nos seguros referidos no artigo 9.º, sem prejuízo do capital seguro por lesado fixado no número anterior.

DECRETO-LEI N.º 122-A/86, DE 30.05 (ARTIGO 1.º)

Artigo 6.º (Capital seguro)
  1. O capital obrigatoriamente seguro, nos termos e para os efeitos das alí-

neas a) e c) do artigo anterior, é de 3.000 contos por lesado, com o limite de 5.000 no caso de coexistência de vários lesados, sendo este último valor elevado para 10.000 contos nos seguros que se reportem a transportes colectivos.

2. O limite de capital em caso de coexistência de vários lesados é de 500.000 contos nos seguros referido no artigo 9.°, sem prejuízo do limite fixado no número anterior.

DECRETO-LEI N.° 436/86, DE 31.12 (ARTIGO 1.°)

Artigo 6.° (Capital seguro)
1. O capital obrigatoriamente seguro, nos termos e para os efeitos das alíneas a) e c) do artigo anterior é de 6000 contos por lesado, com o limite de 10.000 contos no caso de coexistência de vários lesados, sendo este último valor elevado para 20.000 contos nos seguros que se reportam a transportes colectivos.
2. (...)

DECRETO-LEI N.° 394/87, DE 31.12 (ARTIGO 1.°)

Artigo 6.° (Capital seguro)
1. O capital obrigatoriamente seguro, nos termos e para os efeitos das alíneas a) e c) do artigo anterior é de 12.000.000$ por lesado, com o limite de 20.000.000$ no caso de coexistência de vários lesados, sendo este último valor elevado para 50.000.000$ nos seguros que se reportam a transportes colectivos.
2. (...)

DECRETO-LEI N.° 18/93, DE 23.01 (ARTIGO 1.°)

Artigo 6.° (Capital seguro)
O capital obrigatoriamente seguro nos termos e para os efeitos das alíneas a) e c) do artigo anterior é de 35.000.000$ por lesado, com o limite de 50.000.000$ no caso de coexistência de vários lesados, sendo este último valor elevado para 100.000.000$ nos seguros que se reportam a transportes colectivos e para 500.000 000$ nos seguros de provas desportivas referidos no artigo 9.° deste diploma.

Nota: *Artigo 2.° (do diploma) Os contratos vigentes à data da entrada em vigor do presente decreto-lei ficam automaticamente adaptados ao presente diploma, sem prejuízo do direito das seguradoras ao prémio suplementar que for devido, cuja cobrança deverá ser efectuada até ao termo da respectiva anuidade em curso.*

Artigo 3.° (do diploma) É revogado o Decreto-Lei n.° 394/87, de 31 de Dezembro.

JURISPRUDÊNCIA:

JUROS ALÉM DO LIMITE MÁXIMO DO SEGURO: I – O direito que nos rege impõe às seguradoras, como qualquer outro devedor que não cumpre em tempo oportuno, a obrigação de reparar o dano que, com o retardamento, causou ao credor prejuízo que se mede através dos juros legais. II – São, assim, devidos pela seguradora juros moratórios desde a data da notificação para contestar o pedido de indemnização, deduzido em acção cível tributária da penal – mesmo que acresçam ao limite do ressarcimento máximo a que contratualmente está obrigada." *(Acórdão do Supremo Tribunal de Justiça, de 88.03.09, Bol. Min. Just. n.º 375, pág. 342)*

JUROS DE MORA: "Para além da responsabilidade que contratualmente assumiu (limitada a certa quantia), a seguradora responde também pelos juros de mora desde a citação." *(Acórdão da Relação de Coimbra, de 88.04.26, Bol. Min. Just. n.º 376, pág. 665)*

RESPONSABILIDADE DA SEGURADORA PELOS JUROS: "I – O facto de a responsabilidade da seguradora estar contratualmente limitada a 700.000$00, apenas a isenta de pagar, a título de indemnização, quantia superior a essa, mas não de pagar juros a partir da constituição em mora. II – A existência de outros eventuais lesados por quem haja de ser dividido o valor do seguro, não desobriga dos juros respectivos a seguradora que se constitui em mora." *(Acórdão da Relação de Coimbra, de 88.12.20, Col. Jurisp., 1988, Tomo V, pág. 87)*

INDEMNIZAÇÃO SUPERIOR AO MÁXIMO SEGURO: "Se na vigência do sistema de seguro obrigatório, a acção foi proposta contra o condutor proprietário e a seguradora deste, pedindo-se, com base na culpa, indemnização de valor superior ao máximo seguro, se a acção proceder com base na responsabilidade pelo risco fixando-se indemnização em valor abrangido pelo seguro, só a seguradora deve ser condenada no seu pagamento" *(Acórdão da Relação de Coimbra, de 89.06.13, Col. Jurisp., 1989, Tomo III, pág. 87)*

RESPONSABILIDADE DA SEGURADORA ATÉ AO LIMITE DO SEGURO: "I – Assume grande relevo a lesão do direito à vida de um homem de 26 anos, sadio, robusto, alegre profissional e familiarmente realizado, com um bom futuro à sua frente. II – O valor da indemnização pela perda deste direito deve ser corrigido através das taxas de inflação, desde a data do óbito até à data da citação dos réus, momento a partir do qual passam a ser devidos juros de mora, não podendo, contudo, as verbas parcelares, no seu conjunto, ultrapassar o pedido global. III – Até ao limite do seguro, a seguradora, por força do contrato de seguro, responde perante os lesados em medida igual à da responsabilidade do seu segurado, pelo que, como qualquer devedor de uma quantia pecuniária, tem de ressarcir o credor pelo retardamento ou mora havida no cumprimento da obrigação, consistindo a indemnização por esse retardamento no pagamento de juros de mora, à taxa legal." *(Acórdão da Relação do Porto, de 89.09.26, Bol. Min. Just. n.° 388, pág. 592)*

JUROS DE MORA: "A ré seguradora, condenada a indemnizar os segurados para ressarcimento dos danos, em obediência ao contrato de seguro e dentro dos respectivos limites, é, além disso, obrigada a satisfazer a indemnização (juros) pela mora, por se tratar de um ilícito por ela praticado." *(Acórdão do Supremo Tribunal de Justiça, de 90.01.17, Bol. Min. Just. n.° 393, pág. 585)*

CONDUTOR POR CONTA DE OUTREM: "I – O condutor por conta de outrem é aquele que conduz por, em vez de ou em nome de outrem ou por incumbência de outrem. A expressão legal não exige que o condutor tenha de executar uma missão, uma função, um encargo diferente e além do de conduzir. II – Conduzindo o arguido o veículo automóvel propriedade do requerido em nome deste, que a tanto o autorizara, exerça a função de conduzir por conta e em nome do proprietário como seu comissário nessa função e sob a sua autoridade e dependência. III – Não se tendo provado a causa do acidente e porque o condutor não provou que não houve culpa da sua parte, tem esta de presumir-se, respondendo ele pelos danos causados. IV – O requerido responde igualmente por tais danos e independentemente de culpa, sem sujeição aos limites do artigo 508.° do Código Civil, como a seguradora tem a mesma responsabilidade, posto que e apenas até ao limite do contrato de seguro, e todos, solidariamente, nos termos do artigo 497.°, n.° 1, daquele diploma." *(Acórdão do Supremo Tribunal de Justiça, de 90.04.04, Bol. Min. Just. n.° 396, pág. 383)*

RESPONSABILIDADE CRIMINAL; INTERPRETAÇÃO DO PRECEITO (NO DOMÍNIO DO DEC.-LEI N.° 122-A/86, DE 30.05): "I – A culpa exclusiva do arguido, com as graves consequências do acidente — morte de uma pessoa e ferimentos em outra — aliada à premente necessidade de prevenção de acidentes de trânsito, impõe a aplicação de pena de prisão efectiva, uma vez que o arguido beneficia, apenas, de ser condutor profissional prudente, sem outro acidente e zeloso no cumprimento dos seus deveres, com situação económica modesta. II – E, sendo a pena aplicável de 6 meses a 2 anos de prisão e multa de 10 a 300 dias, a imposta de 7 meses de prisão e 90 dias de multa a 200$00 por dia não é exagerada. III – É manifesto que os filhos da vítima sofreram prejuízos patrimoniais com a cessação de rendimentos provenientes da actividade profissional do pai, provado como está que o casal trazia os filhos a estudar, suportando as respectivas despesas, assistindo-lhes, pois, o direito a serem indemnizados. IV – Não é indemnizável ao abrigo do artigo 495.° do Código Civil — que pressupõe um nexo causal entre o facto e o prejuízo — a compra de um jazigo. V – O artigo 6.° do Decreto--Lei n.° 522/85, de 31 de Dezembro, na redacção do Decreto-Lei n.° 122-A/86, de 30 de Maio, deve ser interpretado no sentido de que a um só lesado corresponde o capital seguro de 3.000.000$00 e a vários lesados corresponde o capital seguro de 5.000.000$00." *(Acórdão do Supremo Tribunal de Justiça, de 91.05.08, Bol. Min. Just. n.° 407, pág. 517)*

ACTUALIZAÇÃO MONETÁRIA PARA ALÉM DO LIMITE DO SEGURO: "I – O seguro obrigatório tem uma função social. II – Entre o lesado e a seguradora há uma relação *'ex lege'*, conferindo àquele um direito autónomo que pode fazer valer directamente contra esta (acção directa). III – Nas obrigações de valor a desvalorização da moeda constitui uma das componentes do dano a indemnizar. IV – A obrigação da seguradora é de valor até ao limite do seguro e meramente pecuniária a partir daí. V – A seguradora responde, porém, para além daquele limite, pelo dano de desvalorização monetária que resulta para o lesado, quando com a sua conduta, contrária ao rigoroso dever de boa fé, recusa ou retarda sem justificação, optando por esperar que seja proferida decisão judicial, o cumprimento da sua prestação." *(Acórdão da Relação de Lisboa, de 91.06.18, Bol. Min. Just. n.° 408, pág. 641)*

NOÇÃO DE LESADO: "I – Para efeitos do disposto no artigo 6.° do Decreto-Lei n.° 522/85, de 31 de Dezembro, deve entender-se como 'lesado' a pessoa corporalmente lesionada pelo acidente – e não todo o titular do direito de indemnização pelo mesmo. II – Ultrapassando o pedido o limite de seguro obrigatório, terá aquele de ser deduzido contra a seguradora e o civilmente responsável, por ser caso de litisconsórcio necessário passivo, com a consequente ilegitimidade da seguradora se for apenas deduzido contra esta. III – Tendo a seguradora com o fundamento da sua ilegitimidade sido absolvida da instância no julgamento em processo penal, devem as partes ser oficiosamente remetidas para os tribunais civis, nos termos do artigo 82.°, n.° 2, do Código de Processo Penal, como meio de evitar que o processo tenha de regressar à fase de julgamento." *(Acórdão da Relação do Porto, de 92.02.26, Bol. Min. Just. n.° 414, pág. 638)*

RESPONSABILIDADE DA SEGURADORA: "A responsabilidade da seguradora depende do contrato de seguro existente, pelo que a sua condenação nunca pode ir além do capital seguro, com excepção da indemnização pelos danos decorrentes da sua conduta de má fé, de recusa ou retardamento do pagamento das compensações devidas." *(Acórdão da Relação de Lisboa, de 93.02.04, Col. Jurisp., 1993, Tomo I, pág. 135)*

RESPONSABILIDADE DA SEGURADORA: "I – A obrigação da seguradora, no quadro da responsabilidade civil automóvel, afere-se pela responsabilidade do segurado, dentro dos limites do capital seguro. II – Sendo a obrigação da seguradora uma obrigação pecuniária, vale para ela o princípio nominalista consignado no artigo 550.° do Código Civil, por virtude do qual a prestação a que a seguradora se obrigou não pode ser alvo de qualquer actualização, irrelevando, por isso, o grau da inflação monetária ocorrida entre o momento em que tal obrigação se tornou eficaz e o momento do respectivo cumprimento. III – Diferentemente se passam as coisas com a obrigação de indemnizar, decorrente para o segurado, do sinistro estradal. Está, então, em causa uma dívida de valor, cuja liquidação em dinheiro, por força do disposto nos arts. 562.°, 564.°, n.° 1, e 566.°, n.ºs 1 e 2, do Código Civil, haverá de ser actualizada tendo-se em conta, particularmente, a inflação monetária. (...)" *(Acórdão do Supremo Tribunal de Justiça, de 93.06.03, Bol. Min. Just. n.° 428, pág. 562)*

INFLAÇÃO E DESVALORIZAÇÃO MONETÁRIA: "O limite de responsabilidade transferida para a seguradora não pode ser ultrapassado, por efeito da consideração da inflação ou da desvalorização monetária." *(Acórdão da Relação de Évora, de 93.07.08, Col. Jurisp., 1993, Tomo III, pág. 291)*

ABANDONO DE SINISTRADO; INDEMNIZAÇÃO SUPERIOR AO CAPITAL SEGURO: "I – Com a revogação do Código da Estrada de 1954, os factos integradores do artigo 60.°, n.° 1 – abandono de sinistrado – apenas podem ser punidos no âmbito do crime de omissão de auxílio do artigo 219.° do Código Penal. II – O artigo 10.° da Lei 15/94 permite exceder, na sua aplicação, o limite máximo de 6 meses, do artigo 43.°, n.° 1 do Código Penal. III – O CNP tem o direito, nos termos da sub-rogação atribuída por lei, de receber do responsável civil o montante das prestações pecuniárias do regime da segurança social que pagou ao ofendido. IV – Por isso, não pode a seguradora responsável por acidente de viação invocar prestações pagas pelo CNP para obter a redução da indemnização. V – Excedendo os montantes indemnizatórios apurados no processo e os pedidos numa outra acção ainda pendente o capital garantido pela apólice de seguro, não se pode arbitrar uma quantia certa mas sim a quota parte a liquidar depois de apurados os montantes de todas as indemnizações, o que pode implicar que o segurado tenha de suportar a parte não coberta por aquele capital." *(Acórdão do Tribunal Colectivo de Torres Novas, de 95.01.04, Col. Jurisp., 1995, Tomo I, pág. 295)*

PEDIDO EXCEDENDO O SEGURO OBRIGATÓRIO; CONDUÇÃO SOB A INFLUÊNCIA DO ÁLCOOL: "I – O capital seguro para além do seguro obrigatório da responsabilidade civil automóvel, constitui cobertura facultativa, complementar do seguro obrigatório. II – A responsabilidade civil da seguradora é excluída, relativamente ao capital excedente ao montante do seguro obrigatório, sempre que o condutor do veículo segurado conduza sob a influência do álcool. III – Quando o pedido formulado se contenha no âmbito do seguro facultativo, mas ultrapasse os limites do seguro obrigatório, em caso de condução sob a influência do álcool, a acção deve ser proposta contra a seguradora e os civilmente responsáveis." *(Acórdão da Relação de Coimbra, de 95.11.21, Col. Jurisp., 1995, Tomo V, pág. 42)*

SEGURO DE VALOR SUPERIOR AO REAL: "I – O valor da indemnização, em caso de sinistro, tem de ter em conta a desvalorização comercial entretanto sofrida pelo veículo. II – Incumbe à seguradora ré a prova do valor venal do veículo, quando seja inferior ao montante segurado, posto que tal circunstância se representa como excepção ao direito do autor. III – À indemnização correspondente ao valor venal do veículo, à data do acidente, haverá que deduzir o valor do «salvado»." *(Acórdão do Supremo Tribunal de Justiça, de 98.05.06, Col. Jurisp., Acórdãos do Sup. Trib. Just., 1998, Tomo II, pág. 68)*

ACIDENTE DE VIAÇÃO; LITISCONSÓRCIO: "Não há litisconsórcio necessário entre os lesados de um acidente de viação, quando o seguro que garante a responsabilidade do causador do acidente esteja limitado a um certo montante." *(Acórdão da Relação de Évora, de 98.11.26, Col. Jurisp., 1998, Tomo V, pág. 266)*

ARTIGO 7.º
(Exclusões)

1. Excluem-se da garantia do seguro os danos decorrentes de lesões corporais sofridos pelo condutor do veículo seguro.

2. Excluem-se também da garantia do seguro quaisquer danos decorrentes de lesões materiais causados às seguintes pessoas:

a) Condutor do veículo e titular da apólice;

b) Todos aqueles cuja responsabilidade é, nos termos do n.º 1 do artigo 8.º, garantida, nomeadamente em consequência da compropriedade do veículo seguro;

c) Sociedades ou representantes legais das pessoas colectivas responsáveis pelo acidente, quando no exercício das suas funções;

d) Cônjuge, ascendentes, descendentes ou adoptados das pessoas referidas nas alíneas *a*) e *b*), assim como outros parentes ou afins até ao 3.º grau das mesmas pessoas, mas, neste último caso, só quando com elas coabitem ou vivam a seu cargo;

e) Aqueles que, nos termos dos artigos 495.º, 496.º e 499.º do Código Civil beneficiem de uma pretensão indemnizatória decorrente de vínculos com alguma das pessoas referidas nas alíneas anteriores;

f) A passageiros, quando transportados em contravenção às regras relativas ao transporte de passageiros constantes do Código da Estrada.

3. No caso de falecimento, em consequência do acidente, de qualquer das pessoas referidas nas alíneas *d*) e *e*) do número anterior é excluída qualquer indemnização ao responsável culposo do acidente por danos não patrimoniais.

4. Excluem-se igualmente da garantia do seguro:

a) Os danos causados no próprio veículo seguro;

b) Os danos causados nos bens transportados no veículo seguro, quer se verifiquem durante o transporte, quer em operações de carga e descarga;

c) Quaisquer danos causados a terceiros em consequência de operações de carga e descarga;

d) Os danos devidos, directa ou indirectamente, a explosão, liber-

tação de calor ou radiação, provenientes de desintegração ou fusão de átomos, aceleração artificial de partículas ou radioactividade;
 e) Quaisquer danos ocorridos durante provas desportivas e respectivos treinos oficiais, salvo tratando-se de seguros celebrados ao abrigo do artigo 9.°.
 5. Relativamente ao transporte colectivo de mercadorias não é aplicável o disposto na alínea *b*) do número anterior.

EVOLUÇÃO LEGISLATIVA

* Corresponde, em parte, ao artigo 7.° do Decreto-Lei n.° 408/79, de 25.09.
* Este preceito é redacção do art. 1.° do Dec.-Lei n.° 130/94, de 19 de Maio.

Redacções anteriores:

DECRETO-LEI N.° 522/85, DE 31.12

Artigo 7.° (Exclusões)
 1. Excluem-se da garantia do seguro quaisquer danos causados às seguintes pessoas:
 a) Condutor do veículo e titular da apólice;
 b) Todos aqueles cuja responsabilidade é, nos termos do n.° 1 do artigo 8.°, garantida, nomeadamente em consequência de compropriedade do veículo;
 c) Representantes legais das pessoas colectivas ou sociedades responsáveis pelo acidente, quando no exercício das suas funções.
 2. Sem prejuízo do disposto no número anterior, excluem-se da garantia do seguro os danos decorrentes de lesões materiais causadas às seguintes pessoas:
 a) Cônjuge, ascendentes, descendentes ou adoptados das pessoas referidas nas alíneas a) e b) do n.° 1, assim como outros parentes ou afins até ao 3.° grau das mesmas pessoas, mas, neste último caso, só quando elas coabitem ou vivam a seu cargo;
 b) Aqueles que, nos termos dos artigos 495.°, 496.° e 499.° do Código Civil, beneficiem de uma pretensão indemnizatória decorrente de vínculos com alguma das pessoas referidas na alínea anterior.
 3. No caso de falecimento, em consequência do acidente, de qualquer das pessoas referidas no número anterior é excluída qualquer indemnização ao responsável culposo do acidente por danos não patrimoniais.
 4. Excluem-se igualmente da garantia do seguro:
 a) Os danos causados no próprio veículo seguro;

b) *Os danos causados nos bens transportados no veículo seguro, quer se verifiquem durante o transporte, quer em operações de carga e descarga;*
c) *Quaisquer danos causados a terceiros em consequência de operações de carga e descarga;*
d) *Quaisquer danos causados aos passageiros, quando transportados em contravenção ao disposto no n.º 3 do artigo 17.º do Código da Estrada;*
e) *Os danos devidos, directa ou indirectamente, a explosão, libertação de calor ou radiação, provenientes de desintegração ou fusão de átomos, aceleração artificial de partículas ou radioactividade;*
f) *Quaisquer danos ocorridos durante provas desportivas e respectivos treinos oficiais, salvo tratando-se de seguros celebrados ao abrigo do artigo 9.º.*
5. Relativamente ao transporte colectivo de mercadorias não é aplicável o disposto na alínea b) do número anterior.

DECRETO-LEI N.º 122-A/86, DE 30.05

Artigo 7.º (Exclusões)
(...)
2. (...) b) Aqueles que, nos termos dos artigos 495.º, 496.º e 499.º do Código Civil, beneficiem de uma pretensão indemnizatória decorrente de vínculos com alguma das pessoas referidas no número anterior ou na alínea a) deste número.
(...)

REMISSÕES

2. b) Compropriedade – arts. 1403.º segs. CC.
c) Sociedades comerciais – Cód. Soc. Comerciais (Dec.-Lei n.º 262/86, de 02.09); sociedades civis – arts. 980.º segs. CC; pessoas colectivas – arts. 157.º segs. CC; associações – arts. 167.º segs. CC; fundações – arts. 185.º segs. CC.
d) Noção de casamento – art. 1577.º CC; noção de parentesco – art. 1578.º CC; linhas de parentesco – art. 1580.º CC; cômputo dos graus – art. 1581.º CC.
e) Indemnização a terceiros em caso de morte ou lesão corporal – art. 495.º CC; danos não patrimoniais – art. 496.º CC; responsabilidade pelo risco – art. 499.º CC.
f) Transporte de pessoas – art. 54.º CE; transporte de crianças – art. 55.º CE.
4. e) cfr. anots. ao art. 9.º
5. O transporte colectivo de mercadorias a que se refere este n.º 5 é diferente do transporte colectivo indicado no n.º 2 do art. 6.º.

LEGISLAÇÃO COMPLEMENTAR

TRANSPORTE DE PESSOAS NOS VEÍCULOS: CÓDIGO DA ESTRADA (REPUBLICADO PELO DECRETO-LEI N.º 2/98, DE 3 DE JANEIRO), ARTIGOS 54.º E 55.º

Artigo 54.º (Transporte de pessoas)
1. As pessoas devem entrar e sair pelo lado direito ou esquerdo do veículo, consoante este esteja parado ou estacionado à direita ou à esquerda da faixa de rodagem.
2. Exceptuam-se:
a) A entrada e saída do condutor, quando o volante de direcção do veículo se situar no lado oposto ao da paragem ou estacionamento;
b) A entrada e saída dos passageiros que ocupem a banco da frente, quando o volante de direcção do veículo se situar no lado da paragem ou estacionamento;
c) Os casos especialmente previstos em regulamentos locais, para os veículos de transporte colectivo de passageiros.
3. É proibido o transporte de pessoas em número que exceda a lotação do veículo ou de modo a comprometer a sua segurança ou a segurança da condução.
4. É igualmente proibido o transporte de passageiros fora dos assentos, sem prejuízo do disposto em legislação especial ou salvo em condições excepcionais a definir em regulamento.
5. Quem infringir o disposto nos n.ºs 1, 3 e 4 é sancionado com coima de 5.000$ a 25.000$.

Artigo 55.º (Transporte de crianças)
1. É proibido o transporte de crianças com idade inferior a 12 anos no banco da frente, salvo:
a) Se o veículo não dispuser de banco na rectaguarda;
b) Se tal transporte se fizer utilizando sistema de retenção devidamente homologado e adaptação ao seu tamanho e peso.
2. Quem infringir o disposto no número anterior é sancionado com coima de 5.000$ a 25.000$ por cada passageiro transportado indevidamente.

TRANSPORTE DE PASSAGEIROS NOS MOTOCICLOS: CÓDIGO DA ESTRADA (REPUBLICADO PELO DECRETO-LEI N.º 2/98, DE 3 DE JANEIRO), ARTIGO 91.º

Artigo 91.º (Transporte de passageiros)
1. Nos motociclos e ciclomotores é proibido o transporte de passageiros de idade inferior a 7 anos, salvo tratando-se de veículos providos de caixa rígida não destinada apenas ao transporte de carga.

2. Nos velocípedes é proibido o transporte de passageiros.
3. Quem infringir o disposto nos números anteriores é sancionado com coima de 10.000$ a 50.000$.

TRANSPORTE RODOVIÁRIO DE MERCADORIAS PERIGOSAS: DECRETO-LEI N.º 77/97, DE 5 DE ABRIL

A experiência colhida na aplicação do Decreto-Lei n.º 210-C/84, de 29 de Junho, recomenda a adopção de um normativo com o carácter de legislação quadro dos transportes interno e internacional de mercadorias perigosas por estrada, e que, simultaneamente, simplifique as intervenções da Administração Pública no sector.

A necessidade de um quadro legal integrado para os transportes rodoviários de mercadorias perigosas, quer os mesmos se desenvolvam apenas no interior ou para além do território português, assume particular acuidade no âmbito do mercado único de transportes no espaço comunitário, e resulta também do disposto na Directiva n.º 94/55/CE, de 21 de Novembro, a cuja transposição parcial se procede no presente diploma.

A revisão do sistema sancionatório das infracções à regulamentação do transporte de mercadorias perigosas tem por objectivo dar às sanções um carácter dissuasor mais efectivo, ao mesmo tempo que se assegura a transposição da Directiva n.º 95/50/CE, de 6 de Outubro.

Assim:

Nos termos da alínea a) do n.º 1 do artigo 201.º da Constituição, o Governo decreta o seguinte:

Artigo 1.º (Campo de aplicação)
1. O transporte de mercadorias perigosas efectuado por veículos automóveis, veículos articulados ou conjuntos de veículos nas vias do domínio público do Estado, das Regiões Autónomas e das autarquias locais, bem como nas vias do domínio privado, quando abertas ao trânsito público, só pode realizar-se nas condições estabelecidas no presente decreto-lei.

2. Entende-se por mercadorias perigosas as matérias, os objectos, as soluções e as misturas de matérias considerados como tais na regulamentação a que se referem os n.ºs 3 e 4 seguintes.

3. Aos transportes com origem ou destino em território estrangeiro aplica--se o Acordo Europeu Relativo ao Transporte Internacional de Mercadorias Perigosas por Estrada (ADR), concluído em Genebra em 30 de Setembro de 1957 e aprovado, para adesão, pelo Decreto-Lei n.º 45 935, de 19 de Setembro de 1964.

4. Aos transportes com origem e destino em território português aplica-se o Regulamento Nacional do Transporte de Mercadorias Perigosas por Estrada (RPE), a aprovar por portaria conjunta dos Ministros da Administração Interna, do Equipamento, do Planeamento e da Administração do Território, da Economia, da Saúde e do Ambiente, cujo conteúdo será o dos anexos técnicos do Acordo ADR, sem prejuízo das derrogações permitidas pelos artigos 4.º a 7.º da Directiva n.º 94/55/CE, de 21 de Novembro.

Artigo 2.º (Competências)
 1. A execução do presente diploma, do ADR e do RPE compete:
 a) À Direcção-Geral de Transportes Terrestres (DGTT), no respeitante ao acesso à realização do transporte, às condições de admissão das matérias para transporte e à actividade dos técnicos de segurança;
 b) À Direcção-Geral de Viação (DGV), no respeitante às condições técnicas dos veículos, à formação dos condutores e às condições de circulação e segurança rodoviária;
 c) Aos serviços dos Ministérios da Economia e da Saúde a designar na portaria a que se refere o n.º 4 do artigo 1.º, no respeitante à classificação das mercadorias e às condições técnicas das embalagens, das garrafas e outros recipientes sob pressão, dos grandes recipientes para granel, dos contentores e das cisternas fixas, cisternas desmontáveis, baterias de recipientes e contentores-cisternas.
 2. A enumeração de competências constante do número anterior não dispensa a intervenção de outras entidades com atribuições decorrentes de legislação específica, designadamente nos domínios da protecção civil, da segurança dos cidadãos, da segurança rodoviária, da qualidade e segurança industriais, da saúde pública e da defesa do ambiente.

Artigo 3.º (Técnico de segurança)
 1. As pessoas singulares ou colectivas estabelecidas em território português que pretendam efectuar transportes de mercadorias perigosas em cisternas fixas, cisternas desmontáveis, baterias de recipientes ou contentores-cisternas devem nomear um técnico de segurança para supervisionar às condições de realização desses transportes.
 2. Por portaria do Ministro do Equipamento, do Planeamento e da Administração do Território são definidas as qualificações que os técnicos de segurança devem possuir e as demais condições de inscrição e exercício da sua actividade.

Artigo 4.º (Aprovação de embalagens, cisternas e veículos)
 1. As embalagens, as garrafas e outros recipientes sob pressão, os grandes recipientes para granel, as cisternas fixas, as cisternas desmontáveis, as baterias de recipientes, os contentores-cisternas e os veículos destinados ao transporte de mercadorias perigosas estão sujeitos às verificações e ensaios previstos nos correspondentes marginais do ADR e do RPE, que, sendo de resultados positivos, dão lugar à sua aprovação por parte da autoridade competente respectiva.
 2. As garrafas utilizadas para gases de petróleo liquefeitos que tenham sido fabricadas até 31 de Dezembro de 1984 e que ainda não tenham sido submetidas

a inspecção no âmbito do ADR ou do RPE terão de ser submetidas a uma primeira inspecção, durante um período de seis anos a partir da data da publicação do presente diploma, sendo a sua forma de realização e os procedimentos a utilizar estabelecidos por portaria do Ministro da Economia.

3. A realização das verificações e ensaios referidos nos números anteriores é assegurada por organismos de inspecção, laboratórios ou centros de inspecção acreditados nos termos do Sistema Português da Qualidade.

Artigo 5.° (Formação profissional e condições de saúde dos condutores)
1. Os condutores de veículos de transporte de mercadorias perigosas devem frequentar com aproveitamento cursos de formação adequados, de acordo com os correspondentes marginais do ADR ou do RPE.

2. Os cursos de formação dos condutores são leccionados por organismos reconhecidos para o efeito pela autoridade competente respectiva.

3. As condições de saúde física e psíquica dos condutores, adequadas à salvaguarda da segurança do transporte, deverão ser controladas periodicamente.

4. A certificação de que os condutores frequentaram com aproveitamento as acções de formação referidas no n.° 1 compreenderá ainda a verificação da observância de que os condutores se encontram nas condições de saúde referidas no número anterior.

Artigo 6.° (Restrições à circulação rodoviária)
Por portaria do Ministro da Administração Interna são estabelecidas restrições à circulação rodoviária dos veículos que transportem mercadorias perigosas.

Artigo 7.° (Acidentes)
1. Relativamente a acidentes rodoviários que ocorram com veículos que transportem mercadorias perigosas, a autoridade com competência para a fiscalização do trânsito na via pública em que o acidente tenha ocorrido remete à Direcção-Geral de Viação cópia da respectiva participação, acompanhada de cópia do Boletim Estatístico de Acidentes de Viação respeitante à mesma ocorrência.

2. A obrigatoriedade de remessa de cópia da participação preceituada no número anterior é extensiva aos restantes agentes de protecção civil referidos no n.° 1 do artigo 18.° da Lei n.° 113/91, de 2 de Agosto, sempre que intervenham em idêntica situação.

3. Na portaria a que se refere o n.° 2 do artigo 3.° é regulada a intervenção do técnico de segurança no que respeita à avaliação dos acidentes que ocorram com veículos sob a sua supervisão.

Artigo 8.° (Taxas)
As aprovações, autorizações e demais actos administrativos previstos no presente diploma, no ADR e no RPE são passíveis de pagamento de taxas, definidas por portaria do Ministro das Finanças e do ministro de que dependa a respectiva autoridade competente referida no artigo 2.°.

Artigo 9.º (Fiscalização)
1. A fiscalização do transporte objecto do presente diploma, do ADR e do RPE é exercida pela Direcção-Geral de Transportes Terrestres, pela Direcção-Geral de Viação, pela Guarda Nacional Republicana, pela Polícia de Segurança Pública e pelas demais autoridades a que alude o artigo 2.º, desde que detenham competência fiscalizadora atribuída por lei.
2. As autoridades fiscalizadoras têm acesso a todos os elementos relevantes para a segurança do transporte, nomeadamente no que respeita aos veículos, às mercadorias e à documentação relacionada com o transporte ou com as mercadorias transportadas, podendo ainda efectuar acções de fiscalização nas instalações dos intervenientes nas operações de transporte, quer a título preventivo quer na sequência de infracções detectadas na realização do transporte.
3. A fiscalização é realizada de uma forma aleatória em toda a rede rodoviária portuguesa, utilizando-se a lista de controlo anexa ao presente diploma, da qual será entregue um duplicado ao condutor do veículo fiscalizado, apresentado por este sempre que solicitado, a fim de simplificar ou evitar outros controlos posteriores.
4. Independentemente da aplicação das sanções previstas no artigo 10.º, sempre que ocorra risco para a segurança do transporte, da circulação ou das populações, os veículos são imobilizados pela autoridade fiscalizadora no próprio local ou num outro designado por essa autoridade, não podendo circular enquanto não estiverem conformes com a regulamentação.

Artigo 10.º (Contra-ordenações)
1. As infracções ao disposto no presente diploma, no ADR e no RPE constituem contra-ordenações, puníveis com as seguintes coimas:

a) A expedição e o transporte de uma matéria ou de um objecto que não pode ser admitido a transporte, com coima de 125.000$ a 750.000$;

b) A inexistência ou inadequação do documento de transporte, com coima de 25.000$ a 125.000$;

c) A realização de transportes de mercadorias perigosas que requeiram a supervisão de um técnico de segurança sem que o mesmo tenha sido nomeado, com coima de 10.0000$ a 500.000$;

d) O incumprimento de qualquer das prescrições sobre embalagens, garrafas ou outros recipientes sob pressão, grandes recipientes para granel, ou sobre a respectiva marcação ou etiquetagem, com coima de 25.000$ a 125.000$;

e) A utilização de tipos de veículos não admitidos, a utilização de contentores ou de cisternas fixas, cisternas desmontáveis, baterias de recipientes ou contentores-cisternas, quando não admitidos, a inexistência ou inadequação dos certificados de aprovação dos veículos, bem como a inexistência ou inadequação dos documentos de aprovação dos reservatórios das cisternas, quando previstos, com coima de 125.000$ a 750.000$;

f) O incumprimento de qualquer das disposições, que sejam específicas do transporte de mercadorias perigosas, sobre sinalização de veículos, contentores ou cisternas, com coima de 25.000$ a 125.000$;

g) A inexistência ou inadequação das fichas de segurança, com coima de 50.000$ a 250.000$;

h) A utilização de veículos, de contentores ou de cisternas fixas, cisternas desmontáveis, baterias de recipientes ou contentores-cisternas sem algum dos equipamentos ou acessórios adequados, com coima de 50.000$ a 250.000$;

i) O incumprimento de qualquer das normas de segurança do carregamento, da descarga ou do manuseamento, com coima de 50.000$ a 250.000$;

j) A circulação ou estacionamento de veículos em vias, itinerários, locais ou períodos de tempo em que estejam previstas interdições específicas do transporte de mercadorias perigosas, com coima de 75.000$ a 375.000$;

k) A inexistência ou inadequação dos certificados de formação dos condutores, com coima de 125.000$ a 750.000$;

l) A inexistência ou inadequação de autorização para o transporte ou de cópia de derrogação especial, quando necessárias, com coima de 100.000$ a 500.000$;

m) A não exibição dos certificados de aprovação ou de formação no acto da fiscalização, com coima de 25.000$ a 125.000$, considerando-se os certificados como inexistentes se não forem apresentados no prazo de oito dias.

2. São da responsabilidade do expedidor as infracções previstas nas alíneas *a), d), g), i)* e *l)* do n.º 1, da responsabilidade do proprietário, locatário em regime de locação financeira ou possuidor efectivo por qualquer outro título do material de transporte as previstas nas alíneas *b), c), e), f), h), k)* e *m)* do n.º 1, e da responsabilidade do condutor a prevista na alínea *j)* do n.º 1.

3. Nas contra-ordenações previstas no n.º 1, a tentativa e a negligência são puníveis.

4. Quando uma pessoa singular ou colectiva tenha praticado alguma das infracções previstas nas alíneas *a), c)* ou *l)* do n.º 1 e, antes de decorrido um ano sobre a prática dessa infracção, venha a cometer outra idêntica, além das sanções previstas no n.º 1 ser-lhe-á igualmente aplicável a sanção acessória de interdição de realizar transportes de mercadorias perigosas até ao período máximo de um ano.

Artigo 11.º (Infractores não domiciliados em Portugal)

1. Se o infractor não for domiciliado em Portugal e não pretender efectuar o pagamento voluntário da coima, deve proceder ao depósito de quantia igual ao valor máximo da coima prevista para a contra-ordenação em causa.

2. O depósito referido no número anterior deve ser efectuado no acto da verificação da contra-ordenação e destina-se a garantir o pagamento da coima em que o infractor possa vir a ser condenado, bem como das despesas legais a que houver lugar.

3. A falta do depósito referido nos n.ºˢ 1 e 2 implica a imobilização do veículo, que se manterá até à efectivação do depósito, ao pagamento da coima ou à decisão absolutória.

Artigo 12.º (Instrução e decisão dos processos de contra-ordenação)
1. A instrução dos processos por contra-ordenação previstos no presente diploma compete:

a) À Direcção-Geral de Transportes Terrestres, no respeitante às infracções previstas nas alíneas *a)*, *b)*, *c)*, *d)*, *g)*, *i)* e *l)* do n.º 1 do artigo 10.º;

b) À Direcção-Geral de Viação, no respeitante às infracções previstas nas alíneas *e)*, *f)*, *h)*, *j)*, *k)* e *m)* do n.º 1 do artigo 10.º.

2. A aplicação das coimas compete aos directores-gerais dos serviços indicados no número anterior, competindo ainda ao director-geral de Transportes Terrestres a aplicação da sanção acessória prevista no n.º 4 do artigo 10.º.

Artigo 13.º (Produto das coimas)
A afectação do produto das coimas faz-se da forma seguinte:

a) 20% para a entidade competente para a aplicação da coima, constituindo receita própria;

b) 20% para a entidade fiscalizadora, excepto quando esta não disponha da faculdade de arrecadar receitas próprias, revertendo, nesse caso, esta percentagem para os cofres do Estado;

c) 60% para o Estado.

Artigo 14.º (Revogação)
1. É revogada a seguinte legislação:
a) Decreto-Lei n.º 210-C/84, de 29 de Junho;
b) Decreto-Lei n.º 277/87, de 6 de Julho;
c) Artigo 5.º, n.º 1, do Decreto n.º 47 123, de 30 de Julho de 1966;
d) Portaria n.º 687/87, de 11 de Agosto.

2. Consideram-se revogados, na data de entrada em vigor das portarias previstas no presente decreto-lei, os seguintes diplomas:

a) Decreto-Lei n.º 143/79, de 23 de Maio, e Portarias n.ºs 346/84, de 7 de Junho, 367/86, de 17 de Julho (na parte aplicável ao transporte rodoviário), 977/87, de 31 de Dezembro, 686/88, de 14 de Outubro, e 695/88, de 15 de Outubro, na data da entrada em vigor da portaria prevista no n.º 4 do artigo 1.º;

b) Decreto Regulamentar n.º 27/85, de 9 de Maio, e Portarias n.ºs 504/85, de 24 de Julho, e 552/87, de 3 de Julho, na data de entrada em vigor da portaria prevista no n.º 2 do artigo 3.º.

Artigo 15.º (Entrada em vigor)
O presente diploma entra em vigor 30 dias após a data da sua publicação.

TRANSPORTE DE RESÍDUOS DENTRO DO TERRITÓRIO NACIONAL: PORTARIA N.° 335/97, DE 16 DE MAIO

Considerando que é importante organizar e tornar mais eficaz a fiscalização e controlo das transferências de resíduos dentro do território nacional por forma a corresponder à necessidade de proteger e melhorar a qualidade do ambiente e a saúde pública;

Considerando também a necessidade de fixar as regras a que fica sujeito o transporte de resíduos;

Ao abrigo do artigo 13.° do Decreto-Lei n.° 310/95, de 20 de Novembro:

Manda o Governo, pelos Ministros da Administração Interna, do Equipamento, do Planeamento e da Administração do Território, da Saúde e do Ambiente, o seguinte:

1.1 – Sempre que pretendam proceder ao transporte de resíduos, o produtor e o detentor devem garantir que os mesmos sejam transportados de acordo com as prescrições deste diploma, bem como assegurar que o seu destinatário está autorizado a recebê-los.

2. Sem prejuízo do disposto nesta portaria, quando os resíduos a transportar se encontrarem abrangidos pelos critérios de classificação de mercadorias perigosas, previstos no Regulamento Nacional do Transporte de Mercadorias Perigosas por Estrada (RPE), aprovado pela Portaria n.° 977/87, de 31 de Dezembro, o produtor, o detentor e o transportador estão obrigados ao cumprimento desse Regulamento.

2.1 – O transporte rodoviário de resíduos apenas pode ser realizado por:

a) O produtor de resíduos;

b) O eliminador ou valorizador de resíduos, licenciado nos termos da legislação aplicável;

c) As entidades responsáveis pela gestão de resíduos perigosos hospitalares, autorizadas nos termos da portaria prevista no n.° 2 do artigo 11.° do Decreto-Lei n. 310/95, de 20 de Novembro;

d) As entidades responsáveis pela gestão de resíduos urbanos, referidas na alínea *a)* do artigo 5.° do Decreto-Lei n.° 310/95, de 20 de Novembro;

e) As empresas licenciadas para o transporte rodoviário de mercadorias por conta de outrem, nos termos do Decreto-Lei n.° 366/90, de 24 de Novembro.

2. O Instituto dos Resíduos é informado, anualmente, da identificação dos transportes licenciados ao abrigo da alínea *e)* do número anterior.

3. O transporte de resíduos deve ser efectuado em condições ambientalmente adequadas, de modo a evitar a sua dispersão ou derrame, e observando, designadamente, os seguintes requisitos:

a) Os resíduos líquidos e pastosos devem ser acondicionados em embalagens estanques, cuja taxa de enchimento não exceda 98%;

b) Os resíduos sólidos podem ser acondicionados em embalagens ou transportados a granel, em veículo de caixa fechada ou veículo de caixa aberta, com a carga devidamente coberta;

c) Todos os elementos de um carregamento devem ser convenientemente arrumados no veículo e escorados, por forma a evitar deslocações entre si ou contra as paredes do veículo;

d) Quando, no carregamento, durante o percurso ou na descarga, ocorrer algum derrame, a zona contaminada deve ser imediatamente limpa, recorrendo a produtos absorventes, quando se trate de resíduos líquidos ou pastosos.

4. O produtor, o detentor e o transportador de resíduos respondem solidariamente pelos danos causados pelo transporte de resíduos.

5.1 – O produtor e o detentor devem assegurar que cada transporte é acompanhado das competentes guias de acompanhamento de resíduos, cujo modelos constam de anexo a esta portaria, da qual fazem parte integrante.

2. O transporte de resíduos urbanos está isento de guia de acompanhamento, com excepção dos resultantes de triagem e destinados a operações de valorização.

6.1 – A utilização do modelo A da guia de acompanhamento deve ser feita em triplicado e observar os seguinte procedimentos:

a) O produtor ou detentor deve:
   i) Preencher convenientemente o campo 1 dos três exemplares da guia de acompanhamento;
   ii) Verificar o preenchimento pelo transportador dos três exemplares da guia de acompanhamento;
   iii) Reter um dos exemplares da guia de acompanhamento;

b) O transportador deve:
   i) Fazer acompanhar os resíduos dos dois exemplares da guia de acompanhamento na sua posse;
   ii) Após entrega dos resíduos, obter do destinatário o preenchimento dos dois exemplares na sua posse;
   iii) Reter o seu exemplar, para os seus arquivos, e fornecer ao destinatário dos resíduos o exemplar restante;

c) O destinatário dos resíduos deve, após recepção dos resíduos:
   i) Efectuar o preenchimento dos dois exemplares na posse do transportador e reter o seu exemplar da guia de acompanhamento para os seus arquivos;
   ii) Fornecer ao produtor ou detentor, no prazo de 30 dias, uma cópia do seu exemplar;

d) O produtor ou detentor, o transportador e o destinatário dos resíduos devem manter em arquivo os seus exemplares da guia de acompanhamento por um período de cinco anos.

2. A utilização do modelo B da guia de acompanhamento, destinado aos resíduos hospitalares perigosos, deve observar os seguintes procedimentos:

a) O produtor ou detentor deve efectuar o preenchimento do campo 2 da guia de acompanhamento;

b) O destinatário deve efectuar o preenchimento do campo 4 da guia de acompanhamento;

c) O transportador deve efectuar o preenchimento dos campos 1 e 3 da guia de acompanhamento e certificar-se que o produtor ou detentor e o destinatário preencheram de forma clara e legível os campos respectivos;

d) O transportador fica na posse da guia de acompanhamento e deve mantê--la em arquivo por um período de cinco anos.

7. As guias de acompanhamento são documentos impressos de acordo com os modelos constantes do anexo a esta portaria, cujo custo e local de venda são indicados por despacho do presidente do Instituto dos Resíduos.

SEGURO DE TRANSPORTES: CÓDIGO COMERCIAL, ARTIGOS 450.° A 454.°

SECÇÃO IV. Do seguro de transportes por terra, canais e rios

Artigo 450.° *(Objecto do seguro de transporte)*
O seguro dos objectos transportados por terra, canais ou rios pode ter por objecto o seu valor acrescido das despesas até ao lugar do destino, o lucro esperado.

§ único. Se o lucro esperado não for avaliado separadamente na apólice, não se compreenderá no seguro.

Artigo 451.° *(Menções da apólice)*
A apólice, além do prescrito no artigo 426.°, deve enunciar:
1.° O tempo em que a viagem se deverá efectuar;
2.° Se a viagem há-de ser feita sem interrupção;
3.° O nome do transportador que se encarregou do transporte;
4.° O caminho que se deve seguir;
5.° A indicação dos pontos onde devem ser recebidos e entregues os objectos transportados;
6.° A forma de transporte.

Artigo 452.° *(Começo e termo dos riscos)*
Os riscos do segurador começam com o recebimento pelo transportador e acabam com a entrega por ele dos objectos segurados.

Artigo 453.° *(Responsabilidade do segurador)*
O segurador responde pelas perdas e danos causados por falta ou fraude dos encarregados do transporte dos objectos segurados, salvo o seu regresso contra os causadores.

Artigo 454.° *(Aplicação das disposições relativas aos seguros marítimos)*
Neste contrato serão observadas em geral, e conforme as circunstâncias, as disposições respeitantes aos seguros marítimos, incluindo as relativas ao abandono.

EXCESSO DE CARGA TRANSPORTADA EM VEÍCULOS DE MERCADORIAS: DECRETO-LEI N.º 133/91, DE 2 DE ABRIL

O excesso de carga transportada em veículos de mercadorias constitui uma infracção que reveste contornos de grande gravidade, por pôr em perigo a segurança rodoviária.

Nos termos do Decreto-Lei n.º 366/90, de 24 de Novembro, que regula o transporte público ocasional de mercadorias, tal infracção passou a ser considerada uma contra-ordenação, punível com coima.

Porque não se justifica manter dois regimes sancionatórios distintos para um mesmo tipo de infracções – multas para o transporte particular e coimas para o transporte público –, urge inserir no regime contra-ordenacional o excesso de carga transportada em veículos de mercadorias particulares.

Foram ouvidos os órgãos de governo próprio das Regiões dos Açores e da Madeira.

Assim:

Nos termos da alínea a) do n.º 1 do artigo 201.º da Constituição, o Governo decreta o seguinte:

Artigo 1.º (Excesso de carga)
1. A infracção pelo excesso de carga transportada em veículos utilizados no transporte particular de mercadorias constitui contra-ordenação punível com coima de 100.000$ a 500.000$.

2. Nenhum condutor se pode escusar a levar o veículo à pesagem nas balanças em serviço das entidades fiscalizadoras que se encontrem num raio de 5 Km do local onde se verificou a intervenção da autoridade.

3. Sempre que o excesso de carga transportada seja igual ou superior a 5% do peso bruto do veículo, este fica imobilizado até que a carga em excesso seja descarregada.

4. Para efeitos do disposto no número anterior, a entidade fiscalizadora pode ordenar a deslocação acompanhada do veículo até ao local apropriado para a descarga.

5. A inobservância do disposto no n.º 2 constitui contra-ordenação, punível com coima de 150.000$ a 400.000$, ou a 750.000$, consoante se trate de pessoa singular ou colectiva.

Artigo 2.º (Imputabilidade das infracções)
Pela prática das infracções ao disposto no artigo anterior são responsáveis os proprietários do veículo.

Artigo 3.º (Processamento das contra-ordenações e aplicação de coimas)
O processamento das contra-ordenações e a aplicação das coimas previstas neste diploma são da competência do director-geral de Transportes Terrestres, no

continente, e, nas Regiões Autónomas dos Açores e da Madeira, das entidades regionais com competência na matéria.

Artigo 4.º (Produto das coimas)
A afectação do produto das coimas faz-se da forma seguinte:
a) 20% para a entidade competente para a aplicação da coima, constituindo receita própria;
b) 20% para a entidade fiscalizadora, excepto quando esta não disponha da faculdade de arrecadar receitas próprias, revertendo, nesse caso, a receita para os cofres do Estado;
c) 60% para o Estado.

Artigo 5.º (Tentativa e negligência)
Nas contra-ordenações por infracção às disposições do presente diploma a tentativa e a negligência são puníveis.

Artigo 6.º (Direito subsidiário)
Em tudo o que não se encontre especialmente regulado neste diploma é aplicável, subsidiariamente, o disposto no Decreto-Lei n.º 433/82, de 27 de Outubro, com redacção dada pelo Decreto-Lei n.º 356/89, de 17 de Outubro.

PORTARIA N.º 25/99, DE 16 DE JANEIRO:
ESTABELECE AS CONDIÇÕES DE SEGURANÇA QUE DEVEM POSSUIR OS VEÍCULOS AFECTOS AO TRANSPORTE, GUARDA, TRATAMENTO E DISTRIBUIÇÃO DE VALORES
(REVOGA A PORTARIA N.º 1260/93, DE 11 DE DEZEMBRO)

DECRETO-LEI N.º 38/99, DE 6 DE FEVEREIRO:
INSTITUI UM NOVO REGIME JURÍDICO APLICÁVEL AOS TRANSPORTES RODOVIÁRIOS DE MERCADORIAS, POR CONTA DE OUTREM E POR CONTA PRÓPRIA, NACIONAIS E INTERNACIONAIS

JURISPRUDÊNCIA

TRANSPORTE DE PASSAGEIRO NA CAIXA DE CARGA: "Existindo apenas seguro obrigatório, a seguradora não é obrigatória a indemnizar os danos corporais de passageiro transportado em veículo de transporte de mercadorias num banco de caixa de carga." (***Acórdão da Relação de Coimbra***, *de 88.12.14, Col. Jurisp., 1988, Tomo V, pág. 98*)

LESÕES EM FAMILIARES DO TOMADOR DO SEGURO: "I – O artigo 7.º, n.º 2, alínea *a*), do Decreto-Lei n.º 522/85, ao proclamar a exclusão da garantia do seguro dos danos decorrentes de lesões materiais causadas aos familiares do tomador do seguro ou do condutor do veículo, não quis excluir dessa garantia os danos patrimoniais e não patrimoniais decorrentes de lesões corporais. II – À responsabilidade da seguradora pelos juros vencidos e vincendos devidos ao ofendido e ao hospital (obrigação acessória da obrigação principal) acresce a quantia segurada." *(Acórdão da Relação do Porto, de 90.07.04, Col. Jurisp., 1990, Tomo IV, pág. 241)*

ACIDENTE PROVOCADO POR EMPREGADO DA EMPRESA: "I – Ocorrido acidente com automóvel quando um empregado da empresa a quem fora confiado, para reparação mecânica, o conduzia para o devolver ao proprietário, é este quem tem a sua direcção executiva e a condução é feita no seu interesse. II – Perante o lesado, o seguro obrigatório firmado pelo proprietário do veículo garante não só a responsabilidade do tomador do seguro, mas ainda a daquela empresa e do seu empregado como legítimos detentor e condutor do veículo. III – Nos limites do seguro obrigatório vigora o princípio da legitimidade exclusiva da seguradora." *(Acórdão da Relação de Coimbra, de 91.12.03, Col. Jurisp., 1991, Tomo V, pág. 77)*

CLÁUSULA DE EXCLUSÃO DOS TERCEIROS TRANSPORTADOS NO VEÍCULO (CILINDRO): "A leitura da cláusula que expresse que a seguradora só responde por danos causados a terceiros não transportados no 'cilindro' deve fazer-se de acordo com a regra interpretativa do n.º 1 do artigo 236.º do Código Civil, no sentido de que com a mesma se pretendeu excluir do seguro não só os terceiros transportados na sequência de um contrato de transporte mas também todos os demais que ali seguissem clandestinamente." *(Acórdão da Relação de Évora, de 92.03.26, Bol. Min. Just. n.º 415, pág. 745)*

VALIDADE DE CLÁUSULA DO SEGURO: "I – A cláusula do contrato de seguro, pela qual não estão abrangidos pela apólice o cônjuge e filhos do segurado, bem como os parentes e afins em linha recta ou até ao 3.º grau da linha colateral, é válida se os nomes deles não constarem daquela. II – Assim, sendo o sinistrado cunhado do segurado e não constando o seu nome da respectiva apólice, a seguradora fica exonerada da responsabilidade pelas consequências do acidente." *(Acórdão da Relação do Porto, de 92.04.06, Col. Jurisp., 1992, Tomo II, pág. 267)*

TRANSPORTE GRATUITO: "I – O seguro obrigatório de responsabilidade civil automóvel cobre a obrigação de indemnização por lesões corporais dos passageiros transportados gratuitamente, ainda que parentes do condutor, de acordo com a 2ª Directiva do Conselho das Comunidades Europeias n.º 84/5/CEE, de

30 de Dezembro de 1983. II – São, no entanto, excluídas as lesões materiais nos termos do n.º 2 do artigo 7.º do Decreto-Lei n.º 522/85, de 31 de Dezembro, expressão que, por contraposição àquela, tem o significado de lesões em coisas." *(Acórdão da Relação de Coimbra, de 92.05.05, Col. Jurisp., 1990, Tomo III, pág. 100)*

CAUSA DE PEDIR COMPLEXA: "I – A causa de pedir nas acções cíveis emergentes de acidente de viação é complexa, sendo constituída não apenas pelo acidente ou pelos prejuízos dele emergentes, mas pelo conjunto de factos exigidos por lei para que surja o direito à indemnização e correlativa obrigação. II – Por morte da vítima podem surgir dois direitos de indemnização por danos não patrimoniais: o da vítima e o das pessoas mencionadas no n.º 3 do artigo 495.º do Código Civil." *(Acórdão da Relação de Évora, de 92.05.07, Bol. Min. Just. n.º 417, pág. 837)*

"LESÕES MATERIAIS": "I – A expressão 'lesões materiais' constante do artigo 7.º, n.º 2, do Decreto-Lei n.º 522/85, de 31 de Dezembro, contrapõe-se a "lesões corporais". II – Assim, estão cobertos pela garantia do seguro, à face desse preceito os danos patrimoniais e não patrimoniais decorrentes de lesões corporais causadas às pessoas aí referidas; estão, porém, excluídos dessa garantia, por força do estatuído nas alíneas a) e b) do n.º 2 do mencionado artigo 7.º, os danos invocados por quem tenha contribuído para o tratamento da vítima, se esta for uma das pessoas aí mencionadas" *(Acórdão da Relação do Porto, de 92.10.27, Col. Jurisp., 1992, Tomo IV, pág. 262)*

PASSAGEIRO EM VELOCÍPEDE: "I – É susceptível de comprometer a segurança da condução, em violação do n.º 5 do artigo 24.º do Regulamento do Código da Estrada e do n.º 3 do artigo 17.º do Código da Estrada, o transporte da recorrente como passageira em velocípede com motor não equipado de apoio para as suas mãos. II – Por isso, os danos por ela sofridos em acidente de viação ocorrido nessas circunstâncias são de considerar excluídos da garantia do seguro respeitante ao veículo, por expressa determinação da alínea d) do n.º 4 do artigo 7.º do Decreto-Lei 522/85, de 31 de Dezembro, mesmo que se tenha provado culpa do condutor do velocípede" *(Acórdão do Supremo Tribunal de Justiça, de 93.02.02, Col. Jurisp., 1993, Tomo I, pág. 127)*

PESSOA NA CAIXA DO VEÍCULO: "I – É proibido o transporte de passageiros em compartimento destinado às mercadorias e onde não existem bancos. II – O contrato a favor de terceiros em que se traduz o seguro obrigatório de responsabilidade civil automóvel não beneficia o passageiro transportado em tais condições. III – A exclusão da garantia do seguro não está subordinada à condição de os danos causados ao passageiro serem adequadamente resultantes da mencionada transgressão." *(Acórdão da Relação do Porto, de 94.03.08, Col. Jurisp., 1994, Tomo II, pág. 194)*

RESPONSÁVEL DO ACIDENTE NÃO TITULAR DE CARTA DE CONDUÇÃO: "I – Se o causador do acidente não era o condutor do veículo, mas ajudante de motorista, se o fez sem autorização daquele, fez do veículo uma utilização abusiva, passando a actuar como se tivesse a direcção efectiva daquele e como se o utilizasse no seu próprio interesse. II – A proprietária do veículo não é, assim, responsável pelos danos provocados pelo acidente, ainda que a título de risco. III – Não é também responsável o motorista que se ausentou do veículo, deixando-o bem estacionado mas com as chaves respectivas inseridas na ignição. IV – Igualmente não é responsável a Companhia Seguradora." *(Acórdão do Supremo Tribunal de Justiça, de 95.03.23, Col. Jurisp., Acórdãos do Sup. Trib. Just., 1995, Tomo I, pág. 135)*

PASSAGEIROS FORA DOS ASSENTOS: "Em acidente de viação de que resultaram ofensas corporais em diversos passageiros transportados fora dos assentos de um veículo automóvel, em contravenção ao artigo 17.º, n.º 3 do Código da Estrada de 1954, a responsabilidade da seguradora em relação a esses danos encontra-se excluída, por força do disposto no artigo 7.º, n.º 4, d) do Dec.-Lei n.º 522/85, de 31-12 e nos artigos 5.º e 9.º das Condições Gerais da Apólice." *(Acórdão da Relação de Coimbra, de 95.05.18, Col. Jurisp., 1995, Tomo III, pág. 65)*

PASSAGEIROS TRANSPORTADOS EM CONTRAVENÇÃO; EXCESSO DE LOTAÇÃO: "I – São transportados em contravenção ao disposto no n.º 3 do artigo 17.º do anterior Código da Estrada (a que correspondem os n.ºs 3 e 4 do actual) os passageiros que sigam no veículo fora de qualquer assento, em assento suplementar ou num assento normal, mas de modo a comprometer a segurança da condução. II – Desde que se salvaguardem os precedentes limites, ainda que haja excesso de lotação, não fica necessariamente excluída a garantia do seguro, cabendo ao juiz, caso a caso, liberdade de ponderação sobre os limites tidos por razoáveis de risco. III – Estimados pelos Autores os danos não patrimoniais pela perda da vida, em determinado montante, não pode ser superior o da dor sofrida como parentes da vítima." *(Acórdão da Relação de Coimbra, de 95.11.21, Col. Jurisp., 1995, Tomo V, pág. 38)*

TRANSPORTE DE PESSOAS FORA DOS ASSENTOS; ATRELADO DE TRACTOR AGRÍCOLA: "I – O despacho ministerial de 15/3/61, que autoriza excepcionalmente o transporte de certas pessoas em tractores agrícolas, constitui uma fonte formal válida de direito estradal inserta no sistema do C. Estrada/54, como tal sujeito ao princípio geral da aplicação das leis no tempo. II – Porém, essa autorização pressupõe que os trabalhadores transportados estejam ao serviço do próprio transportador, empresário agrícola, e que sejam respeitadas as condições exigidas pelas alíneas *a)* e *b)* do citado despacho. III – Não tendo o autor alegado factos que suportem aquela previsão legal de excepção, a acção proposta contra a seguradora naufraga necessariamente, não obstante se provar que no momento do acidente em causa seguia como passageiro de um veículo dessa natureza." *(Acórdão da Relação de Coimbra, de 96.06.18, Col. Jurisp., 1996, Tomo III, pág. 25)*

QUEDA DE CARGA; ÓNUS DA PROVA: "I – A alínea *d)* do artigo 19.° do Dec.-Lei 522/85, de 31 de Dezembro, dispõe que a seguradora, uma vez satisfeita a indemnização, goza de direito de regresso contra o responsável civil por danos causados a terceiros, em virtude da queda de carga decorrente da deficiência de acondicionamento. II – Verificado o evento danoso, incumbirá àquele que invoca o direito de regresso a alegação e a prova de factos concretos susceptíveis de integrar o referido conceito legal e não à contraparte provar factos tendentes a afastar uma suposta presunção de culpa." *(Acórdão da Relação de Lisboa, de 96.12.05, Col. Jurisp., 1996, Tomo V, pág. 125)*

CÔNJUGE DO CONDUTOR; LEGÍTIMO DETENTOR: "I – O cônjuge casado em comunhão geral de bens com o condutor do veículo e que nele segue como passageiro, é não só dono como seu legítimo detentor. II – No âmbito do seguro obrigatório de responsabilidade civil, o contrato garante a responsabilidade civil dos legítimos detentores e condutores do veículo pelos danos patrimoniais decorrentes de lesões provocadas a terceiros, mas o legislador exclui dessa garantia os danos sofridos por essas mesmas pessoas. III – Em caso de acidente de viação, nas condições referidas em I, devido a culpa exclusiva do condutor e de que resultou a morte do cônjuge passageiro, os seus filhos não têm direito a indemnização pelo dano não patrimonial decorrente da perda do direito à vida, que só por via sucessória lhes podia ser atribuído. IV – Os danos não patrimoniais que os próprios filhos suportaram com a morte do seu ascendente não são abrangidos pelas exclusões daquele seguro obrigatório. V – Sobre o *quantum* indemnizatório são devidos juros desde a citação, nos casos de responsabilidade por facto ilícito ou pelo risco, quer se trate de danos patrimoniais, quer de danos não patrimoniais." *(Acórdão do Supremo Tribunal de Justiça, de 97.03.18, Col. Jurisp., Acórdãos do Sup. Trib. Just., 1997, Tomo I, pág. 163)*

CÔNJUGE DO SEGURADO: "I – Os casos de comunhão conjugal não se encontram previstos na alínea *b)* do n.° 1 do artigo 7.° do Dec.-Lei n.° 522/85, mas apenas sujeitos à limitação constante da alínea *a)* do n.° 2 desse artigo. II – O cônjuge do tomador do seguro obrigatório, porque é co-titular do mesmo e único direito indivisível de propriedade sobre o bem comum que é o veículo objecto de tal seguro está excluído da garantia do mesmo, relativamente aos danos sofridos por si, pelo que não tem direito a ser indemnizado pelos danos que sofreu em acidente de viação no qual foi único interveniente o veículo onde se fazia transportar." *(Acórdão da Relação de Évora, de 98.03.26, Col. Jurisp., 1998, Tomo II, pág. 276)*

SUBSÍDIOS DE FUNERAL E POR MORTE: "A seguradora responsável pelo pagamento da indemnização devida pela morte de um sinistrado em acidente de viação não deve ser condenada a pagar ao Centro Nacional de Pensões as quantias que ele tenha pago aos familiares da vítima, a título de subsídio por morte e de subsídio de funeral, uma vez que elas não são reembolsáveis." *(Acórdão da Relação do Porto, de 98.04.01, Col. Jurisp., 1998, Tomo II, pág. 242)*

EXCLUSÃO DA GARANTIA DO SEGURO; PASSAGEIROS TRANSPORTADOS FORA DOS ASSENTOS; DANOS SOFRIDOS PELA MÃE DA VÍTIMA: "I – Tendo o veículo acidentado uma lotação de sete lugares na cabine e sendo nele transportadas, na altura do acidente, além do condutor, quinze pessoas, verifica-se um excesso de nove pessoas, entre as quais a vítima, que eram transportadas na parte traseira desse veículo, onde não existiam assentos, em contravenção ao disposto no artigo 17.º, n.º 3 do Código da Estrada, na redacção do Dec.-Lei n.º 834/76, de 25.11, o que determina a exclusão da garantia do seguro, nos termos do artigo 7.º, n.º 4, al. d) do Dec.-Lei n.º 522/85, de 31.12, ainda que não esteja comprometida a segurança da condução. II – Resultando os danos sofridos pela autora, ainda que indirectamente, dos causados ao seu falecido filho, vítima mortal do acidente, estando a responsabilidade da seguradora excluída em relação aos danos sofridos pela vítima também o está em relação aos invocados por essa autora, que é terceiro lesado mas não beneficiária do seguro." *(Acórdão da Relação de Lisboa, de 98.11.10, Col. Jurisp., 1998, Tomo V, pág. 78)*

CLÁUSULA DE EXCLUSÃO DE RESPONSABILIDADE CIVIL: "É nula a cláusula de exclusão do cônjuge do representante legal de pessoas colectivas ou sociedades responsáveis pelo acidente – artigo 5.º, n.º 2, *a*) das 'Condições gerais' da apólice – em face do estatuído no artigo 7.º, n.º 2, do Decreto-Lei n.º 522/85, de 31.12." *(Acórdão da Relação de Lisboa, de 99.01.21, Col. Jurisp., 1999, Tomo I, pág. 85)*

ARTIGO 8.º
(Pessoas cuja responsabilidade é garantida)

1. O contrato garante a responsabilidade civil do tomador do seguro, dos sujeitos da obrigação de segurar previstos no artigo 2.º e dos legítimos detentores e condutores do veículo.
2. O seguro garante ainda a satisfação das indemnizações devidas pelos autores de furto, roubo, furto de uso do veículo ou de acidentes de viação dolosamente provocados, sem prejuízo do disposto no número seguinte.
3. Nos casos de roubo, furto ou furto de uso de veículo e acidentes de viação dolosamente provocados, o seguro não garante a satisfação das indemnizações devidas pelos respectivos autores e cúmplices para com o proprietário, usufrutuário, adquirente com reserva de propriedade ou locatário em regime de locação financeira, nem para com os autores ou cúmplices ou para com os passageiros transportados que tivessem conhecimento da posse ilegítima do veículo e de livre vontade nele fossem transportados.

EVOLUÇÃO LEGISLATIVA

* Este preceito é redacção do Dec.-Lei n.º 522/85, de 31.12.
* Os n.ºs 1 e 3 correspondem ao artigo 5.º, e o n.º 2 corresponde ao artigo 6.º, ambos do Decreto-Lei n.º 408/79, de 25.09.

REMISSÕES

1. Detenção – art. 1253.º CC.
2. Furto – art. 203.º CP; roubo – art. 210.º CP; furto de uso de veículo – art. 208.º CP; dolo – art. 14.º CP.
3. Direito de propriedade – arts. 1302.º segs. CC; direito de usufruto – arts. 1439.º segs. CC; locação financeira – cfr. anot. ao art. 2.º, em *Legislação Complementar*; autoria – art. 26.º CP; cumplicidade – art. 27.º CP.

JURISPRUDÊNCIA

TRANSPORTE GRATUITO: "I – O contrato de seguro tem natureza pessoal, só respondendo o segurador na medida em que for responsável o seu segurado. II – Fazendo-se a vítima transportar em veículo automóvel gratuitamente e não se provando a culpa, não há lugar a dever de indemnizar. III – O Decreto-Lei n.º 522/85, ao alargar aos passageiros transportados gratuitamente a obrigatoriedade do seguro, não revogou o disposto na lei civil quanto a responsabilidade." *(Acórdão da Relação de Coimbra, de 91.11.19, Col. Jurisp., 1991, Tomo V, pág. 65)*

REGRA EXCEPCIONAL: "A regra do n.º 2 do artigo 8.º do Decreto-Lei n.º 522/85, de 31 de Dezembro, não chega, por excepcional, para dar carácter real ao contrato de seguro." *(Acórdão da Relação de Évora, de 92.03.31, Bol. Min. Just. n.º 415, pág. 751)*

DOLO: "I – O artigo 494.º do Código Civil aplica-se a casos de acidentes de viação, excepto quando tenha procedido dolosamente, estando a redução da indemnização rigorosamente condicionada aos pressupostos legais, entre os quais a 'moderação' da culpa. II – Cabe ao lesado o ónus da prova, incumbindo, porém, ao lesante provar que a sua culpa era 'moderada' ou até 'leve'. (...)" *(Acórdão do Supremo Tribunal de Justiça, de 92.12.02, Bol. Min. Just. n.º 422.º, pág. 281)*

UTILIZAÇÃO ABUSIVA DE VEÍCULO: "I – É tecnicamente incorrecto dar como reproduzido na especificação o teor de documentos, uma vez que nela devem ser mencionados factos provados e não os documentos que eventualmente os provem. II – De qualquer modo, se relevantes, sempre os respectivos factos deverão ser considerados na sentença, nos termos do n.º 3 do artigo 659.º do C. P. Civil. III – Em matéria de responsabilidade civil resultante de acidente de viação existe presunção '*juris tantum*' de negligência contra o autor da contravenção que causou o dano. IV – A lei faz presumir a culpa de quem conduza por conta e no interesse de outrém, sendo esse o caso do condutor, filho do proprietário da viatura, por sobre este impender o ónus de provar que aquela utilização fora feita à sua revelia e de forma abusiva. V – É ressarcível o dano da perda do bónus, em consequência de acidente que deve ser participado à seguradora. VI – A jurisprudência e a doutrina são unânimes em admitir a actualização entre a data dos pagamentos e a da citação, independentemente de ter sido alegada ou pedida pelo titular do direito." *(Acórdão da Relação de Coimbra, de 93.09.21, Col. Jurisp., 1993, Tomo IV, pág. 37)*

VEÍCULO CONDUZIDO PELA MULHER DO PROPRIETÁRIO: "I – Não se verifica a nulidade da alínea *b*) do n.º 1 do artigo 668.º do Código de Processo Civil se apenas está em causa a correcção dos fundamentos invocados. II – A nulidade da alínea *c*) do n.º 1 do artigo 668.º pressupõe um erro lógico na parte final da argumentação jurídica: os fundamentos apontam num sentido e, na parte final, vem a optar-se por fundamentação adversa. III – Junto documento com as alegações, contra a junção do qual houve oposição, forma-se caso julgado quanto à admissão, devendo levar-se em conta a prova produzida. IV – A culpa presumida pressupõe uma relação de comissão, no sentido de serviço ou actividade por conta de outrém, o que não sucede se a mulher conduz um automóvel pertencente ao marido." *(Acórdão do Supremo Tribunal de Justiça, de 95.04.26, Col. Jurisp., Acórdãos do Sup. Trib. Just., 1995, Tomo II, pág. 57)*

ACIDENTE EM AUTO-ESTRADA; RESPONSABILIDADE DA CONCESSIONÁRIA DA EXPLORAÇÃO: "I – A responsabilidade da concessionária perante terceiros, por danos que os utentes de auto-estradas sofram em acidentes de viação nelas ocorridos, está sujeita ao regime geral da responsabilidade por factos ilícitos, nos termos da Base LIII, n.º 1, do Anexo ao Dec.-Lei n.º 315/91, de 20 de Agosto. II – Não é da responsabilidade da concessionária a indemnização por danos sofridos por um veículo automóvel, em consequência de embate num canídeo que invadiu a faixa de rodagem da auto-estrada por onde o veículo transitava, se nenhum elemento de facto se provou que permita assacar à concessionária, na pessoa de qualquer dos seus funcionários, alguma parcela de culpa no tocante à introdução e (ou) permanência na auto-estrada desse canídeo." *(Acórdão da Relação do Porto, de 95.06.05, Col. Jurisp., 1995, Tomo III, pág. 233)*

RESPONSABILIDADE DO COMITENTE: "I – A presunção de culpa estabelecida no artigo 503.º, n.º 3, 1ª parte do Código Civil, quando se trate de determinar a responsabilidade do comitente, nos termos do artigo 508.º – e, por conseguinte a responsabilidade da sua seguradora – não pressupõe, necessariamente que se identifique a pessoa que, no momento do acidente, conduzia o veículo por conta de outrém. II – Basta, para tanto, que se prove ter o comitente encarregado outrém de qualquer comissão e que a pessoa assim encarregada (embora não identificada em concreto, dentro de determinado grupo de indivíduos que assumam essa qualidade de comissários) tenha praticado os factos no exercício das funções que lhe foram confiadas, de maneira a que o mesmo possa ser responsabilizado pela obrigação de indemnizar. III – É o que sucede quando o comissário é um dos vários trabalhadores do comitente, sem se ter identificado qual deles seria." *(Acórdão do Supremo Tribunal de Justiça, de 96.07.04, Col. Jurisp., Acórdãos do Sup. Trib. Just., 1996, Tomo II, pág. 226)*

VEÍCULO FURTADO: "I – O artigo 8.º, n.º 2, do Decreto-Lei n.º 522/85, de 31 de Dezembro, tem de ser interpretado no sentido de a seguradora do veículo furtado responder apenas pelas indemnizações devidas pelos autores do furto e cúmplice. II – No exame crítico das provas, nos termos do artigo 659.º, n.º 2, do Código de Processo Civil, podem e devem ser tidos em conta e servir de fundamento à sentença os factos pertinentes assentes em virtude de confissão, admitidos por acordo das partes ou provados por documentos. III – O autor tem direito a ser indemnizado pela ré seguradora dado estar assente, quer por acordo quer por confissão da mesma ré, que o veículo estava a ser conduzido por um desconhecido, no momento do acidente, e que esse desconhecido, responsável pelo sinistro, era o autor do furto desse mesmo veículo." *(Acórdão do Supremo Tribunal de Justiça, de 96.10.15, Bol. Min. Just. n.° 460, pág. 719)*

ARTIGO 9.º
(Seguro de provas desportivas)

1. Quaisquer provas desportivas de veículos terrestres a motor e respectivos treinos oficiais só poderão ser autorizadas mediante a celebração prévia de um seguro, feito para o caso, que garanta a responsabilidade civil dos organizadores, dos proprietários dos veículos e dos detentores e condutores em virtude de acidentes causados por esses veículos.

2. Sem prejuízo do disposto no artigo 7.º, excluem-se da garantia do seguro previsto no número anterior os danos causados aos participantes e respectivas equipas de apoio e aos veículos por aqueles utilizados, bem como os causados à entidade organizadora e pessoal ao seu serviço ou a quaisquer seus colaboradores.

3. Quando se verificarem dificuldades especiais na celebração de contratos de seguro de provas desportivas, o Instituto de Seguros de Portugal, através de norma regulamentar, definirá os critérios de aceitação e realização de tais seguros.

EVOLUÇÃO LEGISLATIVA

* Este preceito é redacção do Decreto-Lei n.º 522/85, de 31.12.
* Corresponde ao artigo 2.º do Decreto-Lei n.º 408/79, de 25.09.

LEGISLAÇÃO COMPLEMENTAR

AUTORIZAÇÃO PARA UTILIZAÇÃO DAS VIAS PÚBLICAS: DECRETO-LEI N.º 2/98, DE 3 DE JANEIRO, ARTIGOS 13.º E 14.º

Artigo 13.º
A autorização para a utilização das vias públicas para a realização de actividades de carácter desportivo, festivo ou outras que possam afectar o trânsito normal é concedida pelo governo civil do distrito em que se realizem ou tenham o

seu termo, com base em regulamento aprovado por portaria do Ministro da Administração Interna.

Artigo 14.º
Nas Regiões Autónomas dos Açores e da Madeira as competências cometidas aos governadores civis e à Direcção-Geral da Viação são exercidas pelos organismos e serviços das respectivas administrações regionais.

RESTRIÇÕES À CIRCULAÇÃO: CÓDIGO DA ESTRADA (REPUBLICADO PELO DECRETO-LEI N.º 2/98, DE 3 DE JANEIRO), ARTIGO 8.º

Artigo 8.º (Realização de obras e utilização das vias públicas para fins especiais)
1. A realização de obras nas vias públicas e a sua utilização para a realização de actividades de carácter desportivo, festivo ou outras que possam afectar o trânsito normal só é permitida desde que autorizada pelas entidades competentes.
2. O não cumprimento das condições constantes da autorização concedida nos termos do número anterior é equiparado à sua falta.
3. Quem infringir o disposto no n.º 1 é sancionado com coima de 25.000$ a 125.000$.
4. Os organizadores de manifestação desportiva envolvendo automóveis ou motociclos em violação ao disposto no n.º 1 são sancionados com coima de 150.000$ a 750.000$, acrescida de 25.000$ por cada um dos condutores participantes ou concorrentes, até ao limite de 250.000$.
5. Os organizadores de manifestação desportiva envolvendo veículos de natureza diversa da referida no número anterior em violação ao disposto no n.º 1 são sancionados com coima de 75.000$ a 375.000$, acrescida de 7.500$ por cada um dos condutores participantes ou concorrentes, até ao limite de 75.000$.
6. Os organizadores de manifestação desportiva envolvendo peões ou animais em violação ao disposto no n.º 1 são sancionados com coima de 50.000$ a 250.000$, acrescida de 5.000$ por cada um dos participantes ou concorrentes, até ao limite de 50.000$.

SEGURO DE PROVAS DESPORTIVAS: CÓDIGO DA ESTRADA (ID.), ARTIGO 132.º

Artigo 132.º (Seguro de provas desportivas)
A autorização para realização, na via pública, de provas desportivas de veículos a motor e dos respectivos treinos oficiais depende da efectivação, pelo organizador, de um seguro que cubra a sua responsabilidade civil, bem como a dos proprietários ou detentores dos veículos e dos participantes, decorrente dos danos resultantes de acidentes provocados por esses veículos.

JURISPRUDÊNCIA

ATROPELAMENTO DE COMISSÁRIO DE PISTA: "I – Deve qualificar-se como acidente de trabalho e não como acidente de viação o atropelamento sofrido por um comissário de pista, por virtude do despiste de um concorrente, quando trabalhava por conta e risco do Clube Autódromo do Estoril. II – Não se tendo feito a prova da relação laboral invocada como causa de pedir, não é legítimo converter essa causa de pedir numa responsabilidade extracontratual pelo exercício de actividades perigosas a que se refere o artigo 493.°, n.° 2, do Código Civil." *(Acórdão do Supremo Tribunal de Justiça, de 89.02.10, Bol. Min. Just. n.° 384, pág. 515)*

ACIDENTE EM RALLY: "I – Num *rally*, em que é reservada aos concorrentes a circulação pelas respectivas vias, os respectivos concorrentes não estão sujeitos à observância de certas regras do Código da Estrada, tais como, os limites legais de velocidade, a circulação pela direita ou o assinalar a sua presença em certos locais. II – O acidente ocorrido no decurso de uma prova escapa ao quadro dos acidentes resultantes da circulação terrestre, visados pelo assento de 21 de Novembro de 1979, devendo ser-lhe aplicável o disposto no n.° 2 do artigo 493.° do Código Civil por se tratar de actividade incontestavelmente perigosa. III – A presunção de culpa por aplicação do referido n.° 2 do artigo 493.° aos acidentes resultantes de provas desportivas automóveis está em consonância com a obrigatoriedade de licenciamento e de seguro especial, global e ilimitado, para a realização daquelas provas. IV – Não tendo as seguradoras ilidido a presunção de culpa do condutor, a sua responsabilidade contratual funciona em termos ilimitados." *(Acórdão da Relação do Porto, de 91.11.05, Bol. Min. Just. n.° 411, pág. 647)*

PROVA AUTOMOBILISTA ORGANIZADA POR AUTARQUIA LOCAL: "I – É da competência do tribunal comum e não do tribunal administrativo a acção instaurada pelo lesado conta uma Câmara Municipal em que se pede a condenação desta no pagamento de indemnização fundada em acidente ocorrido no decurso de uma prova desportiva de automobilismo integrada no programa de festas organizada por aquela autarquia. II – Se o agravante, no requerimento de interposição do recurso, restringiu o seu objecto à parte do despacho saneador que julgou improcedente a excepção de incompetência em razão da matéria, não pode discutir nas alegações de recurso de apelação a questão da legitimidade da autarquia, já decidida no saneador, no sentido da improcedência da excepção de ilegitimidade. III – Se o concorrente desportivo conduzia o veículo de acordo com as regras do concurso, o regulamento da prova lhe impunha que circulasse o mais rapidamente possível, e não foram tomadas medidas de protecção dos espectadores, mediante colocação de barreiras, nenhuma culpa lhe pode ser imputada no acidente que atingiu um dos espectadores. IV – O Fundo de Garantia Automóvel não responde pelos danos causados por acidentes de viação em provas desportivas." *(Acórdão da Relação de Coimbra, de 96.03.26, Col. Jurisp., 1996, Tomo II, pág. 24)*

CAPÍTULO II
DO CONTRATO DE SEGURO E DA PROVA

ARTIGO 10.º
(Contratação do seguro automóvel)

1. As seguradoras legalmente autorizadas a explorar o ramo "Automóvel" só poderão contratar os seguros nos precisos termos previstos no presente diploma e nas condições contratuais e tarifárias estabelecidas pelo Instituto de Seguros de Portugal.
2. Mediante convenção expressa no contrato de seguro e de acordo com as condições tarifárias, pode ficar a cargo do tomador de seguro uma parte da indemnização devida a terceiros, não sendo, porém, esta limitação de garantia oponível aos lesados ou aos seus herdeiros.
3. Nos casos em que os contratos revistam características especiais, nomeadamente pelo seu não enquadramento na tarifa em vigor ou pela verificação de uma sinistralidade anormal, em termos quantitativos ou qualitativos, cabe ao Instituto de Seguros de Portugal, caso a caso, estabelecer as condições de aceitação ou de renovação desses mesmos contratos, bem como determinar a existência e tipo de sinistralidade anormal.

EVOLUÇÃO LEGISLATIVA

* Este preceito é redacção do Dec.-Lei n.º 522/85, de 31.12.
* Corresponde, em parte, aos n.ºs 1 e 2 do artigo 9.º do Decreto-Lei n.º 408/79, de 25.09.

REMISSÕES

Cláusulas contratuais gerais – Decreto-Lei n.º 446/85, de 25.10, alterado pelo Decreto-Lei n.º 220/95, de 31.08; contrato a favor de terceiro – arts. 443.º e segs. CC.

LEGISLAÇÃO COMPLEMENTAR

CÓDIGO COMERCIAL: ARTIGOS 425.° A 431.°
TÍTULO XV. DOS SEGUROS
CAPÍTULO I. Disposições gerais

Artigo 425.° (Natureza comercial dos seguros)
Todos os seguros, com excepção dos mútuos, serão comerciais a respeito do segurador, qualquer que seja o seu objecto; e relativamente aos outros contratantes, quando recaírem sobre géneros ou mercadorias destinados a qualquer acto de comércio, ou sobre estabelecimento mercantil.

§ 1.° Os seguros mútuos serão, contudo, regulados pelas disposições deste Código, quanto a quaisquer actos de comércio estranhos à mutualidade.

§ 2.° Os seguros marítimos serão especialmente regulados pelas disposições aplicáveis do livro III deste Código.

Artigo 426.° (Forma do contrato e menções da apólice)
O contrato de seguro deve ser reduzido a escrito num instrumento, que constituirá a apólice de seguro.

§ *único.* A apólice de seguro deve ser datada, assinada pelo segurador, e enunciar:
1.° O nome ou firma, residência ou domicílio do segurador;
2.° O nome ou firma, qualidade, residência ou domicílio do que faz segurar;
3.° O objecto do seguro e a sua natureza e valor;
4.° Os riscos contra que faz o seguro;
5.° O tempo em que começam e acabam os riscos;
6.° A quantia segurada;
7.° O prémio do seguro;
8.° E, em geral, todas as circunstâncias cujo conhecimento possa interessar o segurador, bem como todas as condições estipuladas pelas partes.

Artigo 427.° (Regime do contrato)
O contrato de seguro regular-se-á pelas estipulações da respectiva apólice não proibidas por lei, e, na sua falta ou insuficiência, pelas disposições deste Código.

Artigo 428.° (Por conta de quem pode ser contratado o seguro)
O seguro pode ser contratado por conta própria ou por conta de outrem.

§ 1.° Se aquele por quem ou em nome de quem o seguro é feito não tem interesse na cousa segurada, o seguro é nulo.

§ 2.° Se não se declarar na apólice que o seguro é por conta de outrem, considera-se contratado por conta de quem o fez.

§ 3.° Se o interesse do segurado for limitado a uma parte da cousa segura na sua totalidade ou do direito a ela respeitante, considera-se feito o seguro por conta de todos os interessados, salvo àquele o direito de haver a parte proporcional do prémio.

Artigo 429.° (Nulidade do seguro por inexactidões ou omissões)
Toda a declaração inexacta, assim como toda a reticência de factos ou circunstâncias conhecidas pelo segurado ou por quem fez o seguro, e que teriam podido influir sobre a existência ou condições do contrato tornam o seguro nulo.
§ *único*. Se da parte de quem fez as declarações tiver havido má fé o segurador terá direito ao prémio.

Artigo 430.° (Resseguro e seguro do prémio)
O segurador pode ressegurar por outrem o objecto que segurou, e o segurado pode segurar por outrem o prémio do seguro.

Artigo 431.° (Transmissão do seguro)
Mudando o objecto segurado de proprietário durante o tempo do contrato, o seguro passa para o novo dono pelo facto da transferência do objecto seguro, salvo se entre o segurador e o originário segurado outra cousa for ajustada.

CLÁUSULAS CONTRATUAIS GERAIS: DECRETO-LEI N.° 446/85, DE 25 DE OUTUBRO (ALTERADO PELO DECRETO-LEI N.° 220/95, DE 31 DE AGOSTO)

CAPÍTULO I – Disposições gerais

Artigo 1.° (Cláusulas contratuais gerais)
1. As cláusulas contratuais gerais elaboradas sem prévia negociação individual, que proponentes ou destinatários indeterminados se limitem, respectivamente, a subscrever ou aceitar, regem-se pelo presente diploma.
2. O ónus da prova de que uma cláusula contratual resultou de negociação prévia entre as partes recai sobre quem pretenda prevalecer-se do seu conteúdo.

Artigo 2.° (Forma, extensão, conteúdo e autoria)
O artigo anterior abrange, salvo disposição em contrário, todas as cláusulas contratuais gerais, independentemente da forma da sua comunicação ao público, da extensão que assumam ou que venham a apresentar nos contratos a que se destinem, do conteúdo que as informe ou de terem sido elaboradas pelo proponente, pelo destinatário ou por terceiros.

Artigo 3.° (Excepções)
O presente diploma não se aplica:
a) A cláusulas típicas aprovadas pelo legislador;

b) A cláusulas que resultem de tratados ou convenções internacionais vigentes em Portugal;
c) A contratos submetidos a normas de direito público;
d) A actos do direito da família ou do direito das sucessões;
e) A cláusulas de instrumentos de regulamentação colectiva de trabalho.

CAPÍTULO II – Inclusão de cláusulas contratuais gerais em contratos singulares

Artigo 4.° (Inclusão em contratos singulares)
As cláusulas contratuais gerais inseridas em propostas de contratos singulares incluem-se nos mesmos, para todos os efeitos, pela aceitação, com observância do disposto neste capítulo.

Artigo 5.° (Comunicação)
1. As cláusulas contratuais gerais devem ser comunicadas na íntegra aos aderentes que se limitem a subscrevê-las ou a aceitá-las.
2. A comunicação deve ser realizada de modo adequado e com a antecedência necessária para que, tendo em conta a importância do contrato e a extensão e complexidade das cláusulas, se torne possível o seu conhecimento completo e efectivo por quem use de comum diligência.
3. O ónus da prova da comunicação adequada e efectiva cabe ao contratante que submeta a outrem as cláusulas contratuais gerais.

Artigo 6.° (Dever de informação)
1. O contratante que recorra a cláusulas contratuais gerais deve informar, de acordo com as circunstâncias, a outra parte dos aspectos nelas compreendidos cuja aclaração se justifique.
2. Devem ainda ser prestados todos os esclarecimentos razoáveis solicitados.

Artigo 7.° (Cláusulas prevalentes)
As cláusulas especificamente acordadas prevalecem sobre quaisquer cláusulas contratuais gerais, mesmo quando constantes de formulários assinados pelas partes.

Artigo 8.° (Cláusulas excluídas dos contratos singulares)
Consideram-se excluídas dos contratos singulares:
a) As cláusulas que não tenham sido comunicadas nos termos do artigo 5.°;
b) As cláusulas comunicadas com violação do dever de informação, de molde que não seja de esperar o seu conhecimento efectivo;
c) As cláusulas que, pelo contexto em que surjam, pela epígrafe que as precede ou pela sua apresentação gráfica, passem despercebidas a um contratante normal, colocado na posição do contratante real;

d) As cláusulas inseridas em formulários, depois da assinatura de algum dos contratantes.

Artigo 9.° *(Subsistência dos contratos singulares)*
1. Nos casos previstos no artigo anterior os contratos singulares mantêm-se, vigorando na parte afectada as normas supletivas aplicáveis, com recurso, se necessário, às regras de integração dos negócios jurídicos.
2. Os referidos contratos são, todavia, nulos quando, não obstante a utilização dos elementos indicados no número anterior, ocorra uma indeterminação insuprível de aspectos essenciais ou um desequilíbrio nas prestações gravemente atentatório da boa-fé.

CAPÍTULO III – Interpretação e integração das cláusulas contratuais gerais

Artigo 10.° *(Princípio geral)*
As cláusulas contratuais gerais são interpretadas e integradas de harmonia com as regras relativas à interpretação e integração dos negócios jurídicos, mas sempre dentro do contexto de cada contrato singular em que se incluam.

Artigo 11.° *(Cláusulas ambíguas)*
1. As cláusulas contratuais gerais ambíguas têm o sentido que lhes daria o contratante indeterminado normal que se limitasse a subscrevê-las ou a aceitá-las, quando colocado na posição de aderente real.
2. Na dúvida, prevalece o sentido mais favorável ao aderente.

CAPÍTULO IV (Nulidade das cláusulas contratuais gerais)

Artigo 12.° *(Cláusulas proibidas)*
As cláusulas contratuais gerais proibidas por disposição deste diploma são nulas nos termos nele previstos.

Artigo 13.° *(Subsistência dos contratos singulares)*
1. O aderente que subscreva ou aceite cláusulas contratuais gerais pode optar pela manutenção dos contratos singulares, quando algumas dessas cláusulas sejam nulas.
2. A manutenção de tais contratos implica a vigência, na parte afectada, das normas supletivas aplicáveis, com recurso, se necessário, às regras de integração dos negócios jurídicos.

Artigo 14.° *(Redução)*
Se a faculdade prevista no artigo anterior não for exercida ou, sendo-o, con-

duzir a um desequilíbrio de prestações gravemente atentatório da boa-fé, vigora o regime da redução dos negócios jurídicos.

CAPÍTULO V – Cláusulas contratuais gerais proibidas

SECÇÃO I – Disposições comuns por natureza

Artigo 15.º (Princípio geral)
São proibidas as cláusulas contratuais gerais contrárias à boa-fé.

Artigo 16.º (Concretização)
Na aplicação da norma anterior devem ponderar-se os valores fundamentais do direito, relevantes em face da situação considerada, e, especialmente:

a) A confiança suscitada, nas partes, pelo sentido global das cláusulas contratuais em causa, pelo processo de formação do contrato singular celebrado, pelo teor deste e ainda por quaisquer outros elementos atendíveis;

b) O objectivo que as partes visam atingir negocialmente, procurando-se a sua efectivação à luz do tipo de contrato utilizado.

SECÇÃO II – Relações entre empresários ou entidades equiparadas

Artigo 17.º (Âmbito das proibições)
Nas relações entre empresários ou os que exerçam profissões liberais, singulares ou colectivos, ou entre uns e outros, quando intervenham apenas nessa qualidade e no âmbito da sua actividade específica, aplicam-se as proibições constantes desta secção e da anterior.

Artigo 18.º (Cláusulas absolutamente proibidas)
São em absoluto proibidas, designadamente, as cláusulas contratuais gerais que:

a) Excluam ou limitem, de modo directo ou indirecto, a responsabilidade por danos causados à vida, à integridade moral ou física ou à saúde das pessoas;

b) Excluam ou limitem, de modo directo ou indirecto, a responsabilidade por danos patrimoniais extracontratuais, causados na esfera da contraparte ou de terceiros;

c) Excluam ou limitem, de modo directo ou indirecto, a responsabilidade por não cumprimento definitivo, mora ou cumprimento defeituoso, em caso de dolo ou de culpa grave;

d) Excluam ou limitem, de modo directo ou indirecto, a responsabilidade por actos de representantes ou auxiliares, em caso de dolo ou de culpa grave;

e) Confiram, de modo directo ou indirecto, a quem as predisponha, a faculdade exclusiva de interpretar qualquer cláusula do contrato;

f) Excluam a excepção de não cumprimento do contrato ou a resolução por incumprimento;

g) Excluam ou limitem o direito de retenção;
h) Excluam a faculdade de compensação, quando admitida na lei;
i) Limitem, a qualquer título, a faculdade de consignação em depósito, nos casos e condições legalmente previstos;
j) Estabeleçam obrigações duradouras perpétuas ou cujo tempo de vigência dependa apenas da vontade de quem as predisponha;
l) Consagrem, a favor de quem as predisponha, a possibilidade de cessão da posição contratual, de transmissão de dívidas ou de subcontratar, sem o acordo da contraparte, salvo se a identidade do terceiro constar do contrato inicial.

Artigo 19.° (Cláusulas relativamente proibidas)
São proibidas, consoante o quadro negocial padronizado, designadamente, as cláusulas contratuais gerais que:
 a) Estabeleçam, a favor de quem as predisponha, prazos excessivos para a aceitação ou rejeição de propostas;
 b) Estabeleçam, a favor de quem as predisponha, prazos excessivos para o cumprimento, sem mora, das obrigações assumidas;
 c) Consagrem cláusulas penais desproporcionadas aos danos a ressarcir;
 d) Imponham ficções de recepção, de aceitação ou de outras manifestações de vontade com base em factos para tal insuficientes;
 e) Façam depender a garantia das qualidades da coisa cedida ou dos serviços prestados, injustificadamente, do não recurso a terceiros;
 f) Coloquem na disponibilidade de uma das partes a possibilidade de denúncia, imediata ou com pré-aviso insuficiente, sem compensação adequada, do contrato, quando este tenha exigido à contraparte investimentos ou outros dispêndios consideráveis;
 g) Estabeleçam um foro competente que envolva graves inconvenientes para uma das partes, sem que os interesses da outra o justifiquem;
 h) Consagrem, a favor de quem as predisponha, a faculdade de modificar as prestações, sem compensação correspondente às alterações de valor verificadas;
 i) Limitem, sem justificação, a faculdade de interpelar.

SECÇÃO III – Relações com os consumidores finais

Artigo 20.° (Âmbito das proibições)
Nas relações com os consumidores finais e, genericamente, em todas as não abrangidas pelo artigo 17.°, aplicam-se as proibições das secções anteriores e as constantes desta secção.

Artigo 21.° (Cláusulas absolutamente proibidas)
São em absoluto proibidas, designadamente, as cláusulas contratuais gerais que:

a) Limitem ou de qualquer modo alterem obrigações assumidas, na contratação, directamente por quem as predisponha ou pelo seu representante;

b) Confiram, de modo directo ou indirecto, a quem as predisponha, a faculdade exclusiva de verificar e estabelecer a qualidade das coisas ou serviços fornecidos;

c) Permitam a não correspondência entre as prestações a efectuar e as indicações, especificações ou amostras feitas ou exibidas na contratação;

d) Excluam os deveres que recaem sobre o predisponente, em resultado de vícios da prestação, ou estabeleçam, nesse âmbito, reparações ou indemnizações pecuniárias predeterminadas;

e) Atestem conhecimentos das partes relativos ao contrato, quer em aspectos jurídicos, quer em questões materiais;

f) Alterem as regras respeitantes à distribuição do risco;

g) Modifiquem os critérios de repartição do ónus da prova ou restrinjam a utilização de meios probatórios legalmente admitidos;

h) Excluam ou limitem de antemão a possibilidade de requerer tutela judicial para situações litigiosas que surjam entre os contratantes ou prevejam modalidades de arbitragem que não assegurem as garantias de procedimento estabelecidas na lei.

Artigo 22.° (Cláusulas relativamente proibidas)

1. São proibidas, consoante o quadro negocial padronizado, designadamente, as cláusulas contratuais gerais que:

a) Prevejam prazos excessivos para a vigência do contrato ou para a sua denúncia;

b) Permitam, a quem as predisponha, denunciar livremente o contrato, sem pré-aviso adequado, ou resolvê-lo sem motivo justificativo, fundado na lei ou em convenção;

c) Atribuam a quem as predisponha o direito de alterar unilateralmente os termos do contrato, excepto se existir razão atendível que as partes tenham convencionado;

d) Estipulem a fixação do preço de bens na data da entrega, sem que se dê à contraparte o direito de resolver o contrato, se o preço final for excessivamente elevado em relação ao valor subjacente às negociações;

e) Permitam elevações de preços, em contratos de prestações sucessivas, dentro de prazos manifestamente curtos, ou, para além desse limite, elevações exageradas, sem prejuízo do que dispõe o artigo 437.° do Código Civil;

f) Impeçam a denúncia imediata do contrato quando as elevações dos preços a justifiquem;

g) Afastem, injustificadamente, as regras relativas ao cumprimento defeituoso ou aos prazos para o exercício de direitos emergentes dos vícios da prestação;

h) Imponham a renovação automática de contratos através do silêncio da contraparte, sempre que a data limite fixada para a manifestação de vontade contrária a essa renovação se encontre excessivamente distante do termo do contrato;

i) Confiram a uma das partes o direito de pôr termo a um contrato de duração indeterminada, sem pré-aviso razoável, excepto nos casos em que estejam presentes razões sérias capazes de justificar semelhante atitude;
j) Impeçam, injustificadamente, reparações ou fornecimentos por terceiros;
l) Imponham antecipações de cumprimento exageradas;
m) Estabeleçam garantias demasiado elevadas ou excessivamente onerosas em face do valor a assegurar;
n) Fixem locais, horários ou modos de cumprimento despropositados ou inconvenientes;
o) Exijam, para a prática de actos na vigência do contrato, formalidades que a lei não prevê ou vinculem as partes a comportamentos supérfluos, para o exercício dos seus direitos contratuais;
2. O disposto na alínea *c*) do número anterior não determina a proibição de cláusulas contratuais gerais que:
a) Concedam ao fornecedor de serviços financeiros o direito de alterar a taxa de juro ou o montante de quaisquer outros encargos aplicáveis, desde que correspondam a variações do mercado e sejam comunicadas de imediato, por escrito, à contraparte, podendo esta resolver o contrato com fundamento na mencionada alteração;
b) Atribuam a quem as predisponha o direito de alterar unilateralmente o conteúdo de um contrato de duração indeterminada, contanto que se preveja o dever de informar a contraparte com pré-aviso razoável e se lhe dê a faculdade de resolver o contrato;
3. As proibições constantes das alíneas *c*) e *d*) do n.º 1 não se aplicam:
a) Às transacções referentes a valores mobiliários ou a produtos e serviços cujo preço dependa da flutuação de taxas formadas no mercado financeiro;
b) Aos contratos de compra e venda de divisas, de cheques de viagem ou de vales postais internacionais expressos em divisas;
4. As alíneas *c*) e *d*) do n.º 1 não implicam a proibição das cláusulas de indexação, quando o seu emprego se mostre compatível com o tipo contratual onde se encontram inseridas e o mecanismo de variação do preço esteja explicitamente descrito.

Artigo 23.º *(Limitação do efeito da escolha da lei)*
Independentemente da lei que as partes hajam escolhido para reger o contrato, as normas desta secção aplicam-se sempre que o mesmo apresente ligação estreita ao território dos Estados membros da União Europeia.

CAPÍTULO VI – *Disposições processuais*

Artigo 24.º *(Declaração de nulidade)*
As nulidades previstas neste diploma são invocáveis nos termos gerais.

Artigo 25.° *(Acção inibitória)*
As cláusulas contratuais gerais, elaboradas para utilização futura, quando contrariem o disposto nos artigos 15.°, 16.°, 18.°, 19.°, 21.° e 22.° podem ser proibidas por decisão judicial, independentemente da sua inclusão efectiva em contratos singulares.

Artigo 26.° *(Legitimidade activa)*
1. A acção destinada a obter a condenação na abstenção do uso ou da recomendação de cláusulas contratuais gerais só pode ser intentada:

a) Por associações de defesa do consumidor dotadas de representatividade, no âmbito previsto na legislação respectiva;

b) Por associações sindicais, profissionais ou de interesses económicos legalmente constituídas, actuando no âmbito das suas atribuições;

c) Pelo Ministério Público, oficiosamente, por indicação do provedor de Justiça ou quando entenda fundamentada a solicitação de qualquer interessado;

2. As entidades referidas no número anterior actuam no processo em nome próprio, embora façam valer um direito alheio pertencente, em conjunto, aos consumidores susceptíveis de virem a ser atingidos pelas cláusulas cuja proibição é solicitada.

Artigo 27.° *(Legitimidade passiva)*
1. A acção referida no artigo anterior pode ser intentada:

a) Contra quem, predispondo cláusulas contratuais gerais, proponha contratos que as incluam ou aceite propostas feitas nos seus termos;

b) Contra quem, independentemente da sua predisposição e utilização em concreto, as recomende a terceiros;

2. A acção pode ser intentada, em conjunto, contra várias entidades que predisponham e utilizem ou recomendem as mesmas cláusulas contratuais gerais, ou cláusulas substancialmente idênticas, ainda que a coligação importe ofensa do disposto no artigo seguinte.

Artigo 28.° *(Tribunal competente)*
Para a acção inibitória é competente o tribunal da comarca onde se localiza o centro da actividade principal do demandado ou, não se situando ele em território nacional, o da comarca da sua residência ou sede; se estas se localizarem no estrangeiro, será competente o tribunal do lugar em que as cláusulas contratuais gerais foram propostas ou recomendadas.

Artigo 29.° *(Forma de processo e isenções)*
1. A acção destinada a proibir o uso ou a recomendação de cláusulas contratuais gerais que se considerem abusivas segue os termos do processo sumário de declaração e está isenta de custas.

2. O valor das acções referidas no número anterior excede l$ ao fixado para a alçada da Relação.

Artigo 30.° (Parte decisória da sentença)
1. A decisão que proíba as cláusulas contratuais gerais especificará o âmbito da proibição, designadamente através da referência concreta do seu teor e a indicação do tipo de contratos a que a proibição se reporta;
2. A pedido do autor, pode ainda o vencido ser condenado a dar publicidade à proibição, pelo modo e durante o tempo que o tribunal determine.

Artigo 31.° (Proibição provisória)
1. Quando haja receio fundado de virem a ser incluídas em contratos singulares cláusulas gerais incompatíveis com o disposto no presente diploma, podem as entidades referidas no artigo 26.° requerer provisoriamente a sua proibição.
2. A proibição provisória segue, com as devidas adaptações, os termos fixados na lei processual para os procedimentos cautelares não especificados.

Artigo 32.° (Consequências da proibição definitiva)
1. As cláusulas contratuais gerais objecto de proibição definitiva por decisão transitada em julgado, ou outras cláusulas que se lhes equiparem substancialmente, não podem ser incluídas em contratos que o demandado venha a celebrar nem continuar a ser recomendadas.
2. Aquele que seja parte, juntamente com o demandado vencido na acção inibitória, em contratos onde se incluam cláusulas gerais proibidas, nos termos referidos no número anterior, pode invocar a todo o tempo, em seu benefício, a declaração incidental de nulidade contida na decisão inibitória.
3. A inobservância do preceituado no n.° 1 tem como consequência a aplicação do artigo 9.°

Artigo 33.° (Sanção pecuniária compulsória)
1. Se o demandado, vencido na acção inibitória, infringir a obrigação de se abster de utilizar ou de recomendar cláusulas contratuais gerais que foram objecto de proibição definitiva por decisão transitada em julgado, incorre numa sanção pecuniária compulsória que não pode ultrapassar o dobro do valor da alçada da Relação por cada infracção.
2. A sanção prevista no número anterior é aplicada pelo tribunal que apreciar a causa em 1ª instância, a requerimento de quem possa prevalecer-se da decisão proferida, devendo facultar-se ao infractor a oportunidade de ser previamente ouvido.
3. O montante da sanção pecuniária compulsória destina-se, em partes iguais, ao requerente e ao Estado.

Artigo 34.° (Comunicação das decisões judiciais para efeito de registo)
Os tribunais devem remeter, no prazo de 30 dias, ao serviço previsto no artigo seguinte, cópia das decisões transitadas em julgado que, por aplicação dos princípios e das normas constantes do presente diploma, tenham proibido o uso ou

a recomendação de cláusulas contratuais gerais ou declarem a nulidade de cláusulas inseridas em contratos singulares.

CAPÍTULO VII – Disposições finais e transitórias

Artigo 35.º (Serviço de registo)
1. Mediante portaria do Ministério da Justiça, a publicar dentro dos seis meses subsequentes à entrada em vigor do presente diploma, será designado o serviço que fica incumbido de organizar e manter actualizado o registo das cláusulas contratuais abusivas que lhe sejam comunicadas, nos termos do artigo anterior.
2. O serviço referido no número precedente deve criar condições que facilitem o conhecimento das cláusulas consideradas abusivas por decisão judicial e prestar os esclarecimentos que lhe sejam solicitados dentro do âmbito das respectivas atribuições.

Artigo 36.º (Aplicação no tempo)
O presente diploma aplica-se também às cláusulas contratuais gerais existentes à data da sua entrada em vigor, exceptuando-se, todavia, os contratos singulares já celebrados com base nelas.

Artigo 37.º (Direito ressalvado)
Ficam ressalvadas todas as disposições legais que, em concreto, se mostrem mais favoráveis ao aderente que subscreva ou aceite propostas que contenham cláusulas não negociadas individualmente.

CONTRATO A FAVOR DE TERCEIRO: CÓDIGO CIVIL, ARTIGOS 443.º A 451.º

SUBSECÇÃO IX – Contrato a favor de terceiro

Artigo 443.º (Noção)
1. Por meio de contrato, pode uma das partes assumir perante outra, que tenha na promessa um interesse digno de protecção legal, a obrigação de efectuar uma prestação a favor de terceiro, estranho ao negócio; diz-se promitente a parte que assume a obrigação e promissário o contraente a quem a promessa é feita.
2. Por contrato a favor de terceiro, têm as partes ainda a possibilidade de remitir dívidas ou ceder créditos, e bem assim de constituir, modificar, transmitir ou extinguir direitos reais.

Artigo 444.º (Direitos do terceiro e do promissário)
1. O terceiro a favor de quem for convencionada a promessa adquire direito à prestação, independentemente de aceitação.

2. O promissário tem igualmente o direito de exigir do promitente o cumprimento da promessa, a não ser que outra tenha sido a vontade dos contraentes.
3. Quando se trate da promessa de exonerar o promissário de uma dívida para com terceiro, só àquele é lícito exigir o cumprimento da promessa.

Artigo 445.° (Prestações em benefício de pessoa indeterminada)
Se a prestação for estipulada em benefício de um conjunto indeterminado de pessoas ou no interesse público, o direito de a reclamar pertence não só ao promissário ou seus herdeiros, como às entidades competentes para defender os interesses em causa.

Artigo 446.° (Direitos dos herdeiros do promissário)
1. Nem os herdeiros do promissário, nem as entidades a que o artigo anterior se refere, podem dispor do direito à prestação ou autorizar qualquer modificação do seu objecto.
2. Quando a prestação se torne impossível por causa imputável ao promitente, têm os herdeiros do promissário, bem como as entidades competentes para reclamar o cumprimento da prestação, o direito de exigir a correspondente indemnização, para os fins convencionados.

Artigo 447.° (Rejeição ou adesão do terceiro beneficiário)
1. O terceiro pode rejeitar a promessa ou aderir a ela.
2. A rejeição faz-se mediante declaração ao promitente, o qual deve comunicá-la ao promissário; se culposamente deixar de o fazer, é responsável em face deste.
3. A adesão faz-se mediante declaração, tanto ao promitente como ao promissário.

Artigo 448.° (Revogação pelos contraentes)
1. Salvo estipulação em contrário, a promessa é revogável enquanto o terceiro não manifestar a sua adesão, ou enquanto o promissário for vivo, quando se trate de promessa que haja de ser cumprida depois da morte deste.
2. O direito de revogação pertence ao promissário; se, porém, a promessa foi feita no interesse de ambos os outorgantes, a revogação depende do consentimento do promitente.

Artigo 449.° (Meios de defesa oponíveis pelo promitente)
São oponíveis ao terceiro, por parte do promitente, todos os meios de defesa derivados do contrato, mas não aqueles que advenham de outra relação entre promitente e promissário.

Artigo 450.° (Relações entre o promissário e pessoas estranhas ao benefício)
1. Só no que respeita à contribuição do promissário para a prestação a

terceiro são aplicáveis as disposições relativas à colação, imputação e redução das doações e à impugnação pauliana.

2. Se a designação de terceiro for feita a título de liberalidade, são aplicáveis, com as necessárias adaptações, as normas relativas à revogação das doações por ingratidão do donatário.

Artigo 451.° (Promessa a cumprir depois da morte do promissário)
1. Se a prestação a terceiro houver de ser efectuada após a morte do promissário, presume-se que só depois do falecimento deste o terceiro adquire direito a ela.

2. Se, porém, o terceiro morrer antes do casamento, os seus herdeiros são chamados em lugar dele à titularidade da promessa.

REGRAS DE TRANSPARÊNCIA PARA A ACTIVIDADE SEGURADORA – REGIME JURÍDICO DO CONTRATO DE SEGURO: DECRETO-LEI N° 176/95, DE 26 DE JULHO

A criação do mercado único no sector de seguros, consagrado no direito português pelo Decreto-Lei n.° 102/94, de 20 de Abril, veio abrir um novo espaço à concorrência, que se traduz por uma maior e mais complexa oferta de produtos, sobretudo nos seguros de pessoas.

A diversidade de coberturas, exclusões e demais condições, com maior ou menor grau de explicitação no contrato, justifica que, à semelhança do que se verificou no sector bancário, se introduzam regras mínimas de transparência nas relações pré e pós-contratuais.

Pretende-se, assim, definir algumas regras sobre a informação que, em matéria de condições contratuais e tarifárias, deve ser prestada aos tomadores e subscritores de contratos de seguro pelas seguradoras que exercem a sua actividade em Portugal.

Pretende-se igualmente com esta nova regulamentação reduzir o potencial de conflito entre as seguradoras e os tomadores de seguro, minimizando as suas principais causas e clarificando direitos e obrigações.

Além disso, o diploma contém ainda disposições complementares relativas ao regime jurídico do próprio contrato, aplicáveis quando este cubra riscos ou compromissos situados em território nacional.

Trata-se de matéria cuja sede própria será uma lei sobre as bases gerais do contrato de seguro, que se encontra em preparação. A importância da informação do consumidor no novo quadro da actividade seguradora torna, porém, aconselhável que a regulamentação agora publicada contemple, desde já, certos aspectos do regime contratual que se encontram intimamente associados àquela informação.

Por outro lado, tornou-se necessário estabelecer uma correspondência inequívoca entre os conceitos de prémio definidos no presente diploma e os conceitos equivalentes que surgem dispersos por diversos diplomas legais, sem com isso se afectar, nomeadamente, a base de incidência das receitas fiscais e parafiscais.

Assim:
Nos termos da alínea a) do n.° 1 do artigo 201.° da Constituição, o Governo decreta o seguinte:

CAPÍTULO I – Disposições gerais

Artigo 1.° *(Definições)*
Para os efeitos do presente diploma, entende-se por:
   a) «Empresa de seguros ou seguradora» – entidade legalmente autorizada a exercer a actividade seguradora e que subscreve, com o tomador, o contrato de seguro;
   b) «Tomador de seguro» – entidade que celebra o contrato de seguro com a seguradora, sendo responsável pelo pagamento do prémio;
   c) «Segurado» – pessoa no interesse da qual o contrato é celebrado ou a pessoa (pessoa segura) cuja vida, saúde ou integridade física se segura;
   d) «Subscritor» – entidade que celebra uma operação de capitalização com a seguradora, sendo responsável pelo pagamento da prestação;
   e) «Beneficiário» – pessoa singular ou colectiva a favor de quem reverte a prestação da seguradora decorrente de um contrato de seguro ou de uma operação de capitalização;
   f) «Seguro individual»:
      i) Seguro efectuado relativamente a uma pessoa, podendo o contrato incluir no âmbito de cobertura o agregado familiar ou um conjunto de pessoas que vivam em economia comum;
      ii) Seguro efectuado conjuntamente sobre duas ou mais cabeças;
   g) «Seguro de grupo» – seguro de um conjunto de pessoas ligadas entre si e ao tomador do seguro por um vínculo ou interesse comum;
   h) «Seguro de grupo contributivo» – seguro de grupo em que os segurados contribuem no todo ou em parte para o pagamento do prémio;
   i) «Seguro de grupo não contributivo» – seguro de grupo em que o tomador do seguro contribui na totalidade para o pagamento do prémio;
   j) «Apólice» – documento que titula o contrato celebrado entre o tomador do seguro e a seguradora, de onde constam as respectivas condições gerais, especiais, se as houver, e particulares acordadas;
   l) «Acta adicional» – documento que titula a alteração de uma apólice;
   m) «Prémio comercial» – custo teórico médio das coberturas do contrato, acrescido de outros custos, nomeadamente de aquisição e de administração do contrato, bem como de gestão e de cobrança;
   n) «Prémio bruto» – prémio comercial, acrescido das cargas relacionadas com a emissão do contrato, tais como fraccionamento, custo de apólice, actas adicionais e certificados de seguro;
   o) «Prémio ou prémio total» – prémio bruto acrescido das cargas fiscais e

parafiscais e que corresponde ao preço pago pelo tomador do seguro à seguradora pela contratação do seguro;

p) «Prestação» – importância entregue à seguradora pelo subscritor de uma operação de capitalização;

q) «Participação nos resultados» – direito contratualmente definido do tomador do seguro ou do segurado de beneficiar de parte dos resultados técnicos e ou financeiros gerados por contratos de seguro ou operações de capitalização;

r) «Estorno» – devolução ao tomador do seguro de uma parte do prémio do seguro já pago;

s) «Bónus» – redução do prémio de renovação do contrato de seguro, verificadas que forem determinadas circunstâncias fixadas na apólice, nomeadamente a ausência de sinistros;

t) «*Malus*» – aumento do prémio de renovação do contrato de seguro, verificadas que forem determinadas circunstâncias fixadas na apólice, nomeadamente a ocorrência de sinistros;

u) «Valor de resgate» – montante entregue ao tomador do seguro em caso de cessação antecipada do contrato ou operação do ramo «Vida», nas condições e modalidades em que tal se encontra previsto;

v) «Valor de redução» – montantes ou importâncias seguras redefinidos em função de uma situação contratualmente prevista;

x) «Valor de referência» – valor em função do qual se definem, num determinado momento do contrato, as importâncias seguras;

z) «Âmbito do contrato» – definição das garantias, riscos cobertos e riscos excluídos.

CAPÍTULO II – Deveres de informação

Artigo 2.° (Ramo «Vida»)

1. Aos deveres de informação pré-contratuais previstos no artigo 171.° do Decreto-Lei n.° 102/94, de 20 de Abril, acrescem os seguintes, a prestar da mesma forma:

a) Quantificação dos encargos, sua forma de incidência e momento em que são cobrados (relativamente aos contratos com componente de capitalização significativa, nomeadamente operações de capitalização, seguros mistos, seguros de rendas vitalícias, seguros de capitais diferidos, contratos do tipo «*universal life*» e seguros ligados a fundos de investimento);

b) Penalização em caso de resgate, redução ou transferência do contrato;

c) Rendimento mínimo garantido, incluindo informação relativa à taxa de juro mínima garantida e duração desta garantia;

2. Relativamente às informações referidas no número anterior aplica-se o disposto no n.° 2 do artigo 171.° e nos artigos 172.° a 176.° do Decreto-Lei n.° 102/94, de 20 de Abril.

3. Da informação anualmente comunicada ao tomador do seguro, relativa à atribuição da participação nos resultados, deve constar o montante atribuído e o aumento das garantias resultantes desta participação.

4. Nos contratos com participação nos resultados, nos contratos a prémios únicos sucessivos e nos contratos em que a cobertura principal seja integrada ou complementada por uma operação financeira, a empresa de seguros, havendo alteração da informação inicialmente prestada, deve informar o tomador do seguro dos valores de resgate e de redução, bem como da data a que os mesmos se referem.

5. Nos seguros de vida PPR, a empresa de seguros deve informar anualmente o tomador do seguro, quando se trate de um seguro celebrado por pessoa singular, ou a pessoa segura, quando se trate de um seguro celebrado por uma pessoa colectiva, dos valores a que tem direito.

6. A informação prevista no número anterior deverá também ser prestada sempre que for solicitada.

Artigo 3.º (Ramos «Não vida»)

1. A empresa de seguros, antes da celebração de um contrato de acidentes pessoais ou doença a longo prazo, deve fornecer ao tomador do seguro, por escrito e em língua portuguesa, de forma clara, as informações previstas nas alíneas *a)* a *j)* e *o)* a *q)* do n.º 1 do artigo 171.º do Decreto-Lei n.º 102/94, de 20 de Abril, e nas alíneas a) e *b)* do n.º 1 do artigo anterior.

2. As propostas relativas a contratos de acidentes pessoais ou doença a longo prazo devem conter uma menção comprovativa de que o tomador tomou conhecimento das informações referidas no número anterior, presumindo-se, na sua falta, que não tomou conhecimento delas, caso em que lhe assistirá o direito de renunciar aos efeitos do contrato seguro no prazo de 30 dias a contar da recepção da apólice e de ser reembolsado da totalidade das importâncias pagas.

3. O tomador de um contrato de seguro de acidentes pessoais ou doença a longo prazo será informado pela seguradora das condições de exercício do direito de renúncia previsto no presente artigo definidas no artigo 22.º.

4. O direito de renúncia previsto no presente artigo não pode ser exercido se o tomador for uma pessoa colectiva nem se aplica aos contratos de duração igual ou inferior a seis meses e aos seguros de grupo.

5. Durante a vigência do contrato de acidentes pessoais ou doença a longo prazo, além das condições gerais, especiais e particulares, que devem ser entregues ao tomador, as empresas de seguros devem também comunicar-lhe todas as alterações que ocorram nas informações acima referidas, bem como, anualmente, a informação relativa à atribuição da participação nos resultados, caso exista.

Artigo 4.º (Seguros de grupo)

1. Nos seguros de grupo, o tomador do seguro deve obrigatoriamente informar os segurados sobre as coberturas e exclusões contratadas, as obrigações e

direitos em caso de sinistro e as alterações posteriores que ocorram neste âmbito, em conformidade com um espécimen elaborado pela seguradora.
2. O ónus da prova de ter fornecido as informações referidas no número anterior compete ao tomador do seguro.
3. Nos seguros de grupo contributivos, o incumprimento do referido no n.º 1 implica para o tomador do seguro a obrigação de suportar de sua conta a parte do prémio correspondente ao segurado, sem perda de garantias por parte deste, até que se mostre cumprida a obrigação.
4. O contrato poderá prever que a obrigação de informar os segurados referida no n.º 1 seja assumida pela seguradora.
5. Nos seguros de grupo a seguradora deve facultar, a pedido dos segurados, todas as informações necessárias para a efectiva compreensão do contrato.

Artigo 5.º (Seguros com exame médico)
1. Nos seguros cuja aceitação dependa de exame médico, a empresa de seguros deve entregar ao candidato, antes da realização daquele, informação com os seguintes elementos:
a) Discriminação exaustiva dos exames, testes e análises a realizar;
b) Entidades onde podem ou devem ser realizados os actos clínicos referidos na alínea anterior;
c) Se as despesas com tais actos correm ou não por conta e ordem da empresa de seguros e a forma como, se for caso disso, serão posteriormente reembolsadas;
d) Circunstâncias em que a empresa de seguros, se for caso disso, se reserva o direito de se reembolsar das despesas feitas ou de recusar o reembolso ao candidato;
e) Entidade à qual devem ser enviados os resultados e ou relatórios dos actos referidos na alínea a);
2. O ónus da prova do fornecimento das informações referidas no número anterior impende sobre a empresa de seguros.

Artigo 6.º (Divulgação das condições tarifárias)
1. As empresas de seguros devem afixar em todos os balcões e locais de atendimento ao público, em local bem visível, um quadro, organizado segundo modelo a aprovar pelo Instituto de Seguros de Portugal, que conterá as condições tarifárias das principais categorias de veículos do seguro obrigatório de responsabilidade civil automóvel destinado a pessoas singulares.
2. Por portaria do Ministro das Finanças, a obrigação prevista no número anterior poderá ser estendida a outras modalidades de seguros de massa.
3. As informações prestadas pelas empresas de seguros sobre condições tarifárias aplicáveis a contratos de seguro devem ser feitas por escrito.
4. O dever constante do número anterior impende também sobre os intermediários.

Artigo 7.º (Publicidade)
1. Nos documentos destinados ao público em geral, aos tomadores de seguros ou aos mediadores, sempre que se mencione a taxa de participação nos resultados, é obrigatória a indicação da base de incidência de tal taxa.
2. É proibida a publicidade que quantifique resultados futuros baseados em estimativas da empresa de seguros, salvo se contiver em realce, relativamente a todos os outros caracteres tipográficos, a indicação de que se trata de um «exemplo».
3. Nos documentos destinados ao público e nos suportes publicitários deve indicar-se, claramente, que as importâncias seguras por contratos de seguros ou operações em «unidades de conta» variam de acordo com a evolução do «valor de referência» indicado na apólice, podendo não existir a garantia de pagamento de um capital mínimo.

CAPÍTULO II – Contrato

SECÇÃO I – Transparência

Artigo 8.º (Inteligibilidade)
As condições gerais e especiais devem ser redigidas de modo claro e perfeitamente inteligível.

Artigo 9.º (Legalidade)
As condições especiais ou particulares dos contratos não podem modificar a natureza dos riscos cobertos nos termos das condições gerais e ou especiais a que se aplicam, tendo em conta a classificação de riscos por ramos de seguros e operações legalmente estabelecida.

SECÇÃO II – Ramo «Vida»

Artigo 10.º (Disposições comuns)
1. Das condições gerais e ou especiais dos contratos de seguro do ramo «Vida» devem constar os seguintes elementos, se aplicáveis:
a) Definição dos conceitos necessários ao conveniente esclarecimento das condições contratuais;
b) Âmbito do contrato;
c) Obrigações e direitos do tomador do seguro, do segurado, do beneficiário e da empresa de seguros;
d) Início da produção de efeitos e período de duração do contrato;
e) Condições de prorrogação, renovação, suspensão, caducidade, resolução e nulidade do contrato;
f) Condições, prazo e periodicidade do pagamento dos prémios;

g) Obrigações e direitos das partes em caso de sinistro;
h) Definição das opções;
i) Cláusula de incontestabilidade;
j) Direitos e obrigações do tomador do seguro em caso de agravamento do risco;
l) Condições em que o beneficiário adquire o direito a ocupar o lugar do tomador do seguro;
m) Condições de revalidação, resgate, redução, adiantamento e transformação da apólice;
n) Condições de liquidação das importâncias seguras;
o) Cláusula que indique se o contrato dá ou não lugar a participação nos resultados e, no primeiro caso, qual a forma de cálculo e de distribuição desses resultados;
p) Cláusula que indique se o tipo de seguro em que se insere o contrato dá ou não lugar a investimento autónomo dos activos representativos das provisões matemáticas e, no primeiro caso, indicação da natureza e regras para a formação da carteira de investimento desses activos;
q) Cláusula relativa ao direito de renúncia;
r) Lei aplicável ao contrato, eventuais condições de arbitragem e foro competente;
s) Os elementos referidos no n.º 1 do artigo 2.º.

2. A empresa de seguros deve anexar à apólice uma tabela de valores de resgate e de redução, calculados nas datas aniversárias da apólice, sempre que existam valores mínimos garantidos.

3. Caso a tabela seja anexada à apólice, a empresa de seguros deve referi-lo expressamente no clausulado.

4. Das condições gerais e ou especiais dos contratos de seguro de grupo devem constar, além dos elementos referidos no n.º 1, os seguintes:
a) Obrigações e direitos das pessoas seguras;
b) Transferência do direito ao valor de resgate para a pessoa segura, no mínimo na parte correspondente à sua contribuição para o prémio, caso se trate de um seguro contributivo;
c) Entrada em vigor das coberturas para cada pessoa segura;
d) Condições de elegibilidade, enunciando os requisitos para que o candidato a pessoa segura possa integrar o grupo;

5. Às condições gerais e ou especiais dos seguros de nupcialidade e de natalidade aplica-se o disposto no n.º 1, com as necessárias adaptações.

6. Sem prejuízo do disposto no n.º 1, as condições dos contratos de seguros ligados a fundos de investimento colectivo devem estabelecer:
a) A constituição do «valor de referência»;
b) Os direitos do tomador de seguro, quando da eventual liquidação de um fundo de investimento ou da eliminação de uma «unidade de conta», antes do termo do contrato;

c) A forma de informação sobre a evolução do «valor de referência», bem como a regularidade da mesma;

d) As condições de liquidação do valor de resgate e das importâncias seguras, quer seja efectuada em numerário quer nos títulos que resultam do funcionamento do contrato;

e) A periodicidade da informação a prestar ao tomador do seguro sobre a composição da carteira de investimentos;

7. O período máximo em que o tomador do seguro pode exercer a faculdade de repor em vigor, nas condições originais e sem novo exame médico, um seguro reduzido ou resolvido deve constar das condições da apólice e ser fixado a contar da data de redução ou resolução.

Artigo 11.º (Pessoa segura distinta do tomador do seguro)
1. Se a pessoa segura e o tomador do seguro forem pessoas distintas, deve constar do contrato o consentimento escrito daquela para a efectivação do seguro, salvo se o contrato for celebrado para garantia de uma responsabilidade do tomador do seguro relativamente à pessoa segura em caso de ocorrência dos riscos cobertos pelo contrato de seguro.

2. Para a transmissão da posição de beneficiário, seja a que título for, é necessário o acordo escrito da pessoa segura.

Artigo 12.º (Operações de capitalização)
1. Das condições gerais e ou especiais dos contratos de capitalização devem constar os seguintes elementos:

a) Partes contratantes;

b) Capital garantido e valores de resgate calculados nas datas aniversárias do contrato;

c) Prestações a satisfazer pelo subscritor ou portador do título – única ou periódicas;

d) Encargos, sua forma de incidência e momento em que são cobrados;

e) Cláusula que indique se o contrato dá ou não lugar a participação nos resultados e, no primeiro caso, qual a forma de cálculo e de distribuição desses resultados;

f) Início e duração do contrato;

g) Condições de resgate;

h) Forma de transmissão do título;

i) Cláusula relativa ao direito de renúncia;

j) Lei aplicável ao contrato, eventuais condições de arbitragem e foro competente;

2. Sem prejuízo do disposto no número anterior, são aplicáveis às condições dos contratos de capitalização expressos em «unidades de conta» as disposições constantes do n.º 6 do artigo 10.º

3. As condições gerais e ou especiais do contrato devem remeter explicitamente para as disposições relativas a «Reforma de títulos» constantes dos artigos 1069.º e seguintes do Código de Processo Civil em caso de destruição, perda, roubo ou extravio de títulos.

4. Tratando-se de títulos ao portador, as condições gerais e ou especiais do contrato devem prever a obrigatoriedade de o seu legítimo detentor, em caso de extravio, avisar imediatamente a empresa de seguros por correio registado.

5. As condições gerais e ou especiais devem ainda prever o direito do subscritor ou do detentor de requerer, a qualquer momento, as seguintes informações, que serão fornecidas pela empresa de seguros:

a) Tratando-se de contratos a prestação única com participação nos resultados: valor da participação nos resultados distribuída até ao momento referido no pedido de informação;

b) Tratando-se de contratos a prestações periódicas: situação relativa ao pagamento das prestações e, caso se tenha verificado falta de pagamento, valor de resgate contratualmente garantido, se a ele houver lugar, bem como participação nos resultados distribuída, se for caso disso;

6. Nas condições particulares, os títulos devem referir:
a) Número respectivo;
b) Capital contratado;
c) Datas de início e de termo do contrato (liquidação do título);
d) Montante das prestações e datas da sua exigibilidade, quando periódicas;
e) Taxa técnica de juro garantida;
f) Participação nos resultados, se for caso disso;

7. No caso de títulos nominativos, o subscritor ou detentor deve igualmente ser identificado nas condições particulares.

8. As condições gerais e ou especiais dos contratos de capitalização são devidamente especificadas no título de capitalização emitido no momento da celebração de cada contrato.

SECÇÃO III – Ramos «Não vida»

Artigo 13.º (Cláusulas comuns)
Das condições gerais e ou especiais dos contratos de seguro dos ramos «Não vida» devem constar os seguintes elementos:

a) Definição dos conceitos necessários ao conveniente esclarecimento das condições contratuais;

b) Âmbito do contrato;

c) Obrigações e direitos do tomador do seguro, do segurado, do beneficiário e da empresa de seguros;

d) Validade territorial da cobertura;

e) Direitos e obrigações do tomador do seguro em caso de agravamento do risco;

f) Início da produção de efeitos e período de duração do contrato;
g) Condições de prorrogação, renovação, suspensão, caducidade, resolução e nulidade do contrato;
h) Condições, prazo e periodicidade do pagamento dos prémios;
i) Forma de determinação do valor do seguro ou o seu modo de cálculo;
j) Obrigações e direitos das partes em caso de sinistro;
l) Lei aplicável ao contrato, eventuais condições de arbitragem e foro competente.

Artigo 14.º *(Seguros de acidentes pessoais e doença)*

1. Sempre que for caso disso, das condições dos contratos de seguro de doença anuais renováveis, enquadráveis na alínea d) do artigo 114.º ou na alínea a) do artigo 119.º do Decreto-Lei n.º 102/94, de 20 de Abril, deve constar de forma bem visível e destacada:

a) Que a seguradora garante apenas o pagamento das prestações convencionadas ou das despesas efectuadas em cada ano de vigência do contrato;
b) As condições de indemnização em caso de não renovação do contrato ou da cobertura de uma pessoa segura de acordo com o disposto no n.º 2 do artigo 21.º.

2. Dos contratos de acidentes pessoais ou doença a longo prazo devem constar, além dos referidos no artigo 13.º e nas alíneas *i)*, *n)* e *s)* do n.º 1 do artigo 10.º, as condições de:

a) Extinção do direito às garantias;
b) Extensão da garantia para além do termo do contrato;
c) Adaptação dos prémios a novas tarifas;

3. No caso de se tratar de um contrato de seguro de grupo de acidentes pessoais ou de doença, para além do disposto no artigo 13.º, do clausulado da apólice devem constar ainda os seguintes elementos:

a) Obrigações e direitos das pessoas seguras;
b) Entrada em vigor das coberturas para cada pessoa segura;
c) Condições de elegibilidade, enunciando os requisitos para que o candidato a pessoa segura possa integrar o grupo.

Artigo 15.º *(Seguro de protecção jurídica)*

1. A garantia de protecção jurídica deve fazer parte de um contrato distinto do estabelecido para os outros ramos ou modalidades, ou de um capítulo distinto de uma única apólice, com a indicação do conteúdo da garantia de protecção jurídica.

2. Na exploração do contrato de protecção jurídica as seguradoras podem, mediante prévia opção comunicada à autoridade de supervisão, adoptar um dos seguintes sistemas alternativos, a constar do clausulado da apólice:

Gestão de sinistros por pessoal distinto;
Gestão de sinistros por empresa juridicamente distinta;
Livre escolha de advogado;

3. Em qualquer dos sistemas previstos no número anterior, os contratos de seguro de protecção jurídica devem mencionar expressamente que o segurado tem direito a:

a) Escolher livremente um advogado ou, se preferir, outra pessoa com a necessária qualificação para defender, representar ou servir os seus interesses em qualquer processo judicial ou administrativo, bem como em caso de conflito entre ele e a empresa de seguros;

b) Recorrer ao processo de arbitragem previsto no n.º 5 em caso de diferendo entre o segurado e a sua empresa de seguros, sem prejuízo de o segurado prosseguir acção ou recurso, desaconselhado pela empresa de seguros, a expensas suas, sendo no entanto reembolsado das despesas efectuadas na medida em que a decisão arbitral ou a sentença lhe for favorável;

c) Ser informado atempadamente pela empresa de seguros, sempre que surja um conflito de interesses ou que exista desacordo quanto à resolução do litígio, dos direitos referidos nas alíneas *a)* e *b);*

4. O contrato de seguro de protecção jurídica poderá não incluir a menção referida na alínea *a)* do número anterior se estiverem preenchidas cumulativamente as seguintes condições:

a) Se o seguro for limitado a processos resultantes da utilização de veículos rodoviários no território nacional;

b) Se o seguro for associado a um contrato de assistência a fornecer em caso de acidente ou avaria que implique um veículo rodoviário;

c) Se nem a seguradora de protecção jurídica nem a seguradora de assistência cobrirem ramos de responsabilidade civil;

d) Se dos clausulados do contrato constarem disposições que assegurem que a assessoria jurídica e a representação de cada uma das partes de um litígio serão exercidas por advogados totalmente independentes, quando as referidas partes estiverem seguradas em protecção jurídica junto da mesma seguradora ou em seguradoras que se encontrem entre si em relação de grupo;

5. Sem prejuízo do direito de acção ou recurso, o contrato de protecção jurídica deve conter uma cláusula que preveja processo de arbitragem, sujeito às regras da legislação em vigor e que permita decidir a atitude a adoptar em caso de diferendo entre a empresa de seguros e o segurado.

Artigo 16.º (Limitação)
O disposto no artigo anterior não se aplica:

a) Ao seguro de protecção jurídica, sempre que este diga respeito a litígios ou riscos resultantes da utilização de embarcações marítimas ou relacionados com essa utilização;

b) À actividade exercida pela seguradora de responsabilidade civil na defesa ou representação do seu segurado em qualquer processo judicial ou administrativo, na medida em que essa actividade se exerça em simultâneo e no seu interesse ao abrigo dessa cobertura;

c) À actividade de protecção jurídica desenvolvida pela seguradora de assistência, quando essa actividade se exerça fora do Estado da residência habitual do segurado e faça parte de um contrato que apenas vise a assistência prestada às pessoas em dificuldades durante deslocações ou ausências do seu domicílio ou local de residência permanente, e desde que estas circunstâncias constem expressamente do contrato, bem como a de que a cobertura de protecção jurídica é acessória da cobertura de assistência.

SECÇÃO IV – Celebração e execução do contrato

Artigo 17.º (Formação do contrato)
1. No caso de seguros individuais em que o tomador seja uma pessoa física e sem prejuízo de poder ser convencionado outro prazo, considera-se que, decorridos 15 dias após a recepção da proposta de seguro sem que a seguradora tenha notificado o proponente da aceitação, da recusa ou da necessidade de recolher esclarecimentos essenciais à avaliação do risco, nomeadamente exame médico ou apreciação local do risco ou da coisa segura, o contrato se considera celebrado nos termos propostos.
2. Para os efeitos deste artigo considera-se como proposta de seguro o formulário normalmente fornecido pela seguradora para contratação do seguro.

Artigo 18.º (Resolução e renovação)
1. A resolução do contrato de seguro, a sua não renovação ou a proposta de renovação em condições diferentes das contratadas devem ser comunicadas por escrito por uma das partes à outra parte com antecedência mínima de 30 dias em relação à data da resolução ou do vencimento.
2. O disposto no número anterior não é aplicável às modificações introduzidas por força da lei, desde que nela estejam especificamente previstas.
3. O prazo de comunicação referido no n.º 1 é aplicável à exclusão do segurado ou da pessoa segura.
4. Em caso de fraude, por parte do tomador, do segurado ou do beneficiário com cumplicidade do tomador, a seguradora poderá resolver o contrato e, sem prejuízo das disposições penais aplicáveis, terá direito a indemnização por perdas e danos.
5. O disposto no número anterior é aplicável, nos seguros de grupo, à parte relativa às coberturas do segurado, quando a fraude for praticada por este ou por um beneficiário com a sua conivência.

Artigo 19.º (Estorno do prémio)
Sempre que haja lugar a estorno de prémio, este será calculado *pro rata temporis*, salvo se na apólice se estipular de forma diferente.

Artigo 20.° (Resultados do exame médico)
1. Nos seguros cuja aceitação dependa de exame médico, a motivação da recusa da celebração do contrato pela empresa de seguros, ou da sua aceitação como risco agravado, fundada em circunstâncias inerentes à saúde do candidato e reveladas pelos exames médicos, apenas pode ser transmitida ao candidato por um médico, salvo se se puder razoavelmente supor que tais circunstâncias eram já do seu conhecimento.
2. A empresa de seguros não pode recusar-se, em nenhuma circunstância, a fornecer ao candidato as informações que dispõe sobre a sua saúde, devendo, no entanto, fazê-lo pelos meios eticamente mais adequados.

Artigo 21.° (Seguro de doença)
1. As empresas de seguros só podem fazer cessar os seguros de doença, ou deles excluir a pessoa segura, no vencimento do contrato ou, fora dele, com fundamento previsto na lei.
2. Em caso de não renovação do contrato, e pelo período de um ano, a seguradora não pode, até que se mostre esgotado o capital anualmente seguro, recusar as prestações, quando resultantes de doenças manifestadas durante o período de vigência da apólice ou de acidentes ou outros factos geradores de indemnização ocorridos no mesmo período, desde que cobertos pela apólice e declarados até oito dias após o seu termo, salvo por motivo de força maior.
3. É aplicável o disposto no número anterior à não renovação da cobertura relativamente a uma pessoa segura.

Artigo 22.° (Direito de renúncia)
1. O tomador de um contrato de seguro de acidentes pessoais ou doença a longo prazo dispõe do prazo de 30 dias a contar da recepção da apólice para expedir carta em que renuncie aos efeitos do contrato.
2. Sob pena de ineficácia, a comunicação da renúncia referida no número anterior deve ser notificada por carta registada, enviada para o endereço da sede social ou sucursal da empresa de seguros que celebrou o contrato.
3. O exercício do direito de renúncia determina a resolução do contrato, extinguindo todas as obrigações dele decorrentes, com efeitos a partir da celebração do mesmo, havendo lugar à devolução de prémio que tenha sido já pago e cessando qualquer direito à percepção de comissões pelos respectivos mediadores, sem prejuízo do disposto nos números seguintes.
4. A seguradora tem direito ao prémio calculado *pro rata temporis*, ao custo da apólice e às despesas razoáveis que comprovadamente tiver efectuado com exames médicos, salvo se o exercício do direito de renúncia tiver por base a desconformidade das condições do contrato com o disposto no n.° 1 do artigo 3.°
5. O exercício do direito de renúncia não dá lugar a qualquer indemnização.

Artigo 23.° (Seguro de caução)
1. Nos contratos de seguro de caução, e não havendo cláusula de inoponi-

bilidade, o beneficiário deve ser avisado, por correio registado, sempre que se verifique falta de pagamento do prémio na data em que era devido para, querendo evitar a resolução do contrato, pagar, no prazo de 15 dias, o prémio ou fracção por conta do tomador do seguro.
2. Em caso de duplicação de pagamentos, a seguradora deve devolver a importância paga pelo beneficiário, no prazo de 15 dias após a liquidação do prémio ou fracção em dívida pelo tomador do seguro;
3. Para efeitos do n.° 1, entende-se por cláusula de inoponibilidade a cláusula contratual que impede a seguradora, durante um determinado prazo, de opor aos segurados, beneficiários do contrato, quaisquer nulidades, anulabilidades ou fundamentos de resolução.

Artigo 24.° (Seguro obrigatório de responsabilidade civil automóvel)
1. Para efeitos da aplicação dos regimes de bónus-malus, só serão considerados os sinistros que tenham dado lugar ao pagamento de indemnizações ou à constituição de uma provisão, desde que, neste último caso, a seguradora tenha assumido a responsabilidade perante terceiros.
2. Em caso de constituição de provisão, a seguradora poderá suspender a atribuição de bónus durante o período de dois anos, devendo, findo esse prazo, o mesmo ser devolvido e reposta a situação tarifária sem prejuízo para o segurado, caso a seguradora não tenha, entretanto, assumido a responsabilidade perante terceiros.
3. A seguradora deve fornecer ao tomador, no momento em que informar da resolução ou não renovação do contrato, ou em que estas lhe forem solicitadas, um certificado de tarifação elaborado nos termos que vierem a ser fixados pelo Instituto de Seguros de Portugal.
4. As empresas de seguros só podem fazer cessar o seguro obrigatório de responsabilidade civil automóvel no vencimento do contrato ou, fora dele, com fundamento previsto na lei.

Artigo 25.° (Beneficiário de contrato do ramo «Vida»)
O poder do tomador do seguro ou do segurado de alterar o beneficiário do contrato cessa no momento em que este adquire o direito ao pagamento das importâncias seguras.

CAPÍTULO IV – Disposições finais

Artigo 26.° (Correspondência de conceitos)
Os conceitos de prémio referidos nos diplomas a seguir indicados têm a seguinte correspondência no presente diploma:
a) No Decreto n.° 17 555, de 5 de Novembro de 1929, com a alteração que lhe foi introduzida pelo Decreto-Lei n.° 156/83, de 14 de Maio, ao conceito de

«receita processada relativa aos prémios de seguros» corresponde o de prémios brutos;

b) No Decreto n.º 21 916, de 28 de Novembro de 1932, com as alterações que lhe foram posteriormente introduzidas, ao conceito de «soma do prémio do seguro, do custo de apólice e de quaisquer outras importâncias que constituam receita das empresas seguradoras, cobrada juntamente com esse prémio ou em documento separado» corresponde o de prémio bruto;

c) No Decreto-Lei n.º 388/78, de 9 de Dezembro, com as alterações que lhe foram posteriormente introduzidas, ao conceito de «prémios de seguros» corresponde o de prémios brutos;

d) No Decreto-Lei n.º 240/79, de 25 de Julho, com as alterações que lhe foram posteriormente introduzidas, ao conceito de «prémios de seguro incluindo encargos» corresponde o de prémio comercial;

e) No Decreto-Lei n.º 234/81, de 3 de Agosto, com as alterações que lhe foram posteriormente introduzidas, ao conceito de «prémios de seguros» corresponde o de prémios brutos;

f) No Decreto Legislativo Regional n.º 2/83/M, de 7 de Março, e nos Decretos Regulamentares Regionais números 2/84/M, de 17 de Março, e 22/87/M, de 10 de Outubro, aos conceitos de «prémios e respectivos adicionais» e de «prémios e os seus adicionais» corresponde o de prémio comercial e ao conceito de «valor dos prémios» corresponde o prémio comercial dividido por 1,2;

g) No Decreto-Lei n.º 522/85, de 31 de Dezembro, com as alterações que lhe foram posteriormente introduzidas, ao conceito de «prémio simples (líquido de adicionais)» corresponde o prémio comercial dividido por 1,2;

h) No Decreto-Lei n.º 283/90, de 18 de Setembro, ao conceito de «prémio simples» corresponde o prémio comercial dividido por 1,2;

i) No Decreto-Lei n.º 388/91, de 10 de Outubro, ao conceito de «prémios líquidos de encargos e adicionais» corresponde o prémio comercial dividido por 1,2;

j) No Decreto Legislativo Regional n.º 25/94/A, de 30 de Novembro, aos conceitos de «prémios simples do seguro» e «valor do prémio» corresponde o prémio comercial dividido por 1,2.

Artigo 27.º *(Entrada em vigor)*

As disposições constantes do presente diploma entram em vigor 90 dias após a data da publicação, aplicando-se a todos os contratos novos e aos renovados a partir dessa data, com excepção dos artigos 7.º a 9.º, 19.º, 20.º e 23.º, que entram em vigor no dia imediato ao da sua publicação.

REGRAS DE TRANSPARÊNCIA EM MATÉRIA DE SOBRESSEGURO NOS CONTRATOS DE SEGURO AUTOMÓVEL FACULTATIVO: DECRETO-LEI N.º 214/97, DE 16 DE AGOSTO

As apólices de seguros são instrumentos contratuais típicos de pré-disposição ao público de cláusulas contratuais gerais de elevado alcance social. Daí a preocupação que tem levado o legislador, no seguimento da legislação em vigor em matéria de cláusulas contratuais gerais e dos Decretos-Leis n.ºs 102/94, de 20 de Abril, e 176/95, de 26 de Junho, a estar particularmente atento à transparência na formulação e redacção das referidas cláusulas e à obrigação de uma adequada informação pré-contratual aos segurados acerca do seu conteúdo e alcance.

Uma das cláusulas contratuais gerais, comum à generalidade das seguradoras operando no território nacional, que maior reparo tem merecido é a que se refere às situações de sobresseguro, em que a aplicação menos clara de certas regras de carácter técnico, desacompanhadas da necessária informação e explicação, conduz a situações inesperadas e, por vezes, verdadeiramente injustas para os segurados no momento da liquidação das indemnizações em caso de sinistro automóvel.

É o caso da manutenção do valor seguro e correspondente reflexo no prémio devido, por falta de iniciativa do segurado no sentido da respectiva actualização, quando é certo que a indemnização a suportar pela seguradora em caso de sinistro tem em conta a desvalorização comercial entretanto sofrida pelo veículo.

Nesta conformidade, e de forma a garantir uma efectiva protecção e defesa dos consumidores subscritores de contratos de seguro automóvel facultativo, entendeu-se ser necessário regular a matéria de forma a assegurar uma maior transparência do clausulado das apólices de seguro em causa e instituir a regra da desvalorização automática do valor do seguro, com a consequente redução proporcional da parte do prémio, correspondente à eventualidade de perda total, que seja calculada com base nesse valor.

O sistema introduzido garante, assim, a indemnização pelo valor seguro em caso de perda total.

As consequências previstas para o incumprimento deste regime legal não colidem com o princípio do indemnizatório, que mantém plena aplicabilidade nos casos de normalidade contratual.

Fixam-se também regras que proporcionam uma maior explicitação e informação sobre as componentes técnicas utilizadas pelas empresas de seguros na determinação dos prémios praticados, o que constituirá um contributo relevante para a eliminação, ou pelo menos redução, de algumas tensões que podem surgir no momento em que as empresas de seguros são chamadas a responder.

Por outro lado, a reparação por danos parciais a suportar pelas empresas de seguros deverá ser efectuada com peças novas, até ao limite da indemnização prevista para o caso de perda total.

Com este diploma, o Governo visa assegurar uma maior justiça na fixação para cada segurado dos prémios devidos por este tipo de seguros.
Assim:
Nos termos da alínea a) do n.º 1 do artigo 201.º da Constituição, o Governo decreta o seguinte:

Artigo 1.º (Âmbito)
O presente diploma institui regras destinadas a assegurar uma maior transparência nos contratos de seguro automóvel que incluam coberturas facultativas relativas aos danos próprios sofridos pelos veículos seguros.

Artigo 2.º (Alteração automática)
O valor seguro dos veículos deverá ser automaticamente alterado de acordo com a tabela referida no artigo 4.º, sendo o respectivo prémio ajustado à desvalorização do valor seguro.

Artigo 3.º (Incumprimento)
A cobrança de prémios por valor que exceda o que resultar da aplicação do disposto no número anterior constitui, salvo o disposto no artigo 5.º, as seguradoras na obrigação de responder, em caso de sinistro, com base no valor seguro apurado à data do vencimento do prémio imediatamente anterior à ocorrência do sinistro, sem direito a qualquer acréscimo de prémio e sem prejuízo de outras sanções previstas na lei.

Artigo 4.º (Tabela de desvalorização)
1. As empresas de seguros que contratem as coberturas previstas no artigo 1.º devem elaborar a tabela de desvalorizações periódicas automáticas a que se refere o artigo 2.º para determinação do valor da indemnização em caso de perda total, incluindo, necessariamente, como referências, o ano ou o valor da aquisição em novo, ou ambos, sem prejuízo do disposto no número seguinte.
2. O Instituto de Seguros de Portugal, ouvido o respectivo conselho consultivo, emitirá as normas necessárias relativas aos critérios a adoptar na elaboração da tabela referida no número anterior.
3. Na falta de clareza ou de inteligibilidade da redacção das tabelas e cláusulas das apólices a que se referem os números anteriores é aplicável o n.º 2 do artigo 11.º do Decreto-Lei n.º 446/85, de 25 de Outubro, com a redacção dada pelo Decreto-Lei n.º 220/95, de 31 de Agosto.

Artigo 5.º (Estipulação por acordo)
O disposto nos artigos 2.º e 3.º não impede as partes contratantes de estipularem, por acordo expresso em sede de cláusulas particulares, qualquer outro valor segurável.

Artigo 6.º *(Devolução de prémios)*
1. Em caso de perda total ou venda do veículo sinistrado por facto originado em responsabilidade de terceiros, com resolução do contrato e anulação do valor seguro, as empresas de seguros são obrigadas a devolver aos segurados a parte do prémio cobrado proporcional ao tempo que medeia entre as referidas perda ou venda e o termo do período de vigência do contrato.
2. O disposto no número anterior não se aplica caso a empresa de seguros tenha efectuado qualquer pagamento em consequência do sinistro.

Artigo 7.º *(Deveres de informação pré-contratual)*
A empresa de seguros, antes da celebração dos contratos a que se refere o artigo 1.º e sem prejuízo do disposto na legislação aplicável em matéria de cláusulas contratuais gerais e das demais regras sobre informação pré-contratual previstas no Decreto-Lei n.º 176/95, de 26 de Julho*, deve fornecer ao tomador do seguro, por escrito e em língua portuguesa, de forma clara, as seguintes informações:
a) Os critérios de actualização anual do valor do veículo seguro e respectiva tabela de desvalorização;
b) O valor a considerar para efeitos de indemnização em caso de perda total;
c) A existência da obrigação de a empresa de seguros de anualmente, até 30 dias antes da data de vencimento do contrato, comunicar por escrito ao tomador os valores previstos nas alíneas anteriores para o próximo período contratual.

Artigo 8.º *(Deveres de informação contratual)*
1. Sem prejuízo das demais regras sobre informação contratual previstas no Decreto-Lei n.º 176/95, de 26 de Julho*, nos contratos a que se refere o artigo 1.º devem constar os seguintes elementos:
a) O valor do veículo seguro, a considerar para efeitos de indemnização em caso de perda total, bem como os critérios da sua actualização anual e a respectiva tabela de desvalorização;
b) O prémio devido.
2. A empresa de seguros deve anualmente, até 30 dias antes da data de vencimento do contrato, comunicar por escrito ao tomador os seguintes elementos relativos ao próximo período contratual:
a) O valor do veículo seguro, a considerar para efeitos de indemnização em caso de perda total;
b) O prémio devido;
c) Os agravamentos e bonificações a que o prémio foi sujeito.

Artigo 9.º *(Violação dos deveres de informação)*
O incumprimento, total ou parcial, pela empresa de seguros dos deveres de informação a que se referem os artigos 7.º e 8.º implica a sua responsabilização

---

* Cfr. *supra*, em anot. a este artigo.

por perdas e danos, sem prejuízo do direito de resolução do contrato que assiste ao tomador do seguro.

Artigo 10.° (Danos parciais)
A reparação por danos parciais a suportar pelas empresas de seguros deverá ser efectuada com peças novas, até ao limite da indemnização prevista para o caso de perda total.

Artigo 11.° (Disposição transitória)
As normas a que se refere o n.° 2 do artigo 4.° serão emitidas pelo Instituto de Seguros de Portugal, ouvido o respectivo conselho consultivo, no prazo de 60 dias a contar da data da publicação do presente diploma.

Artigo 12.° (Entrada em vigor)
O presente diploma entra em vigor em 1 de Março de 1998, aplicando-se a todos os contratos celebrados a partir desse momento, bem como aos contratos anteriormente celebrados a partir da data dos respectivos vencimentos.

SEGURO DE "DANOS PRÓPRIOS" – REGULAMENTAÇÃO DO DECRETO-LEI N.° 214/97, DE 16 DE AGOSTO: NORMA REGULAMENTAR N.° 8/98-R, DO INSTITUTO DE SEGUROS DE PORTUGAL, DE 15 DE JUNHO

Considerando que o art. 2.° do Decreto-Lei n.° 214/98, de 16 de Agosto, prevê que o valor seguro dos veículos deverá ser automaticamente alterado de acordo com tabela de desvalorização periódica apropriada.

Considerando que importa clarificar que, nos termos da lei, o prémio relativo à cobertura por danos próprios, incluindo a cobertura de perda total e de danos parciais, deverá ser ajustado ao valor seguro actualizado.

Considerando, por outro lado, que o art. 4.° do Decreto-Lei n.° 214/98, de 16 de Agosto, não impõe a obrigação de utilizar desvalorizações automáticas anuais e que, por isso, as empresas de seguros podem elaborar as suas tabelas com períodos de desvalorização que não o anual.

Considerando que o n.° 2.1 da Norma n.° 14/97-R, de 9 de Outubro, do Instituto de Seguros de Portugal, contempla somente a situação de desvalorização anual.

Considerando, também, que no caso de desvalorizações não anuais, o valor do veículo seguro a considerar para efeitos de cálculo de prémio, deverá atender ao programa de desvalorizações previsto.

O Instituto de Seguros de Portugal, nos termos do art. 5.°, n.° 3, do seu Estatuto, aprovado pelo Decreto-Lei n.° 251/97, de 26 de Setembro, ouvido o Conselho Consultivo, emite a seguinte

NORMA REGULAMENTAR

1. Os n.ºˢ 2 e 3 da Norma 14/97-R, de 9 de Outubro, passam a ter a seguinte redacção:
"2. Cálculo do prémio relativo à cobertura por danos próprios, no caso de desvalorização automática:
   2.1. O valor do veículo seguro é único e releva para a cobertura por perda total e por danos parciais.
   2.2. Aplicando-se a tabela de desvalorização automática do valor do veículo seguro, a taxa para determinação do prémio incidirá sobre o valor actualizado da viatura.
   2.3. O valor actualizado da viatura a considerar para efeitos do disposto no n.º 2.2 é o valor no início da anuidade, excepto se a tabela prever desvalorizações não anuais, caso em que o valor a considerar será o valor médio ponderado do veículo, atendendo ao programa de desvalorizações previsto ao longo do período em referência.
   2.4. O prémio a que se refere o n.º 2.2 é único e compreende a cobertura de perda total e de danos parciais."
"3. Informações pré-contratuais e contratuais
Sem prejuízo de outras obrigações impostas por lei ou regulamento, a informação pré-contratual e a informação contratual a fornecer ao tomador de seguro no decurso do contrato devem explicitar de forma clara e inteligível o valor do capital seguro para danos próprios e o prémio correspondente."
2. Entrada em vigor
2.1. A presente Norma entra em vigor na data da sua publicação.
2.2. Até 1 de Agosto de 1998, as empresas de seguros deverão proceder às adequações técnicas e administrativas necessárias ao cumprimento do disposto no n.º 1 da presente Norma.

CONDIÇÕES DE ACESSO E DE EXERCÍCIO DA ACTIVIDADE SEGURADORA E RESSEGURADORA NO TERRITÓRIO DA COMUNIDADE EUROPEIA, INCLUINDO A EXERCIDA NO ÂMBITO INSTITUCIONAL DAS ZONAS FRANCAS: DECRETO-LEI N.º 94-B/98, DE 17 DE ABRIL

JURISPRUDÊNCIA

JUROS MORATÓRIOS: "I – A seguradora, pelo contrato de seguro, co--assume, toma para si, juntamente com o segurado, a responsabilidade deste, que pode ser por facto ilícito. II – Por isso, se o segurado está obrigado ao pagamento de juros de mora, está-o igualmente a seguradora, não por força do contrato de seguro em si, mas por força e em consequência da mora em que se constitui e de que é responsável. III – Tratando-se de responsabilidade por facto ilícito, o devedor só se constitui em mora desde a notificação para contestar o pedido de indemnização, uma vez que a falta de liquidez do crédito, até então, não lhe era imputável." *(Acórdão do Supremo Tribunal de Justiça, de 88.06.08, Bol. Min. Just. n.° 378, pág. 723)*

LIMITE DA RESPONSABILIDADE DA SEGURADORA: "I – Conforme o Assento do Supremo Tribunal de Justiça, de 14 de Abril de 1983, a presunção legal de culpa do artigo 503.°, n.° 3, do Código Civil, estende-se às relações entre o condutor por conta de outrem e o lesado, abrangendo toda a área de responsabilidade civil proveniente dos acidentes de viação. II – O artigo 505.° do Código Civil supõe, por exclusão, ter sido o acidente apenas imputável ao lesado, a terceiro ou resultante de causa de força maior estranha ao funcionamento do veículo, para excluir a responsabilidade fixada no artigo 503.°, n.° 1, do Código Civil, do que decorre não poder admitir-se a concorrência entre o risco de um e a culpa de outro para responsabilizar ambos os condutores. III – A responsabilidade da seguradora depende do contrato de seguro existente, pelo que a sua condenação nunca pode ir além do capital seguro, uma vez que a sua responsabilidade é contratual e aquele o limite estabelecido." *(Acórdão do Supremo Tribunal de Justiça, de 89.05.18, Bol. Min. Just. n.° 387, pág. 553)*

PROPOSTA DE SEGURO: "I – A apresentação de uma proposta de seguro a um segurando, constante de impresso próprio fornecido pela companhia (ou seu agente), envolve da parte desta a expressão tácita de que se pretende obrigar às cláusulas inscritas ali por si. II – Por isso, depois de preenchida, datada e assinada tal proposta pelo segurado e entregue nos serviços da companhia, fica feito o contrato, ainda que ninguém, por parte desta, haja subscrito o referido documento." *(Acórdão da Relação de Lisboa, de 89.11.23, Bol. Min. Just. n.° 391, pág. 680)*

CLÁUSULA DE EXCLUSÃO DOS TERCEIROS TRANSPORTADOS NO VEÍCULO (CILINDRO): "A leitura da cláusula que expresse que a seguradora só responde por danos causados a terceiros não transportados no 'cilindro' deve fazer-se de acordo com a regra interpretativa do n.° 1 do artigo 236.° do Código Civil, no sentido de que com a mesma se pretendeu excluir do seguro não só os terceiros transportados na sequência de um contrato de transporte mas também todos os demais que ali seguissem clandestinamente." *(Acórdão da Relação de Évora, de 92.03.26, Bol. Min. Just. n.° 415, pág. 745)*

MÁ FÉ DA SEGURADORA: "A responsabilidade da seguradora depende do contrato de seguro existente, pelo que a sua condenação nunca pode ir além do capital seguro, com excepção da indemnização pelos danos decorrentes da sua conduta de má fé, de recusa ou retardamento do pagamento das compensações devidas." *(Acórdão da Relação de Lisboa, de 93.02.04, Col. Jurisp., 1993, Tomo I, pág. 135)*

CLÁUSULAS CONTRATUAIS GERAIS: "I – No contrato de seguro podem operar-se modificações posteriormente à apólice, sem que isso implique um contrato novo. II – A disciplina do artigo 34.º do Decreto-Lei n.º 446/85 (cláusulas contratuais gerais) aplica-se às cláusulas contratuais gerais lá existentes aquando da sua entrada em vigor, mas ficando ressalvados todos os contratos singulares celebrados com base nelas, os quais se regem pela lei antiga." *(Acórdão da Relação do Porto, de 93.06.03, Col. Jurisp., 1993, Tomo III, pág. 227)*

ZONA EXCLUÍDA DA VIGÊNCIA DO CONTRATO: "I – A companhia seguradora não é responsável pelo pagamento dos danos decorrentes de acidente, se este ocorrer em zona expressamente excluída da vigência do contrato por cláusula contratual. II – Tal cláusula é válida por não contrariar qualquer norma imperativa, proibitiva ou preceptiva." *(Acórdão do Supremo Tribunal de Justiça, de 93.10.07, Col. Jurisp., 1993, Tomo III, pág. 55)*

BOA FÉ; DECLARAÇÕES NÃO VERDADEIRAS: "I – Os contratos de adesão vinculam ambas as partes à luz da boa fé. II – A seguradora, perante dúvidas quanto às declarações iniciais do segurado no momento da celebração do contrato, deve esclarecê-las e não impugnar tais declarações apenas no momento em que lhe é solicitado o pagamento, depois do sinistro. III – Não é qualquer pormenor formalmente incompleto do escrito no contrato que o pode invalidar. IV – É sobre a seguradora que impende o ónus de provar o conhecimento pelo segurado da circunstância omitida ou alterada." *(Acórdão do Supremo Tribunal de Justiça, de 93.10.19, Col. Jurisp., 1993, Tomo III, pág. 72)*

ACIDENTE SOB A INFLUÊNCIA DO ÁLCOOL: "I – No domínio da interpretação dos contratos de seguro vigora a doutrina da impressão do destinatário. II – Tendo-se clausulado na apólice de seguro de acidente pessoal que ficava excluída a responsabilidade se o acidente ocorresse estando o segurado sob a influência de álcool, a seguradora não responde, independentemente da relação causal entre o acidente e a alcoolização. III – Estando o segurado com um grau de alcoolémia igual a 0,5 g/l, fica excluída a responsabilidade da seguradora." *(Acórdão da Relação de Coimbra, de 94.07.05, Col. Jurisp., 1994, Tomo IV, pág. 25)*

CONDUÇÃO SOB O EFEITO DO ÁLCOOL: "I – A cláusula inserta nas condições gerais da apólice e da qual consta a exclusão da responsabilidade da seguradora pelo pagamento de indemnização superior à correspondente ao seguro obrigatório, quando o condutor conduza sob a influência do álcool, não deve ser interpretada no sentido de só funcionar quando exista um nexo de causalidade entre a quantidade de álcool ingerido e o acidente, mas sim sempre que o grau de alcoolémia, apresentado pelo segurado, seja igual ou superior ao permitido, ou seja, de 0,5 g/l. II – A circunstância das sequelas que, do acidente, advieram para o lesado, imporem a necessidade de utilizar uma habitação adequada ao seu estado, não determina, para o responsável do dever de indemnizar, a obrigação de pagar o quantitativo necessário para aquisição ou arrendamento dessa habitação, mas apenas a de pagar-lhe o que ele tenha de despender para adaptar a sua casa de habitação, ou a que adquirir ou arrendar, às limitações e necessidades decorrentes da sua invalidez. Com efeito, só nessa parte é que existe nexo de causalidade entre o facto e o dano." *(Acórdão da Relação de Évora, de 96.06.04, Col. Jurisp., 1996, Tomo III, pág. 291)*

SEGURO POR VALOR SUPERIOR AO REAL; VALOR DO "SALVADO": "I – O valor da indemnização, em caso de sinistro, tem de ter em conta a desvalorização comercial entretanto sofrida pelo veículo. II – Incumbe à seguradora ré a prova do valor venal do veículo, quando seja inferior ao montante segurado, posto que tal circunstância se representa como excepção ao direito do autor. III – À indemnização correspondente ao valor venal do veículo, à data do acidente, haverá que deduzir o valor do 'salvado' ". *(Acórdão do Supremo Tribunal de Justiça, de 98.05.06, Actualidade Jurídica, Ano II, n.º 19, pág. 12)*

ARTIGO 11.º
(Condições especiais de aceitação dos contratos)

1. Sempre que a aceitação do seguro seja recusada, pelo menos, por três seguradoras, o proponente de seguro poderá recorrer ao Instituto de Seguros de Portugal, para que este defina as condições especiais de aceitação.
2. A seguradora escolhida pelo proponente de seguro ou indicada pelo Instituto de Seguros de Portugal, nos casos previstos no número anterior, fica obrigada a aceitar o referido seguro, nas condições definidas pelo Instituto de Seguros de Portugal, sob pena de lhe ser suspensa a exploração do ramo "Automóvel" durante um período de 6 meses a 3 anos.
3. Os resultados da gestão destes contratos serão atribuídos às companhias de seguros que exploram o ramo "Automóvel", de acordo com as normas a emitir pelo Instituto de Seguros de Portugal, que definirá não só a forma de determinação daqueles resultados como também o critério da sua repartição.
4. Nos contratos celebrados de acordo com as condições estabelecidas neste artigo não poderá haver intervenção de mediador, não conferindo os mesmos direito a qualquer tipo de comissões.

EVOLUÇÃO LEGISLATIVA

* Este preceito é redacção do Dec.-Lei n.º 522/85, de 31.12.
* Corresponde, em parte, aos n.ºs 3 e 4 do artigo 9.º do Decreto-Lei n.º 408/79, de 25.09.

REMISSÕES

4. Regime de acesso e exercício da actividade de mediação de seguros – Decreto-Lei n.º 388/91, de 10 de Outubro (rectificado por Declaração de rectificação n.º 233/91, de 10.10, publicada no D.R., I-A, de 31.10 – 4.º sup.)

ARTIGO 12.º
(Pagamento do prémio)

Ao pagamento do prémio do contrato de seguro e consequências pelo seu não pagamento aplicam-se as disposições legais em vigor.

EVOLUÇÃO LEGISLATIVA

* Este preceito é redacção do Decreto-Lei n.º 522/85, de 31.12.
* Corresponde, em parte, ao artigo 13.º do Decreto-Lei n.º 408/79, de 25.09.

REMISSÕES

Cumprimento das obrigações – arts. 762.º segs. CC; não cumprimento – arts. 790.º segs. CC.

LEGISLAÇÃO COMPLEMENTAR

PAGAMENTO DOS PRÉMIOS: DECRETO-LEI N.º 105/94, DE 23.04

O Decreto-Lei n.º 162/84, de 18 de Maio, estabeleceu o regime do pagamento dos prémios dos contratos de seguro.

As condições que então imperavam no sector segurador justificaram o teor das soluções contidas nesse diploma, nomeadamente a criação de um período longo de suspensão das garantias do seguro até à efectiva resolução do contrato, no caso de não pagamento dos prémios.

Face à evolução que se tem feito sentir no sector dos seguros e porque não existe justificação para que as garantias do seguro sejam válidas sem que o prémio tenha sido pago, para além de um determinado período de tempo considerado razoável, torna-se necessário alterar agora o regime vigente, por forma a diminuir esses prazos.

Assim:

Nos termos da alínea a) do n.º 1 do artigo 201.º da Constituição, o Governo decreta o seguinte:

Artigo 1.º
1. Os prémios de seguro devem ser pagos pontualmente pelo tomador do seguro, directamente à seguradora ou a outra entidade por esta expressamente designada para o efeito.
2. Apenas são admitidas como formas de pagamento dos prémios de seguro as que vierem a ser fixadas por portaria do Ministro das Finanças.

Artigo 2.º
O prémio correspondente a cada período de duração do contrato de seguro é, salvo se o contrato for anulado ou resolvido nos termos legais e regulamentares em vigor, devido por inteiro, sem prejuízo de, em conformidade com o previsto na apólice respectiva, poder ser fraccionado para efeitos de pagamento.

Artigo 3.º
1. Os prémios ou fracções iniciais são devidos na data da celebração do contrato.
2. Em caso de impossibilidade de emissão do recibo no momento referido no número anterior, os prémios ou fracções iniciais são devidos no 10.º dia após a data de emissão do recibo pela seguradora, o que se deverá verificar dentro dos prazos determinados pelo Instituto de Seguros de Portugal.
3. Os prémios ou fracções seguintes são devidos nas datas estabelecidas na apólice respectiva, sem prejuízo do disposto nos números seguintes.
4. Nos contratos de prémio variável, nomeadamente dos ramos de acidentes de trabalho e transportes, os prémios ou fracções seguintes são devidos na data da emissão do recibo respectivo.
5. Nos contratos titulados por apólices abertas, os prémios ou fracções relativos às sucessivas aplicações são devidos na data da emissão do recibo respectivo.

Artigo 4.º
1. A seguradora encontra-se obrigada, até 10 dias antes da data em que o prémio ou fracção é devido nos termos do artigo anterior, a avisar, por escrito, o tomador do seguro, indicando essa data e o valor a pagar.
2. Do aviso a que se refere o número anterior devem obrigatoriamente constar as consequências da falta de pagamento do prémio, nomeadamente a data a partir da qual o contrato é automaticamente resolvido nos termos do artigo seguinte.
3. Em caso de dúvida, recai sobre a seguradora o ónus da prova relativa ao aviso referido nos números anteriores.

Artigo 5.º
1. Na falta de pagamento do prémio ou fracção na data indicada nos respectivos avisos, o tomador de seguro constitui-se em mora e, decorridos que sejam 60 dias após aquela data, o contrato será automaticamente resolvido, sem possibilidade de ser reposto em vigor.

2. Durante o prazo referido no número anterior o contrato mantém-se plenamente em vigor.

3. Nos casos em que a cobrança seja efectuada através de mediadores, estes ficam obrigados a devolver às seguradoras os recibos não cobrados dentro do prazo de oito dias subsequentes ao prazo estabelecido no n.º 1, sob pena de incorrerem nas sanções legalmente estabelecidas.

4. A resolução dos contratos de seguro obrigatório do ramo de acidentes de trabalho deverá ser comunicado pela seguradora à Inspecção-Geral do Trabalho, através de envio por correio registado de listagens mensais.

5. Em caso de dúvida, recai sobre a seguradora o ónus da prova relativo à comunicação referida no número anterior.

Artigo 6.º
1. A resolução dos contratos de seguro obrigatório do ramo de acidentes de trabalho, operada por força do disposto no n.º 1 do artigo anterior, não é oponível a terceiros lesados, até 15 dias após a recepção das listagens referidas no n.º 4 do mesmo artigo, sem prejuízo do direito de regresso da seguradora contra o tomador do seguro relativamente às prestações efectuadas a quaisquer pessoas seguras ou terceiros, em consequência de sinistros ocorridos desde o momento da resolução do contrato até ao fim do prazo anteriormente previsto.

2. O disposto no número anterior não se aplica aos seguros de acidentes de trabalho em que os terceiros lesados sejam administradores, directores, gerentes ou equiparados do segurado.

Artigo 7.º
A resolução, nos termos do n.º 1 do artigo 5.º, não exonera o tomador de seguro da obrigação de liquidar os prémios ou fracções em dívida correspondentes ao período em que o contrato esteve em vigor, acrescidos das penalidades contratualmente estabelecidas, bem como o que a seguradora tiver pago ao abrigo do disposto no n.º 1 do artigo anterior, acrescidos dos respectivos juros de mora.

Artigo 8.º
As seguradoras deverão incluir na proposta do contrato de seguro a declaração do tomador do seguro sobre se o risco que se pretende segurar já foi coberto, total ou parcialmente, por algum contrato relativamente ao qual existam quaisquer débitos ou prémios em dívida.

Artigo 9.º
As relações entre as seguradoras e os mediadores de seguros que façam cobrança, designadamente no que respeita a prazos para prestação de contas, reger-se-ão pelas normas específicas em vigor, sem prejuízo do estabelecido no n.º 3 do artigo 5.º

Artigo 10.º
O presente diploma é aplicável a todos os contratos de seguro, com excepção dos respeitantes aos seguros de crédito e ao ramo«Vida», bem como aos seguros temporários celebrados por períodos inferiores a 90 dias.

Artigo 11.º
É revogada toda a legislação que contrarie o disposto no presente diploma, nomeadamente o Decreto-Lei n.º 162/84, de 18 de Maio.

Artigo 12.º
O presente diploma entra em vigor no 1.º dia do 3.º mês seguinte ao da data da sua publicação, aplicando-se, a partir daquele momento, a todos os contratos que venham a ser celebrados, bem como aos contratos já celebrados, na data dos respectivos vencimentos.

DECRETO-LEI N.º 215/94, DE 19 DE AGOSTO
(ALTERA O DEC.-LEI N.º 105/94, DE 23.04)

O Decreto-Lei n.º 105/94, de 23 de Abril, veio estabelecer novas regras relativas ao pagamento dos prémios de seguros, tendo introduzido alterações significativas nos prazos para pagamento dos prémios, o que obrigou as empresas de seguros a adaptarem os seus sistemas informáticos.

O prazo que mediou entre a publicação do diploma e a data prevista para a sua entrada em vigor – 1 de Julho de 1994 – não se revelou suficiente para permitir, sobretudo às empresas cujas carteiras são de maior dimensão, os ajustamentos necessários.

Nesta altura, porém, o simples adiamento da entrada em vigor do diploma viria a colocar em situação de ilegalidade as seguradoras que, tendo reunido as condições necessárias, conseguiram dar-lhe cumprimento.

Nestes termos, torna-se aconselhável, para o bom funcionamento do sistema, facultar àquelas empresas um período complementar razoável para aquele efeito.

Assim:
Nos termos da alínea a) do n.º 1 do artigo 201.º da Constituição, o Governo decreta o seguinte:

Artigo único
1. As empresas seguradoras que não tiverem dado cumprimento ao disposto no Decreto-Lei n.º 105/94, de 23 de Abril, podem continuar a aplicar, até 1 de Outubro do corrente ano, a anterior legislação, que para o efeito é repristinada.
2. O presente diploma reporta os seus efeitos a 1 de Julho de 1994.

JURISPRUDÊNCIA

DECLARAÇÃO DE ANULAÇÃO DO CONTRATO: "I – O artigo 445.º do Código Comercial faz depender a subsistência do contrato de seguro da remessa de aviso, por carta registada ao segurado para satisfazer o respectivo prémio. II – A declaração da seguradora da anulação do contrato ao abrigo da apólice, constante da carta por ela enviada ao segurado, é uma declaração recipienda, ou seja, uma declaração que por ter um destinatário só é eficaz quando chega ao poder deste e dele é conhecida. III – Para a eficácia de tal espécie de declaração é, assim, indispensável a prova do seu recebimento por parte do destinatário. IV – Compete à ré a prova do facto de ter ou não chegado ao poder ou conhecimento do segurado a carta remetida, já que a anulação do contrato de seguro em que os autores fundamentam o pedido e tal anulação que é facto extintivo do direito invocado pelos mesmos autores, depende do segurado ser avisado nos termos indicados." *(Acórdão do Supremo Tribunal de Justiça, de 89.11.15, Bol. Min. Just. n.º 391, pág. 628)*

NÃO PAGAMENTO DO PRÉMIO; ANULAÇÃO DE SEGURO: "I – Aos contratos de seguro automóvel celebrados na vigência do Decreto-Lei n.º 408/79, de 25 de Setembro, que se mantinham em vigor no dia 1 de Setembro de 1986, são aplicáveis as disposições do Decreto-Lei n.º 522/85, de 31 de Dezembro, por força do seu artigo 41.º, n.º 1. II – No que se refere ao pagamento do prémio do contrato de seguro e consequências do seu não pagamento, aplicam-se os artigos 12.º do Decreto-Lei n.º 522/85 e 445.º do Código Comercial. III – O artigo 445.º do Código Comercial, embora inserto na secção referente aos seguros contra fogos, é de aplicação genérica, extensiva aos seguros de qualquer natureza. IV – No caso de não pagamento de prémio de seguro vencido basta a seguradora provar que remeteu ao seu segurado carta registada a informá-lo de que o contrato de seguro será anulado se, entretanto, não for pago o prémio em dívida." *(Acórdão do Supremo Tribunal de Justiça, de 90.10.16, Bol. Min. Just. n.º 400, pág. 682)*

LIMITE À CELEBRAÇÃO DE NOVO CONTRATO: "I – O devedor de prémios de seguro a uma seguradora não pode celebrar com outra um novo contrato para cobertura do mesmo risco enquanto não liquidar a dívida para com a primeira. II – Este regime é de natureza imperativa, sendo nulo o contrato celebrado com infracção do mesmo." *(Acórdão da Relação de Lisboa, de 92.05.26, Col. Jurisp., 1992, Tomo III, pág. 191)*

ARTIGO 13.º
(Alienação de veículo)

1. O contrato de seguro não se transmite em caso de alienação do veículo, cessando os seus efeitos às 24 horas do próprio dia da alienação, salvo se for utilizado pelo tomador de seguro inicial para segurar novo veículo.
2. O titular da apólice avisará, no prazo de 24 horas, a seguradora da alienação do veículo.
3. Na falta de cumprimento da obrigação prevista no número anterior a seguradora tem direito a uma indemnização de valor igual ao montante do prémio correspondente ao período de tempo que decorre entre o momento da alienação do veículo e o termo da anuidade do seguro em que esta se verifique, sem prejuízo de o contrato ter cessado os seus efeitos nos termos do disposto no n.º 1.
4. O aviso referido no n.º 2 deve ser acompanhado do certificado provisório do seguro, do certificado de responsabilidade civil ou do aviso-recibo e do certificado internacional (carta verde).

EVOLUÇÃO LEGISLATIVA

* Este preceito é redacção do Decreto-Lei n.º 522/85, de 31.12.
* Corresponde ao artigo 10.º do Decreto-Lei n.º 408/79, de 25.09.

REMISSÕES

Transmissão do seguro – artigo 431.º do Código Comercial (em anot. ao artigo 10.º).
3. Não cumprimento das obrigações – arts. 790.º segs. CC.
4. Prova do seguro – art. 20.º; meios de controle do seguro – art. 31.º.

LEGISLAÇÃO COMPLEMENTAR

ALIENAÇÃO DE SALVADOS: DECRETO-LEI N.º 2/98, DE 3 DE JANEIRO, ARTIGOS 15.º A 18.º

Artigo 15.º
1. As companhias de seguros devem comunicar à Conservatória do Registo Automóvel e à Direcção-Geral de Viação todas as vendas de salvados de veículos a motor.
2. A comunicação é efectuada por carta registada, a remeter no prazo de 10 dias a contar da data da transacção e deve identificar o adquirente através do nome, residência ou sede e número fiscal de contribuinte, bem como o veículo através da matrícula, marca, modelo e número do quadro, indicando ainda o valor da venda.
3. A infracção ao disposto no n.º 1 constitui contra-ordenação sancionada com coima de 450.000$ a 9.000.000$.
4. A competência para a instrução dos processos de contra-ordenação e para aplicação das coimas pertence às entidades referidas no n.º 1, de acordo com as respectivas atribuições.

Artigo 16.º
1. Para efeitos do disposto no artigo anterior entende-se por salvado o veículo a motor que, em consequência de acidente, entre na esfera patrimonial de uma companhia de seguros por força de contrato de seguro automóvel e:
a) Tenha sofrido danos que afectem gravemente as suas condições de segurança; ou
b) Cujo valor de reparação seja superior a 70% do valor venal do veículo à data do sinistro.
2. Com a comunicação referida no n.º 2 do artigo anterior devem as companhias de seguros remeter à Conservatória do Registo Automóvel e à Direcção--Geral de Viação, respectivamente, o título de registo de propriedade e o livrete do veículo.

Artigo 17.º
1. As companhias de seguros devem comunicar também à Conservatória do Registo Automóvel e à Direcção-Geral de Viação a identificação dos veículos e dos respectivos proprietários, com os elementos e nos termos referidos no n.º 2 do artigo 15.º, sempre que esses veículos:
a) Se encontrem em qualquer das condições referidas nas alíneas *a)* e *b)* do n.º 1 do artigo anterior;
b) Sendo satisfeita a indemnização por companhia de seguros, aquela não se destine à efectiva reparação do veículo.

2. A comunicação referida no número anterior deve ser feita igualmente por todos os proprietários de veículos nas condições previstas nas alíneas *a*) e *b*) do mesmo número que procedam à sua venda a outrem que não seja a respectiva seguradora.
3. Com a comunicação referida no número anterior, devem os proprietários dos veículos remeter à Conservatória do Registo Automóvel e à Direcção-Geral de Viação, respectivamente, o título de registo de propriedade e o livrete do veículo.
4. Quem infringir o disposto no n.º 1 é sancionado com coima de 200.000$ a 2.000.000$.
5. Quem infringir o disposto nos n.ºˢ 2 e 3 é sancionado com coima de 50.000$ a 500.000$.

Artigo 18.º
1. No caso de incumprimento do disposto nos artigos 15.º e 17.º, n.º 1, de que resulte a prática de ilícito criminal, a companhia de seguros é solidariamente responsável pelos prejuízos causados a terceiros de boa fé.
2. A companhia de seguros que responda nos termos do número anterior goza de direito de regresso contra o agente do ilícito criminal.

JURISPRUDÊNCIA

ANTERIOR ALIENAÇÃO DO VEÍCULO: "I – Demandada a seguradora do veículo causador do acidente, a defesa com fundamento em anterior alienação daquele integra excepção peremptória e não ilegitimidade passiva. II – No regime de seguro obrigatório de responsabilidade civil automóvel, como no que o precedeu (seguro facultativo), a alienação do respectivo veículo não importa a transmissão automática da posição contratual do tomador do seguro para o adquirente. III – Em princípio, se não forem alegados factos que integrem responsabilidade para o(s) segurado(s), haverá insuficiência, pelo menos, de causa de pedir na pretensão deduzida contra a seguradora." *(Acórdão da Relação de Évora, de 88.06.09, Bol. Min. Just. n.º 378, pág. 808)*

COMUNICAÇÃO DA SEGURADORA AO LESADO: "A alienação do veículo seguro só poderá ser oponível aos lesados, em acidente causado por esse veículo, 30 dias após a comunicação da seguradora ao lesado dos efeitos do seguro." *(Acórdão da Relação de Coimbra, de 90.03.20, Col. Jurisp., 1990, Tomo II, pág. 49)*

EXTINÇÃO DO SEGURO: "I – Apesar de o contrato de seguro ser formal, a extinção do mesmo por venda do veículo não está sujeita a tal, podendo a comunicação à seguradora ser feita por via telefónica, por simples carta ou por carta registada. II – Assim, para prova de tal extinção pode ser usada a testemunhal." *(Acórdão da Relação de Lisboa, de 90.04.24, Col. Jurisp., 1990, Tomo II, pág. 156)*

VALIDADE DO SEGURO: "I – É válido o contrato de seguro celebrado com o dono do tractor, não obstante as declarações negociais daquele e de outrem no sentido de transferência do respectivo direito de propriedade por certo preço, se apurado ficou na acção que aquelas declarações negociais apenas visaram atribuir a quem figurou como comprador a responsabilidade de tratar do tractor. II – Agiu com culpa, infringindo o disposto no artigo 5.º, n.ᵒˢ 5 e 6, do Código da Estrada, o tractorista que subiu para o tractor localizado na zona recta de um caminho de acesso a uma quinta ladeado de pequenas bermas e de um lado por vegetação com altura superior a um metro, iniciou a marcha e accionou o hidráulico de levantamento do arado, omitindo a emissão de sinais sonoros ou luminosos e o olhar para trás a fim de se certificar da não presença de alguém junto do arado e com este esmagou quatro dedos da mão direita de um menor de quatro anos que se encontrava na traseira do tractor, entre este e o arado, entretido a observá-lo. III – Um menor de quatro anos exige pela sua irrequietude e inconsciência constante vigilância de quem é obrigado a exercê-la e tal dever não é excluído no caso de o menor se encontrar num caminho sem movimento ou com movimento reduzido. IV – Considerando o circunstancialismo do acidente e que o tractor é um instrumento perigoso cuja condução exige redobrado cuidado, justifica-se a fixação da culpa do tractorista em 75% e em 25% a do lesado. (...)" *(Acórdão do Supremo Tribunal de Justiça, de 92.02.10, Bol. Min. Just. n.º 414, pág. 564)*

CESSAÇÃO DOS EFEITOS DO CONTRATO: "I – No seguro obrigatório, a protecção eficaz dos terceiros lesados é conseguida com a extensão do âmbito do seguro a outras pessoas que não o tomador proprietário do veículo: detentores, legítimos condutores, etc.. II – Não há contradição alguma entre o disposto nos artigos 10.º, n.º 1, e 15.º, n.º 2 do Decreto-Lei n.º 408/79, de 25 de Setembro, porque, conforme o texto do citado artigo 15.º evidencia, trata-se aqui da cessação do seguro obrigatório em relação ao lesado, ao passo que no antecedente artigo 10.º apenas se regulam esses factos relativamente à seguradora, de um lado, e ao seu segurado e demais pessoas cuja responsabilidade o seguro garante por outro." *(Acórdão da Relação de Évora, de 92.05.14, Bol. Min. Just. n.º 417, pág. 845)*

CADUCIDADE DO SEGURO: "I – O seguro de responsabilidade civil automóvel garante os danos por que possa ser responsabilizado o segurado, e não todos os que forem causados pelo veículo em causa. II – Por isso, alienado o veículo, o seguro não se transmite para o adquirente, cessando os seus efeitos às 24 horas do dia da alienação, salvo se for aproveitado para novo veículo pelo tomador do seguro. III – Esta caducidade do seguro pode, quanto a acidente posterior à alienação do veículo, ser invocada contra o lesado pela seguradora." *(Acórdão da Relação de Évora, de 93.06.24, Col. Jurisp., 1993, Tomo III, pág. 290)*

ARTIGO 14.º
(Oponibilidade de excepções aos lesados)

Para além das exclusões ou anulabilidades que sejam estabelecidas no presente diploma, a seguradora apenas pode opor aos lesados a cessação do contrato nos termos do n.º 1 do artigo anterior, ou a sua resolução ou nulidade, nos termos legais e regulamentares em vigor, desde que anteriores à data do sinistro.

EVOLUÇÃO HISTÓRICA

* Este preceito é redacção do Dec.-Lei n.º 522/85, de 31.12.

REMISSÕES

Nulidade – art. 286.º CC; anulabilidade – art. 287.º CC; resolução do contrato – arts. 432.º segs. CC.

JURISPRUDÊNCIA

RECUSA EM CONTRATAR; FALSAS DECLARAÇÕES DO SEGURADO: "I – É postulado da obrigação de reparação dos danos pela seguradora, a subsistência ou validade do contrato. II – Em sede de seguro obrigatório, é sempre de facultar às seguradoras a recusa em contratar, quando inspirada, designadamente, pelos maus antecedentes do candidato a segurado. III – A acção, a que se refere o n.º 2 do artigo 287.º do Código Civil, satisfaz-se com a arguição da anulabilidade por via de excepção. IV – Constitui nulidade o vício previsto no artigo 429.º do Código Comercial, que é desencadeado por falsas declarações do segurado, designadamente, quanto à real propriedade do veículo." (**Acórdão da Relação do Porto**, *de 90.10.16, Col. Jurisp., 1990, Tomo IV, pág. 230*)

FORMA DO CONTRATO; NÃO EMISSÃO DA APÓLICE: "I – O contrato de seguro é um contrato formal, constituindo a respectiva apólice ou minuta, depois de aceite pela seguradora, documento '*ad substantiam*' insubstituível por qualquer outro meio de prova. II – Não obstante tal nulidade, caso a seguradora tenha, por carta, informado o segurado que iria emitir a apólice do seguro, o que não chegou a fazer, criando com isso no espírito dos beneficiários a legítima convicção da sua existência e validade, é ela responsável pelo pagamento das indemnizações que vierem a ser devidas, como se o contrato tivesse sido formalizado, não podendo, por isso, invocar a sua nulidade por falta de forma por daí resultar manifesto abuso de direito." *(Acórdão da Relação do Porto, de 91.05.24, Col. Jurisp., 1991, Tomo III, pág. 219)*

DÚVIDAS QUANTO A DECLARAÇÕES INICIAIS: "I – A seguradora, perante dúvidas quanto às declarações iniciais do segurado no momento da celebração do contrato, deve esclarecê-las e não impugnar tais declarações apenas no momento em que lhe é solicitado o pagamento, depois do sinistro. II – Não é qualquer pormenor normalmente incompleto do escrito no contrato que o pode invalidar. III – É sobre a seguradora que impende o ónus de provar o conhecimento pelo segurado da circunstância omitida ou alterada." *(Acórdão do Supremo Tribunal de Justiça, de 93.10.19, Col. Jurisp., 1993, Tomo III, pág. 72)*

FRANQUIA: "I – Através da franquia a seguradora restringe a sua responsabilidade, ficando o respectivo montante a cargo do segurado. II – E a seguradora pode opor ao lesado a cláusula relativa à franquia constante do contrato de seguro." *(Acórdão da Relação do Porto, de 99.01.21, Col. Jurisp., 1999, Tomo I, pág. 193)*

ARTIGO 15.º
(Pluralidade de seguros)

No caso de, relativamente ao mesmo veículo, existirem vários seguros, efectuados ao abrigo do artigo 2.º, responde, para todos os efeitos legais, o seguro referido no n.º 3 ou, em caso de inexistência deste, o referido no n.º 4 ou, em caso de inexistência destes dois, o referido no n.º 2 do mesmo artigo.

EVOLUÇÃO LEGISLATIVA

* Este preceito é redacção do Decreto-Lei n.º 522/85, de 31.12.
* Corresponde ao artigo 16.º do Decreto-Lei n.º 408/79, de 25.09.

ARTIGO 16.º
(Insuficiência do capital)

1. Se existirem vários lesados com direito a indemnizações que, na sua globalidade, excedam o montante do capital seguro, os direitos dos lesados contra a seguradora ou contra o Fundo de Garantia Automóvel reduzir-se-ão proporcionalmente até à concorrência daquele montante.

2. A seguradora ou o Fundo de Garantia Automóvel que, de boa fé e por desconhecimento da existência de outras pretensões, liquidar a um lesado uma indemnização de valor superior à que lhe competiria nos termos do número anterior não fica obrigada para com os outros lesados senão até à concorrência da parte restante do capital seguro.

EVOLUÇÃO LEGISLATIVA

* Este preceito é redacção do Decreto-Lei n.º 522/85, de 31.12.
* Corresponde ao artigo 18.º do Decreto-Lei n.º 408/79, de 25.09.

REMISSÕES

1. Capital seguro – art. 6.º; Fundo de Garantia Automóvel – arts. 21.º ss.

JURISPRUDÊNCIA

PLURALIDADE DE LESADOS; RATEIO: "I – No caso de haver pluralidade de lesados em acidente de viação e o capital do seguro ser insuficiente para pagar todas as indemnizações pedidas, tem de haver rateio entre eles. II – Se os processos não estiverem apensados, deve o juiz condenar a seguradora, no que primeiro vier a ser julgado, no pagamento da quota-parte a que o lesado tem direito, a liquidar depois de apurados os montantes de todas as indemnizações." (*Acórdão do Supremo Tribunal de Justiça*, de 92.11.04, Col. Jurisp., 1992, Tomo V, pág. 7)

ARTIGO 17.º
(Indemnizações sob a forma de renda)

Quando a indemnização seja fixada sob a forma de renda, a obrigação da seguradora limitar-se-á, em valor actual, ao montante da indemnização devida nos termos deste diploma, de acordo com as bases técnicas aprovadas para o seguro de rendas vitalícias imediatas do ramo "Vida".

EVOLUÇÃO HISTÓRICA

* Este preceito é redacção do Dec.-Lei n.º 522/85, de 31.12.

LEGISLAÇÃO COMPLEMENTAR

CÓDIGO CIVIL, ARTIGO 567.º

Artigo 567.º (Indemnização em renda)
1. Atendendo à natureza continuada dos danos, pode o tribunal, a requerimento do lesado, dar à indemnização, no todo ou em parte, a forma de renda vitalícia ou temporária, determinando as providências necessárias para garantir o seu pagamento.
2. Quando sofram alteração sensível as circunstâncias em que assentou, quer o estabelecimento da renda, quer o seu montante ou duração, quer a dispensa ou imposição de garantias, a qualquer das partes é permitido exigir a correspondente modificação da sentença ou acordo.

JURISPRUDÊNCIA

RENDAS PAGAS PELO CENTRO NACIONAL DE PENSÕES; REDUÇÃO DA INDEMNIZAÇÃO: "I – Quem tinha direito a alimentos, a prestar pela vítima mortal de acidente de viação, tem direito de indemnização pelo dano dessa perda, mas o lesante não pode ser condenado em prestação superior, no montante e na duração, à que o lesado provavelmente suportaria se fosse vivo. II – Para calcular o capital produtor de rendimento que cubra a diferença entre a situação anterior e a actual até ao fim da presumida vida activa da vítima, devem preferir-se as tabelas financeiras usadas para a determinação do capital necessário à formação de uma renda periódica correspondente ao juro anual de 9%. III – A seguradora responsável pelo acidente de viação não pode invocar as rendas pagas pelo Centro Nacional de Pensões para obter redução da indemnização, porque tais pensões são provisórias e o Centro deve exigir o seu pagamento. IV – O seguro de responsabilidade civil é elemento do património do responsável, a ter em conta representando contrapartida dos prémios pagos, mas não basta para ser atribuída ao lesado indemnização superior à que se mostre equitativa." *(Acórdão da Relação do Porto, de 90.11.06, Col. Jurisp., 1990, Tomo V, pág. 183)*

CRITÉRIOS DE DETERMINAÇÃO DA INDEMNIZAÇÃO: "I – É indemnizável como dano emergente a perda de um membro ou de uma parte do corpo, em resultado de acidente, e o seu valor, para efeitos de indemnização, deve ser fixado por aplicação do respectivo coeficiente de indemnização ao valor que seria achado se o bem violado tivesse sido a vida do lesado. II – Os 'lucros cessantes' compreendem perda de ganhos futuros, em vias de concretização, de natureza eventual ou sem carácter de regularidade, que o lesado não consegue obter em consequência do mencionado acto ilícito. III – Os 'custos de reconstituição ou de reparação' correspondem ao preço dos bens e serviços necessários para proceder a uma correcta reparação, quando tal seja possível, do objecto, animal ou da parte do corpo ou órgão destruídos ou danificados, e compreendem, por isso, entre outros, os preços de oficina, de hospitalização, de operações cirúrgicas e, até, de eventuais próteses que se torne necessário efectuar. IV – Os 'danos futuros' compreendem os prejuízos que, em termos de causalidade adequada, resultarem para o lesado (ou resultarão, de acordo com os dados previsíveis da experiência comum), em consequência do acto ilícito que foi obrigado a sofrer, ou, para os chamados 'lesados em segundo grau', da ocorrência da morte do ofendido em resultado de tal ilícito, e, ainda, os que poderiam resultar da hipotética manutenção de uma situação produtora de ganhos durante um tempo mais ou menos prolongado e que poderá corresponder, nalguns casos, ao tempo de vida laboral útil do lesado, e compreendem também, determinadas despesas certas, mas que só se concretizarão em tempo incerto (como o são, por exemplo, substituições de uma prótese, ou futuras operações cirúrgicas, etc.), e, finalmente, compreendem prejuízos previsíveis que se concretizarão no futuro, como situações de desambientação, etc.... V – De entre os diversos critérios de determinação dos 'danos futuros' correspondentes à 'perda de capacidade de ganho', deve ser adoptado aquele que permita conjugar as regras respeitantes à determinação de uma indemnização susceptível de ser fixada em renda (de acordo com as bases técnicas aprovadas para o seguro de rendas vitalícias imediatas do ramo 'vida') com as que regem a determinação do valor das pensões sociais (fixação a partir do nível dos rendimentos reais ou presumidos do trabalho, corrigida, consoante os casos, pelo período de contribuições para a previdência que tenha existido, pelo valor dos recursos do lesado ou do seu agregado familiar, pelo grau de incapacidade, e pelos encargos familiares), por concatenação dos artigos 567.º do Código Civil, 17.º do Decreto-Lei n.º 522/85, de 31 de Dezembro, e 26.º da Lei n.º 28/84, de 14 de Agosto. VI – Na determinação da 'perda da capacidade de ganho', deve ser considerada como perda a 100% a existência de uma incapacidade permanente que, embora fixada em 65% para o trabalho em geral, se traduza na perda de um braço, relativamente a ofendido que, com ela, fique absolutamente incapacitado de exercer a sua profissão específica e não tenha condições para se reconverter a outra actividade profissional. VII – A determinação dos 'danos futuros' de carácter vincadamente não patrimonial, mas previsíveis (doenças, psico-somáticas ou não, consequências de natureza disfuncional, de desambientação ou desinserção social ou emocional, etc.), quando eles se verifiquem, deve ser objecto de um processo de avaliação idêntico ao usado para a determinação dos chamados 'danos morais ou de natureza não patrimonial'. VIII – Não é viável a acumulação dos pedidos de actualização de indemnização em função das taxas de inflação e do simultâneo pagamento de juros moratórios respeitantes ao valor da indemnização pedida, em virtude de as duas modalidades terem como finalidade a actualização da importância devida a título de indemnização, por forma a que ela tenha o mesmo poder de compra que teria se tivesse sido atempadamente satisfeita. IX – As verbas satisfeitas pelos Serviços de Previdência Social e pelos Serviços de Assistência Hospitalar, em consequência de um acto ilícito de terceiro, são danos decorrentes desse acto, pelo que os mesmos ficam automaticamente sub-rogados ao respectivo lesado relativamente ao seu pagamento pelo devedor e responsável pelas consequências danosas do mesmo acto. X – O pagamento, pelos organismos próprios, de 'subsídios de doença' e de 'pensões de aposentação' pode corresponder à prática de um acto da responsabilidade específica de tais organismos, no âmbito de um serviço nacional de saúde e de previdência na doença, ou à de um acto de uma sua responsabilidade subsidiária (embora como principais pagadores), como sucede quando as situações que dão origem a tal pagamento sejam criminalmente imputáveis a terceiras pessoas, as quais, por isso, têm igualmente responsabilidade civil pela correspondente satisfação, e que, por aplicação da chamada 'teoria da diferença', estão obrigadas a repor o lesado nas condições em que este se encontraria se não tivesse ocorrido o acto lesivo dos seus direitos." *(Acórdão do Supremo Tribunal de Justiça, de 92.10.28, Bol. Min. Just. n.º 420, pág. 544)*

ARTIGO 18.º
(Acidentes de viação e de trabalho)

1. Quando o acidente for simultaneamente de viação e de trabalho aplicar-se-ão as disposições deste diploma, tendo em atenção as constantes da legislação especial de acidentes de trabalho.
2. O disposto no número anterior é aplicável, com as devidas adaptações, quando o acidente possa qualificar-se como acidente de serviço, nos termos do Decreto-Lei n.º 38 523, de 23 de Novembro de 1951.

EVOLUÇÃO LEGISLATIVA

* Este preceito é redacção do Decreto-Lei n.º 522/85, de 31.12.
* Corresponde ao artigo 21.º do Decreto-Lei n.º 408/79, de 25.09.

LEGISLAÇÃO COMPLEMENTAR

DECRETO-LEI N.º 38 523, DE 23 DE NOVEMBRO DE 1951

CAPÍTULO I – Da responsabilidade do Estado por acidentes dos seus servidores directamente relacionados com o serviço

SECÇÃO I – Disposições gerais

Artigo 1.º
A situação dos servidores civis do Estado subscritores da Caixa Geral de Aposentações que forem vítimas de acidentes em serviço regula-se pelas disposições do presente decreto-lei e ainda pelas normas legais em vigor, na parte por ele não contrariadas, relativas a aposentação extraordinária.

§ *único.* Aos servidores do Estado que não sejam subscritores da Caixa Geral de Aposentações ser-lhes-á aplicada a legislação sobre acidentes de trabalho.

Artigo 2.º
Não se considera acidente em serviço o que se verificar nas condições que excluem a existência de responsabilidade patronal por acidentes de trabalho.

Artigo 3.º
O servidor do Estado abrangido pelas disposições deste diploma perde o direito às regalias nele consignadas se se verificarem as condições que na lei geral determinam a mesma consequência para as vítimas de acidentes de trabalho.

Artigo 4.º
A qualquer servidor do Estado que se impossibilite ou faleça em resultado da prática de algum acto humanitário ou de dedicação à causa pública são garantidas, bem como a sua família, todas as regalias estabelecidas por este diploma.

SECÇÃO II – Da notícia do acidente

Artigo 5.º
O servidor do Estado, por si ou por interposta pessoa, nas quarenta e oito horas seguintes ao acidente, deve comunicar por escrito a ocorrência ao chefe ou dirigente de serviço de que depender.

Havendo impossibilidade manifesta de comunicação por motivo do mesmo acidente, poderá aquele prazo ser excepcionalmente prorrogado, mediante despacho ministerial.

Artigo 6.º
Logo que tenha conhecimento da participação a que se refere o artigo antecedente, o chefe ou dirigente do respectivo serviço deve levantar um auto de notícia em duplicado, utilizando o modelo n.º 1 anexo a este diploma.

Dentro do prazo máximo de quatro dias, a partir da data do auto de notícia, deve a mesma entidade participar superiormente o acidente.

Artigo 7.º
Todos os hospitais e estabelecimentos análogos ficam obrigados a participar imediatamente ao chefe ou dirigente do respectivo serviço o falecimento ou a alta de qualquer servidor do Estado ali internado, para os fins deste diploma, estendendo-se esta obrigação a qualquer pessoa a cujo cuidado estiver entregue; uns e outros devem prestar os esclarecimentos e facultar documentação relativa aos tratamentos efectuados.

SECÇÃO III – Dos efeitos e encargos do acidente

Artigo 8.º
O Estado constitui-se na obrigação de proporcionar, nos casos abrangidos

pelo artigo 1.º, tratamento adequado, medicamentos e quaisquer outros meios ou agentes terapêuticos imprescindíveis ao mesmo tratamento e transportes, uns e outros de harmonia com a gravidade da lesão. O Estado promoverá igualmente a recuperação profissional da vítima e fornecerá também os aparelhos de prótese e ortopedia necessários para uso pessoal.

§ *único*. Aos chefes e dirigentes dos serviços cumpre velar por que aos sinistrados se preste com solicitude e eficiência a assistência de que careçam, sem contudo perderem de vista a maior economia para se alcançar tal objectivo.

Artigo 9.º
No caso de incapacidade temporária parcial, o chefe ou dirigente do respectivo serviço deve distribuir ao sinistrado trabalho compatível com o seu estado, autorizando-o porém a comparecer aos tratamentos indispensáveis que se verifiquem necessariamente dentro das horas de serviço.

Artigo 10.º
Os servidores do Estado de nomeação vitalícia ou contratados têm ainda direito ao abono do vencimento da categoria e exercício enquanto, por virtude do acidente, se conservarem internados em estabelecimento hospitalar ou se encontrarem em tratamento no seu domicílio e absolutamente impossibilitados de desempenharem as suas funções, sendo assim reconhecido por inspecção ou exame médico, durante o prazo de sessenta dias. Os assalariados só têm, porém, direito ao salário por inteiro nos primeiros vinte dias da incapacidade.

Findos estes períodos e dentro das limitações prescritas no § único do artigo 20.º, os servidores de nomeação vitalícia ou contratados têm apenas direito ao vencimento de categoria e os assalariados a dois terços do salário diário por cada dia útil, salvo se se tratar de indivíduos que vençam também aos domingos.

Estes abonos devem continuar a ser pagos pela dotação por onde lhes estavam sendo satisfeitas as remunerações.

Artigo 11.º
As faltas dadas pelos servidores do Estado que se encontrem nas condições abrangidas por este diploma legal não estão sujeitas ao regime do Decreto com força de lei n.º 19:478, de 18 de Março de 1931, ou ao do Decreto-Lei n.º 26:334, de 4 de Fevereiro de 1936, e consideram-se justificadas durante o período de incapacidade de trabalho quando participada a ocorrência de conformidade com o modelo n.º 1 anexo.

§ *1.º* Quando a ausência exceder um período de sessenta dias será superiormente determinada a apresentação à junta médica. Antes deste prazo, sempre que se julgue conveniente, será mandado verificar o estado de saúde do servidor.

§ *2.º* No primeiro dia útil a seguir à alta que lhe for dada fica o servidor obrigado a apresentar-se ao serviço munido do boletim modelo n.º 3.

§ 3.º Se após a alta não se sentir com forças para capazmente retomar o serviço pode requerer para ser presente à junta e, mediante parecer favorável, ser-lhe prorrogado o prazo de justificação de faltas.

Artigo 12.º
No caso de se verificar o caso de incapacidade permanente parcial com a atribuição de serviço moderado, o servidor deve, conforme o coeficiente de desvalorização e a natureza das suas funções, continuar ao serviço ou passar a receber a pensão de reforma extraordinária, nos termos da respectiva legislação.

Artigo 13.º
O servidor do Estado que, embora portador de incapacidade permanente, continuar a prestar-lhe serviço por não ter sido julgado incapaz tem direito, se aquela situação cessar por causa diferente da da sua morte, a uma pensão de invalidez, independentemente da idade e do tempo de serviço, se o grau de incapacidade de que é portador for igual ou superior a 15 por cento. Esta pensão deve ser calculada em função do número de anos de serviço e do grau de incapacidade, aplicando-se a fórmula referida no artigo 1.º do Decreto-Lei n.º 30:913, de 23 de Novembro de 1940.

§ único. Se o servidor não tiver direito a pensão de invalidez por não reunir os requisitos exigidos para este efeito, ser-lhe-ão restituídas as quotas descontadas para a Caixa Geral de Aposentações, se a cessação da prestação de serviço não tiver sido devida a motivo disciplinar, ficando-lhe, porém, sempre ressalvado o direito de, no prazo de sessenta dias, a contar da data em que for desligado do serviço, requerer perante os tribunais do trabalho a pensão que, nos termos da legislação sobre acidentes de trabalho, porventura lhe possa competir.

Artigo 14.º
Ficam a cargo do Estado as despesas de funeral dos seus servidores falecidos em virtude de acidente no exercício de funções públicas até ao limite do vencimento mensal do falecido.

§ único. Para os assalariados que só vençam nos dias úteis esse limite será igual a trinta vezes o salário diário.

Artigo 15.º
No caso de morte como consequência de acidente em serviço a pensão a que a família tem direito calcular-se-á em 70 por cento do vencimento-base do falecido, acrescido de 80$ por cada herdeiro além de um.
§ 1.º Se em vez de vencimento a remuneração revestir carácter de salário diário, servirá de base ao cômputo previsto no corpo do artigo o produto deste por 30.
§ 2.º A concessão e fruição destas pensões regulam-se pelos princípios consignados no Decreto n.º 17:335, de 10 de Setembro de 1929.

SECÇÃO IV – Dos exames médicos e assistência

Artigo 16.º
Logo que ocorra um acidente, o respectivo chefe ou dirigente fica obrigado a tomar as providências necessárias para que sejam imediatamente prestados ao sinistrado os primeiros socorros médicos e farmacêuticos, transporte harmónico com o seu estado e a indicar-lhe o estabelecimento onde pode tratar-se ou, na falta deste, o médico assistente, preenchendo para tais fins o modelo n.º 2.

Artigo 17.º
A assistência clínica tem de ser prestada em estabelecimentos da assistência pública local e, não os havendo, nos de instituições subsidiadas ou por facultativos destas, com excepção de socorros de urgência, que, como os do artigo anterior, serão determinados superiormente, atendendo-se ao perigo, falta de meios, necessidade de recurso a especialistas e possibilidades de assistência particular.

§ *único*. Se o sinistrado preferir receber tratamentos e assistência em sua casa, pode ser para isso autorizado, mas correm de sua conta as despesas respectivas.

Artigo 18.º
Os servidores abrangidos pelo artigo 1.º deste diploma devem submeter-se ao tratamento prescrito pelo médico assistente, mas assiste-lhes o direito de não serem submetidos a operações cirúrgicas sem prévio acordo entre um médico de sua escolha e o médico hospitalar. Se não houver acordo, recorrer-se-á à junta médica, da qual fará parte o facultativo escolhido pelo interessado, que decidirá sobre a necessidade da intervenção.

§ *1.º* Exceptuam-se os casos de urgência e aqueles em que, pela demora destas formalidades, perigue a existência do sinistrado ou possa haver agravamento das suas lesões.

§ *2.º* Nos caso de alta cirurgia ou de operação que ponham em perigo a vida do interessado poderá este escolher o cirurgião que venha a operá-lo, mas o excedente das despesas resultante desta escolha corre de conta do mesmo.

§ *3.º* Se o sinistrado não acatar as decisões perderá as regalias referidas neste diploma, excepto as respeitantes a pensões por incapacidade permanente, se se reconhecer que a incapacidade para o trabalho subsistiria embora se tivesse submetido ao tratamento ou à intervenção cirúrgica.

§ *4.º* Se se tiver dado a hipótese referida no parágrafo anterior e se verificar o falecimento do servidor, fica à família ressalvado o direito à pensão referida no artigo 15.º deste decreto-lei se em inquérito a realizar para averiguação da causa da morte se reconhecer que ela era de prever mesmo que o sinistrado tivesse observado todas as prescrições médicas.

Artigo 19.º
No início dos tratamentos o médico assistente preenche um boletim do modelo n.º 3 anexo, em que se descrevem as lesões e sintomatologia, coma minúcia profissionalmente exigível, acompanhada das declarações do interessado.

Artigo 20.º
Quando terminar o tratamento e o servidor se encontrar curado ou em condições de trabalhar regularmente, o médico assistente dar-lhe-á alta no boletim modelo n.º 3, declarando a causa da cessação do tratamento, estado de saúde, grau de incapacidade e os motivos sobre que baseia as suas conclusões.

Este exame pode ser sempre revisto, nos termos gerais, por determinação do chefe ou superior hierárquico e a solicitação do interessado.

§ *único.* Se o sinistrado for reconhecido como permanente e absolutamente incapaz ou a sua incapacidade durar mais de um ano, será em seguida submetido à junta médica da Caixa Geral de Aposentações para confirmação do grau de desvalorização e anotação do respectivo cadastro ou para determinar se o seu estado de saúde autoriza ou não o regresso ao serviço. No caso de o servidor ser aposentado antes de lhe ter sido dada alta, continuará com direito às regalias constantes do artigo 8.º deste diploma.

Artigo 21.º
As inspecções médicas para verificação do estado de saúde dos servidores abrangidos pelo artigo 1.º são realizadas:
1.º Em Lisboa, por médico requisitado à Secretaria-Geral do Ministério das Finanças;
2.º Fora da área de Lisboa, nas sedes de distrito, pelo director inspector de saúde e nos concelhos pelos delegados de saúde.

Artigo 22.º
Salvo os casos de junta especial expressamente designada, as juntas incumbidas dos exames previstos nas disposições anteriores são as seguintes:
1.º Em Lisboa, a junta médica do Ministério respectivo;
2.º Fora da área da cidade de Lisboa, uma junta composta do chefe ou dirigente de serviço, que serve de presidente, e por dois médicos, um dos quais, obrigatoriamente, o director ou delegado de saúde e outro requisitado a serviço do Estado das proximidades, e, não o havendo, um médico municipal escolhido pelo presidente da respectiva câmara.

§ *único.* As requisições serão feitas pelo chefe ou dirigente do serviço com antecedência e individualização bastante.

Artigo 23.º
Quando o médico assistente verificar que o sinistrado não ficará em estado de poder regressar ao serviço, deve comunicar o facto ao chefe ou dirigente do

beneficiário e informar este do grau de incapacidade respectiva, para os necessários efeitos.

Artigo 24.º
Se o servidor for julgado apto para o serviço deve retomar imediatamente o trabalho.

No caso especial de no regresso ao serviço ter de faltar por agravamento dos padecimentos, participará tal facto no prazo de três dias, juntando na semana seguinte o documento que comprova o seu estado.

§ *único.* O processo assim instruído será remetido à junta médica do respectivo Ministério.

Havendo agravamento reconhecido, seguirá o processo para a Caixa Geral de Aposentações, para os mesmos efeitos.

Artigo 25.º
As dúvidas sobre se determinadas lesões foram ou não resultantes de desastres ocorridos no exercício das respectivas funções e por motivo do seu desempenho deverão ser resolvidas pela Caixa Geral de Aposentações, em face do parecer da sua junta médica.

CAPÍTULO II – Disposições penais e especiais

Artigo 26.º
O servidor do Estado que, utilizando qualquer artifício ou meio irregular ou socorrendo-se de fraude, pretender beneficiar das protecções e regalias estabelecidas no presente diploma, incorre na responsabilidade prevista no n.º 7.º do artigo 11.º do Estatuto Disciplinar dos Funcionários Civis do Estado, podendo a pena ser agravada ainda, conforme as circunstâncias, e sem prejuízo do procedimento e responsabilidade penal.

O chefe ou dirigente conivente ou encobridor que tenha promovido a assistência e benefícios acima previstos será objecto de sanções equiparadas.

Artigo 27.º
O chefe ou dirigente que por negligência não cumpra com as obrigações impostas por este decreto incorre nas penas previstas nos n.ºs 3.º a 6.º do artigo 11.º daquele estatuto, sem prejuízo da sua responsabilidade civil para com terceiros.

Artigo 28.º
As despesas com a hospitalização de todos os servidores do Estado resultantes de assistência clínica, medicamentos, aquisição de aparelhos de prótese e ortopedia e de meios necessários ao seu tratamento e bem assim as de transporte e funeral

serão pagas de conta da verba para esse fim inscrita no orçamento do Ministério de que o servidor dependa, em capítulo especial, sob a rubrica "Para pagamento de despesas com assistência clínica, hospitalização, medicamentos, tratamentos, aparelhos de prótese e ortopedia e meios ou agentes terapêuticos, transporte e bem assim funerais, nos termos da Lei n.° 1:942, de 27 de Julho de 1936, e mais legislação relativa a acidentes de servidores do Estado e do Decreto-Lei n.° 38:523".

§ *único*. Os serviços com autonomia administrativa e financeira e aqueles que, dispondo de receitas próprias, com elas paguem vencimentos ou salários ao pessoal inscreverão nos orçamentos as verbas necessárias à satisfação dos encargos a que este artigo se refere.

Artigo 29.°
Os encargos resultantes da execução deste diploma relativos a pensões às famílias devem ser satisfeitos pela verba para tal fim inscrita no orçamento do Ministério das Finanças sob a epígrafe de "Encargos gerais da Nação", no capítulo "Pensões e reformas", sob rubrica de "Pensões ao abrigo do Decreto-Lei n.° 38:523, de 23 de Novembro de 1951", com excepção dos respeitantes aos serviços com autonomia administrativa e financeira, que os satisfarão de conta dos seus orçamentos privativos.

Artigo 30.°
Os tribunais do trabalho não darão andamento a processos emergentes de acidentes de trabalho contra o Estado e seus organismos ou contra os corpos administrativos sem que previamente a Caixa Geral de Aposentações informe se os sinistrados são ou não seus subscritores, ou, no caso de morte, se o foram ou não. Na hipótese afirmativa, os processos serão mandados arquivar, sem dependência de qualquer outra formalidade, salvo se se tratar de caso previsto no § único do artigo 13.°.

Artigo 31.°
Aos servidores do Estado subscritores da Caixa Geral de Aposentações a quem tenham sido atribuídas pelos tribunais respectivos pensões de acidentes de trabalho e que tenham sido aposentados extraordinariamente será de futuro descontado no montante das pensões de aposentação a importância daquelas.

Artigo 32.°
A avaliação dos coeficientes de desvalorização dos sinistrados será feita de harmonia com a tabela em vigor nos tribunais do trabalho.

Artigo 33.°
O Estado, em regra, não segura os seus servidores nem quaisquer indivíduos que lhe prestem serviço.

§ *único*. Nos casos especiais em que os serviços entendam vantajosa a adopção do seguro do seu pessoal, devem obter previamente o acordo do Ministro das Finanças, através da Direcção-Geral da Contabilidade Pública.

Artigo 34.º
Os processos pendentes serão resolvidos de harmonia com as disposições deste diploma.

Artigo 35.º
Os corpos administrativos, na medida das suas possibilidades, aplicarão aos seus servidores as disposições deste decreto-lei, abrindo inscrições com dotações especiais para tal fim nos respectivos orçamentos.

Artigo 36.º
A fiscalização do cumprimento das disposições deste diploma incumbe principalmente à Direcção-Geral da Contabilidade Pública.

DECRETO REGULAMENTAR N.º 58/79, DE 25 DE SETEMBRO

CAPÍTULO IV – Acidentes de viação e de trabalho

Artigo 10.º
No caso de o acidente ser simultaneamente de viação e de trabalho, o segurador responsável pelo acidente de viação ou o Fundo de Garantia Automóvel, na falta de seguro, notificará o devedor da indemnização de acidentes de trabalho, só devendo proceder ao pagamento da indemnização por acidentes de viação ao respectivo lesado após declaração da quantia necessária para garantir o crédito do responsável pela indemnização laboral correspondente às prestações efectivamente pagas por este até esse momento.

Artigo 11.º
Decorridos quarenta e cinco dias sobre a notificação a que se refere o artigo anterior sem que o segurador por acidente de trabalho ou o responsável directo, na falta de seguro, declare pretender sub-rogar nos direitos do lesado, o segurador responsável pelo acidente de viação ou o Fundo de Garantia Automóvel poderá pagar definitivamente a indemnização correspondente.

REGIME JURÍDICO DOS ACIDENTES DE TRABALHO E DAS DOENÇAS PROFISSIONAIS: LEI N.º 100/97, DE 13 DE SETEMBRO

A Assembleia da República decreta, nos termos dos artigos 164.º, alínea *d*), e 169.º, n.º 3, da Constituição, o seguinte:

CAPÍTULO I – Disposições gerais

Artigo 1.º (Objecto da lei)
1. Os trabalhadores e seus familiares têm direito à reparação dos danos emergentes dos acidentes de trabalho e doenças profissionais nos termos previstos na presente lei e demais legislação regulamentar.
2. Às doenças profissionais aplicam-se, com as devidas adaptações, as normas relativas aos acidentes de trabalho, sem prejuízo das que só a elas especificamente respeitem.

Artigo 2.º (Âmbito da lei)
1. Têm direito à reparação os trabalhadores por conta de outrem de qualquer actividade, seja ou não explorada com fins lucrativos.
2. Consideram-se trabalhadores por conta de outrem para efeitos do presente diploma os que estejam vinculados por contrato de trabalho ou contrato legalmente equiparado e os praticantes, aprendizes, estagiários e demais situações que devam considerar-se de formação prática, e, ainda, os que, considerando-se na dependência económica da pessoa servida, prestem, em conjunto ou isoladamente, determinado serviço.
3. É aplicável aos administradores, directores, gerentes ou equiparados, quando remunerados, o regime previsto na presente lei para os trabalhadores por conta de outrem.

Artigo 3.º (Trabalhadores independentes)
1. Os trabalhadores independentes devem efectuar um seguro que garanta as prestações previstas na presente lei, nos termos que vierem a ser definidos em diploma próprio.
2. Consideram-se trabalhadores independentes os trabalhadores que exerçam uma actividade por conta própria.

Artigo 4.º (Trabalhadores estrangeiros)
1. Os trabalhadores estrangeiros que exerçam actividade em Portugal são, para os efeitos desta lei, equiparados aos trabalhadores portugueses.
2. Os familiares dos trabalhadores estrangeiros referidos no número anterior beneficiam igualmente da protecção estabelecida nesta lei relativamente aos familiares do sinistrado.

3. Os trabalhadores estrangeiros sinistrados em acidentes em Portugal ao serviço de empresa estrangeira, sua agência, sucursal, representante ou filial, podem ficar excluídos do âmbito desta lei desde que exerçam uma actividade temporária ou intermitente e, por acordo entre Estados, se tenha convencionado a aplicação da legislação relativa à protecção dos sinistrados em acidentes de trabalho em vigor no Estado de origem.

Artigo 5.º (Trabalhadores no estrangeiro)
Os trabalhadores portugueses e os trabalhadores estrangeiros residentes em Portugal sinistrados em acidentes de trabalho no estrangeiro ao serviço de empresa portuguesa terão direito às prestações previstas nesta lei, salvo se a legislação do Estado onde ocorreu o acidente lhes reconhecer direito à reparação, caso em que o trabalhador poderá optar por qualquer dos regimes.

CAPÍTULO II – Acidentes de trabalho

Artigo 6.º (Conceito de acidente de trabalho)
1. É acidente de trabalho aquele que se verifique no local e no tempo de trabalho e produza directa ou indirectamente lesão corporal, perturbação funcional ou doença de que resulte redução na capacidade de trabalho ou de ganho ou a morte.

2. Considera-se também acidente de trabalho o ocorrido:

a) No trajecto de ida e de regresso para e do local de trabalho, nos termos em que vier a ser definido em regulamentação posterior;

b) Na execução de serviços espontaneamente prestados e de que possa resultar proveito económico para a entidade empregadora;

c) No local de trabalho, quando no exercício do direito de reunião ou de actividade de representante dos trabalhadores, nos termos da lei;

d) No local de trabalho, quando em frequência de curso de formação profissional ou, fora do local de trabalho, quando exista autorização expressa da entidade empregadora para tal frequência;

e) Em actividade de procura de emprego durante o crédito de horas para tal concedido por lei aos trabalhadores com processo de cessação de contrato de trabalho em curso;

f) Fora do local ou do tempo de trabalho, quando verificado na execução de serviços determinados pela entidade empregadora ou por esta consentidos.

3. Entende-se por local de trabalho todo o lugar em que o trabalhador se encontra ou deva dirigir-se em virtude do seu trabalho e em que esteja, directa ou indirectamente, sujeito ao controlo do empregador.

4. Entende-se por tempo de trabalho, além do período normal de laboração, o que preceder o seu início, em actos de preparação ou com ele relacionados, e o que se lhe seguir, em actos também com ele relacionados, e ainda as interrupções normais ou forçosas de trabalho.

5. Se a lesão corporal, perturbação ou doença for reconhecida a seguir a um acidente presume-se consequência deste.

6. Se a lesão corporal, perturbação ou doença não for reconhecida a seguir a um acidente, compete ao sinistrado ou aos beneficiários legais provar que foi consequência dele.

Artigo 7.º *(Descaracterização do acidente)*
1. Não dá direito a reparação o acidente:

a) Que for dolosamente provocado pelo sinistrado ou provier de seu acto ou omissão, que importe violação, sem causa justificativa, das condições de segurança estabelecidas pela entidade empregadora ou previstas na lei;

b) Que provier exclusivamente de negligência grosseira do sinistrado;

c) Que resultar da privação permanente ou acidental do uso da razão do sinistrado, nos termos da lei civil, salvo se tal privação derivar da própria prestação do trabalho, for independente da vontade do sinistrado ou se a entidade empregadora ou o seu representante, conhecendo o estado do sinistrado, consentir na prestação;

d) Que provier de caso de força maior.

2. Só se considera caso de força maior o que, sendo devido a forças inevitáveis da natureza, independentes de intervenção humana, não constitua risco criado pelas condições de trabalho nem se produza ao executar serviço expressamente ordenado pela entidade empregadora em condições de perigo evidente.

3. A verificação das circunstâncias previstas neste artigo não dispensa as entidades empregadoras da prestação dos primeiros socorros aos trabalhadores e do seu transporte ao local onde possam ser clinicamente socorridos.

Artigo 8.º *(Exclusões)*
1. São excluídos do âmbito da presente lei:

a) Os acidentes ocorridos na prestação de serviços eventuais ou ocasionais, de curta duração, a pessoas singulares em actividades que não tenham por objecto exploração lucrativa;

b) Os acidentes ocorridos na execução de trabalhos de curta duração se a entidade a quem for prestado o serviço trabalhar habitualmente só ou com membros da sua família e chamar para o auxiliar, acidentalmente, um ou mais trabalhadores.

2. As exclusões previstas no número anterior não abrangem os acidentes que resultem da utilização de máquinas e de outros equipamentos de especial perigosidade.

Artigo 9.º *(Predisposição patológica e incapacidade)*
1. A predisposição patológica do sinistrado num acidente não exclui o direito à reparação integral, salvo quando tiver sido ocultada.

2. Quando a lesão ou doença consecutiva ao acidente for agravada por lesão ou doença anterior, ou quando esta for agravada pelo acidente, a incapacidade avaliar-se-á como se tudo dele resultasse, a não ser que pela lesão ou doença anterior o sinistrado já esteja a receber pensão ou tenha recebido um capital nos termos da alínea d) do n.º 1 do artigo 17.º.

3. No caso de o sinistrado estar afectado de incapacidade permanente anterior ao acidente, a reparação será apenas a correspondente à diferença entre a incapacidade anterior e a que for calculada como se tudo fosse imputado ao acidente.

4. Sem prejuízo do disposto no número anterior, quando do acidente resulte a inutilização ou danificação dos aparelhos de prótese ou ortopedia de que o sinistrado já era portador, o mesmo terá direito à sua reparação ou substituição.

5. Confere também direito à reparação a lesão ou doença que se manifeste durante o tratamento de lesão ou doença resultante de um acidente de trabalho e que seja consequência de tal tratamento.

Artigo 10.º (Reparação)
O direito à reparação compreende, nos termos que vierem a ser regulamentados, as seguintes prestações:

a) Em espécie: prestações de natureza médica, cirúrgica, farmacêutica, hospitalar e quaisquer outras, seja qual for a sua forma, desde que necessárias e adequadas ao restabelecimento do estado de saúde e da capacidade de trabalho ou de ganho do sinistrado e à sua recuperação para a vida activa;

b) Em dinheiro: indemnização por incapacidade temporária absoluta ou parcial para o trabalho; indemnização em capital ou pensão vitalícia correspondente à redução na capacidade de trabalho ou de ganho, em caso de incapacidade permanente; pensões aos familiares do sinistrado; subsídio por situações de elevada incapacidade permanente; subsídio para readaptação de habitação, e subsídio por morte e despesas de funeral.

Artigo 11.º (Lugar do pagamento das prestações)
1. O pagamento das prestações previstas na alínea b) do artigo anterior será efectuado no lugar da residência do sinistrado ou dos seus familiares, se outro não for acordado.

2. Se o credor das prestações se ausentar para o estrangeiro, o pagamento será efectuado em local do território nacional por ele indicado, se outro lugar não tiver sido acordado e sem prejuízo do disposto em convenções internacionais ou acordos de reciprocidade.

Artigo 12.º (Serviços de segurança, higiene e saúde no trabalho)
As entidades empregadoras devem garantir a organização e o funcionamento dos serviços de segurança, higiene e saúde no trabalho, nos termos definidos em legislação própria.

Artigo 13.º (Hospitalização)
1. O internamento e os tratamentos previstos na alínea a) do artigo 10.º

devem ser feitos em estabelecimentos adequados ao restabelecimento e reabilitação do sinistrado.

2. O recurso, quando necessário, a estabelecimentos hospitalares fora do território nacional será feito após parecer de junta médica comprovando a impossibilidade de tratamento em hospital no território nacional.

Artigo 14.º (Observância de prescrições clínicas e cirúrgicas)

1. Os sinistrados em acidentes devem submeter-se ao tratamento e observar as prescrições clínicas e cirúrgicas do médico designado pela entidade responsável e necessárias à cura da lesão ou doença e à recuperação da capacidade de trabalho, sem prejuízo do direito a solicitar o exame pericial do tribunal.

2. Não conferem direito às prestações estabelecidas nesta lei as incapacidades judicialmente reconhecidas como consequência de injustificada recusa ou falta de observância das prescrições clínicas ou cirúrgicas ou como tendo sido voluntariamente provocadas, na medida em que resultem de tal comportamento.

3. Considera-se sempre justificada a recusa de intervenção cirúrgica quando, pela sua natureza ou pelo estado do sinistrado, ponha em risco a vida deste.

Artigo 15.º (Transportes e estada)

1. O fornecimento ou o pagamento dos transportes e estada abrange as deslocações e permanência necessárias à observação e tratamento, e as exigidas pela comparência a actos judiciais, salvo, quanto a estas, se for consequência de pedidos dos sinistrados que vierem a ser julgados totalmente improcedentes.

2. Quando o sinistrado for menor de 16 anos ou quando a natureza da lesão ou da doença ou outras circunstâncias especiais o exigirem, o direito a transporte e estada será extensivo à pessoa que o acompanhar.

3. O transporte e estada devem obedecer às condições de comodidade impostas pela natureza da lesão ou doença.

Artigo 16.º (Recidiva ou agravamento)

1. Nos casos de recidiva ou agravamento, o direito às prestações previstas na alínea *a*) do artigo 10.º mantém-se após a alta, seja qual for a situação nesta definida, e abrange as doenças relacionadas com as consequências do acidente.

2. O direito à indemnização por incapacidade temporária absoluta ou parcial para o trabalho, prevista na alínea *b*) do artigo 10.º, em caso de recidiva ou agravamento, mantém-se:

a) Após a atribuição ao sinistrado de nova baixa;

b) Entre a data da alta e a da nova baixa seguinte, se esta última vier a ser dada no prazo de oito dias.

3. Para efeitos do disposto no número anterior, será considerado o valor da retribuição à data do acidente actualizado pelo aumento percentual da remuneração mínima mensal garantida mais elevada.

Artigo 17.° (Prestações por incapacidade)
　1. Se do acidente resultar redução na capacidade de trabalho ou ganho do sinistrado, este terá direito às seguintes prestações:
　a) Na incapacidade permanente absoluta para todo e qualquer trabalho: pensão anual e vitalícia igual a 80% da retribuição, acrescida de 10% por cada familiar a cargo, conceito a definir em regulamentação ulterior, até ao limite da retribuição e subsídio por situações de elevada incapacidade permanente;
　b) Na incapacidade permanente absoluta para o trabalho habitual: pensão anual e vitalícia compreendida entre 50% e 70% da retribuição, conforme a maior ou menor capacidade funcional residual para o exercício de outra profissão compatível e subsídio por situações de elevada incapacidade permanente;
　c) Na incapacidade permanente parcial igual ou superior a 30%: pensão anual e vitalícia correspondente a 70% da redução sofrida na capacidade geral de ganho e subsídio por situações de elevada incapacidade permanente, em caso de incapacidade permanente parcial igual ou superior a 70%;
　d) Na incapacidade permanente parcial inferior a 30%: capital de remição de uma pensão anual e vitalícia correspondente a 70% da redução sofrida na capacidade geral de ganho, calculado nos termos que vierem a ser regulamentados;
　e) Na incapacidade temporária absoluta: indemnização diária igual a 70% da retribuição;
　f) Na incapacidade temporária parcial: indemnização diária igual a 70% da redução sofrida na capacidade geral de ganho.
　2. As indemnizações são devidas enquanto o sinistrado estiver em regime de tratamento ambulatório ou de reabilitação profissional; mas serão reduzidas a 45% durante o período de internamento hospitalar ou durante o tempo em que correrem por conta da entidade empregadora ou seguradora as despesas com assistência clínica e alimentos do mesmo sinistrado, se este for solteiro, não viver em união de facto ou não tiver filhos ou outras pessoas a seu cargo.
　3. A retribuição correspondente ao dia do acidente será paga pela entidade empregadora.
　4. As indemnizações por incapacidade temporária começam a vencer-se no dia seguinte ao do acidente e as pensões por incapacidade permanente no dia seguinte ao da alta.
　5. Será estabelecida uma pensão provisória por incapacidade permanente entre o dia seguinte ao da alta e o momento de fixação da pensão definitiva, nos termos a regulamentar.

Artigo 18.° (Casos especiais de reparação)
　1. Quando o acidente tiver sido provocado pela entidade empregadora ou seu representante, ou resultar de falta de observação das regras sobre segurança, higiene e saúde no trabalho, as prestações fixar-se-ão segundo as regras seguintes:
　a) Nos casos de incapacidade absoluta, permanente ou temporária, e de morte serão iguais à retribuição;

b) Nos casos de incapacidade parcial, permanente ou temporária, terão por base a redução de capacidade resultante do acidente.

2. O disposto no número anterior não prejudica a responsabilidade por danos morais nos termos da lei geral nem a responsabilidade criminal em que a entidade empregadora, ou o seu representante, tenha incorrido.

3. Se, nas condições previstas neste artigo, o acidente tiver sido provocado pelo representante da entidade empregadora, esta terá direito de regresso contra ele.

Artigo 19.° (Prestação suplementar)
1. Se, em consequência da lesão resultante do acidente, o sinistrado não puder dispensar a assistência constante de terceira pessoa, terá direito a uma prestação suplementar da pensão atribuída não superior ao montante da remuneração mínima mensal garantida para os trabalhadores do serviço doméstico.

2. A prestação suplementar da pensão suspende-se sempre que se verifique o internamento do sinistrado em hospital, ou estabelecimento similar, por período de tempo superior a 30 dias e durante o tempo em que os custos corram por conta da entidade empregadora ou seguradora.

3. É aplicável à prestação suplementar, com as devidas adaptações, o disposto no artigo 17.°, n.° 5, nos termos a regulamentar.

Artigo 20.° (Pensões por morte)
1. Se do acidente resultar a morte, as pensões anuais serão as seguintes:

a) Ao cônjuge ou a pessoa em união de facto: 30% da retribuição do sinistrado até perfazer a idade de reforma por velhice e 40% a partir daquela idade ou no caso de doença física ou mental que afecte sensivelmente a sua capacidade de trabalho;

b) Ao ex-cônjuge ou cônjuge judicialmente separado à data do acidente e com direito a alimentos: a pensão estabelecida na alínea anterior e nos mesmos termos, até ao limite do montante dos alimentos fixados judicialmente;

c) Aos filhos, incluindo os nascituros e adoptados plena ou restritamente à data do acidente, até perfazerem 18, 22 ou 25 anos, enquanto frequentarem, respectivamente, o ensino secundário ou curso equiparado ou o ensino superior, ou sem limite de idade quando afectados de doença física ou mental que os incapacite sensivelmente para o trabalho: 20% da retribuição do sinistrado se for apenas um, 40% se forem dois, 50% se forem três ou mais, recebendo o dobro destes montantes, até ao limite de 80% da retribuição do sinistrado, se forem órfãos de pai e mãe;

d) Aos ascendentes e quaisquer parentes sucessíveis à data do acidente até perfazerem 18, 22 ou 25 anos, enquanto frequentarem, respectivamente, o ensino secundário ou curso equiparado ou o ensino superior, ou sem limite de idade quando afectados de doença física ou mental que os incapacite sensivelmente para o trabalho, desde que o sinistrado contribuísse com regularidade para o seu sustento: a cada, 10% da retribuição do sinistrado, não podendo o total das pensões exceder 30% desta.

2. Se não houver cônjuge, pessoa em união de facto ou filhos com direito a pensão, os parentes incluídos na alínea *d*) do número anterior e nas condições nele referidas receberão, cada um, 15% da retribuição do sinistrado, até perfazerem a idade de reforma por velhice, e 20% a partir desta idade ou no caso de doença física ou mental que os incapacite sensivelmente para o trabalho, não podendo o total das pensões exceder 80% da remuneração do sinistrado, para o que se procederá a rateio, se necessário.

3. Qualquer das pessoas referidas nas alíneas *a*) e *b*) do n.º 1 que contraia casamento ou união de facto receberá, por uma só vez, o triplo do valor da pensão anual, excepto se já tiver ocorrido a remição total da pensão.

4. Se por morte do sinistrado houver concorrência entre os beneficiários referidos nas alíneas *a*) e *b*) do n.º 1, é a pensão repartida na proporção dos respectivos direitos.

5. São equiparados aos filhos para efeito do disposto na alínea *c*) do n.º 1 os enteados do sinistrado, desde que este estivesse obrigado à prestação de alimentos, nos termos da alínea *f*) do n.º 1 do artigo 2009.º do Código Civil.

6. Se não houver beneficiários com direito a pensão reverte para o fundo a que se refere o artigo 39.º uma importância igual ao triplo da retribuição anual, salvo se tiver havido remição.

Artigo 21.º (Acumulação e rateio das pensões por morte)
1. As pensões referidas no artigo anterior são acumuláveis, mas o seu total não poderá exceder 80% da retribuição do sinistrado.

2. Se as pensões referidas na alínea *d*) do n.º 1 do artigo anterior adicionadas às previstas nas alíneas *a*), *b*) e *c*) excederem 80% da retribuição do sinistrado, serão as prestações sujeitas a rateio, enquanto esse montante se mostrar excedido.

3. Se o cônjuge sobrevivo falecer durante o período em que a pensão é devida aos filhos, será esta aumentada, nos termos da parte final da alínea *c*) do n.º 1 do artigo anterior.

4. As pensões dos filhos do sinistrado serão, em cada mês, as correspondentes ao número dos que, com direito a pensão, estiverem vivos nesse mês.

Artigo 22.º (Subsídio por morte e despesas de funeral)
1. O subsídio por morte será igual a 12 vezes a remuneração mínima mensal garantida mais elevada, sendo atribuído:
a) Metade ao cônjuge ou à pessoa em união de facto e metade aos filhos que tiverem direito a pensão nos termos da alínea *c*) do n.º 1 do artigo 20.º;
b) Por inteiro ao cônjuge ou pessoa em união de facto, ou aos filhos previstos na alínea anterior, não sobrevivendo, em simultâneo, cônjuge ou pessoa em união de facto ou filhos.

2. Se o sinistrado não deixar beneficiários referidos no número anterior, não será devido subsídio por morte.

3. A reparação por despesas de funeral é igual a quatro vezes a remuneração mínima mensal garantida mais elevada, aumentada para o dobro, se houver trasladação.

Artigo 23.° (Subsídio por situações de elevada incapacidade permanente)
A incapacidade permanente absoluta ou a incapacidade permanente parcial igual ou superior a 70% confere direito a um subsídio igual a 12 vezes a remuneração mínima mensal garantida à data do acidente, ponderado pelo grau de incapacidade fixado, sendo pago de uma só vez aos sinistrados nessas situações.

Artigo 24.° (Subsídio para readaptação)
A incapacidade permanente absoluta confere direito ao pagamento das despesas suportadas com a readaptação de habitação, até ao limite de 12 vezes a remuneração mínima mensal garantida mais elevada à data do acidente.

Artigo 25.° (Revisão das prestações)
1. Quando se verifique modificação da capacidade de ganho do sinistrado proveniente de agravamento, recidiva, recaída ou melhoria da lesão ou doença que deu origem à reparação, ou de intervenção clínica ou aplicação de prótese ou ortótese, ou ainda de formação ou reconversão profissional, as prestações poderão ser revistas e aumentadas, reduzidas ou extintas, de harmonia com a alteração verificada.

2. A revisão só poderá ser requerida dentro dos 10 anos posteriores à data da fixação da pensão, uma vez em cada semestre, nos dois primeiros anos, e uma vez por ano, nos anos imediatos.

3. Nos casos de doenças profissionais de carácter evolutivo não é aplicável o disposto no número anterior, podendo requerer-se a revisão em qualquer tempo; mas, nos dois primeiros anos, só poderá ser requerida uma vez no fim de cada ano.

Artigo 26.° (Retribuição)
1. As indemnizações por incapacidade temporária absoluta ou parcial serão calculadas com base na retribuição diária, ou na 30. parte da retribuição mensal ilíquida, auferida à data do acidente, quando esta represente retribuição normalmente recebida pelo sinistrado.

2. As pensões por morte e por incapacidade permanente, absoluta ou parcial, serão calculadas com base na retribuição anual ilíquida normalmente recebida pelo sinistrado.

3. Entende-se por retribuição mensal tudo o que a lei considera como seu elemento integrante e todas as prestações recebidas mensalmente que revistam carácter de regularidade e não se destinem a compensar o sinistrado por custos aleatórios.

4. Entende-se por retribuição anual o produto de 12 vezes a retribuição mensal acrescida dos subsídios de Natal e de férias e outras remunerações anuais a que o sinistrado tenha direito com carácter de regularidade.

5. Se a retribuição correspondente ao dia do acidente não representar a retribuição normal, será esta calculada pela média tomada com base nos dias de trabalho e correspondente a retribuições auferidas pelo sinistrado no período de um ano anterior ao acidente. Na falta destes elementos, o cálculo far-se-á segundo o prudente arbítrio do juiz, tendo em atenção a natureza dos serviços prestados, a categoria profissional do sinistrado e os usos.

6. Na reparação emergente das doenças profissionais, as indemnizações e pensões serão calculadas com base na retribuição auferida pelo doente no ano anterior à cessação da exposição ao risco, ou à data do diagnóstico final da doença, se este a preceder.

7. Se o sinistrado for praticante, aprendiz ou estagiário, a pensão a que este tem direito terá por base a retribuição anual média ilíquida de um trabalhador da mesma empresa ou empresa similar e categoria profissional correspondente à formação, aprendizagem ou estágio.

8. Em nenhum caso a retribuição pode ser inferior à que resulte da lei ou de instrumento de regulamentação colectiva de trabalho.

9. O disposto no n.º 5 deste artigo é aplicável ao trabalho não regular e aos trabalhadores a tempo parcial vinculados a mais de uma entidade empregadora.

10. A ausência ao trabalho para efectuar quaisquer exames com o fim de caracterizar o acidente ou a doença, ou para o seu tratamento, ou ainda para a aquisição, substituição ou arranjo de próteses, não determina perda de retribuição.

CAPÍTULO III – Doenças profissionais

Artigo 27.º (Lista das doenças profissionais)

1. As doenças profissionais constam da lista organizada e publicada no Diário da República, sob parecer da Comissão Nacional de Revisão da Lista de Doenças Profissionais.

2. A lesão corporal, perturbação funcional ou doença não incluída na lista a que se refere o n.º 1 deste artigo é indemnizável desde que se prove ser consequência, necessária e directa, da actividade exercida e não represente normal desgaste do organismo.

Artigo 28.º (Reparação das doenças profissionais)

Há direito à reparação emergente de doenças profissionais previstas no n.º 1 do artigo anterior quando, cumulativamente, se verifiquem as seguintes condições:

a) Estar o trabalhador afectado da correspondente doença profissional;

b) Ter estado o trabalhador exposto ao respectivo risco pela natureza da indústria, actividade ou condições, ambiente e técnicas do trabalho habitual.

Artigo 29.° *(Avaliação, graduação e reparação das doenças profissionais)*
A avaliação, graduação e reparação das doenças profissionais diagnosticadas a partir da entrada em vigor do presente diploma é da exclusiva responsabilidade do Centro Nacional de Protecção contra os Riscos Profissionais.

CAPÍTULO IV – Disposições complementares

Artigo 30.° *(Ocupação e despedimento durante a incapacidade temporária)*
1. Durante o período de incapacidade temporária parcial, as entidades empregadoras serão obrigadas a ocupar, nos termos e na medida em que vierem a ser regulamentarmente estabelecidos, os trabalhadores sinistrados em acidentes ao seu serviço em funções compatíveis com o estado desses trabalhadores. A retribuição terá por base a do dia do acidente, excepto se entretanto a retribuição da categoria correspondente tiver sido objecto de alteração, caso em que será esta a considerada, e nunca será inferior à devida pela capacidade restante.
2. O despedimento sem justa causa de trabalhador temporariamente incapacitado em resultado de acidente de trabalho confere àquele, sem prejuízo de outros direitos consagrados na lei aplicável, caso opte pela não reintegração, o direito a uma indemnização igual ao dobro da que lhe competiria por despedimento sem justa causa.

Artigo 31.° *(Acidente originado por outro trabalhador ou terceiros)*
1. Quando o acidente for causado por outros trabalhadores ou terceiros, o direito à reparação não prejudica o direito de acção contra aqueles, nos termos da lei geral.
2. Se o sinistrado em acidente receber de outros trabalhadores ou de terceiros indemnização superior à devida pela entidade empregadora ou seguradora, esta considera-se desonerada da respectiva obrigação e tem direito a ser reembolsada pelo sinistrado das quantias que tiver pago ou despendido.
3. Se a indemnização arbitrada ao sinistrado ou aos seus representantes for de montante inferior ao dos benefícios conferidos em consequência do acidente ou da doença, a desoneração da responsabilidade será limitada àquele montante.
4. A entidade empregadora ou a seguradora que houver pago a indemnização pelo acidente tem o direito de regresso contra os responsáveis referidos no n.° 1, se o sinistrado não lhes houver exigido judicialmente a indemnização no prazo de um ano a contar da data do acidente.
5. A entidade empregadora e a seguradora também são titulares do direito de intervir como parte principal no processo em que o sinistrado exigir aos responsáveis a indemnização pelo acidente a que se refere este artigo.

Artigo 32.º (Caducidade e prescrição)
1. O direito de acção respeitante às prestações fixadas nesta lei caduca no prazo de um ano a contar da data da alta clínica formalmente comunicada ao sinistrado ou, se do evento resultar a morte, a contar desta.
2. As prestações estabelecidas por decisão judicial, ou pelo Centro Nacional de Protecção contra os Riscos Profissionais, prescrevem no prazo de cinco anos a partir da data do seu vencimento.
3. O prazo de prescrição não começa a correr enquanto os beneficiários não tiverem conhecimento pessoal da fixação das prestações.

Artigo 33.º (Remição de pensões)
1. Sem prejuízo do disposto na alínea *d*) do n.º 1 do artigo 17.º, são obrigatoriamente remidas as pensões vitalícias de reduzido montante, nos termos que vierem a ser regulamentados.
2. Podem ser parcialmente remidas as pensões vitalícias correspondentes a incapacidade igual ou superior a 30%, nos termos a regulamentar, desde que a pensão sobrante seja igual ou superior a 50% do valor da remuneração mínima mensal garantida mais elevada.

Artigo 34.º (Nulidade dos actos contrários à lei)
1. É nula a convenção contrária aos direitos ou às garantias conferidos nesta lei ou com eles incompatível.
2. São igualmente nulos os actos e contratos que visem a renúncia aos direitos conferidos nesta lei.

Artigo 35.º (Inalienabilidade, impenhorabilidade, irrenunciabilidade dos créditos e privilégios creditórios)
Os créditos provenientes do direito às prestações estabelecidas por esta lei são inalienáveis, impenhoráveis e irrenunciáveis e gozam dos privilégios creditórios consignados na lei geral como garantia das retribuições do trabalho, com preferência a estas na classificação legal.

Artigo 36.º (Proibição de descontos na retribuição)
As entidades empregadoras não podem descontar qualquer quantia na retribuição dos trabalhadores ao seu serviço a título de compensação pelos encargos resultantes desta lei, sendo nulos os acordos realizados com esse objectivo.

Artigo 37.º (Sistema e unidade de seguro)
1. As entidades empregadoras são obrigadas a transferir a responsabilidade pela reparação prevista na presente lei para entidades legalmente autorizadas a realizar este seguro.
2. Verificando-se alguma das situações referidas no artigo 18.º, n.º 1, a responsabilidade nela prevista recai sobre a entidade empregadora, sendo a institui-

ção seguradora apenas subsidiariamente responsável pelas prestações normais previstas na presente lei.

3. Quando a retribuição declarada para efeito do prémio de seguro for inferior à real, a entidade seguradora só é responsável em relação àquela retribuição. A entidade empregadora responderá, neste caso, pela diferença e pelas despesas efectuadas com a hospitalização, assistência clínica e transporte, na respectiva proporção.

4. Na regulamentação da presente lei são estabelecidas providências destinadas a evitar fraudes, omissões ou insuficiências nas declarações quanto ao pessoal e à retribuição, que terá de ser declarada na sua totalidade, para cumprimento do disposto no n.º 1 deste artigo.

Artigo 38.º (Apólice uniforme)
1. A apólice uniforme do seguro de acidentes de trabalho adequada às diferentes profissões e actividades, de harmonia com os princípios estabelecidos nesta lei e respectiva legislação regulamentar, é aprovada pelo Instituto de Seguros de Portugal, ouvidas as associações representativas das empresas de seguros.

2. A apólice uniforme obedecerá ao princípio da graduação dos prémios de seguro em função do grau de risco do acidente, tidas em conta a natureza da actividade e as condições de prevenção implantadas nos locais de trabalho.

3. É prevista na apólice uniforme a revisão do valor do prémio, por iniciativa da seguradora ou a pedido da entidade empregadora, com base na modificação efectiva das condições de prevenção de acidentes nos locais de trabalho.

4. São nulas as cláusulas adicionais que contrariem os direitos ou garantias estabelecidos na apólice uniforme prevista neste artigo.

Artigo 39.º (Garantia e actualização de pensões)
1. A garantia do pagamento das pensões por incapacidade permanente ou morte e das indemnizações por incapacidade temporária estabelecidas nos termos da presente lei que não possam ser pagas pela entidade responsável por motivo de incapacidade económica objectivamente caracterizada em processo judicial de falência ou processo equivalente, ou processo de recuperação de empresa ou por motivo de ausência, desaparecimento ou impossibilidade de identificação, serão assumidas e suportadas por fundo dotado de autonomia administrativa e financeira, a criar por lei, no âmbito dos acidentes de trabalho, nos termos a regulamentar.

2. Serão igualmente da responsabilidade do fundo criado no âmbito do disposto no número anterior as actualizações de pensões devidas por incapacidade permanente igual ou superior a 30% ou por morte.

3. Quando se verifique a situação prevista no n.º 1, serão ainda atribuídas ao fundo outras responsabilidades, designadamente no que respeita a encargos com próteses e ao disposto no artigo 16.º, n.º 3, nos termos em que vierem a ser regulamentados.

4. O fundo referido nos números anteriores constituir-se-á credor da entidade economicamente incapaz, ou da respectiva massa falida, cabendo aos seus créditos, caso a entidade incapaz seja uma empresa de seguros, graduação idêntica à dos credores específicos de seguros.

5. Se no âmbito de um processo de recuperação de empresa esta se encontrar impossibilitada de pagar os prémios do seguro de acidentes de trabalho dos respectivos trabalhadores, o gestor da empresa deverá comunicar tal impossibilidade ao fundo referido nos números anteriores 60 dias antes do vencimento do contrato, por forma que o fundo, querendo, possa substituir-se à empresa nesse pagamento, sendo neste caso aplicável o disposto no n.° 4.

6. As responsabilidades referidas nos números anteriores, no que respeita às doenças profissionais, serão assumidas pelo Centro Nacional de Protecção contra os Riscos Profissionais.

Artigo 40.° *(Reabilitação)*

1. Aos trabalhadores afectados de lesão ou doença que lhes reduza a capacidade de trabalho ou de ganho, em consequência de acidente de trabalho, será assegurada na empresa ao serviço da qual ocorreu o acidente a ocupação em funções compatíveis com o respectivo estado, nos termos que vierem a ser regulamentados.

2. Aos trabalhadores referidos no número anterior é assegurada, pela entidade empregadora, a formação profissional, a adaptação do posto de trabalho, o trabalho a tempo parcial e a licença para formação ou novo emprego, nos termos em que vierem a ser regulamentados.

3. O Governo criará serviços de adaptação ou readaptação profissionais e de colocação, garantindo a coordenação entre esses serviços e os já existentes, quer do Estado, quer das instituições, quer de entidades empregadoras e seguradoras, e utilizando estes tanto quanto possível.

Artigo 41.° *(Produção de efeitos)*

1. Esta lei produz efeitos à data da entrada em vigor do decreto-lei que a regulamentar e será aplicável:

a) Aos acidentes de trabalho que ocorrerem após aquela entrada em vigor;

b) Às doenças profissionais cujo diagnóstico final se faça após a data referida na alínea anterior.

2. O diploma regulamentar referido no número anterior estabelecerá o regime transitório, a aplicar:

a) À remição de pensões em pagamento, à data da sua entrada em vigor, e que digam respeito a incapacidades permanentes inferiores a 30% ou a pensões vitalícias de reduzido montante e às remições previstas no artigo 33.°, n.° 2;

b) Ao fundo existente no âmbito previsto no artigo 39.°.

3. A presente lei será regulamentada no prazo máximo de 180 dias a contar da sua publicação.

Artigo 42.º (Disposição revogatória)
É revogada, com a entrada em vigor do decreto-lei previsto no artigo anterior, a Lei n.º 2127, de 3 de Agosto de 1965, e toda a legislação complementar.

Nota: *Esta Lei foi regulamentada pelo Decreto-Lei n.º 143/99, de 30 de Abril, no que respeita à reparação de danos emergentes de acidentes de trabalho.*

FUNDO DE ACIDENTES DE TRABALHO: DECRETO-LEI N.º 142/99 DE 30 DE ABRIL

A Lei n.º 100/97, de 13 de Setembro, estabelece a criação de um fundo, dotado de autonomia financeira a administrativa, no âmbito dos acidentes de trabalho.

O presente diploma visa a criação do referido fundo, designado por Fundo de Acidentes de Trabalho (FAT), que na sua essência, substitui o Fundo de Actualização de Pensões de Acidentes de Trabalho (FUNDAP), assumindo ainda novas competências que lhe são cometidas pela Lei n.º 100/97.

Face ao anterior fundo, o FAT apresenta um leque de garantias mais alargado, contemplando, para além das actualizações de pensões de acidentes de trabalho e dos subsídios de Natal, o pagamento dos prémios de seguro de acidentes de trabalho de empresas que, estando em processo de recuperação, se encontrem impossibilitadas de o fazer, competindo-lhe, ainda, ressegurar e retroceder os riscos recusados de acidentes de trabalho.

Para prevenir que, em caso algum, os pensionistas de acidentes de trabalho deixem de receber as pensões que lhe são devidas, prevê-se que o FAT garantirá o pagamento das prestações que forem devidas por acidentes de trabalho sempre que, por motivo de incapacidade económica objectivamente caracterizada em processo judicial de falência ou processo equivalente, ou processo de recuperação de empresa, ou por motivo de ausência, desaparecimento ou impossibilidade de identificação, não possam ser pagas pela entidade responsável.

No exercício desta competência o FAT substitui o Fundo de Garantia e Actualização de Pensões, previsto na base XLV da Lei 2127, de 3 de Agosto de 1965, destinado a assegurar o pagamento das prestações por incapacidade permanente ou morte em caso de acidente de trabalho, da responsabilidade de entidades insolventes.

O FAT, à semelhança do FUNDAP, funcionará junto dos Instituto de Seguros de Portugal, a quem competirá a sua gestão técnica e financeira. Será ainda constituída uma comissão de acompanhamento, com a função de analisar e dar parecer sobre os aspectos que, não constituindo actos de gestão corrente, sejam relevantes para o bom desempenho do FAT.

Relativamente ao regime de actualização de pensões o presente diploma prevê a actualização nos mesmos termos do regime geral da segurança social e ainda um esquema voluntário de actualização de pensões acima do regime geral, assente na possibilidade conferida às empresas de seguros de constituírem fundos autónomos de investimento das provisões matemáticas de acidentes de trabalho.

Foram ouvidos o Instituto de Seguros de Portugal, a Associação Portuguesa de Seguradores, a Associação Nacional de Deficientes Sinistrados no Trabalho, a Confederação Geral dos Trabalhadores Portugueses, a União Geral de Trabalhadores, a Confederação da Indústria Portuguesa, a Confederação do Comércio e Serviços de Portugal e a Confederação de Agricultores de Portugal.

Assim:

No desenvolvimento do regime jurídico estabelecido pela Lei n.º 100/97, de 13 de Setembro, e nos termos das alíneas a) e c) do n.º 1 do artigo 198.º da Constituição, o Governo decreta, para valer como lei geral da República, o seguinte:

CAPÍTULO I – Fundo de Acidentes de Trabalho

Artigo 1.º *(Criação e competências do Fundo de Acidentes de Trabalho)*

1. É criado o Fundo de Acidentes de Trabalho, dotado de autonomia administrativa e financeira, adiante designado abreviadamente por FAT, a qual compete:

a) Garantir o pagamento das prestações que forem devidas por acidentes de trabalho sempre que, por motivo de incapacidade económica objectivamente caracterizada em processo judicial de falência ou processo equivalente, ou processo de recuperação de empresa, ou por motivo de ausência, desaparecimento ou impossibilidade de identificação não possam ser pagas pela entidade responsável;

b) Pagar os prémios do seguro de acidentes de trabalho das empresas que, no âmbito de um processo de recuperação, se encontrem impossibilitados de o fazer;

c) Reembolsar as empresas de seguros dos montantes relativos:

i) As actualizações das pensões devidas por incapacidade permanente igual ou superior a 30% ou por morte derivadas de acidente de trabalho;

ii) Aos duodécimos adicionais criados pelo n.º 1 do artigo 2.º do Decreto--Lei n.º 466/85, de 5 de Novembro;

iii) Aos custos adicionais decorrentes das alterações, em consequência de nova redacção dada ao artigo 50.º do Decreto-Lei n.º 360/71, de 21 de Agosto, pelo artigo 1.º do Decreto-Lei n.º 459/79, de 23 de Novembro, de pensões de acidentes de trabalho, por incapacidade superior a 30% ou por morte, que tenham sido fixadas anteriormente a 31 de Outubro de 1979;

d) Ressegurar e retroceder os riscos recusados.

2. Relativamente aos duodécimos referidos no número anterior, o FAT só assume as responsabilidades decorrentes de acidentes ocorridos até à data da entrada em vigor do presente diploma.

3. O FAT não é responsável pela reparação ou substituição de aparelhos quando consequência de acidente, salvo nos casos previstos na alínea *a*) do n.º 1.

Artigo 2.º (Funcionamento, acompanhamento e gestão do FAT)

1. O FAT funciona junto do Instituto de Seguros de Portugal, adiante designado por ISP, a quem compete a sua gestão técnica e financeira.

2. Por portaria do Ministro das Finanças será constituída uma comissão de acompanhamento, presidida por um representante do Ministério das Finanças, e integrando:

a) Um representante do Ministério do Trabalho e da Solidariedade;

b) Um representante do Ministério da Justiça;

c) Um representante das associações de sinistrados de acidentes de trabalho;

d) Um representante das associações de empresas de seguros;

e) Um representante das associações representativas das entidades empregadoras;

f) Um representante das associações representativas dos trabalhadores;

g) Duas personalidades de reconhecida competência na área dos acidentes de trabalho.

3. A comissão referida no número anterior tem por função analisar e dar parecer sobre os aspectos que, não constituindo actos de gestão corrente, sejam relevantes para o bom desempenho do FAT, nomeadamente:

a) Analisar e dar parecer sobre as contas do FAT;

b) Dar parecer sobre o financiamento do FAT;

c) Analisar e dar parecer sobre as dúvidas relacionadas coma execução do presente diploma;

d) Analisar e dar parecer sobre questões que lhe sejam colocadas pelo ISP enquanto gestor do FAT;

e) Propor medidas legislativas ou regulamentares que aumentem a eficácia do sistema de garantia e actualização de pensões de acidentes de trabalho.

Artigo 3.º (Financiamento do FAT)

1. Constituem receitas do FAT:

a) Uma percentagem a cobrar pelas empresas de seguros aos tomadores de seguros sobre os salários considerados, sempre que sejam processados prémios da modalidade "Acidentes de Trabalho";

b) Uma percentagem a suportar pelas empresas de seguros sobre o valor correspondente ao capital de remição das pensões em pagamento à data de 31 de Dezembro de cada ano;

c) O resultado das aplicações financeiras;

d) Os valores que vierem a ser recuperados nos termos do disposto nos n.ºs 4 e 5 do artigo 39.º da Lei n.º 100/97, de 13 de Setembro, e do n.º 2 do artigo 13.º do presente diploma;

e) Os valores recebidos decorrentes dos contratos de resseguro e retrocessão dos riscos recusados;
f) O saldo transitado do FUNDAP à data da sua extinção;
g) O produto das coimas que, nos termos da lei, reverterem a seu favor;
h) Outros valores que, nos termos da lei ou por disposição particular, lhe sejam atribuídos.

2. As percentagens referidas nas alíneas *a)* e *b)* do número anterior serão fixadas anualmente, por portaria do Ministro das Finanças, sob proposta do ISP, ouvida a comissão de acompanhamento do FAT.

Artigo 4.º (Despesas do FAT)

Constituem despesas do FAT:
a) Os valores despendidos em consequência das competências referidas no n.º 1 do artigo 1.º;
b) As despesas administrativas decorrentes dos seu funcionamento;
c) Os valores despendidos por força dos contratos de resseguro e retrocessão dos riscos recusados;
d) Os custos suportados em consequência de aplicações financeiras;
e) As despesas havidas com as recuperações a que de refere a alínea *d)* do n.º 1 do artigo anterior;
f) Todas as que por lei lhe vierem a ser reconhecidas.

Artigo 5.º (Insuficiência financeira do FAT)

Em caso de comprovada necessidade:
a) O estado poderá assegurar uma dotação correspondente ao montante dos encargos que excedam as receitas previstas do FAT;
b) O FAT poderá recorrer a empréstimos.

CAPÍTULO II – Actualização das pensões

Artigo 6.º (Actualização anual)

1. As pensões de acidentes de trabalho serão anualmente actualizadas nos termos em que o forem as pensões do regime geral da segurança social.

2. Se os coeficientes de actualização variarem em função do montante de pensão, ao remanescente de pensões parcialmente remidas será aplicado o coeficiente da pensão original.

Artigo 7.º (Caucionamento)

As entidades patronais que encontrem na situação referida no n.º 1 do artigo 61.º do Decreto-Lei n.º 143/99, de 30 de Abril, devem caucionar, nos termos do mesmo diploma, a responsabilidade decorrente da actualização das pensões, salvo se tal responsabilidade se mostrar transferida para uma empresa de seguros.

Artigo 8.º (Dever de iniciativa)
1. A actualização das pensões será automática e imediata caso a responsabilidade esteja a cargo de empresa de seguros ou do FAT, devendo ser feita a correspondente comunicação ao tribunal do trabalho e competindo ao Ministério Público promover eventuais rectificações.
2. Se a responsabilidade recair sobre entidades diferentes das referidas no número anterior, deverá o Ministério Público promover oficiosamente a actualização.

CAPÍTULO III – Actualização voluntária das pensões

Artigo 9.º (Investimento autónomo das provisões matemáticas)
As empresas de seguros podem constituir fundos autónomos de investimento dos activos representativos das provisões matemáticas de acidentes de trabalho.

Artigo 10.º (Financiamento)
As empresas de seguros atribuirão aos fundos previstos no artigo anterior, no mínimo, 75% do rendimentos financeiros que excedam a taxa técnica.

Artigo 11.º (Actualização das pensões)
Do valor atribuído ao fundo autónomo será parcialmente distribuída uma parte a cada pensionista, na proporção da respectiva pensão, sob a forma de uma renda vitalícia a prémio único.

Artigo 12.º (Condições de contribuição)
1. As empresas de seguros que, por força da aplicação do mecanismo previsto neste capítulo, concedam ao seus pensionistas aumentos de pensão iguais ou superiores aos referidos no artigo 6.º ficam nesse ano dispensadas de efectuar a contribuição a que se refere a alínea *b)* do n.º 1 do artigo 3.º
2. Se os aumentos de pensões forem inferiores aos referidos no artigo 6.º, será a diferença suportada pelo FAT e a contribuição da empresa de seguros para este fundo reduzida proporcionalmente.

CAPÍTULO IV – Disposições diversas

Artigo 13.º (Conflito)
1. Ocorrendo fundado conflito sobre quem recai o dever de indemnizar, caberá ao FAT satisfazer as prestações devidas ao sinistrado ou beneficiários legais de pensão, sem prejuízo de vir a ser reembolsado após decisão do tribunal competente.

2. O reembolso inclui, além dos montantes relativos às prestações em dinheiro e em espécie, as despesas administrativas comprovadamente efectuadas com a reparação, tudo acrescido de juros à taxa legal.

Artigo 14.° (Regulamentação)
Compete ao ISP emitir as normas regulamentares necessárias à boa execução do presente diploma.

Artigo 15.° (Extinção do FUNDAP e do FGAP)
1. É extinto o Fundo de Actualização de Pensões de Acidentes de Trabalho (FUNDAP), transitando o respectivo saldo à data da sua extinção para o FAT.
2. O Fundo de Garantia e actualização de Pensões (FGAP) será extinto, transitando as respectivas responsabilidades e saldos para o FAT, nos termos e condições a definir por portaria dos Ministros das Finanças e do Trabalho e da Solidariedade.

Artigo 16.° (Entrada em vigor)
O presente diploma entra em vigor no 1.° dia do 6.° mês após a data da sua publicação.

JURISPRUDÊNCIA

ATROPELAMENTO DE COMISSÁRIO DE PISTA: "I – Deve qualificar--se como acidente de trabalho e não como acidente de viação o atropelamento sofrido por um comissário de pista, por virtude do despiste de um concorrente, quando trabalhava por conta e risco do Clube Autódromo do Estoril. II – Não se tendo feito a prova da relação laboral invocada como causa de pedir, não é legítimo converter essa causa de pedir numa responsabilidade extracontratual pelo exercício de actividades perigosas a que se refere o artigo 493.°, n.° 2, do Código Civil." *(Acórdão do Supremo Tribunal de Justiça, de 89.02.10, Bol. Min. Just. n.° 384, pág. 515)*

SUB-ROGAÇÃO DA ENTIDADE PATRONAL: "I – Num acidente que seja simultaneamente de viação e de trabalho, as obrigações que dele resultem para o causador do acidente, para a entidade patronal do trabalhador ou para as seguradoras respectivas estão numa relação de solidariedade imperfeita ou aparente. II – Naqueles casos, o responsável principal ou primário pelos danos gerados no acidente é o indicado pelo aspecto viário do conjunto, por ser o que cria o risco mais intenso. III – À entidade patronal, ou sua seguradora, é concedido o direito a uma indemnização pelas quantias pagas ao sinistrado/trabalhador, a cobrar do aludido maior responsável. IV – A entidade patronal substitui-se ao sinistrado, contra o principal causador do acidente, através de um fenómeno de sub-rogação." *(Acórdão do Supremo Tribunal de Justiça, de 91.01.29, Bol. Min. Just. n.º 403, pág. 409)*

NÃO REEMBOLSO PELO ESTADO: "O Estado não tem o direito de exigir dos terceiros responsáveis por acidente de viação o reembolso dos vencimentos e de outras remunerações, que pagou ao seu servidor, referentes ao período de inactividade funcional por doenças resultante das lesões sofridas pelo servidor em consequência do acidente." *(Acórdão da Relação do Porto, de 91.02.26, Bol. Min. Just. n.º 404, pág. 404)*

DESCARACTERIZAÇÃO DO ACIDENTE: "I – Só a culpa grave e indesculpável da vítima é apta a descaracterizar o acidente como de trabalho. II – Por esta culpa entende-se todo o comportamento da vítima revelador do incumprimento da elementar diligência pela generalidade das pessoas para precaver a ocorrência dos acidentes. III – Este comportamento temerário e reprovado por elementar sentido de prudência não deve resultar da habituação do trabalhador ao meio dos perigos em que trabalha e que para ele não tenha contribuído a entidade patronal. IV – Tal culpa deve ser apreciada em relação a cada caso em particular. V – O acidente de viação em que a vítima que conduzia o veículo sinistrado se encontrava ao serviço e sob as ordens da entidade patronal não é da sua culpa grave e indesculpável, com o grau de alcoolémia de 0,64 g/l, e em que o veículo se encontrava em estado degradado e não era habitual a sua utilização. VI – Não há, assim, fundamento legal para a descaracterização do acidente como de trabalho. VII – Tanto a seguradora como a entidade patronal são responsáveis pelas reparações devidas pelo acidente até ao limite do seguro, e, para além deste, é responsável somente a seguradora, ainda que o aumento da responsabilidade se deva ao aumento salarial da vítima por força da aplicação posterior de um contrato colectivo de trabalho regulador da sua actividade." *(Acórdão do Supremo Tribunal de Justiça, de 91.06.05, Bol. Min. Just. n.º 408, pág. 353)*

ACIDENTE DE SOLDADO DA G.N.R. EM SERVIÇO – DIREITO DO ESTADO A INDEMNIZAÇÃO: "I – O Estado tem o direito a ser indemnizado, pelo causador do sinistro, das despesas efectuadas com a assistência – tratamento do seu agente – soldado da Guarda Nacional Republicana – vítima de acidente de viação ocorrido em serviço. II – Quer se aceite tratar-se de uma verdadeira sub-rogação, quer se aceite tratar-se propriamente de um direito de regresso, a verdade é que, nos termos do artigo 18.º do Decreto-Lei n.º 522/85, de 31 de Dezembro, sobre o regime do seguro obrigatório, se estabeleceu o direito do responsável patronal a ser reembolsado das despesas de assistência-tratamento efectuadas com os seus trabalhadores (cfr. o artigo 21.º do Decreto-Lei n.º 408/79, de 25 de Setembro, e a base XXXVII da Lei n.º 2127, de 3 de Agosto de 1965)." *(Acórdão do Supremo Tribunal de Justiça, de 92.01.23, Bol. Min. Just. n.º 413, pág. 525)*

TRIBUNAL COMPETENTE: "O tribunal competente para apreciar o pedido reconvencional de indemnização por danos, em veículo automóvel, por trabalhador ao serviço da sua entidade patronal, em consequência de acidente de viação, e formulado na acção, que aquele lhe intentou, para obter o pagamento de trabalho suplementar, é o tribunal comum e não o tribunal do trabalho." *(Acórdão da Relação do Porto, de 92.03.30, Col. Jurisp., 1992, Tomo II, pág. 266)*

OPÇÃO ENTRE INDEMNIZAÇÕES: "I – Não há alteração substancial dos factos de acusação quando apenas é diferente a qualificação jurídica. II – Nos casos de homicídio com culpa grave e exclusiva do arguido, a pena deve ser individualizada em função do seu concreto grau de culpa, não se impondo necessariamente a pena de prisão efectiva nem se afastando a possibilidade da sua suspensão, verificados os demais requisitos. III – Na indemnização a atribuir aos familiares da vítima não há que levar em conta os quantitativos recebidos como subsídio de morte e capital de seguro de vida e acidentes pessoais. IV – Sendo o acidente simultaneamente de viação e de trabalho, o lesado pode optar pela indemnização a que tenha direito a título de qualquer das duas fontes. V – As quantias adiantadas pelo Centro Nacional de Pensões só são reembolsáveis se respeitarem a prestações de segurança social prestadas em termos de adiantamento pelo ressarcimento dos danos de responsabilidade de terceiros." *(Sentença do Juiz do 2.º Juízo do Tribunal de Évora, de 93.01.06, Col. Jurisp., 1993, Tomo I, pág. 303)*

NÃO CUMULAÇÃO DE IMDEMNIZAÇÕES: "I – Sendo o acidente simultaneamente de trabalho e viação, as indemnizações – a pensão e a correspondente aos danos patrimoniais – não se cumulam. II – Nem todos os danos patrimoniais se podem considerar abrangidos pela pensão e indemnizações fixadas no processo laboral. III – Não se apurando quais os danos concretamente englobados na indemnização por danos patrimoniais fixados na acção cível, não pode suspender-se o pagamento da pensão fixada no processo laboral. IV – O ónus da prova de que a indemnização por danos patrimoniais fixada no acidente de viação engloba as fixadas no processo laboral compete à entidade responsável pela indemnização laboral." *(Acórdão da Relação de Coimbra, de 95.04.20, Col. Jurisp., 1995, Tomo III, pág. 74)*

SEGURO DE ACIDENTE PESSOAL/SEGURO DE RESPONSABILIDADE CIVIL: "I – Constando das condições gerais relativas a um determinado contrato de seguro que a apólice garante a cobertura dos acidentes sofridos no trajecto normal de e para o local de trabalho, seja o transporte fornecido ou não pela entidade patronal, estar-se-á, na hipótese de transporte não fornecido pela entidade patronal, perante um seguro de acidentes pessoais de trabalhadores (uma vez que tal hipótese não cabe no acidente de trabalho *'in itinere'*). II – Por conseguinte, em tal hipótese, não assiste à seguradora o direito de regresso conferido pelo n.º 4 da Base XXXVII da Lei 2127; porém, poderá a seguradora – no caso de ocorrer, simultaneamente, um acidente de viação – invocar a sub-rogação legal prevista no artigo 441.º do Código Comercial." *(Acórdão da Relação de Coimbra, de 96.06.25, Col. Jurisp., 1996, Tomo III, pág. 37)*

ACIDENTE *IN ITINERE*; SUB-ROGAÇÃO DA SEGURADORA: "I – A Lei n.º 2127 deve, no interesse do trabalhador, ser interpretada no sentido de permitir o alargamento, por via contratual, da noção de acidente de trabalho, passando também considerar-se como 'acidente *in itinere*' aquele que ocorre no trajecto normal do trabalhador de e para o seu local de trabalho. II – Em consequência, a seguradora que pague uma indemnização decorrente de um tal alargamento, gozará da sub-rogação especificamente prevista na Base XXXVII, n.º 4, da Lei 2127. III – Sub-rogação a que – quem discorde de um tal 'alargamento' interpretativo – também se chegará por aplicação dos princípios gerais. Efectivamente, não está vedado a uma entidade patronal assumir o papel de 'garante' de uma obrigação alheia (do lesante em acidente de viação); e, em consequência, à seguradora que pague a indemnização decorrente de tal papel de 'garante' da entidade patronal, assistirá a sub-rogação legal prevista, em termos gerais, no artigo 592.º do Código Civil." *(Acórdão da Relação de Coimbra, de 97.02.18, Col. Jurisp., 1997, Tomo II, pág. 6)*

PAGAMENTO POR RESERVAS MATEMÁTICAS: "I – As reservas matemáticas destinavam-se a garantir o pagamento das pensões atribuídas ao sinistrado e aos seus familiares, não constituindo, por si, qualquer pagamento. II – E enquanto tais pensões não forem pagas pela seguradora (do acidente de trabalho), esta não pode exigi-las do responsável pelo acidente de viação ou da seguradora deste." *(Acórdão do Supremo Tribunal de Justiça, de 97.05.20, Col. Jurisp., Acórdãos do Sup. Trib. Just., 1997, Tomo II, pág. 89)*

NÃO ACUMULAÇÃO DE INDEMNIZAÇÕES; DESONERAÇÃO DO PAGAMENTO DA PENSÃO: "I – Embora não sendo acumuláveis as indemnizações devidas por acidente, que simultaneamente é qualificável como de trabalho e de viação, as indemnizações e pensões resultantes do A.T. terão de ser pagas ao sinistrado até que no tribunal do trabalho seja proferida decisão judicial que leve à suspensão desse pagamento. II – É nula e de nenhum efeito, a declaração, feita pelo sinistrado numa transacção obtida em acção de viação, de que optava pela indemnização aí acordada e de que considerava desonerada a seguradora responsável de o indemnizar pela incapacidade fixada no processo de acidente de trabalho. III – Assim, uma tal declaração e o recibo de quitação do pagamento da quantia acordada na acção de viação, não desoneram essa seguradora da obrigação de reparação do sinistro de trabalho. IV – A desoneração do pagamento de pensão de A.T. só é possível no processo próprio previsto no artigo 153.º do Código de Processo de Trabalho." *(Acórdão da Relação do Porto, de 97.11.03, Col. Jurisp., 1997, Tomo V, pág. 241)*

DIREITO DE REGRESSO: "I – Se a vítima não deixa familiares com direito a pensão, será devida ao Fundo de Garantia e Actualização de Pensões uma importância igual ao triplo da retribuição anual. II – A entidade patronal ou a seguradora que tiver pago a indemnização devida pelo acidente terá o direito de regresso contra os responsáveis que o provocaram. III – Se essa seguradora não pagou qualquer indemnização e apenas despendeu o devido àquele Fundo de Garantia, não dispõe de direito de regresso quanto aos responsáveis pelo acidente." *(Acórdão do Supremo Tribunal de Justiça, de 98.01.29, Col. Jurisp., Acórdãos do Sup. Trib. Just., 1998, Tomo I, pág. 49)*

ACÇÃO DE REGRESSO DA ENTIDADE PATRONAL OU SEGURADORA; PRAZO DE INTERPOSIÇÃO: "I – Intentada acção para ressarcimento dos danos sofridos em acidente de viação e simultaneamente de trabalho 7 dias antes do termo do prazo de prescrição do respectivo direito, a citação dos réus mais de cinco dias depois de proposta a acção não é imputável ao Autor, por este só ter procedido ao pagamento da taxa de justiça no primeiro dia posterior ao termo do seu prazo normal – (art. 323.º, n.º 2 do Código Civil) -, pelo que a prescrição desse prazo não se verificou. II – O prazo de prescrição do 'direito de regresso' da entidade patronal ou seguradora da responsabilidade civil e laboral contra terceiro responsável pelo acidente, previsto no n.º 4 da Base XXXVII da Lei n.º 2127, de 3.8.1965, não se conta da data do acidente, mas daquela em que se tenha feito o pagamento das quantias a que se refere tal direito /artigos 306.º, n.º 1 e 498.º, n.º 2 do Código Civil). Assim e atento a data desse pagamento, a prescrição do prazo do exercício do 'direito de regresso' em causa, não se verificou." *(Acórdão do Supremo Tribunal de Justiça, de 98.10.20, Col. Jurisp., Acórdãos do Supremo Tribunal de Justiça, 1998, Tomo III, pág. 71)*

ACIDENTE DE VIAÇÃO E DE TRABALHO; SUBROGAÇÃO; REEMBOLSO: "I – Se o lesado em acidente de viação e de trabalho não exerceu o seu direito de indemnização relativamente ao responsável pelo acidente e foi indemnizado pela entidade patronal ou a sua seguradora, pode esta reclamar daquele responsável o reembolso do que pagou ao lesado. II – O prazo de prescrição do direito ao reembolso é o mesmo do direito do lesado ser indemnizado pelo responsável do acidente." *(Acórdão da Relação de Évora, de 98.11.12, Col. Jurisp., 1998, Tomo V, pág. 259)*

ARTIGO 19.º
(Direito de regresso da seguradora)

Satisfeita a indemnização, a seguradora apenas tem direito de regresso:

a) Contra o causador do acidente que o tenha provocado dolosamente;

b) Contra os autores e cúmplices de roubo, furto ou furto de uso do veículo causador do acidente;

c) Contra o condutor, se este não estiver legalmente habilitado ou tiver agido sob a influência do álcool, estupefacientes ou outras drogas ou produtos tóxicos, ou quando haja abandonado o sinistrado;

d) Contra o responsável civil por danos causados a terceiros em virtude de queda de carga decorrente de deficiência de acondicionamento;

e) Contra o tomador do seguro, nos termos do n.º 2 do artigo 6.º do Decreto-Lei n.º 162/84, de 18 de Maio;

f) Contra o responsável pela apresentação do veículo a inspecção periódica que não tenha cumprido a obrigação decorrente do disposto no n.º 2 do artigo 36.º do Código da Estrada e diplomas que o regulamentam, excepto se o mesmo provar que o sinistro não foi provocado ou agravado pelo mau funcionamento do veículo.

EVOLUÇÃO LEGISLATIVA

* Este preceito é redacção do Decreto-Lei n.º 522/85, de 31.12.
* Corresponde ao artigo 19.º do Decreto-Lei n.º 408/79, de 25.09.

REMISSÕES

a) Dolo – art. 14.º CP.

b) Autoria – art. 26.º CP; cumplicidade – art. 27.º CP; roubo – art. 210.º CP; furto – art. 203.º CP; furto de uso de veículo – art. 208.º CP.

c) Condutor não habilitado – cfr. Legislação Complementar; condução sob a influência do álcool – cfr. Legislação Complementar; cassação de carta de condução por abuso de bebidas alcoólicas ou estupefacientes – art. 148.º CE;
d) responsabilidade civil – arts. 483.º ss. CC.
e) Dec.-Lei n.º 162/84, de 18.05, art. 6.º, n.º 2 – *infra*, em Legislação Complementar.
f) Inspecção periódica – cfr. Legislação Complementar, em anot. ao art. 36.º.

LEGISLAÇÃO COMPLEMENTAR

DECRETO-LEI N.º 162/84, DE 18 DE MAIO: ARTIGO 6.º

Artigo 6.º
1. *Fica vedado à seguradora, sem prejuízo do disposto no número seguinte, efectuar qualquer prestação ao tomador de seguro, ao segurado, a pessoas seguras ou a quaisquer terceiros em consequência de sinistros verificados durante o período em que a garantia se encontrar suspensa nos termos do artigo seguinte.*
2. Nos contratos de seguro obrigatório, a suspensão só é oponível ao tomador de seguro, devendo a seguradora exigir deste o reembolso das prestações efectuadas a quaisquer pessoas seguras ou terceiros em consequência de sinistros ocorridos durante o período de suspensão.

Nota: *O Dec.-Lei n.º 162/84, de 18.05 foi revogado pelo art. 11.º do Decreto--Lei n.º 105/94, de 23.04 (em anot. ao art. 12.º).*

HABILITAÇÃO PARA A CONDUÇÃO, NA VIA PÚBLICA, DE VEÍCULOS AUTOMÓVEIS PERTENCENTES ÀS FORÇAS ARMADAS: DECRETO-LEI N.º 264/94, DE 25 DE OUTUBRO

ATRIBUIÇÃO DE HABILITAÇÃO LEGAL PARA CONDUZIR: DECRETO REGULAMENTAR N.º 65/94, DE 18 DE NOVEMBRO

REGISTO INDIVIDUAL DO CONDUTOR: DECRETO-LEI N.º 317/94, DE 24 DE DEZEMBRO

Artigo 1.º (Base de dados da Direcção-Geral de Viação)
1. A Direcção-Geral de Viação (DGV) dispõe de uma base de dados contendo o registo individual do condutor (RIC).

2. Através da base de dados do RIC visa-se organizar e manter actualizada a informação necessária ao exercício das competências cometidas à DGV, em especial nos processos contra-ordenacionais resultantes da aplicação do Código da Estrada.
3. No âmbito da DGV proceder-se-á igualmente à organização e actualização de um registo de condutores habilitados com carta estrangeira.

Artigo 2.° (Responsável das bases de dados)
1. É responsável das bases de dados da DGV, nos termos e para os efeitos do disposto na alínea *h)* do artigo 2.° da Lei n.° 10/91, de 29 de Abril, o director--geral de Viação.
2. Cabe, em especial, ao director-geral de Viação assegurar o direito de informação e de acesso aos dados pelos respectivos titulares e a correcção de inexactidões, bem como velar para que a consulta ou a comunicação da informação respeitem as condições previstas na lei.

Artigo 3.° (Dados recolhidos)
A recolha de dados para tratamento automatizado, no âmbito das competências da DGV, deve limitar-se ao que seja necessário para a prossecução dos objectivos legalmente definidos para as respectivas bases de dados.

Artigo 4.° (Registo individual de condutores)
1. O RIC é um ficheiro constituído por dados relativos:
a) À identificação do condutor;
b) A cada infracção punida com inibição de condução em território nacional;
c) À existência de inibição de condução aplicada por organismos estrangeiros;
d) À existência de decisões em medida de segurança que impliquem cassação da licença de condução.
2. São dados de identificação do condutor:
a) O tipo de licença de que é titular;
b) O número da licença de condução;
c) O número do bilhete de identidade;
d) A residência;
e) O nome.
3. Relativamente a cada infracção punida com inibição de condução em território nacional são recolhidos os seguintes dados:
a) Número do auto;
b) Entidade autuante;
c) Data da infracção;
d) Código da infracção;
e) Data da decisão condenatória;
f) Número de processo;
g) Entidade decisória;
h) Período de inibição;

i) Data de início do período de inibição;
j) Data do fim do período de inibição;
l) Suspensão de execução de sanção acessória;
m) Substituição por caução;
n) Período de caução;
o) Data da prestação da caução;
p) Acidente de viação.
4. Relativamente à existência de uma inibição de condução comunicada por organismos estrangeiros são recolhidos os seguintes dados:
a) País;
b) Entidade que procedeu à comunicação;
c) Período de inibição;
d) Tipo de infracção.
5. Relativamente às decisões que impliquem cassação da licença de condução são recolhidos os seguintes dados:
a) Data da cassação;
b) Entidade responsável;
c) Fundamento.

Artigo 5.º *(Registo de condutores habilitados com carta estrangeira)*
1. O registo de condutores habilitados com carta estrangeira é constituído pelos dados de identificação do condutor, pelas condenações por infracção com inibição de condução em território nacional e pelas condenações em medida de segurança que impliquem cassação da licença de condução.
2. São dados de identificação do condutor:
a) O tipo de licença de que é titular;
b) O número de licença de condução;
c) A identificação da entidade emissora;
d) O número do bilhete de identidade ou do passaporte;
e) A residência;
f) O nome.
3. Relativamente às infracções punidas com inibição de condução em território nacional e à aplicação de medidas de segurança que impliquem cassação da licença de condução são recolhidos os dados referidos nos n.ᵒˢ 3 e 5 do artigo anterior.

Artigo 6.º *(Recolha e actualização)*
1. Os dados devem ser exactos e pertinentes, não podendo a sua recolha exceder os limites definidos no artigo 3.º.
2. Os dados pessoais constantes da base de dados RIC são recolhidos a partir de impressos e requerimentos preenchidos pelos seus titulares ou pelos seus mandatários.
3. Os dados pessoais constantes da base de dados RIC podem ainda ser recolhidos a partir de informações colhidas pela DGV, no exercício da sua missão, e

pelos serviços competentes das administrações regionais das Regiões Autónomas, bem como recebidas de forças de segurança ou de serviços públicos quando tal se mostre necessário para o exercício das competências da DGV.

4. Os serviços competentes das entidades às quais cabe a aplicação das sanções previstas no Código da Estrada devem remeter à DGV, para permanente actualização da base de dados RIC, as decisões condenatórias a que se referem as alíneas *c*) e *d*) do n.º 1 e os n.ºs 3 e 5 do artigo 4.º.

Artigo 7.º (Acesso aos dados)
1. A Direcção-Geral e as delegações distritais da DGV e nas Regiões Autónomas os serviços competentes acedem aos dados contidos na base de dados a que se refere o artigo 2.º através de uma linha de transmissão de dados.
2. Os dados conhecidos nos termos dos números anteriores não podem ser transmitidos a terceiros, salvo se tal for autorizado pelo responsável da base de dados e nos termos do presente diploma.
3. No âmbito da cooperação referida no n.º 3 do artigo anterior, os dados pessoais constantes na base de dados do RIC podem ser comunicados às forças de segurança ou aos governos civis, no quadro das atribuições dessas forças e dos governos civis no âmbito da aplicação do Código da Estrada e ainda quando:
  a) Exista obrigação ou autorização legal nesse sentido;
  b) Os dados sejam indispensáveis ao destinatário para o cumprimento das suas competências próprias e desde que a finalidade da recolha ou do tratamento dos dados pelo destinatário não seja incompatível com a finalidade determinante da recolha na origem ou com obrigações legais da DGV.

Artigo 8.º (Comunicação dos dados)
1. Os dados previstos nos artigos 4.º e 5.º são comunicados para efeitos de investigação criminal ou de instrução de processos judiciais sempre que esses dados não possam ou não devam ser obtidos das pessoas a que respeitam.
2. A comunicação nos termos do número anterior depende de solicitação do magistrado ou da entidade policial competente e pode ser efectuada mediante reprodução de registo ou registos informáticos respeitantes à pessoa em causa, nos termos das normas de segurança em vigor.

Artigo 9.º (Informação para fins de estatística)
Para além dos casos previstos no artigo anterior, a informação pode ser divulgada para fins estatísticos, mediante autorização do responsável das bases de dados e desde que não possam ser identificáveis as pessoas a que respeita, observadas as disposições legais aplicáveis.

Artigo 10.º (Conservação dos dados)
1. Os dados pessoais inseridos nas bases de dados RIC são conservados apenas durante o período necessário para a prossecução dos fins a que se destinam.

2. Os dados inseridos no RIC são conservados durante os três anos subsequentes à data em que terminar a execução das sanções que vierem a ser aplicadas em processos contra-ordenacionais ou judiciais.

Artigo 11.º (Direito à informação e acesso aos dados)
1. A qualquer pessoa, desde que devidamente identificada, é reconhecido o direito de conhecer o conteúdo do registo ou registos que, constantes das bases de dados, lhe respeitem.
2. Nos casos previstos no artigo 27.º da Lei n.º 10/91, de 29 de Abril, o acesso tem lugar após autorização concedida nos termos do n.º 2 do artigo 2.º do presente diploma.

Artigo 12.º (Correcção de eventuais inexactidões)
Qualquer pessoa tem o direito de exigir a correcção de eventuais inexactidões, a supressão de dados indevidamente registados e o completamento das omissões dos dados que lhe digam respeito, nos termos previstos nos artigos 30.º e 31.º da Lei n.º 10/91, de 29 de Abril.

Artigo 13.º (Segurança da informação)
Tendo em vista a segurança da informação, cabe ao responsável pelas bases de dados a que se refere o presente diploma garantir a observação das seguintes regras:

a) A entrada nas instalações utilizadas para tratamento de dados pessoais é objecto de controlo, a fim de impedir o acesso a qualquer pessoa não autorizada;

b) Os suportes de dados são objecto de controlo a fim de impedir que possam ser lidos, copiados, alterados ou retirados por qualquer pessoa não autorizada;

c) A inserção de dados é objecto de controlo para impedir a introdução, bem como qualquer tomada de conhecimento, alteração ou eliminação não autorizada de dados;

d) Os sistemas de tratamento automatizado de dados são objecto de controlo para impedir que possam ser utilizados por pessoas não autorizadas, através de instalações de transmissão de dados;

e) O acesso aos dados é objecto de controlo para que as pessoas autorizadas só possam ter acesso aos dados que interessem ao exercício das suas atribuições legais;

f) A transmissão dos dados é objecto de controlo para garantir que a sua utilização seja limitada às entidades autorizadas;

g) A introdução de dados pessoais nos sistemas de tratamento automatizado é objecto de controlo, de forma a verificar-se que todos foram introduzidos, quando e por quem;

h) O transporte de suportes de dados é objecto de controlo para impedir que os dados possam ser lidos, copiados, alterados ou eliminados de forma não autorizada.

INSTRUÇÃO DA CONDUÇÃO, REALIZAÇÃO DE EXAMES E EMISSÃO DE CERTIFICADOS DE CONDUÇÃO EFECTUADOS PELA POLÍCIA DE SEGURANÇA PÚBLICA: DECRETO-LEI N.º 297/95, DE 18 DE NOVEMBRO

REGULAMENTO DE INSPECÇÃO PARA AVALIAÇÃO DA APTIDÃO FÍSICA, MENTAL E PSICOLÓGICA DOS CONDUTORES: DECRETO-LEI N.º 336/97, DE 2 DE DEZEMBRO

A concessão e a revalidação de cartas e de licenças de condução impõem, nos termos da alínea b) do n.º 1 do artigo 126. do Código da Estrada, que os detentores de tais títulos possuam capacidade física, mental e psicológica suficientes para o exercício, com segurança, da condução de veículos a motor.

A fim de serem aferidos aqueles requisitos, mostra-se necessário submeter os candidatos a condutor, bem como os condutores, a provas de avaliação.

A Directiva n.º 91/439/CEE, do Conselho, de 29 de Julho, que versa a habilitação legal para conduzir e cuja transposição para o direito interno importa assegurar, dispõe, no seu anexo III, as linhas mestras pelas quais se devem pautar as legislações nacionais no que respeita às condições físicas e mentais mínimas a exigir aos condutores, consoante a categoria que integram.

Convém, deste modo, regulamentar os exames médicos e psicológicos a que os candidatos e condutores devem ser submetidos, bem como o modo como devem ser efectuados, as autoridades com competência para a sua realização, as causas de reprovação e as limitações admissíveis, por forma a conformar o direito interno com a norma europeia.

Assim:
Ao abrigo do disposto no n.º 2 do artigo 6.º do Decreto-Lei n.º 114/94, de 3 de Maio, e nos termos da alínea a) do n.º 1 do artigo 198.º da Constituição, o Governo decreta o seguinte:

Artigo 1.º É aprovado o Regulamento de Inspecções para Avaliação da Aptidão Física, Mental e Psicológica dos Condutores, cujo texto se publica em anexo ao presente diploma e dele é parte integrante.

Artigo 2.º São revogados os artigos 39.º a 42.º do capítulo VI, secção I, do Regulamento do Código da Estrada, aprovado pelo Decreto n.º 39987, de 22 de Dezembro de 1954.

Artigo 3.º O Regulamento referido no n.º 1 entra em vigor 30 dias após a sua publicação.

REGULAMENTO DE INSPECÇÕES PARA AVALIAÇÃO DA APTIDÃO FÍSICA, MENTAL E PSICOLÓGICA DOS CONDUTORES

CAPÍTULO I – Classificação

Artigo 1.º (Classificação dos condutores)
Para efeitos deste Regulamento, os candidatos a condutor e os condutores são classificados num dos seguintes grupos:

Grupo 1 – candidatos ou condutores de veículos das categorias A, B, B+E, de tractores agrícolas, de máquinas agrícolas ou industriais cujos pesos
máximos não excedam 3500 kg, de motociclos de cilindrada não superior a 50 c. c. e de ciclomotores;
Grupo 2 – candidatos ou condutores de veículos da categoria B que pretendam exercer a condução de ambulâncias, de veículos de bombeiros, de táxis, de automóveis de passageiros de aluguer, de automóveis ligeiros de transporte escolar e de mercadorias perigosas, bem como os candidatos ou condutores de veículos das categorias C, D, C+E, D+E e de máquinas agrícolas ou industriais cujos pesos máximos sejam superiores a 3500 kg.

Artigo 2.º (Âmbito da classificação)
A classificação referida no número anterior é aplicável aos candidatos a condutores e aos titulares de carta ou de licença de condução quando da emissão ou renovação dos respectivos títulos, consoante a categoria de veículos a que pretendam habilitar-se ou estejam habilitados a conduzir.

CAPÍTULO II – Avaliação dos examinandos

Artigo 3.º (Exames de avaliação)
1. Os exames para avaliação da aptidão física e mental são efectuados através de inspecção normal, especial ou junta médica, de acordo com a categoria de veículos a que os examinandos pretendam habilitar-se ou estejam habilitados a conduzir, a sua idade e as condições físicas ou mentais.
2. A avaliação da aptidão psicológica é efectuada através de exame psicológico a realizar pela entidade competente.

Artigo 4.º (Disposições comuns)
1. Dos exames médicos que concluam pela aprovação do condutor ou do candidato a condutor é emitido um atestado médico com a validade de seis meses e um boletim de inspecção dos modelos a aprovar por despacho conjunto dos directores-gerais da Saúde e de Viação.

2. Sempre que em exame médico se verifique deficiência que não implique reprovação mas imponha a observância de determinadas condições, essas restrições são expressamente registadas no atestado e averbadas na própria carta ou licença de condução e ainda no livrete do veículo quando impliquem alterações às suas características.
3. O médico ou a junta médica pode solicitar exames complementares, pareceres médicos especializados, exame psicológico ou outros elementos necessários para fundamentar a decisão, bem como, no caso da inspecção especial, solicitar a cooperação do médico assistente do examinando.
4. Sem prejuízo da avaliação da aptidão física, o examinando mandado submeter a exame psicológico por determinação legal só pode obter ou renovar a carta ou licença de condução quando obtiver classificação de apto naquele exame.
5. Não pode ser emitida ou renovada carta ou licença de condução ao examinando considerado inapto em inspecção médica ou junta médica.
6. Do resultado da inspecção normal ou da inspecção especial de que não seja interposto recurso ou da junta médica que conclua pela inaptidão do examinando é dado conhecimento à Direcção-Geral de Viação pela autoridade de saúde competente.

Artigo 5.° (Inspecções normais)
1. A inspecção normal é efectuada por qualquer médico no exercício da sua profissão.
2. São submetidos a inspecção normal os examinandos do grupo 1, bem como os candidatos a condutores da categoria B do grupo 2.

Artigo 6.° (Termo da inspecção normal)
1. No termo da inspecção normal que conclua pela aptidão do examinando o médico preenche o boletim de inspecção e emite o correspondente atestado.
2. Os documentos referidos no número anterior devem ser entregues no serviço de saúde da área da residência do examinando.
3. O serviço de saúde arquiva o boletim de inspecção e devolve o atestado com a indicação de que aquele ficou arquivado.
4. Quando em inspecção normal surjam dúvidas sobre a aptidão física, mental ou psicológica do examinando, seja este considerado inapto ou se verifique motivo para submissão a inspecção especial ou exame psicológico, o médico deve relatar essas circunstâncias no boletim de inspecção e enviá-lo, no prazo de quarenta e oito horas, à autoridade de saúde da área de residência daquele.

Artigo 7.° (Causas de reprovação em inspecção normal)
1. Deve ser reprovado em inspecção normal o examinando que apresente limitação incompatível com o exercício da condução de veículo a motor e ainda aquele que apresente alguma das seguintes limitações:
a) Acuidade visual cujos valores, após correcção óptica, se necessário, sejam inferiores a 5/10 num dos olhos e 8/10 no outro;

b) Discromatopsia, hemeralopia, estrabismo, nistagmo, diplopia, afacia, ausência de visão binocular, campo visual inferior a 150.° no plano horizontal e doenças oculares progressivas;

c) Acuidade auditiva, sem ou com correcção por aparelho de prótese, cuja perda média no melhor ouvido, medida nas frequências de 500Hz, 1000Hz, 2000Hz e 4000Hz, ultrapasse os 40dB;

d) Síndromas vertiginosos permanentes ou paroxísticos;

e) Lesões ou deformidades, em especial dos membros ou coluna vertebral, que possam impedir uma manobra eficaz do veículo e dos seus comandos e reduzam com carácter duradouro ou progressivo a capacidade para a condução;

f) Doenças cardiovasculares graves que possam expor o condutor a uma falência súbita do seu sistema cardiovascular ou provocar uma alteração súbita das funções cerebrais, nomeadamente lesões vasculares, arritmias, hipertensão arterial, angina de peito, enfarte do miocárdio e existência de estimulador cardíaco (*pace-maker*);

g) Diabetes *mellitus* ou outra doença endócrina grave que possa pôr em risco a condução;

h) Doenças do sistema nervoso, como encefalite, esclerose em placas, miastenia grave ou doenças hereditárias do sistema nervoso associadas a uma atrofia muscular progressiva e a alterações miotónicas congénitas, doenças do sistema nervoso periférico, sequelas de traumatismo do sistema nervoso central ou periférico, lesões medulares, epilepsia e doenças cerebrovasculares e suas sequelas;

i) Perturbações mentais congénitas ou adquiridas por doença, traumatismo ou intervenção neurocirúrgica que traduzam redução apreciável das capacidades mentais, incluindo atrasos mentais e perturbações de comportamento graves de senescência, perturbações graves da capacidade de discernimento, de comportamento e de adaptação, ligados à personalidade, susceptíveis de modificar a capacidade de julgamento ou que, de algum modo, impliquem diminuição da eficiência ou segurança na condução;

j) Dependência em relação ao álcool ou impossibilidade de dissociar a condução do consumo do álcool;

l) Dependência ou consumo de substâncias estupefacientes ou psicotrópicas ou de medicamentos susceptíveis de comprometer a segurança na condução;

m) Doenças do sistema hematopoiético que, pelo seu carácter crónico ou progressivo, possam reduzir a capacidade para a condução;

n) Insuficiência renal grave;

o) Transplante de órgãos ou implante artificial que possa influir sobre a aptidão para a condução;

p) Inaptidões do foro psicofísico, perceptivo ou cognitivo e perturbações personalísticas ou relacionais;

q) Qualquer situação clínica não contemplada nas alíneas anteriores mas susceptível de constituir ou provocar incapacidade funcional que comprometa a segurança rodoviária.

2. Sem prejuízo do disposto nas alíneas *a*) e *e*) do número anterior, em inspecção normal o médico pode admitir as seguintes tolerâncias:

a) Correcção visual por meio de lentes de contacto, desde que o examinando seja portador de atestado emitido por médico oftalmologista que certifique a boa tolerância das lentes e acuidade visual não inferior à prevista na alínea *a*) do n.º 1;

b) Ausência de até três dedos em cada uma das mãos, desde que os polegares estejam íntegros e haja suficiente presa em cada mão;

c) *Sindactilia* ou *polidactilia* nas mãos, desde que haja suficiente presa em cada mão;

d) Ausência de dedos dos pés.

3. O condutor aprovado ao abrigo da tolerância prevista na alínea *a*) do número anterior deve exibir, juntamente com o seu título de condução, atestado emitido por médico oftalmologista, há menos de dois anos, comprovativo de que as lentes são bem toleradas e de que possui visão compatível com a condução de veículos do grupo a que pertence.

Artigo 8.º (Inspecção especial)
Considera-se inspecção especial, para efeitos do presente Regulamento, o exame efectuado pela autoridade de saúde da área da residência constante do bilhete de identidade, da carta ou da licença de condução do examinando.

Artigo 9.º (Sujeição a inspecção especial)
1. Os condutores do grupo 2, incluindo os da categoria B, reprovados em inspecção normal, bem como os do grupo 1 com mais de 64 anos de idade, são sempre submetidos a inspecção especial.

2. A inspecção especial deve ainda ser efectuada nas situações seguintes:

a) Por proposta do médico que efectuou a inspecção normal;

b) A requerimento do examinando reprovado em inspecção normal;

c) A solicitação do condutor que adquira doença, deficiência física ou perturbação mental susceptível de limitar a sua capacidade para o exercício da condução;

d) A solicitação do condutor que pretenda retirar alguma restrição por se ter alterado a situação que conduziu à sua imposição;

e) Quando for requerida por examinando considerado apto em inspecção especial anterior, ao abrigo das tolerâncias indicadas nalguma das tabelas constantes do quadro anexo;

f) A requerimento do examinando reprovado em inspecção especial, quando se modifiquem ou desapareçam as causas que deram origem à reprovação;

g) Quando solicitada por titular de licença de condução estrangeira para qualquer das categorias C, D, C+E e D+E que requeira a troca por carta de condução nacional;

h) Por iniciativa da autoridade de saúde da área de residência do condutor, quando tome conhecimento de factos susceptíveis de pôr em dúvida a sua capacidade física ou mental para o exercício da condução com segurança;

i) Por determinação da Direcção-Geral de Viação ou dos tribunais, nos termos da legislação aplicável.

3. Caso o examinando não compareça à inspecção especial determinada ao abrigo das alíneas *a*), *h*) e *i*) ou solicitada ao abrigo da alínea *c*) do número anterior nem justificar devidamente a sua falta no prazo de 10 dias, a autoridade de saúde deve desse facto dar conhecimento à Direcção-Geral de Viação.

Artigo 10.º (Aprovação em inspecção especial)

1. É aprovado pela autoridade de saúde em inspecção especial o examinando que não sofra de nenhuma das limitações enumeradas no artigo 7.º ou que, sofrendo de alguma ou algumas daquelas limitações, estas caibam na tabela de tolerâncias constante do quadro anexo ao presente diploma, consoante o grupo a que pertença.

2. O candidato ou condutor da categoria B cujas limitações físicas, mentais ou psicológicas lhe não permitam pertencer ao grupo 2 pode ser aprovado para o grupo 1, com a restrição de não poder conduzir veículos do grupo 2.

Artigo 11.º (Restrições)

1. O examinando com rigidez ou malformações da coluna vertebral, com ausência ou impotência funcional total ou não de qualquer membro que seja declarado apto pela autoridade de saúde, fica sujeito a uma ou às duas restrições seguintes, bem como a quaisquer outras julgadas necessárias:

a) Uso obrigatório de prótese eficiente;

b) Interdição de conduzir veículo que não tenha a necessária e eficiente adaptação.

2. O examinando que tenha visão num olho igual ou inferior a 1/10 ou perda funcional total da visão de um olho é considerado monocular e só pode ser declarado apto para o grupo 1 após exame efectuado por médico oftalmologista comprovativo de que possui, pelo menos:

a) A condição de monovisual há mais de três meses e se encontra adaptado;

b) Acuidade mínima no olho útil, com ou sem correcção óptica, de 8/10;

c) Campo visual e visão crepuscular do olho útil normal;

d) Percepção de profundidade e de avaliação das distâncias compatível com a condução.

3. O examinando do grupo 1 que sofra de afacia bilateral corrigida por óculos ou por meio de lentes de contacto pode ser aprovado em inspecção especial, desde que tenha decorrido um período de adaptação não inferior a três meses e, em exame oftalmológico, comprove possuir a visão de, pelo menos, 8/10 em cada olho. As lentes intra-oculares não são consideradas vidros correctores.

4. O examinando aprovado na inspecção especial a que se referem os n.ᵒˢ 2 e 3 do presente artigo, bem como o aprovado ao abrigo da tolerância prevista na alínea *a*) do n.º 2 do artigo 7.º, apenas deve conduzir veículos com pára-brisas inamovível ou, no caso de o não possuir, deve usar capacete provido de viseira ou óculos de protecção.

5. O examinando aprovado em inspecção especial nos termos dos n.ºˢ 1 a 3 pode ficar sujeito a novas inspecções com a periodicidade determinada pela autoridade de saúde que o inspeccionou.

Artigo 12.º (Nova inspecção especial)
1. O examinando considerado apto pelos serviços de saúde ao abrigo de qualquer das tolerâncias indicadas nas tabelas constantes do quadro anexo deve solicitar directamente à autoridade de saúde da área da sua residência as futuras inspecções a que tenha de se submeter.
2. O condutor que adquira qualquer doença ou deficiência susceptível de limitar a sua capacidade para a condução com segurança deve solicitar inspecção especial antecipada à autoridade de saúde da área da sua residência, a qual será gratuita.
3. Os médicos que, no decorrer da sua actividade clínica, tratem condutores que tenham sido atingidos por doença ou deficiência, crónica ou progressiva, ou detectem perturbações do foro psicológico susceptíveis de afectar a segurança na condução, devem aconselhá-los a solicitar inspecção especial à autoridade de saúde da área da sua residência e notificar do facto aquela autoridade, sob a forma de relatório clínico fundamentado e confidencial.
4. As autoridades de saúde devem mandar apresentar a inspecção especial os condutores residentes na área da sua jurisdição a respeito dos quais surjam dúvidas sobre a aptidão física, mental e psicológica para o exercício da condução.

Artigo 13.º (Termo da inspecção especial)
1. No termo da inspecção especial a autoridade de saúde regista no boletim o seu resultado e emite o atestado médico, com as restrições impostas, caso as haja.
2. Ao atestado médico deve ser junto o parecer psicológico quando este seja determinado por disposição legal.
3. Quando em inspecção especial a autoridade de saúde tenha dúvidas fundamentadas sobre a aptidão do examinando ou verifique a existência de deficiência física omissa nas tabelas de tolerâncias previstas no quadro anexo que, contudo, não considere inabilitante para o exercício da condução, deve propor a submissão do examinando a junta médica.

Artigo 14.º (Juntas médicas)
1. Em cada região de saúde existe uma junta médica.
2. As juntas médicas são constituídas por um presidente, dois vogais efectivos e dois vogais suplentes, nomeados pelo director-geral da Saúde, sob proposta do delegado regional de saúde.

Artigo 15.º (Sujeição a junta médica)
1. Podem ser submetidos a junta médica, a realizar na região de saúde com jurisdição na área da sua residência, os examinandos que:

a) Sejam propostos pela autoridade de saúde que realizou a inspecção especial;

b) Tendo sido reprovados em inspecção especial, recorram da decisão para a Direcção-Geral da Saúde;

c) A Direcção-Geral da Saúde mande examinar por lhe suscitarem fundadas dúvidas sobre a sua aptidão para o exercício da condução.

2. Os processos dos examinandos submetidos a junta médica, objecto de parecer de aprovação e cujas limitações não se encontrem contempladas na tabela constante do quadro anexo ou que ultrapassem as tolerâncias nele contempladas devem ser remetidos à Direcção-Geral da Saúde para decisão final.

Artigo 16.° *(Exames psicológicos)*

1. Os exames psicológicos referidos no n.° 2 do artigo 3.° destinam-se a avaliar a aptidão psicofísica, perceptivo-motora e cognitiva, bem como os factores personalísticos e relacionais relevantes, para o exercício da condução ou susceptíveis de influenciar o seu desempenho.

2. Os exames psicológicos podem ser realizados pela Direcção-Geral de Viação ou por laboratório de psicologia público ou privado.

3. São obrigatoriamente efectuados pela Direcção-Geral de Viação ou por entidade com a qual tenha celebrado protocolo os exames psicológicos determinados:

a) Ao abrigo do disposto no n.° 1 do artigo 131.° do Código da Estrada ou do artigo 7.° do Decreto-Lei n.° 190/94, de 18 de Julho;

b) Para efeitos do disposto no Decreto-Lei n.° 381/89, de 28 de Outubro (reclassificação de motoristas da Administração Pública);

c) Pelos tribunais, nos termos do n.° 2 do artigo 131.° do Código da Estrada;

d) Por autoridades médicas (autoridades de saúde ou juntas médicas).

4. Devem também ser submetidos a exame psicológico os condutores cujos títulos forem cassados ao abrigo do artigo 150.° do Código da Estrada.

5. Os exames psicológicos efectuados pela Direcção-Geral de Viação ou por entidade com a qual tenha celebrado protocolo têm a validade de um ano, sendo o parecer vinculativo sempre que seja desfavorável.

Artigo 17.° *(Exames de candidatos da categoria D e de transporte de mercadorias perigosas)*

1. Os examinandos habilitados ou que pretendam habilitar-se a carta válida para a condução de veículos da categoria D ou para a condução de veículos de transporte de mercadorias perigosas devem ser submetidos a exame psicológico a realizar em qualquer laboratório público ou privado.

2. O exame referido no número anterior tem a validade de um ano, podendo, porém, a Direcção-Geral de Viação, a qualquer altura, mandar submeter a novo exame os examinandos acerca dos quais surjam fundadas dúvidas sobre a sua capacidade para o exercício da condução com segurança.

3. O exame psicológico ordenado pela Direcção-Geral de Viação, nos termos do número anterior apenas pode ser realizado numa das entidades mencionadas no n.º 3 do artigo 16.º

Artigo 18.º (Aptidão psicológica)
1. Nos exames psicológicos devem ser avaliadas as aptidões e os factores psicossociais seguintes:
A) Aptidões:
I – Visuais:
   1) Acuidade visual ao longe;
   2) Visão cromática;
   3) Visão estereoscópica;
   4) Forias;
   5) Campo visual;
   6) Resistência ao deslumbramento;
   7) Fadiga visual (acomodação).

II – Psicofísicas:
   1) Tempos de reacção a estímulos estáticos:
     1.1) Tempo de reacção simples a um estímulo visual;
     1.2) Tempo de reacção de escolha a dois ou três estímulos visuais diferenciados cromaticamente;
   2) Tempos de reacção a estímulos dinâmicos:
     2.1) Tempo de reacção simples a um estímulo visual;
     2.2) Tempo de reacção de escolha a dois ou três estímulos visuais diferenciados dinamicamente.

III – Perceptivo-motoras:
   1) Índice de tremura;
   2) Coordenação visual-manual:
     2.1) Tarefa de ritmo livre;
     2.2) Tarefa de ritmo imposto;
   3) Coordenação visual-manual-pedal em tarefa de ritmo imposto.

IV – De integração de informação:
   1) Inteligência geral;
   2) Atenção:
     2.1) Difusa/vigilância;
     2.2) Distribuída;
   3) Resistência a sobrecarga de processamento:
     3.1) Integração de informação;
     3.2) Fadiga visual (fusão).

B) Factores psicossociais:
I – Atitudes face à segurança rodoviária.

II – Motivação para a condução.
III – Personalidade:
1) Estabilidade emocional;
2) Responsabilidade;
3) Capacidade de decisão;
4) Capacidade de resistência à frustração;
5) Manifestações psicopatológicas.

2. Os laboratórios de psicologia públicos ou privados que procedam a exames psicológicos de condutores ou de candidatos a condutor devem cumprir a metodologia estabelecida no número anterior.

Artigo 19.° (Causas de reprovação)
Deve ser reprovado em exame psicológico o examinando que apresente:
a) Níveis de acuidade visual inferiores aos limites definidos no artigo 7.° e quadro I anexo, quando não sejam susceptíveis de correcção;
b) Lentidão e tremuras manifestas;
c) Comportamentos que demonstrem descoordenação motora;
d) Perturbação acentuada da atenção;
e) Comportamentos que revelem deterioração mental, debilidade mental ou baixa resistência à sobrecarga de processamento;
f) Comportamentos que traduzam atitudes inadaptadas face à segurança rodoviária;
g) Dependência de consumo de substâncias estupefacientes ou psicotrópicas;
h) Dependência de consumo de bebidas alcoólicas;
i) Quadros psicóticos ou parapsicóticos;
j) Instabilidade emocional manifesta;
l) Síndromas cíclicos;
m) Agressividade e impulsividade ou irritabilidade de tipo explosivo;
n) Quadros de agitação acentuada;
o) Quadros depressivos e comportamento anti-social.

Artigo 20.° (Novos exames psicológicos)
1. O examinando reprovado por força das alíneas *a)* a *f)*, *j)*, *m)*, *n)* e *o)* do artigo anterior pode requerer, a qualquer das entidades mencionadas no n.° 3 do artigo 16.°, novo exame psicológico.
2. O examinado reprovado por força das alíneas *g)*, *h)*, *i)* e *l)* do artigo anterior deve submeter-se a tratamento médico da especialidade e obter, no seu termo, relatório médico detalhado sobre a eficácia do tratamento.
3. Na posse do relatório a que se refere o número anterior, pode o examinando requerer novo exame psicológico a qualquer das entidades mencionadas no n.° 3 do artigo 16.°.
4. Os novos exames psicológicos referidos nos n.ºs 1 e 3 não podem ser

requeridos antes de decorrido o prazo de, pelo menos, um ano sobre o exame anterior que considerou o examinando inapto para o exercício da condução.

5. A entidade competente pode subordinar o examinando a novos exames psicológicos periódicos.

CAPÍTULO III – Disposições finais

Artigo 21.º (Documentos necessários)
1. Em todas as inspecções o examinando deve ser portador dos impressos dos modelos referidos no n.º 1 do artigo 4.º e exibir o seu bilhete de identidade, bem como a carta ou licença de condução de que eventualmente seja titular.
2. Não é necessário apresentar o boletim de inspecção nas inspecções especiais ou por junta médica que tenham sido directamente precedidas de outra inspecção.

Artigo 22.º (Atestados emitidos no estrangeiro)
Caso o processo de exame ou de troca de carta ou licença de condução estrangeira seja instruído com atestado médico emitido em qualquer Estado membro da União Europeia ou país da EFTA, a Direcção-Geral de Viação remete à entidade de saúde da área de residência do requerente cópia daquele atestado.

Artigo 23.º (Códigos de restrições)
Por portaria, são fixados códigos informáticos a averbar nas cartas e licenças de condução, que traduzem as restrições impostas aos seus titulares na sequência de exame médico ou psicológico.

ALIENAÇÃO DE SALVADOS; INCUMPRIMENTO DE COMUNICAÇÕES: DECRETO-LEI N.º 2/98, DE 3 DE JANEIRO, ARTIGO 18.º, N.º 2 (Em anot. ao art. 13.º)

HABILITAÇÃO LEGAL PARA CONDUZIR: CÓDIGO DA ESTRADA (REPUBLICADO PELO DECRETO-LEI N.º 2/98, DE 3 DE JANEIRO, ARTIGOS 121.º A 130.º

Artigo 121.º (Princípios gerais)
1. Só pode conduzir um veículo a motor na via pública quem estiver legalmente habilitado para o efeito.
2. É permitida aos instruendos e examinandos a condução de veículos a motor, nos termos das disposições legais aplicáveis.
3. A condução, nas vias públicas, de veículos pertencentes às forças militares ou de segurança rege-se por legislação especial.

Artigo 122.º (Títulos de condução)
1. O documento que titula a habilitação para conduzir automóveis e motociclos designa-se carta de condução.
2. Os documentos que titulam a habilitação para conduzir motociclos de cilindrada não superior a 50 cm^3 e outros veículos a motor não referidos no número anterior designam-se licenças de condução.
3. Os documentos previstos nos números anteriores são emitidos pelas entidades competentes e válidos para as categorias de veículos e períodos de tempo neles averbados, sem prejuízo do disposto nos números seguintes.
4. O título de condução emitido a favor de quem não se encontra já legalmente habilitado para conduzir qualquer das categorias de veículos nele previstas tem carácter provisório e só se converte em definitivo se durante os dois primeiros anos do seu período de validade não for instaurado ao respectivo titular procedimento pela prática de crime ou contra-ordenação a que corresponda proibição ou inibição de conduzir.
5. Se durante o período referido no número anterior for instaurado procedimento pela prática de crime ou contra-ordenação a que corresponda proibição ou inibição de conduzir, o título de condução mantém o carácter provisório até que a respectiva decisão transite em julgado ou se torne definitiva.
6. O disposto nos n.ºs 4 e 5 não se aplica às licenças de condução de veículos agrícolas.
7. Nos títulos de condução só pode ser feito qualquer averbamento ou aposto carimbo pela entidade competente para a sua emissão.
8. As entidades competentes para a emissão de cartas e licenças de condução devem organizar, nos termos a fixar em regulamento, registos dos títulos emitidos, de que constem a identidade e o domicilio dos respectivos titulares.
9. Sempre que mudarem de domicilio, os condutores devem comunicá-lo, no prazo de 30 dias, à entidade competente para a emissão dos títulos de condução.
10. Quem infringir o disposto nos n.ºs 7 e 9 é sancionado com coima de 10.000$ a 50.000$, se sanção mais grave não for aplicável por força de outra disposição legal.

Artigo 123.º (Carta de condução)
1. A carta de condução habilita a conduzir uma ou mais das seguintes categorias de veículos:
A – motociclos de cilindrada superior a 50 cm^3, com ou sem carro lateral;
B – automóveis ligeiros ou conjuntos de veículos compostos por automóvel ligeiro e reboque de peso bruto até 750 kg ou, sendo este superior, com peso bruto do conjunto não superior a 3500 kg, não podendo, neste caso, o peso bruto do reboque exceder a tara do veículo tractor;
B+E – conjuntos de veículos compostos por um automóvel ligeiro e reboque cujos valores excedam os previstos para a categoria B;

C – automóveis pesados de mercadorias, a que pode ser atrelado reboque de peso bruto até 750 kg;

C+E – conjuntos de veículos compostos por veículo tractor da categoria C e reboque com peso bruto superior a 750 kg;

D – automóveis pesados de passageiros, a que pode ser atrelado reboque de peso bruto até 750 kg;

D+E – conjuntos de veículos compostos por veículo tractor da categoria D e reboque com peso bruto superior a 750 kg.

2. A carta de condução válida para a categoria A pode ser restrita à condução de veículos da subcategoria A1, correspondente a motociclos de cilindrada não superior a 125 cm^3 e de potência máxima até 11 kW. (^{1})

3. Os titulares de carta de condução válida para veículos da categoria A consideram-se habilitados para a condução de ciclomotores ou de motociclos de cilindrada não superior a 50 cm^3.

4. Os titulares de carta de condução válida para veículos da categoria B consideram-se também habilitados para a condução de:

a) Tractores agrícolas ou florestais simples ou com equipamentos montados desde que o peso máximo não exceda 6000 kg;

b) Máquinas agrícolas ou florestais ligeiras, motocultivadores, tractocarros e máquinas industriais ligeiras;

c) Motociclos e ciclomotores, ambos de três rodas, bem como os veículos englobados nestas categorias nos termos do n.º 3 do artigo 107.º

5. Os titulares de carta de condução válida para veículos da categoria C consideram-se também habilitados para a condução de:

a) Veículos da categoria B;

b) Veículos referidos no número anterior;

c) Outros tractores agrícolas ou florestais com ou sem reboque, máquinas agrícolas ou florestais e industriais.

6. Os titulares de carta de condução válida para veículos da categoria B+E consideram-se também habilitados para a condução de tractores agrícolas ou florestais com reboque ou com máquina agrícola ou florestal rebocada, desde que o peso bruto do conjunto não exceda 6000 kg.

7. Os titulares de carta de condução válida para conjuntos de veículos da categoria C+E ou D+E consideram-se também habilitados para a condução de conjuntos de veículos da categoria B+E.

8. Os titulares de carta de condução válida, simultaneamente, para veículos da categoria D e para conjuntos de veículos da categoria C+E consideram-se também habilitados para a condução de veículos da categoria D+E.

9. Quem conduzir veículo de qualquer das categorias referidas no n.º 1 para a qual a respectiva carta de condução não confira habilitação é sancionado com coima de 40.000$ a 200.000$.

10. Quem, sendo titular de carta de condução válida para a categoria B ou B+E, conduzir veículo agrícola ou florestal ou máquina para o qual a categoria averbada não confira habilitação é sancionado com coima de 20.000$ a 100.000$. (¹)

Artigo 124.° (Licença de condução)
1. As licenças de condução a que se refere o n.° 2 do artigo 122.° são as seguintes:
   a) De ciclomotores e de motociclos de cilindrada não superior a 50 cm^3;
   b) De veículos agrícolas.
2. A licença de condução referida na alínea a) do número anterior habilita a conduzir uma ou ambas as categorias de veículos nela averbadas.
3. A licença de condução de veículos agrícolas habilita a conduzir uma ou mais das seguintes categorias de veículos:
   I – motocultivadores com semi-reboque ou retrotrem e tractocarros de peso bruto não superior a 2500 kg;
   II: a) Tractores agrícolas ou florestais simples ou com equipamentos montados, desde que o peso máximo não exceda 3500 kg;
   b) Tractores agrícolas ou florestais com reboque ou máquina agrícola ou florestal rebocada, desde que o peso bruto do conjunto não exceda 6000 kg;
   c) Máquinas agrícolas ou florestais ligeiras e tractocarros de peso bruto superior a 2500 kg;
   III – tractores agrícolas ou florestais com ou sem reboque e máquinas agrícolas pesadas.
4. Os titulares de licença de condução válida para motociclos de cilindrada não superior a 50 cm^3 consideram-se habilitados para a condução de ciclomotores.
5. Os titulares de licença de condução de veículos agrícolas válida para veículos da categoria I consideram-se habilitados para a condução de máquinas industriais com peso bruto não superior a 2500 kg.
6. Os titulares de licença de condução de veículos agrícolas válida para veículos da categoria n consideram-se habilitados para a condução de veículos da categoria I.
7. Os titulares de licença de condução de veículos agrícolas válida para veículos da categoria III consideram-se habilitados para a condução de veículos das categorias I e II.
8. Quem, sendo titular de licença válida apenas para a condução de ciclomotores, conduzir motociclo de cilindrada não superior a 50 cm^3 ou, sendo titular de licença de condução de veículos agrícolas, conduzir veículo agrícola ou florestal de categoria para a qual a mesma licença não confira habilitação é sancionado com coima de 20.000$ a 100.000$.

(¹) Rectificado pela Declaração de Rectificação 1-A/98, 31 de Janeiro.

Artigo 125.º (Outros títulos)
1. Além dos títulos referidos nos artigos 123.º e 124.º, habilitam também à condução de veículos a motor:
   a) Licenças especiais de condução;
   b) Cartas de condução emitidas pelos serviços competentes do território de Macau;
   c) Licenças de condução emitidas por outros Estados membros do espaço económico europeu;
   d) Licenças de condução emitidas por Estado estrangeiro que o Estado Português se tenha obrigado a reconhecer, por convenção ou tratado internacional;
   e) Licenças de condução emitidas por Estado estrangeiro, desde que este reconheça idêntica validade aos títulos nacionais;
   f) Licenças internacionais de condução.
2. As condições de emissão das licenças referidas na alínea *a)* do número anterior, bem como de autorizações especiais para conduzir, são definidas em regulamento.
3. O regulamento a que se refere o número anterior pode englobar disposições prevendo iniciativas pedagógicas dirigidas à condução de ciclomotores por condutores com idade não inferior a 14 anos.
4. Os titulares das licenças referidas nas alíneas *d)*, *e)* e *f)* do n.º 1 apenas estão autorizados a conduzir veículos a motor se não tiverem residência habitual em Portugal.
5. Os titulares das licenças referidas no n.º 1 apenas estão autorizados ao exercício da condução se possuírem a idade mínima exigida para a respectiva habilitação, nos termos deste Código.
6. A condução de veículos afectados a determinados transportes ou serviços pode ainda depender, nos termos fixados em legislação própria, da titularidade do correspondente documento de aptidão ou licenciamento profissional.
7. Quem infringir o disposto nos n.ºs 4 e 5 é sancionado com coima de 50.000$ a 250.000$.

Artigo 126.º (Requisitos para a obtenção de títulos de condução)
1. Pode obter título de condução quem satisfaça cumulativamente os seguintes requisitos:
   a) Possua a idade mínima de acordo com a categoria a que pretenda habilitar-se;
   b) Tenha a necessária aptidão física, mental e psicológica;
   c) Possua residência em território nacional;
   d) Não esteja a cumprir proibição ou inibição de conduzir ou medida de segurança de interdição de concessão de carta de condução;
   e) Tenha sido aprovado no respectivo exame de condução.
2. Para obtenção de carta de condução são necessárias as seguintes idades mínimas, de acordo com a habilitação pretendida:
   a) Subcategoria A1: 16 anos;

b) Categorias A, B e B+E: 18 anos;

c) Categorias C e C+E: 21 anos ou 18 anos desde que, neste caso, possua certificado de aptidão profissional comprovativo da frequência, com aproveitamento, de um curso de formação de condutores de transportes rodoviários de mercadorias efectuado nos termos a fixar em regulamento;

d) Categorias D e D+E: 21 anos.

3. Para obtenção de licença de condução são necessárias as seguintes idades mínimas, de acordo com a habilitação pretendida:

a) Ciclomotores: 16 anos;

b) Motociclos de cilindrada não superior a 50 cm^3: 16 anos;

c) Veículos agrícolas das categorias I e II: 16 anos;

d) Veículos agrícolas da categoria III: 18 anos.

4. Só pode ser habilitado para a condução de veículos das categorias C e D quem possuir habilitação para conduzir veículos da categoria B.

5. Só pode ser habilitado para a condução de veículos das categorias B+E, C+E e D+E quem possuir habilitação para conduzir veículos das categorias B, C e D, respectivamente.

6. A obtenção de licença de condução por pessoa com idade inferior a 18 anos depende, ainda, de autorização escrita de quem sobre ela exerça o poder paternal.

7. São fixados em regulamento:

a) Os requisitos mínimos de aptidão física mental e psicológica para o exercício da condução e os modos da sua comprovação;

b) As provas constitutivas dos exames de condução;

c) Os prazos de validade dos títulos de condução de acordo com a idade dos seus titulares e a forma da sua revalidação.

Artigo 127.° *(Restrições ao exercício da condução)*

1. Só podem conduzir automóveis das categorias D e D+E e ainda da categoria C+E cujo peso bruto exceda 20 000 kg os condutores de idade até 65 anos.

2. Só pode conduzir motociclos de potência superior a 25 kW e com uma relação potência/peso superior a 0,16 kW/kg, ou, se tiver carro lateral, com uma relação potência/peso superior a 0,16 kW/kg, quem:

a) Esteja habilitado, há pelo menos dois anos, a conduzir veículos da categoria A, descontado o tempo em que tenha estado proibido ou inibido de conduzir; ou

b) Seja maior de 21 anos e tenha sido aprovado em prova prática realizada em motociclo sem carro lateral e de potência igual ou superior a 35kW.

3. Podem ser impostas aos condutores, em resultado de exame médico ou psicológico, restrições ao exercício da condução, prazos especiais para revalidação dos títulos ou adaptações específicas ao veículo que conduzam, as quais devem ser sempre mencionadas na respectiva carta ou licença.

4. Quem conduzir veículo sem observar as restrições que lhe tenham sido impostas é sancionado com coima de 10.000$ a 50.000$, se sanção mais grave não estiver prevista para a infracção praticada.

5. Quem conduzir veículo sem as adaptações específicas que tenham sido impostas nos termos do n.º 3 é sancionado com coima de 10.000$ a 50.000$.

6. Quem infringir o disposto nos n.ºs 1 e 2 é sancionado com coima de 25.000$ a 125.000$.

Artigo 128.º (Troca de títulos de condução)
1. Podem ainda obter carta ou licença de condução com dispensa do respectivo exame e mediante entrega de título válido que possuam e comprovação dos requisitos fixados nas alíneas *a)* a *d)* do n.º 1 do artigo 126.º:

a) Os titulares de licenças de condução referidas nas alíneas *b)*, *c)* e *d)* do n.º 1 do artigo 125.º;

b) Os titulares de licenças de condução emitidas por outros Estados com os quais exista acordo bilateral de equivalência e troca de títulos;

c) Os titulares de licenças de condução emitidas por outros Estados, desde que comprovem que aquelas foram obtidas mediante aprovação em exame com grau de exigência pelo menos idêntico ao previsto na legislação portuguesa.

2. É trocada por idêntico título nacional a licença de condução emitida por outro Estado membro do espaço económico europeu que tenha sido apreendida para cumprimento de proibição ou inibição de conduzir ou em que seja necessário proceder a qualquer averbamento.

3. As licenças de condução referidas nas alíneas *c)* e *d)* do n.º 1 do artigo 125.º não são trocadas quando delas constar que foram já obtidas por troca por idêntico título emitido pelas autoridades de Estado não membro do espaço económico europeu.

Artigo 129.º (Novos exames)
1. Surgindo fundadas dúvidas sobre a aptidão física, mental ou psicológica ou sobre a capacidade de um condutor ou candidato a condutor para exercer a condução com segurança, pode a autoridade competente determinar que aquele seja submetido a inspecção médica, a exame psicológico e a novo exame de condução.

2. Constitui, nomeadamente, motivo para dúvidas sobre a aptidão psicológica ou capacidade de um condutor para exercer a condução com segurança a prática, num período de três anos, de três contra-ordenações sancionáveis com inibição de conduzir, ou de duas se forem contra-ordenações muito graves.

3. Quando o tribunal conheça de infracção a que corresponda proibição ou inibição de conduzir e haja fundadas razões para presumir que ela tenha resultado de inaptidão ou incapacidade perigosas para a segurança de pessoas e bens, deve determinar a submissão do condutor a inspecção médica e aos exames referidos no n.º 1.

4. Não sendo possível comprovar o requisito previsto na alínea *c)* do n.º 1 do artigo 128.º, ou quando a autoridade competente para proceder a troca de título tiver fundadas dúvidas sobre a sua autenticidade, pode aquela troca ser condicionada à aprovação em novo exame de condução.

Artigo 130.° (Caducidade do título de condução)
1. A carta ou licença de condução caduca quando:

   a) Sendo provisória nos termos dos n.ᵒˢ 4 e 5 do artigo 122.°, for aplicada ao seu titular pena de proibição de conduzir ou sanção de inibição de conduzir efectiva;

   b) Não for revalidada nos termos fixados em regulamento, apenas no que refere à categoria ou categorias abrangidas pela necessidade de revalidação;

   c) O seu titular não se submeter ou reprovar em qualquer dos exa-mes a que se referem os n.ᵒˢ 1 a 3 do artigo anterior.

2. Os condutores que deixem ultrapassar sucessivamente dois escalões etários previstos para a revalidação de qualquer categoria do seu título de condução só podem revalidá-la mediante aprovação nas provas do exame a que se refere a alínea e) do n.° 1 do artigo 126.°, salvo se demonstrarem ter sido titulares de um documento idêntico e válido durante esse período.

3. Os titulares de carta ou licença de condução caducada nos termos da alínea a) do n.° 1 só podem obter novo título idêntico após aprovação em novo exame.

4. Os titulares de carta ou licença de condução caducada consideram-se, para todos os efeitos legais, não habilitados a conduzir os veículos para que aqueles títulos foram emitidos, salvo o disposto no número seguinte.

5. Quem conduzir veículo com título caducado nos termos da alínea b) do n.° 1, antes que tenham decorrido os escalões etários previstos no n.° 2, é sancionado com coima de 20.000$ a 100.000$.

CONDUÇÃO SOB A INFLUÊNCIA DO ÁLCOOL: CÓDIGO PENAL, ARTIGOS 291.° E 292.°

Artigo 291.° (Condução perigosa de veículo rodoviário)
1. Quem conduzir veículo, com ou sem motor, em via pública ou equiparada:

   a) não estando em condições de o fazer com segurança, por se encontrar em estado de embriaguez ou sob a influência de álcool, estupefacientes, substâncias psicotrópicas ou produtos com efeito análogo, ou por deficiência física ou psíquica ou fadiga excessiva; ou

   b) violando grosseiramente as regras da circulação rodoviária;

   e criar deste modo perigo para a vida ou para a integridade física de outrem, ou para bens patrimoniais alheios de valor elevado, é punido com pena de prisão até 3 anos ou com pena de multa.

2. Se o perigo referido no número anterior for criado por negligência o agente é punido com pena de prisão até 2 anos ou com pena de multa até 240 dias.

3. Se a conduta referida no n.º 1 for praticada por negligência, o agente é punido com pena de prisão até 1 ano ou pena de multa até 120 dias.

Artigo 292.º *(Condução de veículo em estado de embriaguez)*
Quem, pelo menos por negligência, conduzir veículo, com ou sem motor em via pública ou equiparada, com uma taxa de álcool no sangue igual ou superior a 1,2g/l é punido com pena de prisão até 1 ano ou com pena de multa até 120 dias, se pena mais grave lhe não couber por força de outra disposição legal.

CONVERSÃO DE "TAE" EM "TAS": LEI N.º 65/98, DE 2 DE SETEMBRO, ARTIGO 4.º

Artigo 4.º
Para efeito do disposto no artigo 292.º do Código Penal, a conversão dos valores do teor de álcool no ar expirado (TAE) em teor de álcool no sangue (TAS) baseia-se no princípio de que 1 mg de álcool por litro de ar expirado equivale a 2,3g de álcool por litro de sangue.

PROIBIÇÃO DA CONDUÇÃO SOB A INFLUÊNCIA DO ÁLCOOL OU DE ESTUPEFACIENTES OU PSICOTRÓPICOS: CÓDIGO DA ESTRADA (REPUBLICADO PELO DECRETO-LEI N.º 2/98, DE 3 DE JANEIRO), ARTIGO 81.º

Artigo 81.º (Condução sob o efeito do álcool ou de estupefacientes ou psicotrópicos)

1. É proibido conduzir sob a influência do álcool ou de substâncias legalmente consideradas estupefacientes ou psicotrópicas.

2. Considera-se sob influência do álcool o condutor que apresente uma taxa de álcool no sangue igual ou superior a 0,5 g/l ou que, após exame realizado nos termos previstos no presente Código e legislação complementar, seja como tal considerado em relatório médico.

3. Para efeitos de aplicação do disposto no presente Código, a conversão dos valores do teor de álcool no ar expirado (TAE) em teor de álcool no sangue (TAS) é baseada no princípio de que 1 mg de álcool por litro de ar expirado é equivalente a 2,3g de álcool por litro de sangue.

4. Quem conduzir sob influência do álcool é sancionado com coima de 20.000$ a 100.000$, salvo se a taxa de álcool no sangue for igual ou superior a 0,8 g/l, caso em que a coima é de 40.000$ a 200.000$.

5. Quem conduzir sob influência de substâncias legalmente consideradas estupefacientes ou psicotrópicas é sancionado com coima de 40.000$ a 200.000$.

FISCALIZAÇÃO DA CONDUÇÃO SOB INFLUÊNCIA DO ÁLCOOL OU DE SUBSTÂNCIAS ESTUPEFACIENTES OU PSICOTRÓPICAS: CÓDIGO DA ESTRADA (REPUBLICADO PELO DECRETO-LEI N.º 2/98, DE 3 DE JANEIRO), ARTIGOS 158.º A 165.º

Artigo 158.º *(Princípios gerais)*
 1. Devem submeter-se às provas estabelecidas para a detecção dos estados de influenciado pelo álcool ou por substâncias legalmente consideradas estupefacientes ou psicotrópicas:
 a) Os condutores;
 b) Os demais utentes da via pública, sempre que sejam intervenientes em acidente de trânsito.
 2. Quem praticar actos susceptíveis de falsear os resultados dos exames a que seja sujeito não pode prevalecer-se daqueles para efeitos de prova.
 3. Quem recusar submeter-se às provas estabelecidas para a detecção do estado de influenciado pelo álcool ou por substâncias legalmente consideradas como estupefacientes ou psicotrópicas, para as quais não seja necessário o seu consentimento nos termos dos n.ºs 2 e 3 do artigo 159.º, é punido por desobediência.

Artigo 159.º *(Fiscalização da condução sob a influência do álcool)*
 1. O exame de pesquisa de álcool no ar expirado é realizado por agente de autoridade mediante a utilização de material aprovado para o efeito.
 2. Se o resultado do exame previsto no número anterior for positivo, o agente de autoridade deve notificar o examinando, por escrito ou, se tal não for possível, verbalmente, daquele resultado, das sanções legais dele decorrentes e de que pode, de imediato, requerer a realização da contraprova.
 3. A contraprova referida no número anterior deve ser realizada por um dos seguintes meios, de acordo com a vontade do examinando:
 a) Novo exame, a efectuar através de aparelho aprovado especificamente para o efeito;
 b) Análise de sangue.
 4. No caso de opção pelo novo exame previsto na alínea *a)* do número anterior, o examinando deve ser conduzido de imediato a local onde esse exame possa ser efectuado.
 5. Se o examinando preferir a realização de uma análise de sangue, deve ser conduzido o mais rapidamente possível a estabelecimento hospitalar, a fim de ser colhida a quantidade de sangue necessária para o efeito.
 6. Quando se suspeite da utilização de meios susceptíveis de alterar momentaneamente o resultado do exame, pode o agente da autoridade mandar submeter o suspeito a exame médico.

Artigo 160.º *(Impedimento de conduzir)*
 1. Se o resultado do exame previsto no n.º 1 do artigo anterior for positivo,

o condutor deve ser notificado de que fica impedido de conduzir pelo período de doze horas, a menos que se verifique, antes de decorrido esse período, que não está influenciado pelo álcool, através de contraprova ou novo exame por ele requerido.

2. Quem se propuser iniciar a condução apresentando uma taxa de alcoolémia igual ou superior a 0,5 g/l é impedido de conduzir, nos termos do artigo anterior.

3. Quem conduzir com inobservância do impedimento referido neste artigo é punido por desobediência qualificada.

Artigo 161.º (Imobilização do veículo)
1. Para garantir a observância do impedimento previsto nos n.ºs 1 e 2 do artigo anterior deve o veículo ser imobilizado ou removido para parque ou local apropriado, providenciando-se, sempre que tal se mostre indispensável, o encaminhamento dos ocupantes do veículo.

2. Não há lugar à imobilização ou remoção do veículo se outro condutor, com consentimento do que ficar impedido, ou do proprietário do veículo, se propuser conduzi-lo, depois de submetido a teste de pesquisa do álcool com resultado negativo.

3. No caso previsto no número anterior, o condutor substituto deve ser notificado de que fica responsável pela observância do impedimento referido no artigo anterior, sob pena de desobediência qualificada.

Artigo 162.º (Exames em caso de acidente)
1. Os condutores e quaisquer pessoas que intervenham em acidente de trânsito devem, sempre que o seu estado de saúde o permitir, ser submetidos ao exame de pesquisa de álcool no ar expirado nos termos do artigo 159.º.

2. Quando não tiver sido possível a realização do exame no local do acidente, deve o médico do estabelecimento hospitalar a que os intervenientes no acidente sejam conduzidos proceder aos exames necessários para diagnosticar o estado de influenciado pelo álcool.

3. No caso referido no número anterior, o exame para a pesquisa de álcool no sangue só não deve ser realizado se houver recusa do doente ou se o médico que o assistir entender que de tal exame pode resultar prejuízo para a saúde.

4. Não sendo possível o exame de pesquisa de álcool nos termos do número anterior deve o médico proceder aos exames que entender convenientes para diagnosticar o estado de influenciado pelo álcool.

Artigo 163.º (Exame médico)
1. Quando não for possível a realização de contraprova por pesquisa do álcool no ar expirado, nos termos previstos no n.º 3 do artigo 159.º, e o examinando recusar submeter-se à colheita de sangue para análise, deve ser realizado exame médico, em centro de saúde ou estabelecimento hospitalar, para diagnosticar o estado de influenciado pelo álcool.

2. O médico ou paramédico que, sem justa causa, se recusar a proceder às diligências previstas na lei para diagnosticar o estado de influenciado pelo álcool é punido por desobediência.

Artigo 164.º (Fiscalização da condução sob influência de substâncias estupefacientes ou psicotrópicas)

1. Os condutores e quaisquer pessoas que intervenham em acidente de trânsito devem, sempre que o seu estado de saúde o permitir, ser submetidos aos exames médicos adequados à detecção de substâncias estupefacientes ou psicotrópicas, quando haja indícios de que se encontram sob a influência destas substâncias.

2. Para os efeitos previstos no número anterior, o agente da autoridade que tomar conta da ocorrência notifica os intervenientes no acidente de que devem submeter-se aos exames necessários, sob pena de desobediência, e providencia o seu transporte a centro de saúde ou estabelecimento hospitalar.

3. Para os efeitos previstos neste artigo é aplicável, com as necessárias adaptações, o disposto nos artigos 162.º, n.ºs 3 e 4, e 163.º.

Artigo 165.º (Outras disposições)

1. São fixados em regulamento:

a) O tipo de material a utilizar para determinação da presença de álcool no ar expirado e para recolha de sangue com vista à determinação da presença de álcool;

b) Os métodos a utilizar para a determinação do doseamento de álcool no sangue;

c) Os laboratórios onde devem ser feitas as análises de sangue;

d) As tabelas dos preços dos exames realizados.

2. O pagamento das despesas originadas pelos exames previstos na lei para determinação do estado de influenciado pelo álcool ou por substâncias estupefacientes ou psicotrópicas, bem como pela imobilização e remição de veículo a que se refere o artigo 161.º, é efectuado pela entidade a quem competir a coordenação da fiscalização do trânsito.

3. Quando os exames referidos tiverem resultado positivo, as despesas são da responsabilidade do examinando, devendo ser lavadas a conta de custas nos processos crime ou de contra-ordenação a que houver lugar, as quais revertem a favor da entidade referida no número anterior.

JURISPRUDÊNCIA

CONDUÇÃO SOB A INFLUÊNCIA DO ÁLCOOL: "I – No domínio da circulação rodoviária, a seguradora, para demonstrar que o seu segurado estava sob a influência do álcool, só necessita de provar que este apresentava uma taxa de alcoolémia igual ou superior a 0,5 gramas/litro, criando assim um risco suplementar na condução, que justifica o direito de regresso da seguradora contra o segurado. II – Tendo o réu requerido a contraprova do exame feito pelos agentes policiais, pelo que foi conduzido a um hospital onde lhe recolheram sangue para análise laboratorial, não pode a seguradora basear a prova da alcoolémia apenas no exame policial, mesmo a pretexto de que nunca foi conhecido o resultado laboratorial, visto a circunstância de, por comportamento de terceiro, estar inibida dessa prova, não a dispensar dela." *(Acórdão da Relação do Porto, de 88.05.12, Bol. Min. Just. n.º 377, pág. 547)*

NEGAÇÃO DO DIREITO DE REGRESSO: "No regime do seguro obrigatório de responsabilidade civil automóvel, a seguradora que paga a indemnização ao lesado não tem direito de regresso contra o culpado do acidente, condutor do veículo segurado que o conduzia por conta e no interesse do respectivo dono." *(Acórdão da Relação do Porto, de 88.11.17, Col. Jurisp., 1988, Tomo V, pág. 191)*

CONDUTOR NÃO HABILITADO; CICLOMOTOR: "I – A cláusula do art. 19.º, a) do C.G.A.U. em que se estipula a exclusão da cobertura da responsabilidade civil facultativamente contratada no caso em que o condutor do veículo seja pessoa para tanto não legalmente habilitada, é válida no âmbito do seguro facultativo da responsabilidade civil, mesmo sendo o veículo um ciclomotor. II – A responsabilidade da respectiva seguradora fica, assim, excluída acima do montante do seguro obrigatório. III – Não tem qualquer sentido a invocação da actualização monetária da indemnização para afastar a condenação em juros." *(Acórdão da Relação de Coimbra, de 90.02.06, Col. Jurisp., 1990, Tomo I, pág. 95)*

EXERCÍCIO DO DIREITO DE REGRESSO: "I – O direito de regresso consignado no artigo 19.º, alínea c), do Decreto-Lei n.º 522/85, de 31 de Dezembro, não confere às seguradoras o direito de receber, por forma automática, a indemnização paga. II – As seguradoras terão sempre de alegar, e provar, os pressupostos da responsabilidade civil extracontratual, seja a título de culpa, seja de mero risco; isto é, terão de alegar e provar que o direito de crédito que se arrogam existiu validamente no anterior credor, o sinistrado. III – A filosofia subjacente à lei que impôs o seguro obrigatório no contrato da circulação terrestre é a de garantir o ressarcimento às respectivas vítimas, sendo limitados os casos em que é permitido o exercício de direito de acção de regresso (artigo 19.º do Decreto-Lei n.º 522/85, de 31 de Dezembro)." *(Acórdão da Relação do Porto, de 91.10.17, Bol. Min. Just. n.º 410, pág. 875)*

ABANDONO DO SINISTRADO: "I – O Decreto-Lei n.º 522/85, de 31 de Dezembro, não quis alterar a função e os limites que, doutrinária e legalmente, são reconhecidos ao direito de regresso, mas apenas definir quais os casos para que ele é estabelecido no âmbito do seguro obrigatório. II – Havendo abandono de sinistrado, a seguradora apenas goza de direito de regresso contra o condutor se a indemnização que tiver satisfeito compreender os danos próprios do abandono e só na medida destes." *(Acórdão da Relação de Lisboa, de 92.04.02, Bol. Min. Just. n.° 416, pág. 697)*

OBJECTO DO DIREITO DE REGRESSO DO SEGURADOR: "I – O artigo 19.° do Decreto-Lei n.° 522/85, de 31 de Dezembro, é aplicável quer o acidente resulte de conduta culposa do condutor, quer em caso de mero risco ou de simples responsabilidade objectiva; de facto, esse artigo visa a responsabilidade extracontratual e esta abrange as duas situações. II – O direito de regresso da seguradora, previsto nessa disposição, existe se houver responsabilidade do segurado e na medida dessa responsabilidade. III – O abandono do sinistrado, porque ocorreu posteriormente ao desenrolar do acidente, não constitui sanção de carácter civil; quando muito, a sua influência pode agravar os danos produzidos, o que acarreta aumento previsível em fixação da indemnização; e será esse agravamento que irá ser objecto do possível direito de regresso da seguradora, já que esta, em relação ao segurado, só nas situações taxativamente fixadas pela lei disporá de tal direito. IV – Nas relações seguradora-segurado só a seguradora, nos limites impostos pela apólice é devedora da indemnização; se pagar ao lesado, dentro de tais limites, não pode, depois, reclamar do seguro aquilo que pagou; isto porque a razão do direito de regresso é, afinal, a não responsabilização do segurado pelos danos consequentes da situação ilícita produzida, e não abrangida pelo contrato de seguro; e o abandono do sinistrado é uma delas. V – Consequentemente, se a seguradora, na indemnização que pagou, abrangeu os danos atinentes à sua responsabilidade civil, e também os consequentes do abandono do sinistrado, tem direito de reivindicar estes últimos – e só estes. VI – Tendo a seguradora pago indemnização nos limites do contrato de seguro, tendo em vista a responsabilidade civil do segurado – não se contemplando, pois, danos conexionados com a situação ilícita do seu abandono – a seguradora não dispõe do direito de regresso, já que o que pagou está englobado na sua exclusiva obrigação de indemnização." *(**Acórdão do Supremo Tribunal de Justiça**, de 93.01.27, Bol. Min. Just. n.° 423, pág. 560)*

CONDUTOR NÃO LEGALMENTE HABILITADO: "O artigo 19.°, alínea c), do Decreto-Lei n.° 522/85, de 31 de Dezembro ou a equivalente cláusula contratual da apólice de seguro, abrangem tão só os casos de inexistência real de carta de condução, e não os de mera suspensão do direito de conduzir por razões que não se prendam com aptidões técnicas para conduzir atestadas em carta de condução." *(**Acórdão da Relação do Porto**, de 94.05.09, Col. Jurisp., 1994, Tomo III, pág. 197)*

CONDUTOR ALCOOLIZADO: "Apesar de o condutor do automóvel acusar a taxa de alcoolémia de 1,10 g/l, a seguradora para exercer contra ele o direito de regresso, tem de alegar e provar a existência de nexo de causalidade entre a condução sob a influência do álcool e os danos decorrentes do acidente verificado." *(Acórdão da Relação do Porto, de 95.05.11, Col. Jurisp., 1995, Tomo III, pág. 215)*

VEÍCULO FURTADO: "Em acidente de viação com veículo automóvel furtado, a respectiva Companhia Seguradora somente garante a satisfação das indemnizações devidas se o obrigado a indemnizar fosse o autor ou cúmplice do furto." *(Acórdão da Relação do Porto, de 95.11.06, Col. Jurisp., 1995, Tomo V, pág. 198)*

CONDUÇÃO SOB A INFLUÊNCIA DO ÁLCOOL: "A seguradora que tiver satisfeita a indemnização por acidente de viação não tem direito de regresso contra o segurado que conduzia sob a influência do álcool, se não provar que o sinistro foi causado pela taxa de alcoolémia de que o condutor era portador." *(Acórdão da Relação do Porto, de 95.12.21, Bol. Min. Just. n.° 452, pág. 484)*

CONDUÇÃO SOB A INFLUÊNCIA DO ÁLCOOL; REEMBOLSO DA SEGURADORA: "A mera circunstância de o condutor, no momento do acidente, se encontrar sob a influência do álcool confere, por si só, o direito de a seguradora ser reembolsada da indemnização que pagou aos lesados em virtude de o condutor ser o responsável pela produção do acidente." *(Acórdão da Relação do Porto, de 96.07.04, Bol. Min. Just. n.° 459, pág. 600)*

EXCLUSÃO DA RESPONSABILIDADE DO COMITENTE: "O uso da expressão «apenas» no corpo do artigo 19.° do Decreto-Lei n.° 522/85, de 31 de Dezembro, inculca a ideia de que o direito de regresso somente poderá ser exercido contra o condutor não encartado, com exclusão do comitente, mas para além disso a respectiva responsabilidade é solidária – artigos 497.°, n.° 1, e 512.° do Código Civil – configurando-se assim um litisconsórcio voluntário, regido pelo artigo 27.°, n.° 2, do Código de Processo Civil, pelo que basta a presença em juízo do comissário para garantir a legitimidade." *(Acórdão da Relação de Évora, de 96.10.31, Bol. Min. Just. n.° 460, pág. 826)*

DIREITO DE REGRESSO; ÓNUS DA PROVA: "I – A alínea *d*) do artigo 19.° do Dec.-Lei 522/85, de 31 de Dezembro, dispõe que a seguradora, uma vez satisfeita a indemnização, goza de direito de regresso contra o responsável civil por danos causados a terceiros, em virtude da queda de carga decorrente da deficiência de acondicionamento. II – Verificado o evento danoso, incumbirá àquele que invoca o direito de regresso a alegação e a prova de factos concretos susceptíveis de integrar o referido conceito legal e não à contraparte provar factos tendentes a afastar uma suposta presunção de culpa." *(Acórdão da Relação de Lisboa, de 96.12.05, Col. Jurisp., 1996, Tomo V, pág. 125)*

DIREITO DE REGRESSO: "Para existir o direito de regresso da seguradora relativamente ao condutor, é necessário que o acidente tenha como causa adequada o álcool ingerido ou que, pelo menos, essa ingestão seja uma das causas do acidente." *(Acórdão do Supremo Tribunal de Justiça, de 97.01.14, Col. Jurisp., Acórdãos do Sup. Trib. Just., 1997, Tomo I, pág. 39)*

ABANDONO DE SINISTRADO: "I – O fundamento do direito de regresso previsto no artigo 19.° do Dec.-Lei 522/85, de 31.12, não é fazer repercutir uma responsabilidade, *qua tale*, contra o civilmente responsável, mas levar o tomador do seguro, enquanto contraente relapso, a suportar as consequências danosas reportadas ao não cumprimento pontual do contrato. II – O direito de regresso da seguradora apenas deverá abranger os prejuízos que aquele suportou e têm nexo causal com as circunstâncias da condução. III – Assim, no caso de abandono de sinistrado, é necessário provar que os prejuízos reclamados pela seguradora resultam do abandono a que houve lugar, não sendo suficiente a mera alegação e prova do abandono." *(Acórdão do Supremo Tribunal de Justiça, de 97.01.14, Col. Jurisp., Acórdãos do Sup. Trib. Just., 1997, Tomo I, pág. 57)*

VEÍCULO PESADO DE PASSAGEIROS E DE MERCADORIAS: "I – Um condutor habilitado com carta de condução de veículos pesados de mercadorias não deverá conduzir veículo pesado de passageiros por se presumir uma impreparação para a condução deste veículo, não só tendo em atenção a qualidade do transporte, mas também a natureza e características do próprio veículo, agravando o risco suportado pela seguradora, pelo que lhe confere direito de regresso. II – Só a existência de habilitação legal faz presumir a existência dos necessários conhecimentos e desenvoltura indispensáveis para tal condução. III – Assim, e porque se trata de presunção, o condutor inabilitado pode demonstrar que a falta de habilitação não foi causa adequada do acidente." *(Acórdão do Supremo Tribunal de Justiça, de 97.09.30, Col. Jurisp., Acórdãos do Sup. Trib. Just., 1997, Tomo III, pág. 43)*

INEXISTÊNCIA DE DIREITO DE REGRESSO DA SEGURADORA: "I – Se a vítima não deixa familiares com direito a pensão, será devida ao Fundo de Garantia e Actualização de Pensões uma importância igual ao triplo da retribuição anual. II – A entidade patronal ou a seguradora que tiver pago a indemnização devida pelo acidente terá o direito de regresso contra os responsáveis que o provocaram. III – Se essa seguradora não pagou qualquer indemnização e apenas despendeu o devido àquele Fundo de Garantia, não dispõe de direito de regresso quanto aos responsáveis pelo acidente." *(Acórdão do Supremo Tribunal de Justiça, de 98.01.29, Col. Jurisp., Acórdãos do Sup. Trib. Just., 1998, Tomo I, pág. 49)*

CONDUÇÃO SEM CARTA; ABANDONO DE SINISTRADO: "I – Na petição inicial a Seguradora deve articular que satisfez a indemnização ao peão atropelado pelo R. sem carta de condução, e indicar os factos que importam a inteira culpa deste. II – Ao R. fica livre a alegação e prova de qualquer causa impeditiva, modificativa ou extintiva do direito da A.. III – Obedecendo a petição ao acima apontado, não pode o R. ser absolvido do pedido logo no saneador a pretexto de a A., apesar de convidada, não ter alegado factos integradores do nexo de causalidade entre a culpa do réu pela produção do acidente e as circunstâncias invocadas para fundar o direito de regresso (condução sem carta e abandono de sinistrado)." *(Acórdão da Relação do Porto, de 98.06.16, Col. Jurisp., 1998, Tomo III, pág. 201)*

ACÇÃO DE REGRESSO DA ENTIDADE PATRONAL OU SEGURADORA; PRAZO DE INTERPOSIÇÃO: "I – Intentada acção para ressarcimento dos danos sofridos em acidente de viação e simultaneamente de trabalho 7 dias antes do termo do prazo de prescrição do respectivo direito, a citação dos réus mais de cinco dias depois de proposta a acção não é imputável ao Autor, por este só ter procedido ao pagamento da taxa de justiça no primeiro dia posterior ao termo do seu prazo normal – (art. 323.°, n.° 2 do Código Civil) -, pelo que a prescrição desse prazo não se verificou. II – O prazo de prescrição do 'direito de regresso' da entidade patronal ou seguradora da responsabilidade civil e laboral contra terceiro responsável pelo acidente, previsto no n.° 4 da Base XXXVII da Lei n.° 2127, de 3.8.1965, não se conta da data do acidente, mas daquela em que se tenha feito o pagamento das quantias a que se refere tal direito /artigos 306.°, n.° 1 e 498.°, n.° 2 do Código Civil). Assim e atento a data desse pagamento, a prescrição do prazo do exercício do 'direito de regresso' em causa, não se verificou." *(Acórdão do Supremo Tribunal de Justiça, de 98.10.20, Col. Jurisp., Acórdãos do Supremo Tribunal de Justiça, 1998, Tomo III, pág. 71)*

ACIDENTE DE VIAÇÃO E DE TRABALHO; SUBROGAÇÃO; REEMBOLSO: "I – Se o lesado em acidente de viação e de trabalho não exerceu o seu direito de indemnização relativamente ao responsável pelo acidente e foi indemnizado pela entidade patronal ou a sua seguradora, pode esta reclamar daquele responsável o reembolso do que pagou ao lesado. II – O prazo de prescrição do direito ao reembolso é o mesmo do direito do lesado ser indemnizado pelo responsável do acidente." *(Acórdão da Relação de Évora, de 98.11.12, Col. Jurisp., 1998, Tomo V, pág. 259)*

ARTIGO 20.º
(Prova de seguro)

1. Constitui documento comprovativo do seguro:

   a) Relativamente a veículos matriculados em Portugal, o certificado internacional de seguro (carta verde), o certificado provisório ou o aviso-recibo, quando válidos;

   b) Relativamente a veículos matriculados no estrangeiro, o certificado internacional de seguro (carta verde), quando válido;

   c) Relativamente a veículos matriculados em países terceiros em relação à Comunidade Económica Europeia, mas provenientes de um Estado membro, um documento justificativo da subscrição, nesse Estado membro, de um seguro de fronteira, quando válido para o período de circulação no território nacional e garantindo o capital obrigatoriamente seguro;

   d) Relativamente a veículos matriculados fora do território da Comunidade Económica Europeia e que não provenham de um outro Estado membro, o certificado de seguro de fronteira celebrado em Portugal, quando válido para o período de circulação no território nacional e garantindo o capital obrigatoriamente seguro.

2. O certificado internacional de seguro referido na alínea *a*) do número anterior é emitido pela seguradora, mediante o pagamento do prémio ou fracção correspondente ao contrato de seguro, no prazo máximo de 60 dias a contar da data da celebração do contrato e renovado no momento do pagamento do prémio ou fracção seguinte.

3. Do certificado internacional de seguro constarão, obrigatoriamente a designação da seguradora, o nome e morada do tomador do seguro, o número de apólice, o período de validade, a marca do veículo e o número de matrícula ou de *châssis* ou de motor.

4. Quando a seguradora não emitir o certificado internacional de seguro no momento da aceitação do contrato ou de qualquer alteração que obrigue à emissão de novo certificado, deverá, nesse momento, entregar ao tomador do seguro um certificado provisório, que será válido até ao final do prazo referido no n.º 2.

5. Do certificado provisório emitido nos termos do número anterior constarão obrigatoriamente todos os elementos referidos no n.º 3 deste artigo, com excepção do número da apólice.

6. O aviso-recibo referido no n.º 1 deverá conter os elementos previstos no n.º 3 e encontra-se devidamente validado através da aposição da vinheta dos CTT ou da seguradora, segundo modelo aprovado pelo n.º 3 da Portaria n.º 805/84, de 13 de Outubro.

7. Os certificados internacionais, com extensão de cobertura a Portugal, emitidos pelas entidades estrangeiras competentes ao abrigo da Convenção Tipo Intergabinetes serão havidos, na ordem jurídica portuguesa, como apólices de seguros legalmente emitidas para produzirem efeitos em Portugal.

8. Serão igualmente havidas na ordem jurídica portuguesa como apólices de seguro legalmente emitidas para produzirem efeitos em Portugal as apólices de seguros celebrados em qualquer Estado membro da Comunidade Económica Europeia, ou em países terceiros cujos gabinetes nacionais de seguros tenham aderido à Convenção Complementar entre Gabinetes Nacionais.

9. É oponível aos lesados, pela entidade que exerça as funções de Gabinete Português de Certificado Internacional de Seguro Automóvel, nos termos da Convenção referida no n.º 7, a cessação da validade de um certificado internacional de seguro emitido por um gabinete que não se situe no território de um Estado membro da Comunidade Económica Europeia, ou de um país terceiro que tenha aderido à Convenção Complementar entre Gabinetes Nacionais.

10. Os certificados de seguro de fronteira, a que se refere a alínea *d)* do n.º 1, devem ter o âmbito territorial da Comunidade Europeia, competindo a respectiva emissão e efectivação das responsabilidades a qualquer seguradora que esteja autorizada a explorar o ramo automóvel.

11. Relativamente aos contratos de seguro de que sejam titulares as pessoas referidas nos n.ºs 3 e 4 do artigo 2.º, constituem documentos comprovativos do seguro o certificado de responsabilidade civil, o certificado provisório ou o aviso-recibo.

12. Os certificados de responsabilidade civil e os certificados provisórios referidos no número anterior devem ser emitidos pelas seguradoras, nos termos, respectivamente, dos n.ºs 2 e 4 do presente artigo.

13. O certificado de responsabilidade civil e o certificado provisório referidos no n.º 11 e relativos a contratos de que sejam titulares as pessoas referidas no n.º 3 do artigo 2.º devem conter obrigatoriamente o número de certificado, o nome do tomador do seguro, as

categorias de veículos para os quais o seguro é eficaz, a data limite de validade e o montante máximo da garantia para a responsabilidade civil, bem como, no caso dos certificados de responsabilidade civil, o número da apólice.

14. O certificado de responsabilidade civil e o certificado provisório referidos no n.º 11 e relativos a contratos de que sejam titulares as pessoas referidas no n.º 4 do artigo 2.º devem conter obrigatoriamente os elementos referidos no número anterior e ainda o número da respectiva carta de condução.

15. O aviso-recibo referido no n.º 11 deverá conter os elementos previstos nos n.ºs 13 e 14 e encontrar-se devidamente validado nos termos do n.º 6 do presente artigo.

EVOLUÇÃO LEGISLATIVA

* A alínea d) do n.º 1, e os n.os 2, 3, 4, 6, 7, 8, 9, 11, 12, 13, 14 e 15 são redacção do artigo 1.º do Dec.-Lei n.º 122-A/86, de 30 de Maio (rectificado por Declaração de 05.08.86, in D.R., I Série, de 30.08.86).

Redacção anterior:

DECRETO-LEI N.º 522/85, DE 31.12

Artigo 20.º (Prova do seguro)
1. Constituem documentos comprovativos do seguro o certificado de responsabilidade civil, o certificado provisório ou o aviso-recibo, quando válidos, bem como, relativamente aos veículos matriculados ou provenientes de Estado estrangeiro, o certificado internacional de seguro(carta verde) ou o certificado do seguro de fronteira, válidos para o período de circulação em território nacional e garantindo o capital obrigatoriamente seguro.
2. O certificado de responsabilidade civil referido no número anterior é, mediante o pagamento do prémio, emitido pela seguradora no prazo máximo de 60 dias a contar da data da celebração do contrato e renovado no momento do pagamento do prémio ou fracções seguintes.
3. Do certificado de responsabilidade civil a emitir pelas seguradoras constarão obrigatoriamente o número de certificado, o nome do tomador do seguro, o número da apólice, o período de validade, a marca do veículo, o número de matrícula ou de châssis e qual o montante máximo de garantia para a responsabilidade civil.
4. Quando a seguradora não emitir o certificado de responsabilidade civil no momento da aceitação do contrato ou de qualquer alteração que obrigue à emis-

são de novo certificado, deverá, nesse momento, entregar ao tomador do seguro um certificado provisório, que será válido até ao final do prazo referido no n.º 2.

5. Do certificado provisório emitido nos termos do número anterior constarão obrigatoriamente todos os elementos referidos no n.º 3 deste artigo, com excepção do número da apólice.

6. Os certificados de responsabilidade civil e os certificados provisórios emitidos pelas seguradoras, comprovativos da celebração de contratos de seguro de que sejam titulares as pessoas referidas no n.º 3 do artigo 2.º, conterão obrigatoriamente o número de certificado, o nome do tomador do seguro, as categorias de veículos para os quais o seguro é eficaz, a data limite de validade e o montante máximo da garantia para a responsabilidade civil, bem como, no caso dos certificados de responsabilidade civil, o número da apólice.

7. Os certificados de responsabilidade civil e os certificados provisórios emitidos pelas seguradoras comprovativos da celebração de contratos de seguro de que sejam titulares as pessoas referidas no n.º 4 do artigo 2.º conterão, obrigatoriamente, os elementos referidos no número anterior e ainda o número da respectiva carta de condução.

8. Os documentos comprovativos do seguro referidos neste artigo podem consubstanciar-se num aviso-recibo que, contendo os elementos referidos nos números anteriores, se encontre devidamente validado através da aposição da vinheta dos CTT ou de uma vinheta com o símbolo da seguradora, segundo modelo aprovado pelo n.º 3 da Portaria n.º 805/84, de 13 de Outubro.

9. Os certificados internacionais, com extensão de cobertura a Portugal, emitidos ao abrigo da Convenção Tipo Intergabinetes pelas entidades estrangeiras para tanto competentes, serão havidos, pelos tribunais e pelas autoridades administrativas e de fiscalização portuguesas, como apólices de seguros legalmente emitidas para produzirem efeitos em Portugal.

10. É oponível aos lesados, pela entidade que, nos termos da Convenção referida no número anterior, exerça as funções de Gabinete Português do Certificado Internacional do Seguro Automóvel, a cessação da validade do certificado internacional de seguro, em virtude de ter decorrido o prazo por que foi emitido.

11. A emissão dos certificados de seguro de fronteira a que se refere o n.º 1 e a efectivação das respectivas responsabilidades competem ao Seguro de Fronteira, Agrupamento Complementar de Empresas.

* O n.º 10 é redacção do artigo 1.º do Dec.-Lei n.º 130/94, de 19 de Maio.

Redacção anterior:

DECRETO-LEI N.º 522/85, de 31.12

Corresponde ao n.º 11, transcrito supra.

DECRETO-LEI N.º 122-A/86, DE 30.05

Artigo 20.º (...)
10. Os certificados de seguro de fronteira, a que se refere a alínea d) do n.º 1, devem ter o âmbito territorial da Comunidade Económica europeia, competindo a respectiva emissão e efectivação das responsabilidades ao Seguro de Fronteira, Agrupamento Complementar de Empresas.

* Corresponde, em parte, ao artigo 11.º do Decreto-Lei n.º 408/79, de 25.09. O n.º 1, alíneas b) e c) correspondem, em parte, ao artigo 14.º, e o n.º 4 corresponde, em parte, ao artigo 12.º, ambos do citado diploma.

LEGISLAÇÃO COMPLEMENTAR

MATRÍCULA DOS VEÍCULOS AUTOMÓVEIS: CÓDIGO DA ESTRADA (REPUBLICADO PELO DECRETO-LEI N.º 2/98, DE 3 DE JANEIRO), ARTIGOS 117.º A 119.º

Artigo 117.º (Obrigatoriedade de matrícula)
1. Os veículos a motor e seus reboques em circulação estão sujeitos a matrícula de onde constem as características que permitam identificá-los.
2. Exceptuam-se do disposto no número anterior os veículos que se desloquem sobre carris e os reboques cujo peso bruto não exceda 300kg.
3. Os casos em que as máquinas agrícolas e industriais, os motocultivadores e os tractores estão sujeitos a matrícula são objecto de regulamento.
4. Os veículos a motor e os reboques que devam ser apresentados a despacho nas alfândegas pelas entidades que se dediquem à sua admissão, importação, montagem ou fabrico podem delas sair com dispensa de matrícula, nas condições a estabelecer em regulamento.
5. As características da matrícula são definidas em regulamento.
6. Quem puser em circulação veículo não matriculado nos termos dos números anteriores é sancionado com coima de 50.000$ a 250.000$, salvo quando se tratar de ciclomotor, tractocarro, tractor ou reboque agrícola ou florestal, em que a coima é de 25.000$ a 125.000$.

Artigo 118.º (Livrete e chapas de matrícula)
1. Por cada veículo matriculado deve ser emitido pela autoridade competente um livrete destinado a certificar a respectiva matrícula.
2. Quando o livrete se extraviar ou se encontrar em estado de conservação que torne ininteligível qualquer indicação ou averbamento, o proprietário do veículo deve requerer, consoante os casos, o seu duplicado ou a sua substituição.

3. No livrete só pode ser feito qualquer averbamento ou aposto carimbo pela entidade competente para a sua emissão.
4. Cada veículo matriculado deve estar provido de chapas com o respectivo número de matrícula, nos termos fixados em regulamento.
5. Quem infringir o disposto no n.º 2 é sancionado com coima de 5.000$ a 25.000$.
6. Quem infringir o disposto nos n.ºˢ 3 e 4 e quem puser em circulação veículo cujas características não confiram com as mencionadas no livrete é sancionado com coima de 10.000$ a 50.000$, se sanção mais grave não for aplicável por força de outra disposição legal.

Artigo 119.º (Cancelamento da matrícula)

1. A matrícula deve ser oficiosamente cancelada quando se verifique a inutilização ou a desaparecimento de veículo, nos termos definidos em regulamento.
2. O cancelamento deve ser requerido pelo proprietário nos casos previstos no número anterior e pode ainda sê-lo quando pretenda deixar de utilizar o veículo na via pública.
3. Sempre que as companhias de seguros tenham qualquer intervenção em acto decorrente da inutilização ou desaparecimento de um veículo são obrigadas a comunicar tal facto e remeter o livrete e o título de registo de propriedade às autoridades competentes.
4. Para efeitos do disposto no n.º 1, os tribunais, as entidades fiscalizadoras do trânsito ou outras entidades públicas devem comunicar às autoridades competentes os casos de inutilização de veículos de que tenham conhecimento no exercício das suas funções.
5. O cancelamento da matrícula a requerimento do proprietário depende da inexistência, sobre o veículo, de qualquer ónus ou encargo não cancelado ou caducado, a verificar oficiosamente.
6. A entidade competente pode autorizar que sejam novamente matriculados veículos que tenham sido objecto de matrícula anterior ou que sejam repostas matrículas canceladas.
7. Quem infringir o disposto nos n.ºˢ 2 e 3 é sancionado com coima de 10.000$ a 50.000$, se sanção mais grave não for aplicável por força de outra disposição legal.

MENÇÃO DO NÚMERO DE CARTA VERDE: PORTARIA N.º 403/86, DE 26.07 *(cfr. n.º 2.º, em anotação ao artigo 35.º)*

ATRIBUIÇÃO DE MATRÍCULA DE EXPORTAÇÃO: DECRETO REGULAMENTAR N.º 26/92, DE 14 DE OUTUBRO

O Decreto-Lei n.º 262/91, de 26 de Julho, que deu nova redacção a alguns artigos do Decreto-Lei n.º 152/89, de 10 de Maio, criou as matrículas de exportação a atribuir pela Direcção-Geral das Alfândegas.
O n.º 6 do artigo 13.º daquele diploma prevê que a dimensão, características e formalidades respeitantes a estas matrículas sejam estabelecidas por decreto regulamentar. A Portaria n.º 884/91, de 28 de Agosto, que deu nova redacção aos artigos 35.º e 37.º do Regulamento do Código da Estrada, definiu já as características técnicas a que devem obedecer as chapas destas matrículas.
Torna-se assim necessário dar cumprimento ao citado n.º 6 do artigo 13.º, na parte respeitante às formalidades, com vista a implementar o acesso efectivo à atribuição das matrículas de exportação.
Assim:

Artigo 1.º
Para efeitos de atribuição de matrícula de exportação, o interessado apresentará, na sede da alfândega que superintenda na área por onde se efectue a exportação, o respectivo pedido, efectuado em formulário próprio, constante do anexo I ao presente decreto regulamentar, devidamente preenchido e instruído com os seguintes documentos:

a) Livrete e título de registo de propriedade, bem como respectivas fotocópias, caso aqueles tenham sido anteriormente emitidos;

b) Factura comercial ou outros documentos administrativos e comerciais, nos casos em que os veículos sejam objecto de exportação com fins comerciais ou nos casos de ainda não terem sido matriculados em Portugal;

c) Fotocópia do documento único (DU) ou documento equivalente, respeitante ao anterior regime aduaneiro, se for esse o caso.

Artigo 2.º
1. O pedido de atribuição de matrícula de exportação será analisado pelo serviço da alfândega a que se refere o artigo 1.º, o qual inscreverá no campo 15 do formulário referido no mesmo artigo, se estiver em condições de ser aceite, o número de série sequencial, a respectiva data e a alfândega processadora.

2. O serviço a que se refere o número anterior aporá ainda, no livrete e no título de registo de propriedade, um carimbo com a menção «Exportação-Alfândega de...», rubricado, enviando estes documentos à Direcção-Geral de Viação para efeitos de cancelamento da anterior matrícula nacional.

3. Quando os veículos a exportar não sejam detentores de qualquer matrícula, a alfândega atribuirá o número de série da matrícula de exportação após conferência e aceitação dos documentos referidos no n.º 1.

4. Não será atribuído número de série de matrícula de exportação aos veículos que sejam portadores de uma matrícula nacional sem que previamente seja emitida a respectiva certidão de cancelamento pela Direcção-Geral de Viação.

Artigo 3.º

1. O interessado deverá, mediante guia processada para o efeito pelo serviço competente da alfândega, adquirir a respectiva chapa de matrícula, nos termos do disposto na Portaria n.º 884/91, de 28 de Agosto, junto da entidade oficialmente autorizada para o seu fabrico, a indicar pela Direcção-Geral de Viação.

2. O serviço competente da alfândega aporá na chapa de matrícula o respectivo selo distintivo de validade e, após ter procedido a essa aposição, emitirá o documento aduaneiro de circulação, adiante denominado DAC, no qual constará o prazo de validade da matrícula.

3. O DAC – documento aduaneiro de circulação – será numerado sequencialmente e obedecerá ao modelo constante do anexo II ao presente diploma.

Artigo 4.º

1. A matrícula de exportação, a que se refere o n.º 3 do artigo 3.º, comportará um selo distintivo do seu prazo de validade, conforme modelo n.º 1 constante do quadro n.º II anexo à Portaria n.º 884/91, de 28 de Agosto, sendo o fundo em branco retrorreflector e os caracteres referentes ao ano e mês de validade a preto, em material autocolante indelével.

2. Os selos não utilizados no mês para que foram emitidos serão destruídos, mediante levantamento do respectivo auto.

Artigo 5.º

1. Atribuídos que sejam a matrícula de exportação e o DAC, a segunda via do pedido de atribuição de matrícula de exportação será enviada à delegação aduaneira nele indicada como processadora da exportação, sendo os campos 15, 16, 17, 18, 19, 20 e 21 devidamente preenchidos.

2. Aquando da exportação, a delegação aduaneira juntará aquela via ao DU respectivo nos casos em que houver lugar ao seu processamento, devendo a folha de declarações e pedidos conter o número de série do DAC e da matrícula de exportação.

Artigo 6.º

1. As delegações aduaneiras processadoras dos Dus de exportação devem enviar aos serviços da respectiva alfândega listagem mensal dos veículos efectivamente saídos do País com matrícula de exportação.

2. A delegação aduaneira de saída deverá igualmente, havendo ou não lugar ao processamento do DU, destacar a folha de saída do DAC e remetê-la mensalmente, devidamente preenchida, à alfândega emissora.

Artigo 7.º
As sedes das alfândegas enviarão mensalmente à Direcção-Geral das Alfândegas listagens das matrículas de exportação atribuídas, selos apostos e inutilizados, bem como das operações de exportação efectiva que se tenham efectuado ao abrigo deste regime.

Artigo 8.º
Os veículos para os quais tenha sido emitido o DAC poderão circular no território nacional, a coberto do mesmo, durante o seu prazo de validade, mediante a atribuição de uma matrícula de exportação.

Artigo 9.º
As infracções ao disposto neste diploma constituem contra-ordenação aduaneira, nos termos do disposto no Regime Jurídico das Infracções Fiscais Aduaneiras, aprovado pelo Decreto-Lei n.º 376-A/89, de 25 de Outubro, sem prejuízo do disposto no que respeita a matéria criminal.

ATRIBUIÇÃO DE MATRÍCULA NACIONAL: PORTARIA N.º 52/94, DE 21 DE JANEIRO

A atribuição de matrícula nacional a veículos anteriormente matriculados noutros países deverá ser regulamentada de modo a garantir a verificação das suas condições de segurança e o respeito pelos princípios comunitários sobre a livre circulação de mercadorias. Do mesmo passo, importa simplificar procedimentos, de modo a permitir uma mais célere tramitação dos actos conducentes à sua legalização.

Nesse sentido, a Comunicação n.º 88/C280/05, da Comissão das Comunidades Europeias, aponta os princípios a seguir para atingir aqueles objectivos, permitindo ainda a delegação de certas funções de direito público nos fabricantes de veículos automóveis ou seus representantes.

Assim:
Nos termos do artigo 2.º do decreto n.º 39 987, de 22 de Dezembro de 1954:
Manda o Governo, pelo Ministro da Administração Interna, o seguinte:
1.º Só pode ser atribuída matrícula nacional aos veículos automóveis e reboques anteriormente matriculados noutro país quando as suas características técnicas estejam conformes com as normas portuguesas e comunitárias e satisfaçam os requisitos de segurança.

2.º A matrícula dos referidos veículos deve ser requerida no serviço regional da Direcção-Geral de Viação da área de residência ou sede fiscal do proprietário e instruída de acordo com o referido na presente portaria.

3.º Tratando-se de veículos de modelo já homologado em Portugal:

a) Livrete de origem;

b) Documento comprovativo da propriedade do veículo, caso ela não conste do documento referido na alínea anterior;

c) Documento comprovativo do pagamento ou isenção do imposto devido;

d) Certificação documental das características técnicas do veículo e sua conformidade com as normas nacionais, a efectuar, no próprio impresso de requerimento, pelo respectivo fabricante ou seu representante legal.

4.º Para a concessão do documento referido na alínea *d)* do número anterior a veículos de modelo já homologado em Portugal os fabricantes ou seus representantes não poderão:

a) Fazer depender de verificação técnica a passagem do documento de conformidade;

b) Exigir factura ou comprovativo de pagamento de IVA relativo ao veículo em questão;

c) Exceder um prazo de três semanas para a passagem do documento;

d) Exigir mais do que o valor correspondente a 100 ECU pela passagem do documento.

5.º No caso de veículos de modelo não aprovado em Portugal e anteriormente matriculados noutro país, devem ser apresentados os documentos previstos no n.º 3.º da presente portaria, bem como o documento original de homologação no país de matrícula ou sua fotocópia autenticada.

6.º As características técnicas dos veículos referidos no número anterior devem ser confirmadas através de um controlo das características técnicas, o qual poderá ser realizado pelas entidades a que se refere o Decreto-Lei n.º 254/92, de 20 de Novembro, em instalações aprovadas nos termos daquele diploma legal.

7.º Quando se trate de veículos pesados de passageiros deve ainda ser apresentado certificado de inspecção da carroçaria, emitido pelo organismo de controlo e inspecção acreditado pelo Instituto Português da Qualidade, segundo as normas da série EN/NP 45000, nos termos da Portaria n.º 977/87, de 31 de Dezembro.

8.º Em relação aos motociclos deve ser ainda apresentado relatório de ensaio do teste de ruído, emitido por laboratório de ensaios acreditado para o efeito.

9.º A Direcção-Geral de Viação pode, em caso de dúvidas, e sem encargos para os requerentes, mandar sujeitar os veículos às inspecções necessárias para confirmação das características técnicas dos mesmos ou das suas condições de segurança.

REMISSÃO PARA ACORDO MULTILATERAL DE GARANTIA ENTRE SERVIÇOS NACIONAIS DE SEGUROS: DECRETO-LEI N.º 130/94, DE 19.05, ARTIGO 2.º

Artigo 2.º
As referências feitas à convenção complementar entre gabinetes nacionais constantes dos artigos 4.º, 20.º, 21.º, 26.º, 32.º e 33.º do Decreto-Lei n.º 522/85, de 31 de Dezembro, com as alterações introduzidas pelo Decreto-Lei n.º 122-A/86, de 30 de Maio, e do artigo 2.º deste último diploma, consideram-se reportadas ao Acordo Multilateral de Garantia entre Serviços Nacionais de Seguros, assinado em Madrid em 15 de Março de 1991.

Nota: *Cfr., a este propósito, em Apêndice, Decisão da Comissão n.º 91/323/ /CEE, de 30.05.91 e Decisão da Comissão n.º 93/43/CEE, de 21.12.92.*

OBRIGATORIEDADE DE APOSIÇÃO DE DÍSTICO: DECRETO-LEI N.º 130/94, DE 19.05 – ARTIGOS 3.º A 4.º

Artigo 3.º
1. Nos veículos terrestres a motor obrigados a seguro e matriculados em Portugal deverá ser aposto um dístico, em local bem visível do exterior, que identifique, nomeadamente, a seguradora, o número da apólice, a matrícula do veículo e a validade do seguro, o qual comprovará também a realização das inspecções periódicas obrigatórias.
2. Os sujeitos isentos da obrigação de segurar a que se refere o artigo 3.º da Decreto-Lei n.º 522/85, de 31 de Dezembro, deverão apor igualmente um dístico, em local bem visível do exterior do veículo, que identifique, nomeadamente, a matrícula, a situação de isenção, a validade e a entidade responsável pela indemnização em caso de acidente, o qual comprovará também a realização das inspecções periódicas obrigatórias.
3. A aplicação do disposto nos números anteriores ficará dependente de regulamentação a aprovar por portaria conjunta dos Ministros da Administração Interna e das Finanças.

Artigo 4.º
É vedado às seguradoras celebrarem o contrato de seguro de responsabilidade civil automóvel relativo a veículos automóveis que não tenham realizado a respectiva inspecção periódica obrigatória, nos termos da legislação em vigor.

DÍSTICO NOS VEÍCULOS TERRESTRES A MOTOR: PORTARIA N.º 56/95, DE 25.01

O Decreto-Lei n.º 130/94, de 19 de Maio, torna obrigatória a aposição de um dístico nos veículos terrestres a motor, o qual deverá conter determinados elementos identificadores do seguro do respectivo veículo ou da sua situação de isenção relativamente à obrigação de segurar, bem como a certificação da realização das inspecções periódicas.

Embora não substitua os documentos de prova de seguro e da realização da inspecção legalmente consagrados, os quais deverão ser prontamente apresentados sempre que solicitados pelas entidades de fiscalização, o dístico constituirá não só um elemento auxiliar para essas mesmas entidades fiscalizadoras, permitindo uma verificação visual rápida da provável existência do seguro e da realização da inspecção, mas, essencialmente, funcionará como elemento de informação importante para os eventuais lesados, permitindo-lhes facilmente saber a quem se dirigem para reclamarem o ressarcimento dos danos sofridos.

Ao abrigo do disposto no n.º 3 do artigo 3.º do Decreto-Lei n.º 130/94, de 19 de Maio:

Manda o Governo, pelos Ministros da Administração Interna e das Finanças, o seguinte:

1.º O dístico previsto no artigo 3.º do Decreto-Lei n.º 130/94, de 19 de Maio, será composto por duas subunidades, distintas entre si, que terão a forma de vinheta, uma relativa ao seguro obrigatório de responsabilidade civil automóvel e outra relativa à realização das inspecções periódicas quando obrigatórias.

2.º Nos veículos de duas ou três rodas, o dístico será composto apenas pela vinheta relativa ao seguro obrigatório de responsabilidade civil automóvel.

3.º O dístico deverá ser aposto no interior do veículo no canto inferior direito do pára-brisas ou, na falta deste, noutro local bem visível, devendo, nos veículos de duas ou três rodas, ser aposto sobre uma das faces situadas no plano formado pela forqueta da frente dos referidos veículos.

4.º A vinheta relativa ao seguro obrigatório de responsabilidade civil automóvel será emitida pelas seguradoras e por elas entregue ao tomador do seguro juntamente, e apenas, com o certificado internacional de seguro (carta verde), devendo ser de cor verde e respeitar o seguinte modelo:

(segue modelo)

5.º Relativamente aos veículos isentos da obrigação de segurar, a respectiva vinheta deverá ser emitida pelas entidades mencionadas nos n.ºs 4 e 5 do artigo 3.º do Decreto-Lei n.º 522/85, de 31 de Dezembro, e por estas entregue juntamente com o certificado que emitem, devendo ser de cor verde e respeitar o seguinte modelo:

(segue modelo)

6.º Os proprietários dos veículos obrigados a inspecção periódica, após a realização da mesma, receberão uma vinheta de cor verde ou vermelha consoante o veículo tenha sido aprovado ou não na inspecção, a qual deverá respeitar o seguinte modelo:

(segue modelo)

7.º As vinhetas deverão, em qualquer caso, ser totalmente preenchidas pela entidade responsável pela sua entrega, sem rasuras, não devendo conter, para além das legalmente definidas, quaisquer outras menções.

8.º Em caso de extravio das vinhetas ou inutilização por causa acidental, a entidade competente expedirá, mediante solicitação daqueles em cujo interesse o documento original foi emitido, uma 2ª via, a qual deverá conter essa mesma menção.

9.º O disposto no presente diploma entra em vigor em 1 de Abril de 1995, aplicando-se a partir daquele momento a todas as inspecções que venham a ser realizadas, bem como aos contratos de seguro a ser celebrados e aos já celebrados na data de emissão do respectivo certificado internacional de seguro (carta verde).

JURISPRUDÊNCIA

CERTIFICADO PROVISÓRIO DO SEGURO: "I – Constitui matéria de direito o saber se houve transferência de responsabilidade civil, por danos causados por um veículo, para uma seguradora – a extrair da competente apólice ou de factos reveladores de uma proposta e de uma aceitação (acordo) por parte da seguradora. II – Tendo sido passado o cartão ou o certificado provisório do seguro – isso significa que a seguradora aceitou a proposta e, como tal, se vinculou." *(Acórdão da Relação de Coimbra, de 90.04.03, Col. Jurisp., 1991, Tomo II, pág. 59).*

CAPÍTULO III
DO FUNDO DE GARANTIA AUTOMÓVEL

SECÇÃO I
DISPOSIÇÕES GERAIS

ARTIGO 21.º
(Âmbito do Fundo)

1. Compete ao Fundo de Garantia Automóvel satisfazer, nos termos do presente capítulo, as indemnizações decorrentes de acidentes originados por veículos sujeitos ao seguro obrigatório e que sejam matriculados em Portugal ou em países terceiros em relação à Comunidade Económica Europeia que não tenham gabinete nacional de seguros, ou cujo gabinete não tenha aderido à Convenção Complementar entre Gabinetes Nacionais.

2. O Fundo de Garantia Automóvel garante, por acidente originado pelos veículos referidos no número anterior, a satisfação das indemnizações por:

a) Morte ou lesões corporais, quando o responsável seja desconhecido ou não beneficie de seguro válido ou eficaz, ou for declarada a falência da seguradora;

b) Lesões materiais, quando o responsável, sendo conhecido, não beneficie de seguro válido ou eficaz.

3. Nos casos previstos na alínea *b)* do número anterior, haverá uma franquia de 60.000$ a deduzir no montante a cargo do Fundo.

4. Só aproveitam do benefício do Fundo de Garantia Automóvel os lesados por acidentes ocorridos em Portugal Continental e nas Regiões Autónomas da Madeira e dos Açores.

5. Ocorrendo um fundado conflito entre o Fundo e uma seguradora sobre qual deles recai o dever de indemnizar, caberá ao Fundo reparar os danos sofridos pelos lesados, sem prejuízo de vir a ser reembolsado pela seguradora, nos termos previstos no n.º 1 do artigo 25.º, se sobre esta vier, a final, a impender essa responsabilidade.

EVOLUÇÃO LEGISLATIVA

* Os n.ᵒˢ 1, 2, al. *b*), 3 e 4 são redacção do artigo 1.º do Dec.-Lei n.º 122--A/86, de 30.05.

Redacção anterior (correspondente, em parte, aos actuais n.ᵒˢ 1, 2 e 3).

DECRETO-LEI N.º 522/85, DE 31.12

Artigo 21.º (Indemnizações do Fundo)
 1. *O Fundo de Garantia Automóvel garante, nos termos das disposições do presente capítulo, por acidente ocorrido em território nacional e até ao montante obrigatoriamente seguro, relativamente aos danos originados por veículos abrangidos por este diploma, a satisfação das indemnizações por:*
 a) Morte ou lesões corporais, quando o responsável seja desconhecido ou não beneficie de seguro válido ou eficaz ou for declarada a falência da seguradora;
 b) Lesões materiais, quando o responsável, sendo conhecido mas não beneficiando de seguro válido ou eficaz, revele manifesta insuficiência de meios para solver as suas obrigações.
 2. *Nos casos previstos na alínea b) do número anterior haverá uma franquia de 60.000$ a deduzir no montante a cargo do Fundo.*

* Os n.ᵒˢ 2, al. *b*) e 5 são redacção do artigo 1.º do Dec.-Lei n.º 130/94, de 19.05.

Redacção anterior (do n.º 2, al. *b*))

DECRETO-LEI N.º 122-A/86, DE 30.05

A al. b) do n.º 2 corresponde à al. b) do n.º 1, na redacção do Dec.-Lei n.º 522/85, de 31.12, transcrito supra.
 O n.º 5 é inovador.

* O n.º 2 corresponde ao artigo 20.º do Decreto-Lei n.º 408/79, de 25.09.

REMISSÕES

Sub-rogação do Fundo – art. 25.º.

LEGISLAÇÃO COMPLEMENTAR

ADMISSÃO TEMPORÁRIA DE VEÍCULOS MATRICULADOS NO ESPAÇO COMUNITÁRIO: DECRETO-LEI N.º 264/93, DE 30 DE JULHO

Nota: *Nos termos do artigo 11.º deste diploma, "em tudo o que não se encontre expressamente preceituado nos Regulamentos (CEE) números 1855/89, do Conselho, de 14 de Junho, e 2249/91, da Comissão, de 25 de Julho, o regime de admissão temporária constante do presente diploma aplicar-se-á igualmente a veículos automóveis matriculados em países terceiros à Comunidade."*

REMISSÃO PARA ACORDO MULTILATERAL DE GARANTIA ENTRE SERVIÇOS NACIONAIS DE SEGUROS: DECRETO-LEI N.º 130/94, DE 19.05, ARTIGO 2.º

Artigo 2.º
As referências feitas à convenção complementar entre gabinetes nacionais constantes dos artigos 4.º, 20.º, 21.º, 26.º, 32.º e 33.º do Decreto-Lei n.º 522/85, de 31 de Dezembro, com as alterações introduzidas pelo Decreto-Lei n.º 122--A/86, de 30 de Maio, e do artigo 2.º deste último diploma, consideram-se reportadas ao Acordo Multilateral de Garantia entre Serviços Nacionais de Seguros, assinado em Madrid em 15 de Março de 1991.

Nota: *Cfr., a este propósito, em Apêndice, Decisão da Comissão n.º 91/323//CEE, de 30.05.91 e Decisão da Comissão n.º 93/43/CEE, de 21.12.92.*

JURISPRUDÊNCIA

FUNDO DE GARANTIA AUTOMÓVEL: "I – O Fundo de Garantia Automóvel foi criado para substituir as seguradoras quando o responsável pela indemnização seja desconhecido, não beneficie de seguro válido ou eficaz ou quando tenha sido decretada a falência da seguradora. II – A obrigação do Fundo de Garantia Automóvel mantém-se enquanto se mantiver a do responsável cujo cumprimento visa garantir." *(Acórdão da Relação de Lisboa, de 89.04.16, Col. Jurisp., 1989, Tomo II, pág. 138)*

PASSAGEIROS TRANSPORTADOS GRATUITAMENTE: "Não abrangendo o seguro obrigatório à data do acidente, a responsabilidade civil por danos sofridos por passageiros transportados gratuitamente, o Fundo de Garantia Automóvel é parte ilegítima na acção em que o responsável civil for demandado por lesado que era passageiro transportado gratuitamente no veículo." *(Acórdão da Relação do Porto, de 89.05.04, Bol. Min. Just. n.° 387, pág. 645)*

ACIDENTE PROVOCADO POR EMPREGADO; SEGURO DE GARAGISTA: "I – A firma proprietária de uma garagem de reparação de veículos automóveis, a quem haja sido confiado um veículo automóvel para reparação, responde por perdas e danos causados a terceiros enquanto o veículo lhe estiver confiado. II – Para garantir o pagamento das indemnizações devidas aos lesados, é tal firma obrigada por lei a efectuar um seguro. III – Assim, se um empregado do garagista a quem o veículo fora entregue para reparação, ao introduzir este na oficina, atropelou mortalmente um peão com culpa sua, sem que o garagista tenha feito aquele seguro, é ao Fundo de Garantia Automóvel – e não à companhia seguradora do dono do veículo – que compete satisfazer o pagamento das indemnizações devidas aos lesados." *(Acórdão da Relação do Porto, de 91.02.06, Col. Jurisp., 1991, Tomo I, pág. 265)*

PRESCRIÇÃO DO DIREITO DE ACÇÃO; INEXISTÊNCIA DE CULPA: "I – Ainda que tenha prescrito o direito de acção contra o Fundo de Garantia Automóvel, a manutenção da responsabilidade do lesante, em acidente de viação, envolve manter-se a responsabilidade daquele Fundo, que tem sempre de acompanhar aquele. II – Apurando-se, porém, que o lesante nenhuma responsabilidade teve na eclosão do acidente gerador dos danos que se pretendiam ressarcidos, tem o Fundo de Garantia Automóvel de ser, como foi, absolvido do pedido." *(Acórdão da Relação de Lisboa, de 95.05.25, Col. Jurisp., 1995, Tomo III, pág. 117)*

VEÍCULO COM MATRÍCULA FRANCESA: "Encontrando-se matriculado em França o veículo interveniente no acidente, cujo condutor e proprietário foi responsável pelo mesmo, e não possuindo este qualquer seguro válido, relativo à circulação daquele, não compete ao F.G.A. responder pelo ressarcimento dos danos emergentes do referido acidente." *(Acórdão da Relação do Porto, de 95.11.08, Col. Jurisp., 1995, Tomo V, pág. 249)*

PROVA AUTOMOBILISTA ORGANIZADA POR AUTARQUIA LOCAL: "I – É da competência do tribunal comum e não do tribunal administrativo a acção instaurada pelo lesado conta uma Câmara Municipal em que se pede a condenação desta no pagamento de indemnização fundada em acidente ocorrido no decurso de uma prova desportiva de automobilismo integrada no programa de festas organizada por aquela autarquia. II – Se o agravante, no requerimento de interposição do recurso, restringiu o seu objecto à parte do despacho saneador que julgou improcedente a excepção de incompetência em razão da matéria, não pode discutir nas alegações de recurso de apelação a questão da legitimidade da autarquia, já decidida no saneador, no sentido da improcedência da excepção de ilegitimidade.

III – Se o concorrente desportivo conduzia o veículo de acordo com as regras do concurso, o regulamento da prova lhe impunha que circulasse o mais rapidamente possível, e não foram tomadas medidas de protecção dos espectadores, mediante colocação de barreiras, nenhuma culpa lhe pode ser imputada no acidente que atingiu um dos espectadores. IV – O Fundo de Garantia Automóvel não responde pelos danos causados por acidentes de viação em provas desportivas." *(Acórdão da Relação de Coimbra, de 96.03.26, Col. Jurisp., 1996, Tomo II, pág. 24)*

FUNDO DE GARANTIA AUTOMÓVEL: "De harmonia com o direito comunitário que tem de ser respeitado, deve entender-se que o Fundo de Garantia Automóvel, em caso de morte ou lesões corporais, garante sempre a indemnização devida, mesmo quando, por ser desconhecido o responsável, não possa referir-se que o acidente foi causado por veículo sujeito a seguro obrigatório." *(Acórdão da Relação de Lisboa, de 96.01.18, Col. Jurisp., 1996, Tomo I, pág. 90)*

FUNDO DE GARANTIA AUTOMÓVEL; REQUISITOS DA SUA RESPONSABILIDADE: "I – O F.G.A. responde (nas hipóteses previstas no artigo 21.º, n.º 2 do Dec.-Lei 522/85) directamente perante os lesados ou titulares do direito de indemnização. II – A responsabilidade do F.G.A. (na hipótese referida) desempenha a assunção colectiva de danos que, sem ela, ficariam insatisfeitos. III – Assim, nas acções contra o F.G.A., os AA. nada mais têm que provar que o acidente, os danos e o nexo de causalidade; isto é, não têm que provar a totalidade dos pressupostos da responsabilidade civil. IV – Por conseguinte, num caso – como o presente – em que o causador do acidente fugiu, ignorando-se o modo como o acidente ocorreu, o F.G.A. deve suportar a totalidade da indemnização devida e não apenas os montantes/limites da responsabilidade por risco." *(Acórdão da Relação de Coimbra, de 96.06.25, Col. Jurisp., 1996, Tomo III, pág. 27)*

FUNDO DE GARANTIA AUTOMÓVEL; INSUFICIÊNCIA DE MEIOS: "I – Não é exigível que o condutor de automóvel, circulando em estrada nacional de traçado recto, sem cruzamentos ou entroncamentos, à velocidade aproximada de 80Km/hora, sem circunstâncias especiais de trânsito a imporem a sua redução, tenha de abrandar a marcha ante a aproximação de todos os caminhos ou parques de estacionamento que se deparem no seu percurso. II – Quem procede do parque de estacionamento e pretende ocupar a faixa contrária da estrada é que tem de usar de todas as cautelas e cuidados, tomando atenção ao trânsito que por ela circula. III – O Fundo de Garantia Automóvel assegura a satisfação das indemnizações por danos resultantes de lesões materiais tão só nos casos em que o responsável, sendo conhecido e não beneficiando de seguro válido ou eficaz, revela manifesta insuficiência de meios para solver as suas obrigações. IV – É ao autor que cabe o ónus de alegação e prova da "manifesta insuficiência de meios" do lesante civil." *(Acórdão da Relação de Coimbra, de 98.05.12, Actualidade Jurídica, Ano II, n.º 18, pág. 25)*

AUTOMÓVEL COM MATRÍCULA TEMPORÁRIA SUÍÇA, JÁ CADUCADA: "Não obstante a Suíça ter Gabinete Nacional de Seguros e ter aderido à Convenção Complementar entre Gabinetes Nacionais, agora Acordo Multilateral de Garantias entre Serviços Nacionais de Seguros, não cabe ao GPCV, mas sim ao FGA, assegurar a indemnização por acidente provocado por culpa do condutor daquela viatura, porquanto a Suíça assinou uma derrogação àquela Convenção, dela excluindo «veículos com matrícula temporária (chapa de Alfândega), findo o prazo de validade da chapa de matrícula»." *(Acórdão da Relação do Porto, de 98.06.25, Col. Jurisp., 1998, Tomo III, pág. 221).*

FUNDO DE GARANTIA AUTOMÓVEL; ÓNUS DA PROVA: "I – Para responsabilizar o Fundo de Garantia Automóvel por danos decorrentes de acidente de viação, é necessário alegar e provar, além dos pressupostos da responsabilidade civil extracontratual, ainda que o responsável, sendo conhecido, não beneficia de seguro válido e eficaz. II – Tal alegação e prova incumbem ao lesado, como elemento constitutivo do seu direito." *(Acórdão da Relação do Porto, de 98.11.19, Col. Jurisp., 1998, Tomo V, pág. 198)*

ARTIGO 22.º
(Enquadramento do Fundo)

O Fundo de Garantia Automóvel está integrado no Instituto de Seguros de Portugal.

EVOLUÇÃO LEGISLATIVA

* Este preceito é redacção do Decreto-Lei n.º 522/85, de 31.12.

LEGISLAÇÃO COMPLEMENTAR

CONVENÇÕES BILATERAIS OU MULTILATERAIS PARA RECONHECIMENTO DE CERTIFICADOS INTERNACIONAIS DE SEGURO DE AUTOMÓVEIS: DECRETO-LEI N.º 514/77, DE 14 DE DEZEMBRO

Artigo 1.º
O Instituto Nacional de Seguros poderá celebrar com os competentes organismos estrangeiros convenções bilaterais ou multilaterais para recíproco reconhecimento dos certificados internacionais de seguro de automóveis contra o risco de responsabilidade civil por danos causados a terceiros.

Artigo 2.º
1. As convenções e os modelos de certificados internacionais serão publicados no Diário da República, com indicação da data em que entram em vigor.
2. Serão igualmente publicadas no Diário da República todas as denúncias e alterações às convenções e certificados, com indicação da data a partir da qual produzem efeito.
3. Deverão ser publicados no Diário da República avisos contendo a notícia da celebração de uma convenção, mencionando, apenas, a convenção, tipo a que se reporta, desde que o texto integral desta tenha sido anteriormente publicado.
4. De igual modo deverão ser publicados avisos contendo as modificações introduzidas nas convenções tipo anteriormente publicadas no Diário da República.

Artigo 3.º
Com a entrada em vigor das convenções, os certificados internacionais emitidos pelas entidades estrangeiras para tanto competentes serão havidos, pelos tribunais e pelas autoridades administrativas portuguesas, como apólices de seguros legalmente emitidas para produzirem efeito em Portugal.

Artigo 4.º
Consideram-se aprovadas e em vigor as convenções celebradas pelo ex--Grémio dos Seguradores de acordo com o disposto no Decreto-Lei n.º 41 225, de 8 de Agosto de 1957.

Artigo 5.º
O Instituto Nacional de Seguros poderá negociar no mercado internacional um seguro contra o risco de insolvência ou falência das companhias inscritas no Gabinete Português do Certificado Internacional de Seguro de Automóveis, às quais pertencerá o pagamento do prémio na quota-parte proporcional ao número de certificados passados por cada companhia.

Artigo 6.º
É revogado o Decreto-Lei n.º 41 225, de 8 de Agosto de 1957.

GABINETE PORTUGUÊS DO CERTIFICADO INTERNACIONAL DE SEGURO DE AUTOMÓVEIS: DESPACHO NORMATIVO N.º 20/78, DE 24 DE JANEIRO (ALTERADO PELO DESPACHO DO SEC. ESTADO DO TESOURO, DE 24.11.79, E DESPACHO NORMATIVO N.º 51/80, DE 5 DE FEVEREIRO)

1. Compete ao Instituto Nacional de Seguros:
a) Fornecer os impressos de certificados internacionais – cartas verdes – às companhias de seguros inscritas;

b) Receber dos titulares de certificados válidos para Portugal as participações de acidentes, de que resultem danos a terceiros e pelos quais sejam ou possam vir a ser considerados civilmente responsáveis;

c) Receber as reclamações apresentadas contra um segurado titular de certificado válido para Portugal ou contra a sua seguradora, bem como todas as citações e notificações que possam envolver o pagamento de prejuízos que resultarem de um acidente;

d) Gerir os processos de sinistros e liquidar as indemnizações, de harmonia com o disposto no artigo 3.º da Convenção Tipo Intergabinetes;

e) Ser reembolsado, nos termos do disposto no artigo 5.º da Convenção Tipo Intergabinetes, após a liquidação de indemnização referida na alínea anterior;

f) Ocupar-se, a solicitação das seguradoras inscritas nos gabinetes emissores, da instrução de processos e da liquidação de sinistros relativamente a danos próprios do veículo automóvel ou a outros riscos não previstos no acordo, desde que tal tenha sido expressamente convencionado ou solicitado;

    g) Promover o registo no Conselho de Gabinetes, com sede em Londres, das convenções celebradas.

    2. O Instituto Nacional de Seguros, no desempenho das funções mencionadas nas alíneas *b), c)* e *f)* do número anterior, poderá actuar por intermédio de qualquer das sociedades inscritas, mas ficará responsável pelos actos praticados por elas em seu nome.

    3. No caso de a companhia inscrita no gabinete emissor do certificado ter em Portugal um correspondente, ao abrigo do artigo 4.º da Convenção Tipo Intergabinetes, o Instituto Nacional de Seguros abandonará a instrução do processo e a liquidação dos sinistros ao referido correspondente.

    4. As companhias portuguesas inscritas nos termos do n.º 7 que pretendam nomear um correspondente num país estrangeiro deverão solicitar ao Instituto nacional de Seguros que proceda às diligências necessárias junto do gabinete do respectivo país.

    5. O Instituto Nacional de Seguros deverá responsabilizar-se perante os organismos congéneres dos países estrangeiros com os quais tenha celebrado convenções ao abrigo do artigo 1.º do Decreto-Lei n.º 514/77, de 14 de Dezembro, e de acordo com as mesmas, pelo pagamento das indemnizações, despesas e comissões de gestão relativas a acidentes pelas quais sejam civilmente responsáveis titulares de certificados válidos para esses países passados por companhias inscritas nos termos do n.º 7.

    6. O Instituto Nacional de Seguros deverá igualmente responsabilizar-se perante os organismos congéneres dos países estrangeiros com os quais tenha celebrado convenções, mas onde não seja obrigatório o seguro de responsabilidade civil automóvel ou, no caso de este ser obrigatório, no que respeita à parte facultativa do capital seguro, pelo pagamento de indemnizações, despesas e comissões de gestão relativas a acidentes pelos quais sejam civilmente responsáveis titulares de certificados válidos para esses países passados por companhias inscritas nos termos do n.º 7, desde que estas, para cada caso, tenham expressamente aprovado e autorizado as respectivas liquidações.

    7. As companhias autorizadas a exercer a actividade de seguros em Portugal que pretendam ficar habilitadas a passar certificados internacionais de seguro de automóveis deverão solicitá-lo por escrito ao Instituto Nacional de Seguros, bastando para tanto satisfazer as seguintes condições:

    a) Comprometer-se a executar as obrigações decorrentes das convenções celebradas e de acordo com as presentes disposições;

    b) Obrigar-se a respeitar as garantias concedidas pelo certificado internacional, com renúncia a qualquer cláusula restritiva prevista nas suas apólices;

    c) Ter celebrado um contrato de resseguro obrigatório sem quaisquer restrições, garantindo uma cobertura ilimitada do risco de responsabilidade civil automóvel, e, sempre que lhe seja solicitado pelo Instituto Nacional de Seguros, dar conhecimento das condições desse contrato e identificar os respectivos resseguradores.

8. As companhias inscritas nos termos do número anterior ficam obrigadas a responder aos inquéritos efectuados pelo Instituto Nacional de Seguros no âmbito da colaboração recíproca intergabinetes, que se traduz no dever de cada um dos gabinetes prestar aos seus homólogos todos os esclarecimentos necessários à localização das seguradoras dos veículos envolvidos em acidentes em países estrangeiros.

9. O Instituto Nacional de Seguros poderá negociar no mercado internacional um seguro contra o risco de insolvência ou falência das companhias inscritas nos termos do n.° 7, às quais pertencerá o pagamento do prémio na quota-parte proporcional ao número de certificados passados por cada companhia.

10. Será cancelada a inscrição às companhias que:

a) Deixarem de explorar o ramo «Automóveis»;

b) Não observarem o preceituado nestas disposições regulamentares;

c) O pretendam e o comuniquem por escrito ao Instituto Nacional de Seguros.

11. As companhias cuja inscrição foi cancelada nos termos do número anterior ficam, contudo, sujeitas ao cumprimento das obrigações resultantes da sua aceitação a estas disposições até ao termo da validade dos certificados internacionais que por elas tenham sido passados e das responsabilidades deles emergentes e devem devolver ao Instituto Nacional de Seguros, para efeito do seu cancelamento, os certificados que até à data da sua admissão ou exclusão não tenham sido utilizados.

12. Para desempenho das funções regulamentadas através do presente despacho, constituem receitas do Instituto Nacional de Seguros:

a) A quota-parte do prémio do seguro referido no n.° 9;

b) A comissão de gestão referida no artigo 5.°, *iii)*, da Convenção Tipo Intergabinetes.

INSTITUTO DE SEGUROS DE PORTUGAL: DECRETO-LEI N.° 251/97, DE 26 DE SETEMBRO

O Instituto de seguros de Portugal, adiante designado por ISP, autoridade de supervisão da actividade seguradora, incluindo a dos fundos de pensões, tem--se regido por estatuto aprovado pelo Decreto-Lei n.° 302/82, de 30 de Julho, diploma que o criou, extinguindo e substituindo as duas entidades – O Instituto Nacional de Seguros e a Inspecção-Geral de Seguros – a que estavam anteriormente confiadas as funções de coordenação e fiscalização do sector segurador.

Verificaram-se entretanto, neste período de quase 15 anos, profundas transformações na sociedade portuguesa a que não se subtraem os domínios económico e financeiro. O processo de privatizações e a liberalização progressiva do mer-

cado, a adesão à Comunidade Europeia e a abertura e internacionalização da economia modificaram radicalmente o contexto de actuação do ISP, confrontando--o com estruturas, práticas e condições de mercado que em muitos domínios quase não apresentam pontos de contacto ou de continuidade com a situação que existia à data da sua criação.

Por outro lado, com a liberalização e desregulamentação da actividade, foram introduzidos múltiplos novos produtos, tendo assumido grande relevância a institucionalização dos fundos de pensões, que em poucos anos acumularam investimentos de soma muito considerável. Com a criação dos fundos de pensões, geridos por empresas de seguros do ramo "Vida" ou por sociedades especializadas, abriu-se um novo campo à supervisão do ISP.

Factor decisivo na evolução deste período foi, naturalmente, a adesão em 1986 à Comunidade Europeia. Além de mudanças substantivas na economia, a adesão trouxe consigo importantes ajustamentos no enquadramento institucional e na regulamentação, destinados, sobretudo, a garantir condições de concorrência entre todos os operadores do mercado e a assegurar a tutela dos interesses dos tomadores de seguro.

Aos ajustamentos imediatos decorrentes da adesão vieram depois somar-se outras e ainda mais profundas inovações, que resultam na edificação do mercado único de seguros, como é o caso da aprovação – entre outras componentes de um amplo movimento de legislação comunitária – das directivas de terceira geração, que vieram alargar o âmbito da liberalização da actividade no espaço comunitário. De acordo com as regras de funcionamento do mercado único, a supervisão prudencial das empresas de seguros passou a fazer-se à escala da União, de harmonia com as normas nele vigentes e abrangendo quer a actividade exercida em regime de estabelecimento, quer a exercida em regime de livre prestação de serviços.

A construção do mercado único de seguros foi ainda acompanhada por um conjunto de medidas de liberalização e desregulamentação do mercado, designadamente com a substituição dos procedimentos tradicionais de fiscalização e aprovação prévia dos produtos, incluindo tarifas, por uma supervisão realizada, no essencial, a posteriori.

Neste contexto, de grande mudança, a publicação do estatuto a que agora se procede destina-se sobretudo a adaptar o ISP, enquanto autoridade de supervisão, ao quadro em que passou a mover-se a actividade.

São três os vectores fundamentais do novo Estatuto. O primeiro consiste na actualização das definições básicas de competência do ISP, enquanto autoridade de supervisão do sector segurador, tendo em vista o enquadramento legislativo, nacional e comunitário em que hoje se integra a sua actividade. O segundo vector é a racionalização de determinados aspectos da estrutura orgânica e dos procedimentos de gestão, a fim de, por um lado, assegurar ao ISP padrões de maior eficiência nas decisões e mais eficácia nas acções, e de, por outro, clarificar a aplicação de normas relevantes da legislação em vigor. O terceiro traduz-se na *consagração expressa de regras de transparência e de prevenção de conflitos de interesses, que são consideradas como necessárias à actuação isenta da instituição supervisora do sector segurador.*

Em matéria de competência do ISP, como autoridade de supervisão do sector segurador, supriram-se lacunas que se têm revelado na prática particularmente sensíveis.

Nesta categoria cumpre referir, em primeiro lugar, o alargamento da supervisão às sociedades gestoras de participações sociais que se relacionem de determinados modos com empresas de seguros e resseguros e sociedades gestoras de fundos de pensões.

Outra inovação digna de realce consiste no facto de o ISP passar a ter legitimidade para recorrer às instâncias judiciais para defesa dos interesses dos credores específicos de seguros e de fundos de pensões.

A actualização da estrutura orgânica e dos procedimentos de gestão constitui outro dos objectivos do novo Estatuto.

Mantém-se a inserção dos trabalhadores do ISP no regime geral da segurança social, prevendo-se também que os complementos de reforma sejam garantidos por forma adequada, nomeadamente por um fundo de pensões, que, aliás, já existe.

Finalmente, prevê o novo Estatuto regras específicas de transparência e de prevenção de conflitos de interesses, aplicáveis aos titulares dos órgãos de administração e fiscalização.

Trata-se de precauções que, atento precisamente o seu carácter preventivo e documental, visam contribuir para assegurar, de uma forma objectiva, o desinteresse privado da autoridade pública de supervisão.

Assim:
Nos termos da alínea a) do n.° 1 do artigo 201.° da Constituição, o Governo decreta o seguinte:

Artigo 1.° *(Aprovação)*

É aprovado o Estatuto do Instituto de Seguros de Portugal, adiante abreviadamente designado por ISP, publicado em anexo ao presente diploma e que dele faz parte integrante.

Artigo 2.° *(Actuais mandatos)*

A aprovação do presente Estatuto não implica o termo dos mandatos dos membros dos órgãos do ISP presentemente em exercício.

Artigo 3.° *(Norma transitória)*

1. Os trabalhadores do ISP que, à data da entrada em vigor do presente diploma, se encontrem em situação de incompatibilidade, nos termos do n.° 4 do artigo 25.° do Estatuto, deverão optar, no prazo de um ano contado a partir daquela data, pela sua manutenção no ISP ou pelo exercício da actividade incompatível.

2. A opção a que se refere o número anterior deverá ser comunicada, por escrito, ao conselho directivo do ISP.

Artigo 4.° (Norma revogatória)
É revogado o Decreto-Lei n.° 302/82, de 30 de Julho e o artigo 5.° do Decreto-Lei n.° 156/83, de 14 de Abril.

ESTATUTO

CAPÍTULO I – Da denominação, natureza, regime e sede

Artigo 1.° (Natureza)
O Instituto de Seguros de Portugal, abreviadamente designado por ISP, é uma pessoa colectiva de direito público, dotada autonomia administrativa e financeira e de património próprio.

Artigo 2.° (Regime e tutela)
1. O ISP rege-se pelo presente diploma e pelo seu regulamento interno, bem como, no que por aquele ou por este não for especialmente regulado, exclusivamente pelo ordenamento jurídico e financeiro aplicável às entidades que revistam natureza, forma e designação de empresa pública de regime de direito privado, não estando sujeito às normas aplicáveis aos fundos e serviços autónomos.
2. O ISP fica sujeito à tutela e superintendência do Ministro das Finanças.

Artigo 3.° (Sede e delegações)
1. O ISP tem a sua sede em Lisboa e uma delegação no Porto.
2. O conselho directivo poderá, ouvido o conselho consultivo e com autorização prévia do Ministro das Finanças, criar ou encerrar outras delegações ou representações.

CAPÍTULO II – Das atribuições e competência

Artigo 4.° (Atribuições)
1. São atribuições do ISP:
a) Assistir o Governo na definição da política para o sector segurador, nele se incluindo as actividades conexas ou complementares da actividade seguradora e resseguradora, os fundos de pensões e a actividade de mediação de seguros;
b) Implementar e exercer o controlo de execução dessa política;
c) Regulamentar, fiscalizar e supervisionar a actividade seguradora e resseguradora, as actividades conexas ou complementares da actividade seguradora e resseguradora, os fundos de pensões e a actividade de mediação de seguros;

d) Colaborar com as autoridades congéneres dos Estados membros da União Europeia, nos termos da legislação comunitária, ou de outros Estados, nos termos de protocolos subscritos pelo ISP;

e) Colaborar com as demais autoridades nacionais nos domínios da sua competência, nos termos de protocolos subscritos pelo ISP.

2. A supervisão do ISP abrange toda a actividade das empresas a ela sujeitas, incluindo as actividades conexas ou complementares da actividade principal, e é exercida de harmonia com a legislação nacional e comunitária em vigor.

3. As sociedades gestoras de participações sociais ficam sujeitas à supervisão do ISP sempre que o valor total, directa ou indirectamente detido, das suas participações em empresas de seguro e de resseguro, em sociedades gestoras de fundos de pensões e em sociedades de mediação de seguros ou de resseguros, represente pelo menos 50% do montante global das participações que detiverem e, bem assim, sempre que se encontrem, em relação a uma ou mais empresas de seguro, ou de resseguro, sociedades gestoras de fundos de pensões e sociedades de mediação de seguros ou de resseguros, em alguma das situações previstas no n.º 1 do Decreto-Lei n.º 102/94, de 20 de Abril, exceptuando-se, porém, as que estiverem sujeitas por outra legislação à supervisão do Banco de Portugal.

4. Se duas ou mais sociedades gestoras de participações sociais estiverem entre si em relação de grupo, ou por outro qualquer modo actuarem concertadamente, considerar-se-ão como uma única sociedade para os efeitos do número anterior.

5. A Inspecção-Geral de Finanças informará o ISP das situações referidas nos n.ºs 3 e 4 e que sejam do seu conhecimento.

Artigo 5.º (Competência)

1. Cabe ao ISP, no exercício das suas atribuições, praticar todos os actos necessários à conveniente regulamentação e fiscalização das actividades e empresas referidas no artigo anterior.

2. Compete ao ISP:

a) Apresentar ao Governo propostas legislativas sobre matérias das suas atribuições;

b) Dar parecer ao Ministro dos Finanças sobre matérias concernentes às actividades e empresas sujeitas à sua supervisão, e designadamente sobre a constituição, cisão e fusão de empresas de seguro directo e de resseguro e de sociedades gestoras de fundos de pensões, bem como sobre o seu encerramento e liquidação;

c) Pronunciar-se sobre o exercício, por empresas sediadas em Portugal, da actividade seguradora ou resseguradora em outros países;

d) Autorizar a exploração de ramos ou modalidades de seguros e definir apólices uniformas para determinados contratos de seguros;

e) Apreciar e aceitar o depósito de bases técnicas, condições gerais e especiais e condições tarifárias de contratos;

f) Apreciar as contas de exercício das empresas sujeitas à sua supervisão, podendo, por decisão fundamentada, impor rectificações;

g) Certificar as empresas sujeitas à sua supervisão;

h) Acompanhar a actividade das empresas sujeitas à sua supervisão e vigiar o cumprimento das normas aplicáveis e a observância das regras de controlo prudencial;

i) Inspeccionar, sempre que o entenda conveniente, as empresas sujeitas à sua supervisão, requisitar delas informações e documentos e proceder a averiguações e exames em qualquer entidade ou local, no quadro do desempenho destas funções;

j) Instaurar e instruir processos de transgressão e fixar o montante da respectiva multa;

l) Instaurar e instruir processos de contra-ordenação e aplicar ou propor as respectivas coimas e sanções acessórias;

m) Suspender as autorizações concedidas e determinar a suspensão temporária ou retirada definitiva de clausulados e condições tarifárias e comercialização de produtos, quando ocorra violação da lei ou haja risco ilegítimo para os interessados ou para o equilíbrio da exploração da empresa ou do sector;

n) Certificar os agentes de mediação de seguros ou de resseguros e exercer a respectiva supervisão;

o) Atender, analisar e dar parecer sobre pedidos de informação e reclamações que lhe sejam apresentados por particulares ou por organismos oficiais, não resolvidos noutras instâncias, relativamente ao exercício da actividade seguradora, incluindo-se nesta a actividade de mediação e de fundos de pensões;

p) Colaborar com todas as autoridades nacionais e comunitárias nas matérias da sua competência e, em especial, colaborar com o Banco de Portugal e com a Comissão do Mercado de valores Mobiliários, com vista a assegurar a eficácia e a coerência global da supervisão do sistema financeiro, bem como o Instituto do Consumidor, para assegurar a protecção dos direitos e interesses dos consumidores;

q) Fazer-se representar em organismos internacionais que se ocupem de matérias relacionadas com a supervisão das actividades e empresas referidas no artigo anterior;

r) Assegurar a recolha, tratamento e publicação de dados estatísticos sobre o sector segurador, bem como de outros elementos informativos necessários para fins estatísticos;

s) Gerir o Fundo de Garantia Automóvel (FGA), o Fundo de Actualização de Pensões (FUNDAP) e outros que lhe sejam confiados por lei;

t) Publicar um relatório anual sobre o sector segurador, sua situação económica, financeira e patrimonial e seu enquadramento na situação económica global do País;

u) Elaborar ou patrocinar estudos técnicos relevantes para o desempenho das suas funções;

v) Gerir o sistema de informação de matrículas de automóveis a que se refere o n.º 3 do artigo 39.º do Decreto-Lei n.º 522/85, de 31 de Dezembro;

x) Praticar quaisquer outros actos da competência dos ex-Instituto Nacional de Seguros e ex-Inspecção-Geral de Seguros e que sejam, nos termos do artigo 4.º, compatíveis com as suas atribuições;

z) Praticar quaisquer outros actos que lhe sejam cometidos por legislação especial ou que o Ministro das Finanças entenda confiar-lhe por delegação.

3. No âmbito das suas atribuições, o ISP emitirá normas regulamentares, de cumprimento obrigatório pelas entidades sujeitas à sua supervisão, as quais serão publicadas na 2ª Série do *Diário da República*.

4. O ISP tem legitimidade para requerer quaisquer providências cautelares sempre que necessário para o equilíbrio do sector segurador e para garantia eficaz dos interesses dos credores específicos de seguros e fundos de pensões e, bem assim, para agir em juízo em defesa dos interesses dos participantes nos fundos de pensões e para intervir nos processos de falência das empresas sujeitas à sua supervisão, podendo, mediante autorização do Ministro das Finanças, requerer a sua falência, inclusive com base na manifesta insuficiência do activo para satisfação do passivo, e devendo sempre ser ouvido pelo tribunal antes de proferida a respectiva declaração.

5. Em caso de liquidação de seguradora, e sem prejuízo dos dispositivos legais aplicáveis, o ISP, sob autorização do Ministro das Finanças, poderá nomear os liquidatários, se se verificar alguma das situações previstas nas alíneas *b)* e *c)* do n.º 1 do artigo 110.º do Decreto-Lei n.º 102/94, de 20 de Abril, ou se ocorrer demora sensível na liquidação.

Artigo 6.º (Irregularidades e situações de insuficiência financeira)
1. No exercício das suas atribuições, o ISP emitirá instruções vinculativas para que sejam sanadas as irregularidades de que tenha conhecimento nas empresas sujeitas à sua supervisão, adoptando os actos necessários para o efeito.

2. São ineficazes os actos praticados em violação de proibições específicas emitidas pelo ISP no exercício das suas atribuições.

Artigo 7.º (Colaboração de outras autoridades e entidades)
1. O ISP poderá solicitar a entidades públicas as informações e a colaboração que sejam necessárias ao exercício das suas atribuições.

2. O ISP poderá requisitar informações que tenha por relevantes a quaisquer entidades privadas, e designadamente a pessoas singulares ou a pessoas colectivas que participem nas empresas sujeitas à sua supervisão ou sejam por elas participadas, a indivíduos ou pessoas colectivas que exerçam actividades que caiba ao ISP fiscalizar, e ainda a revisores oficiais de contas e auditores, à Câmara dos Revisores Oficiais de Contas e ao Instituto dos Actuários Portugueses.

CAPÍTULO III – Dos órgãos

Artigo 8.º (Órgãos)
São órgãos do ISP o conselho directivo, o conselho consultivo e a comissão de fiscalização.

SECÇÃO I – Do conselho directivo

Artigo 9.º (Constituição)
1. O conselho directivo é constituído por três a cinco membros, nomeados pelo Conselho de Ministros, sob proposta do Ministro das Finanças, por um período de três anos, de entre indivíduos com reconhecida capacidade e competência no âmbito das atribuições do ISP.
2. Do acto de nomeação constará a designação do presidente do conselho directivo.

Artigo 10.º (Competências)
1. Compete ao conselho directivo:
a) Arrecadar as receitas do ISP e autorizar a realização das despesas necessárias ao seu funcionamento;
b) Elaborar o plano de actividades e o orçamento anuais do ISP, acompanhados do relatório e parecer da comissão de fiscalização, e submetê-los à aprovação do Ministro das Finanças;
c) Elaborar, quando for o caso, os orçamentos suplementares do ISP, acompanhados do relatório e parecer da comissão de fiscalização, e submetê-los à aprovação do Ministro das Finanças;
d) Elaborar o relatório da actividade desenvolvida pelo ISP em cada exercício, o balanço e as contas anuais de gerência e submeter todos estes documentos até 31 de Março do ano seguinte, com parecer da comissão de fiscalização, à aprovação do Ministro das Finanças, devendo os referidos documentos ser publicados no *Diário da República* no prazo de 30 dias após a sua aprovação;
e) Solicitar a convocação do conselho consultivo ou da comissão de fiscalização, e requerer-lhes pareceres sempre que necessário;
f) Deliberar sobre a aquisição, alienação, locação financeira ou aluguer de bens móveis e sobre o arrendamento de bens imóveis destinados à instalação, equipamento e funcionamento do ISP;
g) Deliberar sobre a aquisição ou locação financeira de bens imóveis para os mesmos fins, bem como, quando for o caso, sobre a sua alienação, precedendo autorização do Ministro das Finanças;
h) Contratar com terceiros a prestação de quaisquer serviços ao ISP com vista ao adequado desemprenho das suas atribuições;
i) Elaborar o regulamento interno necessário à organização e funcionamento do ISP, submetendo-o à aprovação do Ministro das Finanças;

j) Fazer a gestão dos recursos humanos e patrimoniais do ISP;

l) Executar e fazer cumprir todos os actos necessários à prossecução dos fins do ISP, nomeadamente os definidos nos artigos 4.° a 7.° do presente Estatuto.

2. O conselho directivo pode delegar, com poderes de subdelegação, em um ou mais dos seus membros, a prática de actos que sejam da sua exclusiva competência, devendo os limites e condições de tal delegação constar da acta da reunião em que a respectiva deliberação for tomada.

Artigo 11.° (Competências do presidente)
1. Compete ao presidente do conselho directivo:
a) Assegurar a representação do ISP;
b) Presidir às reuniões do conselho directivo;
c) Convocar as reuniões ordinárias e extraordinárias do conselho directivo;
d) Suspender as deliberações do conselho directivo que julgue ilegais ou contrárias aos objectivos do ISP, submetendo-as a confirmação do Ministro das Finanças;
e) Requerer a suspensão jurisdicional da eficácia de deliberações do conselho directivo que repute ilegais.

2. O presidente pode delegar em qualquer dos outros membros do conselho directivo a competência que lhe é conferida na alínea *a)* do número anterior.

3. O presidente do conselho directivo designa o membro que o substituirá na sua ausência ou impedimento.

Artigo 12.° (Reuniões)
1. O conselho directivo reúne ordinariamente uma vez todos os 15 dias e extraordinariamente sempre que o seu presidente, por iniciativa própria ou a pedido da maioria dos seus membros ou da comissão de fiscalização, o convoque.

2. As deliberações do conselho directivo são tomadas por maioria dos votos dos seus membros, tendo o presidente voto de desempate.

3. De todas as reuniões do conselho directivo lavrar-se-á acta, que será assinada por todos os membros presentes.

4. O ISP obriga-se, sem prejuízo do disposto no n.° 2 do artigo 10.°, pela assinatura de, pelo menos, dois dos seus membros, salvo para actos de mero expediente, em que bastará apenas uma assinatura.

Artigo 13.° (Regime)
1. Sem prejuízo do disposto neste diploma, o presidente e os demais membros do conselho directivo ficam sujeitos ao estatuto do gestor público e terão remunerações e regalias equivalentes às mais elevadas legalmente admitidas para os membros dos conselhos de administração das empresas públicas, as quais serão fixadas por despacho do Ministro das Finanças.

2. Sem prejuízo de outras declarações de bens previstas na lei, os membros do conselho directivo que, à data da posse, sejam titulares de valores mobiliários emitidos por empresas sujeitas à supervisão do ISP farão, no prazo de 60 dias a contar dessa data, uma declaração da qual hão-de constar todos os valores de que são titulares, bem como os titulados pelo cônjuge, identificados por espécie, quantidade e preço de aquisição, e que será conservada, em livro próprio, nos arquivos do ISP.

3. Sempre que um membro do conselho directivo ou seu cônjuge adquira ou aliene, em bolsa ou fora dela, valores mobiliários emitidos por empresas sujeitas à supervisão do ISP, declará-lo-á do mesmo modo, por apenso à declaração prevista no número anterior, e no prazo de 30 dias após a conclusão da operação.

4. O relatório de actividade do ISP será acompanhado de um anexo do qual constará o teor das declarações referidas nos n.ºs 2 e 3.

5. É vedado aos membros do conselho directivo exercer quaisquer cargos ou funções em empresas sujeitas à supervisão do ISP, no decurso do seu mandato.

6. Considera-se motivo justificado para efeitos do artigo 6.° do Decreto-Lei n.° 464/82, de 9 de Dezembro, a infracção às obrigações previstas nos n.ºs 2, 3 e 5.

SECÇÃO II – Do conselho consultivo

Artigo 14.° (Constituição)
 1. O conselho consultivo é constituído por:
  a) Um representante do Ministro das Finanças, que presidirá;
  b) Um representante do Governo da Região Autónoma dos Açores;
  c) Um representante do Governo da Região Autónoma da Madeira;
  d) Um representante do Instituto do Consumidor;
  e) Um representante das associações de empresas de seguros;
  f) Um representante das associações de entidades gestoras de fundos de pensões;
  g) Um representante das associações de mediadores de seguros e resseguros;
  h) Até três individualidades de reconhecida competência e idoneidade que o Ministro das Finanças entenda conveniente designar.

2. Participará sempre nas reuniões do conselho consultivo, mas sem direito de voto, pelo menos um dos membros do conselho directivo, por este designado caso a caso de acordo com a natureza das matérias a tratar.

3. Os membros referidos nas alíneas anteriores serão nomeados por um período de três anos, renovável.

4. O presidente do conselho consultivo designará o membro que o substituirá na sua falta ou impedimento.

5. Os membros do conselho consultivo auferirão senhas de presença, de montante a definir por despacho conjunto do Ministro das Finanças e do membro do Governo responsável pela área da Administração Pública.

Artigo 15.° (Competência)
 1. O conselho consultivo é um órgão de consulta do ISP sobre as grandes linhas de orientação estratégica relativas à coordenação do sector.

2. Ao conselho consultivo compete pronunciar-se sobre todas as questões que lhe sejam submetidas pelo conselho directivo, devendo, no entanto, ser obrigatoriamente ouvido sobre as seguintes matérias:
   a) Plano anual de actividades do ISP;
   b) Relatório anual a que se refere a alínea t)do n.º 2 do artigo 5.º;
   c) Abertura e encerramento de delegações e representações do ISP;
   d) Propostas de constituição de novos fundos de âmbito nacional, a gerir pelo ISP, assim como alterações ao âmbito das garantias dos fundos, de natureza semelhante, já existentes;
   e) Liquidação de entidades sujeitas à supervisão do ISP.

Artigo 16.º (Reuniões)
   1. O conselho consultivo reúne ordinariamente uma vez por semestre e extraordinariamente a pedido do presidente do conselho directivo do ISP, por sua iniciativa do seu presidente ou por solicitação da maioria dos seus membros.
   2. As deliberações do conselho consultivo são tomadas por maioria dos votos dos membros presentes, tendo o presidente voto de desempate.
   3. De todas as reuniões do conselho consultivo será lavrada acta, que será assinada por todos os membros presentes.

SECÇÃO III – Da comissão de fiscalização

Artigo 17.º (Constituição)
   1. A comissão de fiscalização é constituída por três membros, nomeados pelo Ministro das Finanças, devendo um deles ser revisor oficial de contas.
   2. Do acto de nomeação constará a designação do presidente da comissão de fiscalização.

Artigo 18.º (Competência)
   1. Compete à comissão de fiscalização:
   a) Fiscalizar e apreciar a gestão do ISP;
   b) Apreciar e emitir parecer sobre o relatório de actividade e as contas anuais do ISP;
   c) Examinar a contabilidade do ISP, e as contas dos fundos sob a sua gestão;
   d) Velar pelo cumprimento do regulamento interno do ISP;
   e) Solicitar ao presidente do conselho directivo reuniões conjuntas dos dois órgãos, quando, no âmbito das suas competências, o entender;
   f) Pronunciar-se sobre qualquer assunto de interesse para o ISP que seja submetido à sua apreciação pelo conselho directivo.
   2. A comissão de fiscalização pode ser coadjuvada por técnicos especialmente designados para o efeito e, ainda, por empresas de auditoria.

Artigo 19.º (Reuniões)
1. A comissão de fiscalização reúne ordinariamente uma vez por mês e extraordinariamente sempre que seja convocada pelo respectivo presidente, por sua iniciativa ou a solicitação do conselho directivo.
2. De todas as reuniões da comissão de fiscalização será lavrada acta, que será assinada por todos os membros presentes.

Artigo 20.º (Regime)
1. Os membros da comissão de fiscalização são nomeados por um período de três anos, renovável.
2. Os membros da comissão de fiscalização são equiparados aos membros dos órgãos de fiscalização das empresas públicas do grupo A1 e têm remuneração equivalente.
3. É aplicável aos membros da comissão de fiscalização o disposto nos n.os 2 e 4 do artigo 13.º.

CAPÍTULO IV – Do património, receitas e despesas

Artigo 21.º (Património)
O património do ISP é constituído pela universalidade dos seus direitos e obrigações.

Artigo 22.º (Receitas)
1. Constituem receitas do ISP:
a) Uma taxa paga pelas entidades sujeitas a supervisão, nos termos da legislação em vigor;
b) O produto da venda de bens e receitas por prestação de serviços, bem como da constituição de direitos sobre aqueles;
c) Os rendimentos de bens próprios e os provenientes da sua actividade;
d) As receitas de aplicações financeiras;
e) Os subsídios, doações ou comparticipações atribuídos por quaisquer entidades nacionais ou estrangeiras;
f) As dotações que lhe sejam atribuídas pelo Estado.
g) Quaisquer outros rendimentos ou receitas que por lei, contrato ou outra forma lhe sejam atribuídos.
2. Transitarão para o ano seguinte os saldos apurados em cada exercício.

Artigo 23.º (Despesas)
Constituem despesas do ISP:
a) Os encargos com o respectivo funcionamento;
b) Os custos de aquisição, manutenção e conservação de bens ou serviços que tenha de utilizar;

c) Subsídios à investigação científica e à divulgação de conhecimentos em matérias relevantes para as suas atribuições ou para o sector segurador.

CAPÍTULO V – Da gestão financeira e patrimonial

Artigo 24.º *(Gestão financeira e patrimonial)*
1. Com excepção do disposto no número seguinte, a actividade financeira do ISP rege-se exclusivamente pelo regime jurídico aplicável às entidades que revistam natureza, forma e designação de empresa pública, em tudo o que não for especialmente regulado pelo presente diploma e no regulamento interno do ISP.
2. O orçamento do ISP, que será elaborado de acordo com o Plano Oficial de Contabilidade, constará do Orçamento do Estado.
3. A gestão patrimonial e financeira do ISP rege-se segundo princípios de direito privado, não lhe sendo aplicável o regime geral da actividade financeira dos fundos e serviços autónomos.
4. A contabilidade do ISP é elaborada de acordo com o Plano Oficial de Contabilidade, não lhe sendo aplicável o regime da contabilidade pública.
5. Compete ao ISP a gestão dos fundos públicos conexos ou complementares da actividade seguradora.
6. Salvo disposição em contrário, o ISP representa para todos os efeitos os fundos cuja gestão lhe está confiada por lei e exerce todos os seus direitos o obrigações.
7. Na gestão dos fundos integrados no ISP ou que lhe estão confiados e nos processos de intervenção em empresas para fins de saneamento e de liquidação, o ISP pode renunciar a créditos e perdoar dívidas, dar e aceitar doações em pagamento e transigir em juízo ou fora dele.

CAPÍTULO VI – Do pessoal

Artigo 25.º *(Estatuto do pessoal)*
1. Ao pessoal do ISP aplica-se o regime jurídico do contrato individual de trabalho.
2. O ISP pode ser parte em instrumentos de regulamentação colectiva de trabalho.
3. Os funcionários do Estado, de institutos públicos e de autarquias locais, bem como os empregados, quadros ou administradores de empresas públicas ou privadas, poderão ser chamados a desempenhar funções no ISP, em regime de requisição ou de comissão de serviço, com garantia do seu lugar de origem e dos direitos nele adquiridos, considerando-se o período de requisição ou comissão como tempo de serviço prestado nos quadros de que provenham, suportando o ISP as despesas inerentes.

4. Salvo por designação do ISP e para prossecução dos seus fins, os trabalhadores do ISP não podem prestar trabalho ou outros serviços, remunerados ou não, a empresas sujeitas à sua supervisão, nem exercer actividades de mediação de seguros.

Artigo 26.º (Segurança social)
1. Os trabalhadores do ISP encontram-se submetidos ao regime geral de segurança social.
2. Os trabalhadores do ISP têm direito a complementos de reforma de valor não inferior aos previstos no contrato colectivo de trabalho para a actividade seguradora, os quais serão garantidos por um fundo de pensões.

CAPÍTULO VII – Disposições finais

Artigo 27.º (Sigilo)
1. Os membros dos órgãos sociais do ISP, bem como os trabalhadores eventuais ou permanentes do seu quadro de pessoal, devem guardar sigilo dos factos cujo conhecimento lhes advenha exclusivamente pelo exercício das suas funções.
2. A violação do dever de segredo profissional previsto no número anterior é, para além da inerente responsabilidade civil e disciplinar, punível nos termos do Código Penal.

Artigo 28.º (Certidões)
O ISP poderá passar certidões de factos relacionados com as suas atribuições, nos termos da legislação aplicável.

Artigo 29.º (Recursos)
Dos actos administrativos do conselho directivo e dos serviços do ISP, no uso de poderes delegados, cabe recurso contencioso, nos termos gerais de direito.

SECÇÃO II
Do funcionamento

ARTIGO 23.º
(Indemnizações do Fundo)

O **Fundo de Garantia Automóvel** satisfaz, nos termos do artigo 21.º, as indemnizações decorrentes de acidentes originados pelos veículos no mesmo referidos e até ao limite, por acidente, das quantias fixadas no artigo 6.º.

EVOLUÇÃO LEGISLATIVA

* Este preceito é redacção do artigo 1.º do Decreto-Lei n.º 122-A/86, de 30.05.

Redacção anterior:

DECRETO-LEI N.º 522/85, DE 31.12

Artigo 23.º (Competência do Fundo)
Compete ao Fundo de Garantia Automóvel satisfazer as indemnizações por lesões consequentes de acidentes originados por veículos sujeitos ao seguro obrigatório, nos casos previstos no artigo 21.º, até ao limite, por acidente, das quantias fixadas no artigo 6.º.

REMISSÕES

Capital seguro – art. 6.º; âmbito do Fundo de Garantia Automóvel – art. 21.º; obrigação de indemnização – arts. 562.º segs. CC.

ARTIGO 24.º
(Exclusões)

1. São aplicáveis ao Fundo de Garantia Automóvel as exclusões constantes dos n.ᵒˢ 1, 2 e 3 e das alíneas *a)* a *e)* do n.º 4 do artigo 7.º, sendo também excluídos os danos causados às pessoas referidas no n.º 2 do artigo 9.º.
2. Não beneficiam da garantia do Fundo de Garantia Automóvel os danos causados às pessoas do causador doloso do acidente, dos autores, cúmplices e encobridores de roubo, furto ou furto de uso de qualquer veículo que intervenha no acidente, bem como aos passageiros nele transportados que tivessem conhecimento da posse ilegítima do veículo e de livre vontade nele fossem transportados.

EVOLUÇÃO LEGISLATIVA

* Este preceito é redacção do Decreto-Lei n.º 522/85, de 31.12.

REMISSÕES

Exclusões de garantia do seguro – art. 7.º; seguro de provas desportivas – art. 9.º.

JURISPRUDÊNCIA

PROVA DESPORTIVA; RESPONSABILIDADE DO FUNDO DE GARANTIA AUTOMÓVEL: "I – É da competência do tribunal comum e não do tribunal administrativo a acção instaurada pelo lesado contra uma Câmara Municipal em que se pede a condenação desta no pagamento de indemnização fundada em acidente ocorrido no decurso de uma prova desportiva de automobilismo integrada no programa de festas organizada por aquela autarquia. II – Se o agravante, no requerimento de interposição do recurso, restringiu o seu objecto à parte do despacho saneador que julgou improcedente a excepção de incompetência em razão da matéria, não pode discutir nas alegações do recurso de apelação a questão da legitimidade da autarquia, já decidida no saneador, no sentido de improcedência da excepção de ilegitimidade. III – Se o concorrente desportivo conduzia o veículo de acordo com as regras do concurso, o regulamento da prova lhe impunha que circulasse o mais rapidamente possível, e não foram tomadas medidas de protecção dos espectadores, mediante colocação de barreiras, nenhuma culpa lhe pode ser imputada no acidente que atingiu um dos espectadores. IV – O Fundo de Garantia Automóvel não responde pelos danos causados por acidentes de viação em provas desportivas." *(Acórdão da Relação de Coimbra, de 96.03.26, Col. Jurisp., 1996, Tomo II, pág. 24)*

ARTIGO 25.º
(Sub-rogação do Fundo)

1. Satisfeita a indemnização, o Fundo de Garantia Automóvel fica sub-rogado nos direitos do lesado, tendo ainda direito ao juro de mora legal e ao reembolso das despesas que houver feito com a liquidação e cobrança.
2. No caso de falência, o Fundo de Garantia Automóvel fica sub-rogado apenas contra a seguradora falida.
3. As pessoas que, estando sujeitas à obrigação de segurar, não tenham efectuado seguro poderão ser demandadas pelo Fundo de Garantia Automóvel, nos termos do n.º 1, beneficiando do direito de regresso contra outros responsáveis pelo acidente, se os houver, relativamente às quantias que tiverem pago.

EVOLUÇÃO LEGISLATIVA

* Este preceito é redacção do artigo 1.º do Decreto-Lei n.º 122-A/86, de 30.05.

Redacção anterior:

DECRETO-LEI N.º 522/85, DE 31.12

Artigo 25.º *(Âmbito territorial)*
Só aproveitam do benefício do Fundo de Garantia Automóvel os lesados por acidentes ocorridos em Portugal.

REMISSÕES

Falência – Dec.-Lei n.º 132/90, de 23.04 (Código dos Processos Especiais de Falência e Recuperação de Empresas), alterado pelo Dec.-Lei 315/98, de 20.10; obrigações de juros – arts. 559.º segs. CC; momento da constituição em mora – art. 805.º CC; juros de mora nas obrigações pecuniárias – art. 806.º CC; taxa de juro legal – Port. n.º 262/99, de 12.4; taxa de juro em operações de comerciantes – Port. 263/99, de 12.04.

JURISPRUDÊNCIA

PRESCRIÇÃO: "I – O Fundo de Garantia Automóvel tem responsabilidade subsidiária enquanto as seguradoras respondem directamente perante o lesado. II – Na situação de regresso, aquele que cumpre, cumpre uma obrigação própria; na sub-rogação há uma transmissão do direito. III – O direito do sub-rogado pelo Fundo, reconhecido por sentença que o condenou e ao lesante, prescreve no prazo ordinário." *(Acórdão da Relação de Coimbra, de 92.12.02, Col. Jurisp., 1992, Tomo V, pág. 66)*

DESISTÊNCIA DO PEDIDO: "O facto do lesado em acidente de viação ter desistido do pedido contra o responsável pelo acidente e transaccionado com o Fundo de Garantia Automóvel, em acção indemnizatória por si intentada, não obsta a que este fique sub-rogado no direito do lesado, relativamente à quantia que pagou no cumprimento daquela transacção." *(Acórdão da Relação de Évora, de 95.11.09, Col. Jurisp., 1995, Tomo V, pág. 285)*

LEGITIMIDADE DO FUNDO COMO EXEQUENTE: "I – Pagando a indemnização, emergente de acidente de viação, em que foi condenado solidariamente com o lesante – por este não ter seguro obrigatório –, o FGA fica sub-rogado nos direitos do lesado, por «sucessão» nos direitos deste. II – Assim, pode demandar em processo executivo o lesante, verificando-se o desvio à regra da determinação da legitimidade, a que se refere o artigo 56.º, n.º 1 do CPC." *(Acórdão da Relação do Porto, de 98.05.21, Col. Jurisp., 1998, Tomo III, pág. 183)*

ARTIGO 26.º
(Reembolso do Fundo ao Gabinete Português de Carta Verde e outros reembolsos entre Fundos de Garantia)

1. O Fundo de Garantia Automóvel reembolsa o Gabinete Português de Certificado Internacional de Seguro pelo montante despendido por este, ao abrigo da Convenção Complementar entre Gabinetes Nacionais, em consequência das indemnizações devidas por acidentes causados por veículos matriculados em Portugal e sujeitos ao seguro obrigatório previsto neste diploma, desde que:

a) O acidente ocorra num outro Estado membro da Comunidade Económica Europeia ou num país terceiro, cujo gabinete nacional de seguros tenha aderido à Convenção Complementar entre Gabinetes Nacionais ou ainda no trajecto que ligue directamente dois Estados membros, quando nesse território não exista gabinete nacional de seguros;

b) O responsável não seja titular de um seguro de responsabilidade civil automóvel;

c) As indemnizações tenham sido atribuídas nas condições previstas para o seguro de responsabilidade civil automóvel na legislação nacional do país onde ocorreu o acidente, ou nos termos da alínea *c)* do artigo 5.º, quando o acidente ocorreu no trajecto que liga dois Estados membros.

2. Para os efeitos do disposto no número anterior, o Gabinete Português de Certificado Internacional de Seguro deve transmitir ao Fundo todas as indicações relativas à identificação do acidente, do responsável, do veículo e das vítimas, para além de dever justificar o pagamento efectuado ao gabinete nacional de seguros do país onde ocorreu o acidente.

3. O Fundo reembolsa e será reembolsado, nos termos dos acordos que vier a celebrar com as entidades congéneres de outros países da união dos montantes resultantes da liquidação de sinistros cobertos por seguradoras declaradas em estado de falência.

4. Satisfeito o reembolso, o Fundo fica sub-rogado nos termos do artigo 25.º.

EVOLUÇÃO LEGISLATIVA

* Os n.ᵒˢ 1 e 2 são redacção do artigo 1.º do Decreto-Lei n.º 122-A/86, de 30.05. Apenas o n.º 2 corresponde, em parte, ao n.º 3 da redacção inicial.

Redacção anterior:

DECRETO-LEI N.º 522/85, DE 31.12

Artigo 26.º (Sub-rogação do Fundo)
 1. Satisfeita a indemnização, o Fundo de Garantia Automóvel fica sub-rogado nos direitos do lesado, tendo ainda direito ao juro de mora legal e ao reembolso das despesas que houver feito com a liquidação e cobrança.
 2. No caso de falência, o Fundo de Garantia Automóvel fica sub-rogado apenas contra a seguradora falida.
 3. As pessoas que, estando sujeitas à obrigação de segurar, não tenham efectuado seguro poderão ser demandadas pelo Fundo de Garantia Automóvel, nos termos do n.º 1, beneficiando do direito de regresso contra outros responsáveis pelo acidente, se os houver, relativamente às quantias que tiverem pago.

* A epígrafe, bem como os n.ᵒˢ 3 e 4 são redacção do artigo único do Decreto-Lei n.º 68/97, de 03.04. O n.º 4 corresponde, em parte, ao n.º 3 na redacção do Decreto-Lei n.º 122-A/86, de 30.05. A epígrafe, bem como o n.º 3 são inovadores.

REMISSÕES

 1. Matrícula – cfr. Legislação Complementar ao art. 20.º.
 3. Falência – cfr. anot ao art. anterior.

LEGISLAÇÃO COMPLEMENTAR

REMISSÃO PARA ACORDO MULTILATERAL DE GARANTIA ENTRE SERVIÇOS NACIONAIS DE SEGUROS: DECRETO-LEI N.º 130/94, DE 19.05, ARTIGO 2.º

Artigo 2.º
 As referências feitas à convenção complementar entre gabinetes nacionais constantes dos artigos 4.º, 20.º, 21.º, 26.º, 32.º e 33.º do Decreto-Lei n.º 522/85, de 31 de Dezembro, com as alterações introduzidas pelo Decreto-Lei n.º 122-A/86,

de 30 de Maio, e do artigo 2.º deste último diploma, consideram-se reportadas ao Acordo Multilateral de Garantia entre Serviços Nacionais de Seguros, assinado em Madrid em 15 de Março de 1991.

Nota: *Cfr., a este propósito, em Apêndice, Decisão da Comissão n.º 91/ /323/CEE, de 30.05.91 e Decisão da Comissão n.º 93/43/CEE, de 21.12.92.*

JURISPRUDÊNCIA

VEÍCULO COM MATRÍCULA FRANCESA: "No caso de o contrato de seguro, em seguradora estrangeira, se encontrar sem defeito, tem legitimidade para a acção, por força do certificado internacional de seguro e ao abrigo da convenção complementar entre os Gabinetes Nacionais, o Gabinete Português de Certificado Internacional de Seguros, conhecido, também, por Gabinete Português da Carta Verde." *(Acórdão da Relação do Porto, de 94.01.06, Col. Jurisp., 1994, Tomo I, pág. 204)*

VEÍCULO MATRICULADO E SEGURADO NO ESTRANGEIRO: "I – Em acidente de viação ocorrido em Portugal, com intervenção de veículo matriculado e segurado na Alemanha, na acção para efectivação da responsabilidade civil, deve ser demandado, em princípio, o Gabinete Português do Certificado Internacional de Seguros, mas também o pode ser a seguradora, como directamente responsável. II – Fixada a indemnização em acção intentada contra a seguradora, tendo sido nomeada a esta um correspondente, é a esta que compete regularizar o sinistro, pagando a indemnização ao lesado. III – Se esta não pagar pode ser demandada para efeito da respectiva condenação." *(Acórdão do Supremo Tribunal de Justiça, de 94.02.08, Col. Jurisp., 1994, Tomo I, pág. 88)*

VEÍCULO MATRICULADO NOUTRO PAÍS DA CEE: "É o Gabinete Português de Certificado Internacional de Seguro, e não o Fundo de Garantia Automóvel, a entidade responsável pela reparação dos danos causados a terceiros em acidente de trânsito ocorrido em Portugal, por veículo matriculado noutro Estado membro da Comunidade Económica Europeia, não possuidor de seguro de responsabilidade civil válido emitido por uma qualquer seguradora nacional ou certificado internacional de seguro (carta verde) ou certificado de seguro de fronteira, nem se prove ter em Portugal permanência igual ou inferior a um ano." *(Acórdão da Relação de Coimbra, de 95.01.19, Col. Jurisp., 1995, Tomo I, pág. 54)*

SECÇÃO III
DO FINANCIAMENTO

ARTIGO 27.º
(Receitas e despesas do Fundo)

1. Constituem receitas do Fundo de Garantia Automóvel:

a) O montante, a liquidar por cada seguradora, resultante da aplicação de uma percentagem sobre os prémios simples (líquidos de adicionais) de seguro directo do ramo "Automóvel" processados no ano anterior, líquido de estornos e anulações;

b) O resultado dos reembolsos efectuados pelo Fundo, ao abrigo do artigo 25.º, e outros reembolsos resultantes dos acordos referidos no n.º 3 do artigo 26.º;

c) Quaisquer outras receitas que lhe venham a ser atribuídas;

d) O resultado das aplicações financeiras das receitas referidas nas alíneas anteriores.

2. A percentagem referida na alínea *a)* do número anterior é fixada em 2,5% ao ano, podendo, quando se revelar necessário, ser alterada por portaria do Ministro das Finanças, sob proposta do Instituto de Seguros de Portugal.

3. O montante devido pelas seguradoras ao Fundo de Garantia Automóvel será fraccionado em 4 prestações iguais, pagas no início de cada trimestre.

4. Para cumprimento da obrigação assumida pelo disposto na alínea *a)* do n.º 1 ficam as seguradoras autorizadas a cobrar aos seus segurados do ramo "Automóvel" um adicional, calculado sobre os prémios simples (líquidos de adicionais), igual à percentagem estabelecida nos termos do n.º 2.

5. Em situações excepcionais, devidamente comprovadas, o Estado poderá assegurar uma dotação correspondente ao montante dos encargos que excedam as receitas previstas do Fundo.

6. Constituem despesas do Fundo de Garantia Automóvel:

a) Os encargos decorrentes de sinistros verificados e os custos inerentes à instrução e gestão dos processos de sinistro e de reembolso;

b) Outros encargos relacionados com a gestão do Fundo, nomeadamente, avisos e publicidade;

c) Reembolsos efectuados ao Gabinete Português de Certificado Internacional de Seguro e aos Fundos de Garantia Congéneres, nos termos do artigo 26.º.

d) A entrega à Junta Autónoma de Estradas de um montante anual, para fins de prevenção rodoviária, equivalente a 50% do montante apurado pela aplicação de uma percentagem sobre o valor dos prémios que serve de base para a obtenção do montante das receitas recebidas no ano anterior pelo Fundo, nos termos da alínea *a)* do n.º 1, sendo os restantes 50% entregues para os mesmos fins a outras entidades para o mesmo efeito designadas por despacho do Ministro da Administração Interna.

7. A percentagem referida na alínea *d)* do número anterior é, sem prejuízo do disposto no número seguinte, fixada, até ao final do mês de Março de cada ano, por despacho dos Ministros da Administração Interna e das Finanças, sob proposta do Instituto de Seguros de Portugal, não podendo, no entanto, exceder 0,5%.

8. Se, findo o prazo indicado no número anterior, não tiver sido fixada nova percentagem, manter-se-á em vigor a do ano anterior.

9. O montante devido pelo Fundo, nos termos da alínea *d)* do n.º 6, é pago durante o mês de Junho de cada ano.

EVOLUÇÃO LEGISLATIVA

* Os n.ºs 7, 8 e 9 são redacção do artigo 1.º do Decreto-Lei n.º 122/92, de 02.07.

Redacção anterior:

DECRETO-LEI N.º 415/89, DE 30.11

Artigo 27.º (...)
(...)
7. A percentagem referida na alínea d) do número anterior é, sem prejuízo do disposto nos números seguintes, fixada, até ao final do mês de Março de cada ano, por despacho dos Ministros das Finanças e das Obras Públicas, Transportes e Comunicações, sob proposta do Instituto de Seguros de Portugal, não podendo, no entanto, exceder 0,5%.

8. Se, findo o prazo indicado no número anterior, não tiver sido fixada nova percentagem, manter-se-á em vigor a do ano anterior.

9. *É fixada para o ano de 1989 a percentagem de 0,5%.*

Nota: *Nesta redacção havia o n.º 10, entretanto revogado, com a seguinte redacção:*

10. *O montante devido pelo Fundo, nos termos da alínea d) do n.º 6, é pago durante o mês de Junho de cada ano, excepto no ano de 1989, em que deverá ser pago durante o mês de Dezembro.*

* A alínea d) do n.º 6 é redacção do artigo único do Decreto-Lei n.º 358/93, de 14.10.

Todo o n.º 6 foi amplamente alterado desde a redacção inicial.

Redacções anteriores:

DECRETO-LEI N.º 522/85, DE 31.12

Artigo 27.º (...)
6. Constituem despesas do Fundo de Garantia Automóvel os encargos decorrentes de sinistros verificados e os custos inerentes à instrução e gestão dos processos de sinistro e de reembolso, bem como os demais encargos relacionados com a gestão do Fundo, nomeadamente avisos e publicidade.

DECRETO-LEI N.º 122-A/86, DE 30.05

Artigo 27.º (...)
6. Constituem despesas do Fundo de garantia Automóvel:
a) Os encargos decorrentes de sinistros verificados e os custos inerentes à instrução e gestão dos processos de sinistro e de reembolso;
b) Outros encargos relacionados com a gestão do Fundo, nomeadamente, avisos e publicidade;
c) Reembolsos efectuados ao Gabinete Português de Certificado Internacional de Seguro, nos termos do artigo 26.º.

DECRETO-LEI N.º 415/89, DE 30.11
(rectificado por Declaração de 29.12.89, publicada no DR, I Série, em 30.12.89)

Artigo 27.º (...)
6. (...) d) A entrega a uma entidade, para o efeito designada por despacho do

Ministro das Obras Públicas, Transportes e Comunicações, de um montante anual, para fins de prevenção rodoviária, resultante da aplicação de uma percentagem sobre o valor dos prémios que serve de base para a obtenção do montante das receitas recebidas no ano anterior pelo Fundo nos termos da alínea a) *do n.° 1.*

DECRETO-LEI N.° 122/92, DE 02.07

Artigo 27.° (...)
6. (...) ***d)*** *A entrega à Junta Autónoma das Estradas (JAE) de um montante anual, para fins de prevenção rodoviária, equivalente a 50% do montante apurado, pela aplicação de uma percentagem sobre o valor das receitas recebidas no ano anterior pelo Fundo, nos termos da alínea* a) *do n.° 1, sendo os restantes 50% entregues para os mesmos fins a outras entidades para o efeito designadas por despacho do Ministro da Administração Interna.*

* As alíneas *b)* do n.° 1 e *c)* do n.° 6 são redacção do artigo *único do* Dec.--Lei n.° 68/97, de 03.04.

Redacções anteriores (n.° 1, al. *b)*):

DECRETO-LEI N.° 522/85, DE 31.12

Artigo 27.° (...)
1. (...) b) O resultado dos reembolsos efectuados pelo Fundo, ao abrigo do artigo 26.°;

DECRETO-LEI N.° 122-A/86, DE 30.05

Artigo 27.° (...)
1. (...) b) O resultado dos reembolsos efectuados pelo Fundo, ao abrigo do artigo 25.°;
A anterior redacção da alínea *c)* do n.° 6 vai já transcrita *supra*.

REMISSÕES

1. *a)* Prémio do seguro – cfr. anots. ao art. 12.°.
6. *d)* Junta Autónoma das Estradas – aprovada pelo Decreto-Lei n.° 184/78, de 18 de Julho, posteriormente alterado pelo Decreto-Lei n.° 395/91, de 16 de Outubro.

ARTIGO 28.º
(Recursos financeiros do Fundo)

1. A fim de habilitar o Fundo de Garantia Automóvel a solver eventuais compromissos superiores às suas disponibilidades de tesouraria, poderá este recorrer às seguradoras até ao limite de 0,25% da carteira de prémios de seguro directo automóvel processados no ano anterior, líquidos de estornos e anulações.

2. As importâncias arrecadadas nos termos do número anterior são reembolsáveis durante o exercício seguinte.

EVOLUÇÃO LEGISLATIVA

* Este preceito é redacção do Decreto-Lei n.º 522/85, de 31.12.

REMISSÕES

Prémio do seguro – cfr. anots. ao art. 12.º.

CAPÍTULO IV
DAS NORMAS PROCESSUAIS

ARTIGO 29.º
(Legitimidade das partes e outras regras)

1. As acções destinadas à efectivação da responsabilidade civil decorrente de acidente de viação, quer sejam exercidas em processo civil quer o sejam em processo penal, e em caso de existência de seguro, devem ser deduzidas obrigatoriamente:
a) Só contra a seguradora, quando o pedido formulado se contiver dentro dos limites fixados para o seguro obrigatório;
b) Contra a seguradora e o civilmente responsável, quando o pedido formulado ultrapassar os limites referidos na alínea anterior.
2. Nas acções referidas na alínea *a)* do número anterior pode a seguradora, se assim o entender, fazer intervir o tomador do seguro.
3. Quando, por razão não imputável ao lesado, não for possível determinar qual a seguradora, aquele tem a faculdade de demandar directamente o civilmente responsável, devendo o tribunal notificar oficiosamente este último para indicar ou apresentar documento que identifique a seguradora do veículo interveniente no acidente.
4. O demandado poderá exonerar-se da obrigação referida no número anterior se justificar que é outro o possuidor ou detentor e o identificar, caso em que este é notificado para os mesmos efeitos.
5. Constitui contra-ordenação punida com coima de 20.000$ a 100.000$, a omissão do dever de indicar ou apresentar documento que identifique a seguradora que cobre a responsabilidade civil relativa à circulação do veículo interveniente no acidente no prazo fixado pelo tribunal.
6. As acções destinadas à efectivação da responsabilidade civil decorrente de acidente de viação, quando o responsável seja conhecido e não beneficie de seguro válido ou eficaz, devem obrigatoriamente ser interpostas contra o Fundo de Garantia Automóvel e o responsável civil, sob pena de ilegitimidade.

7. O disposto no número anterior não se aplica às acções destinadas a efectivar a responsabilidade civil decorrente das lesões materiais referidas na alínea b) do n.º 2 do artigo 21.º, quando o pedido não ultrapassar o valor constante do n.º 3 do mesmo artigo.
8. Quando o responsável civil por acidentes de viação for desconhecido, pode o lesado demandar directamente o Fundo de Garantia Automóvel.
9. Nas acções referidas no n.º 1, que sejam exercidas em processo civil, é permitida a reconvenção contra o autor e a sua seguradora.
10. O prazo fixado no n.º 2 do artigo 67.º do Código da Estrada inicia-se com a notificação feita aos lesados para, querendo, deduzir o seu pedido de indemnização.
11. O Fundo de Garantia Automóvel está isento de custas nos processos em que for interessado.

EVOLUÇÃO LEGISLATIVA

* Este preceito é redacção do Decreto-Lei n.º 522/85, de 31.12, à excepção do n.º 7, que é redacção do artigo 1.º do Decreto-Lei n.º 122-A/86, de 30.05.

Redacção anterior:

DECRETO-LEI N.º 522/85, DE 30.05

7. O disposto no número anterior não se aplica às acções destinadas a efectivar a responsabilidade civil decorrentes das lesões materiais referidas na alínea b) do n.º 1 do artigo 21.º, quando o pedido não ultrapassar o valor constante do n.º 2 do mesmo artigo.

* Corresponde, em parte, ao artigo 22.º do Decreto-Lei n.º 408/79, de 25.09.

REMISSÕES

1. *b)* Litisconsórcio necessário – arts. 28.º e 29.º CPC.
2. Intervenção provocada – arts 325.º segs. CPC.
4. Posse – art. 1251.º CC; detenção – art. 1253.º CC.
6. Conceito de legitimidade processual – art. 26.º CPC; a ilegitimidade de alguma das partes é excepção dilatória (art. 494.º, al. *e)*, CPC), que dá lugar à absolvição da instância (arts. 288.º, 289.º e 493.º, n.º 2, todos do CPC).
9. Admissibilidade da reconvenção – art. 274.º CPC; dedução da reconvenção – art. 501.º CPC.

LEGISLAÇÃO COMPLEMENTAR

LEGITIMIDADE DAS PARTES E LITISCONSÓRCIO NECESSÁRIO: CÓDIGO DE PROCESSO CIVIL, ARTIGOS 26.º, 28.º E 29.º

Artigo 26.º Conceito de legitimidade)
  1. O autor é parte legítima quando tem interesse directo em demandar; o réu é parte legítima quando tem interesse directo em contradizer.
  2. O interesse em demandar exprime-se pela utilidade derivada da procedência da acção; o interesse em contradizer, pelo prejuízo que dessa procedência advenha.
  3. Na falta de indicação em contrário, são considerados titulares do interesse relevante para o efeito da legitimidade os sujeitos da relação controvertida, tal como é configurada pelo autor.

Artigo 28.º (Litisconsórcio necessário)
  1. Se, porém, a lei ou o negócio exigir a intervenção dos vários interessados na relação controvertida, a falta de qualquer deles é motivo de ilegitimidade.
  2. É igualmente necessária a intervenção de todos os interessados quando, pela própria natureza da relação jurídica, ela seja necessária para que a decisão a obter produza o seu efeito útil normal. A decisão produz o seu efeito útil normal sempre que, não vinculando embora os restantes interessados, possa regular definitivamente a situação concreta das partes relativamente ao pedido formulado.

Artigo 29.º (O litisconsórcio e a acção)
  No caso de litisconsórcio necessário, há uma única acção com pluralidade de sujeitos; no litisconsórcio voluntário, há uma simples acumulação de acções, conservando cada litigante uma posição de independência em relação aos seus compartes.

INTERVENÇÃO PROVOCADA: CÓDIGO DE PROCESSO CIVIL, ARTIGOS 325.º A 329.º

Artigo 325.º (Âmbito)
  1. Qualquer das partes pode chamar a juízo os interessados com direito a intervir na causa, seja como seu associado, seja como associado da parte contrária.
  2. Nos casos previstos no artigo 31.º-B *, pode ainda o autor chamar a intervir como réu o terceiro contra quem pretenda dirigir o pedido.

---

  * *Artigo 31.º-B (Pluralidade subjectiva subsidiária)*
  É admitida a dedução subsidiária do mesmo pedido, ou a dedução de pedido sub-

Artigo 326. *(Oportunidade do chamamento)*
1. O chamamento para intervenção só pode ser requerido, em articulado da causa ou em requerimento autónomo, até ao momento em que podia deduzir-se a intervenção espontânea em articulado próprio, sem prejuízo do disposto no artigo 269.°, no n.° 1 do artigo 329.° e no n.° 2 do artigo 869.° **.

Artigo 327. *(Termos em que se processa)*
1. Admitida a intervenção, o interessado é chamado por meio de citação.
2. No acto de citação, recebem os interessados cópias dos articulados já oferecidos, apresentados pelo requerente do chamamento.
3. O citado pode oferecer o seu articulado ou declarar que faz seus os articulados do autor ou do réu, dentro de prazo igual ao facultado para a contes-

---

sidiário, por autor ou contra réu diverso do que demanda ou é demandado a título principal, no caso de dúvida fundamentada sobre o sujeito da relação controvertida.
3. O autor do chamamento alega a causa do chamamento e justifica o interesse que, através dele, pretende acautelar.

** **Artigo 269.°** *(Modificação subjectiva pela intervenção de novas partes)*
1. Até ao trânsito em julgado da decisão que julgue ilegítima alguma das partes por não estar em juízo determinada pessoa, pode o autor ou reconvinte chamar essa pessoa a intervir, nos termos dos artigos 325.° e seguintes.
2. *Quando a decisão prevista no número anterior tiver posto termo ao processo, o chamamento pode ter lugar nos 30 dias subsequentes ao trânsito em julgado; admitido o chamamento, a instância extinta considera-se renovada, recaindo sobre o autor ou reconvinte o encargo do pagamento das custas em que tiver sido condenado.*

Artigo 329.° – cfr. *infra*, nesta Legislação Complementar.

Artigo 869.° *(Direito do credor que tiver acção pendente ou a propor contra o executado)*
1. *O credor que não esteja munido de título exequível pode requerer, dentro do prazo facultado para a reclamação de créditos, que a graduação dos créditos, relativamente aos bens abrangidos pela sua garantia, aguarde que o exequente obtenha na acção própria sentença exequível.*
2. Se a acção estiver pendente à data do requerimento, o requerente provocará, nos termos dos artigos 325.° e seguintes, a intervenção principal do exequente e dos credores interessados; se for posterior ao requerimento, a acção deve ser proposta, não só contra o executado, mas também contra o exequente e os credores interessados.
3. *O requerimento não obsta à venda ou adjudicação dos bens, nem à verificação dos créditos reclamados, mas o requerente é admitido a exercer no processo os mesmos direitos que competem ao credor cuja reclamação tenha sido admitida.*
4. *Todos os efeitos do requerimento caducam, porém, se dentro de 30 dias não for junta certidão comprovativa da pendência da acção ou se o exequente provar que não se observou o disposto no n.° 2, que a acção foi julgada improcedente ou que esteve parada durante 30 dias por negligência do autor, depois do requerimento a que este artigo se refere.*
5. Ouvida a parte contrária, decide-se da admissibilidade do chamamento.

tação, observando-se, com as necessárias adaptações, o disposto para a intervenção espontânea.

4. Se intervier no processo passado o prazo a que se refere o número anterior, tem de aceitar os articulados da parte a que se associa e todos os actos e termos já processados.

Artigo 328.º (Valor da sentença quanto ao chamamento)
1. Se o chamado intervier no processo, a sentença apreciará o seu direito e constituirá caso julgado em relação a ele.

2. Se não intervier, a sentença só constitui, quanto a ele, caso julgado:

a) Nos casos da alínea a) do artigo 320.º, salvo tratando-se de chamamento dirigido pelo autor a eventuais litisconsortes voluntários activos;

b) Nos casos do n.º 2 do artigo 325.º.

Artigo 329.º (Especialidades da intervenção passiva suscitada pelo réu)
1. O chamamento de condevedores ou do principal devedor, suscitado pelo réu que nisso mostre interesse atendível, é deduzido obrigatoriamente na contestação ou, não pretendendo o réu contestar, no prazo em que esta deveria ser apresentada.

2. Tratando-se de obrigação solidária e sendo a prestação exigida na totalidade a um dos condevedores, pode o chamamento ter ainda como fim a condenação na satisfação do direito de regresso que lhe possa vir a assistir.

3. Na situação prevista no número anterior, se apenas for impugnada a solidariedade da dívida e a pretensão do autor puder de imediato ser julgada procedente, é o primitivo réu logo condenado no pedido no despacho saneador, prosseguindo a causa entre autor do chamamento e chamado, circunscrita à questão do direito de regresso.

JURISPRUDÊNCIA

PRESCRIÇÃO EM FÉRIAS JUDICIAIS: "Prescrevendo o direito de indemnização em data que se contém no período de férias judiciais, deve considerar-se interrompida a prescrição decorridos que sejam cinco dias após a apresentação da petição em juízo, nos termos do artigo 323.º, n.º 2, do Código Civil." *(Acórdão da Relação do Porto, de 88.09.20, Bol. Min. Just. n.º 379, pág. 645)*

SUBSTITUIÇÃO DO LESANTE PELA SEGURADORA: "Em acções destinadas à efectivação da responsabilidade civil decorrente de acidente de viação, o n.º 1 do artigo 274.º do Código de Processo Civil reclama uma interpretação actualista, por forma a que, nos pedidos reconvencionais contidos nos limites fixados para o seguro obrigatório, o «autor» seja substituído pela sua seguradora." *(Acórdão da Relação do Porto, de 88.10.06, Bol. Min. Just. n.º 380, pág. 540)*

ILEGITIMIDADE DO CONDUTOR E DO PROPRIETÁRIO: "Nas acções para efectivação da responsabilidade civil por acidente de viação em que o capital seguro cobre declaradamente o valor dos danos, não há que demandar, sob pena de ilegitimidade destes, o condutor do veículo alegadamente causador do sinistro e respectivo proprietário." *(Acórdão da Relação de Lisboa, de 88.12.15, Bol. Min. Just. n.° 3822, pág. 517)*

RECONVENÇÃO: "Em acção destinada a efectivar a responsabilidade civil decorrente de acidente de viação, é admissível a reconversão em que é demandada apenas a seguradora do veículo do autor da acção por o pedido reconvertível se conter dentro dos limites do seguro obrigatório." *(Acórdão da Relação do Porto, de 88.12.20, Bol. Min. Just. n.° 382, pág. 525)*

NÃO OBRIGATORIEDADE DE LITISCONSÓRCIO: "Tendo a seguradora indemnizado o segurado até ao montante do seguro obrigatório, não há obrigatoriedade de litisconsórcio na cação proposta contra o condutor e proprietário do veículo para ressarcimento dos danos que ultrapassaram aquele montante." *(Acórdão da Relação do Porto, de 89.02.09, Bol. Min. Just. n.° 384, pág. 652)*

CONDUÇÃO AO SERVIÇO DO PROPRIETÁRIO: "I – Resultando um acidente de viação, imediatamente, de se ter soltado uma roda de um autopesado, mas não se conhecendo a causa deste facto, o acidente não pode ser atribuído a culpa efectiva do condutor. II – Mas, se este conduzia ao serviço e sob as ordens do proprietário do veículo, nada se provando que afaste a eventualidade de culpa do condutor, esta presume-se. III – E, em solidariedade com o condutor-comissário, respondem, perante terceiros, quer o proprietário-comitente, quer a seguradora deste nos limites da respectiva apólice." *(Acórdão da Relação de Lisboa, de 89.02.14, Col. Jurisp., 1989, Tomo I, pág. 121)*

PEDIDO DE INDEMNIZAÇÃO SUPERIOR AO MÁXIMO SEGURO: "Se, na vigência do sistema de seguro obrigatório, for proposta contra o condutor proprietário do veículo e a sua seguradora uma acção em que se pede indemnização de valor superior ao máximo seguro e essa acção dever ser procedente por quantia inferior a esse máximo, nem por isso o condutor proprietário deve deixar de ser condenado (solidariamente com a seguradora)." *(Acórdão da Relação de Coimbra, de 89.06.13, Bol. Min. Just. n.° 388, pág. 606)*

INDEMNIZAÇÃO SUPERIOR AO MÁXIMO SEGURO: "Se na vigência do sistema de seguro obrigatório, a acção foi proposta contra o condutor proprietário e a seguradora deste, pedindo-se, com base na culpa, indemnização de valor superior ao máximo seguro, se a acção proceder com base na responsabilidade pelo risco fixando-se indemnização em valor abrangido pelo seguro, só a seguradora deve ser condenada no seu pagamento" *(Acórdão da Relação de Coimbra, de 89.06.13, Col. Jurisp., 1989, Tomo III, pág. 87)*

EXISTÊNCIA DO SEGURO; LEGITIMIDADE EXCLUSIVA DA SEGURADORA: "Nas acções de indemnização resultantes de acidente de viação, a regra a considerar, se não houver elementos que o contrariem, é a da existência do seguro, dada a sua obrigatoriedade, bem como a da legitimidade exclusiva da seguradora se o pedido se contiver nos limites fixados para o seguro obrigatório." *(Acórdão da Relação do Porto, de 90.01.04, Bol. Min. Just. n.° 393, pág. 653)*

CONDUTOR POR CONTA DE OUTREM; RESPONSABILIDADE SOLIDÁRIA: "I – O condutor por conta de outrem é aquele que conduz por, em vez de ou em nome de outrem ou por incumbência de outrem. A expressão legal não exige que o condutor tenha de executar uma missão, uma função, um encargo diferente e além do de conduzir. II – Conduzindo o arguido o veículo automóvel propriedade do requerido em nome deste, que a tanto o autorizara, exercia a função de conduzir por conta e em nome do proprietário como seu comissário nessa função e sob a sua autoridade e dependência. III – Não se tendo provado a causa do acidente e porque o condutor não provou que não houve culpa da sua parte, tem esta de presumir-se, respondendo ele pelos danos causados. IV – O requerido responde igualmente por tais danos e independentemente de culpa, sem sujeição aos limites do artigo 508.° do Código Civil, como a seguradora tem a mesma responsabilidade, posto que e apenas até ao limite do contrato de seguro, e todos, solidariamente, nos termos do artigo 497.°, n.° 1, daquele diploma." *(Acórdão do Supremo Tribunal de Justiça, de 90.04.04, Bol. Min. Just. n.° 396, pág. 383)*

RESPONSÁVEL SEM SEGURO VÁLIDO OU EFICAZ; ACÇÃO OBRIGATORIAMENTE PROPOSTA CONTRA O FUNDO DE GARANTIA AUTOMÓVEL E O RESPONSÁVEL CIVIL: "I – Nos termos do artigo 29.°, n.° 6 do Decreto-Lei n.° 522/85, de 31 de Dezembro, as acções destinadas à efectivação da responsabilidade civil decorrente de acidente de viação, quando o responsável seja conhecido e não beneficie de seguro válido ou eficaz, devem obrigatoriamente ser interpostas contra o Fundo de Garantia Automóvel e o responsável civil, sob pena de ilegitimidade. II – Tendo um pedido cível enxertado sido formulado contra o arguido-recorrente, a proprietária do veículo e a companhia de seguros e tendo a demandante, no início do julgamento, desistido do pedido em relação à seguradora, por reconhecer que, ao tempo do acidente, o contrato de seguro celebrado entre a proprietária do veículo e a seguradora já não estava em vigor, não era ineficaz, passou a restar o responsável civil, desacompanhado do Fundo de Garantia Automóvel, o que a lei não permite. III – A situação criada pela demandante e contemplada no artigo 28.°, n.° 1, do Código de Processo Civil, que prevê o caso de a lei exigir a intervenção de vários interessados e comina com ilegitimidade a falta de qualquer deles. IV – Essa situação traduz-se na excepção dilatória do n.º 1 do artigo 494.º do Código de Processo Civil, que origina absolvição da instância, nos termos do artigo 493.º do mesmo diploma. V – Embora todos os demandados tenham de ser absolvidos da instância do pedido cível formulado, isso não impede que o tribunal tenha de conhecer, no processo-crime, que continua, da indemnização que deve ser atribuída ao ofendido, porquanto a condenação do arguido condutor pela autoria de um ilícito criminal que causou prejuízos ao lesado dá lugar, nos termos dos artigos 34.º e 450.º do Código de Processo Penal (1929), a que a sentença decrete a indemnização a arbitrar, cuja fixação é obrigatória." *(Acórdão do Supremo Tribunal de Justiça, de 90.05.23, Bol. Min. Just. n.º 397, pág. 392)*

RECONVENÇÃO: "Mesmo quando o pedido do autor se contém dentro dos limites fixados para o seguro obrigatório, caso em que o pedido é deduzido só contra a seguradora, não está vedado ao civilmente responsável deduzir reconvenção contra o autor e seguradora deste, ao abrigo do disposto no n.º 9 do artigo 29.º do Decreto-Lei n.º 522/85, de 31 de Dezembro." *(Acórdão da Relação do Porto, de 91.02.05, Bol. Min. Just. n.º 404, pág. 506)*

INTERVENÇÃO DO LESANTE-SEGURADO A REQUERIMENTO DA SEGURADORA: "I – Nas acções destinadas a efectivar a responsabilidade civil decorrente de acidente de viação, o lesante-segurado só pode ser chamado a intervir a requerimento da seguradora, nos termos do n.º 2 do artigo 29.º do Decreto-Lei 522/85, de 31/12 que afasta a aplicação dos correspondentes preceitos do Código de Processo Civil. II – Não é oponível ao lesado a excepção de o veículo seguro ter o acidente quando prestava serviço de aluguer não abrangido pelas cláusulas do contrato de seguro. III – A proceder a excepção de ter sido celebrado o contrato de seguro no pressuposto de o veículo se destinar a transporte particular e se ter acidentado em transporte de aluguer, o lesado terá de propor nova acção, agora contra o Fundo de Garantia Automóvel e o responsável ou responsáveis." *(Acórdão da Relação de Coimbra, de 91.02.13, Col. Jurisp., 1991, Tomo I, pág. 70)*

FALTA DE CONTESTAÇÃO DO CONDUTOR DO VEÍCULO; PRESCRIÇÃO: "I – O facto de no processo penal instaurado se ter decidido não deduzir acusação por se ter julgado que o acidente não estava suficientemente esclarecido no aspecto de culpa não obsta a que, na acção cível, se discuta a quem cabe essa culpa. II – O regime mais favorável ao agente do crime é também aplicável mesmo quanto aos prazos de prescrição do procedimento criminal, devendo entender-se que é de aplicar o princípio da retroactividade da lei mais favorável. III – Tendo sido mandado aguardar a produção de melhor prova no processo penal, o prazo de prescrição do direito à indemnização cível deve começar a contar-se desde a notificação desse despacho. IV – A invocação da prescrição pelo proprietário do veículo aproveita à seguradora. V – Não tendo o condutor do veículo causador do acidente contestado a acção de indemnização, não lhe aproveita a invocação da prescrição pelos restantes demandados. VI – Se a indemnização for fixada em quantia inferior à do condenado no seu pagamento no seu pagamento pela simples razão de que tudo terá de passar-se como se apenas tivesse sido demandada a seguradora. VII – Neste último caso, só a seguradora seria condenada se não ocorresse a prescrição." *(Acórdão da Relação do Porto, de 91.03.21, Col. Jurisp., 1991, Tomo II, pág. 245)*

LEI APLICÁVEL: "I – Embora o seguro de responsabilidade civil configure um contrato a favor de terceiro, a acção de indemnização por acidente de viação proposta contra a seguradora fundamenta-se na responsabilidade extracontratual, sendo aplicável a lei do País onde o acidente se verificou e não a lei que rege o contrato de seguro. II – Não formando caso julgado contra a seguradora a sentença proferida contra o segurado, por, de acordo com a lei portuguesa, que é aplicável à determinação da responsabilidade extracontratual, a obrigação de indemnizar por parte do segurado não se poder considerar assente em relação à seguradora, tem o autor, como terceiro beneficiário do contrato de seguro, de alegar e provar, em acção proposta contra a seguradora, factos demonstrativos de que o segurado foi quem deu causa ao acidente de viação." *(Acórdão da Relação do Porto, de 91.11.28, Bol. Min. Just. n.º 411, pág. 648)*

INTERPRETAÇÃO RESTRITIVA DO N.º 6: "I – Deve interpretar-se restritivamente a norma do n.º 6 do artigo 29.º do Decreto-Lei n.º 522/85, de 31 de Dezembro, de modo a limitar-se a exigência de litisconsórcio necessário passivo aos casos em que, nos termos do direito substantivo aplicável (artigos 21.º, n.º 2, alínea b), e 27.º daquele diploma), o Fundo de Garantia Automóvel garante a satisfação das indemnizações. (...)" *(Acórdão da Relação do Porto, de 91.12.10, Col. Jurisp., 1991, Tomo V, pág. 199)*

ILEGITIMIDADE DA SEGURADORA; NOÇÃO DE LESADO: "I – Para efeitos do disposto no artigo 6.º do Decreto-Lei n.º 522/85, de 31 de Dezembro, deve entender-se como 'lesado' a pessoa corporalmente lesionada pelo acidente – e não todo o titular do direito de indemnização pelo mesmo. II – Ultrapassando o pedido o limite de seguro obrigatório, terá aquele de ser deduzido contra a seguradora e o civilmente responsável, por ser caso de litisconsórcio necessário passivo, com a consequente ilegitimidade da seguradora se for apenas deduzido contra esta. III – Tendo a seguradora com o fundamento da sua ilegitimidade sido absolvida da instância no julgamento em processo penal, devem as partes ser oficiosamente remetidas para os tribunais civis, nos termos do artigo 82.º, n.º 2, do Código de Processo Penal, como meio de evitar que o processo tenha de regressar à fase do julgamento." *(Acórdão da Relação do Porto, de 92.02.26, Bol. Min. Just. n.º 414, pág. 638)*

LITISCONSÓRCIO NECESSÁRIO PASSIVO: "I – Quando o pedido formulado exceder o limite do seguro obrigatório, alei previu, para o lado passivo, litisconsórcio necessário. II – O condutor (comissário) de veículo automóvel pesado de mercadorias que se ausenta dele, e, no seu interior, deixa o ajudante do motorista – não habilitado nem sabendo conduzir, e a chave de ignição, age com imprudência e imprevidência, e responde por culpa em acidente de trânsito que este causou utilizando-o abusivamente. III – Não obsta a concorrência de culpas que entronquem em factos diversos. IV – A cláusula do seguro facultativo que exclui os danos causados a terceiros, no caso de o causador não estar habilitado legalmente a conduzir, apenas vale nas relações internas e não é oponível aos titulares do direito de indemnização. V – Pela natureza e finalidade da indemnização por danos não patrimoniais, a sua valoração é actual e esse valor tem de referir-se ao momento em que é actual para a pessoa titular do direito de indemnização." *(Acórdão da Relação de Lisboa, de 92.03.05, Col. Jurisp., 1992, Tomo II, pág. 119)*

FALTA DE SEGURO: "O responsável *stricto sensu* pelo acidente responde solidariamente com o Fundo de Garantia Automóvel pelo acidente e suas consequências" *(Acórdão da Relação de Évora, de 92.05.14, Bol. Min. Just. n.° 417, pág. 844)*

LEGITIMIDADE DO RESPONSÁVEL CIVIL: "I – Não se referindo na petição inicial a existência de seguro, nem se identificando a seguradora do veículo causador do acidente, a legitimidade do proprietário e condutor do veículo não pode ser apreciada com base no artigo 29.°, n.° 1, alínea a) do Decreto-Lei n.° 522/85, de 31 de Dezembro, que se aplica apenas ao caso da existência de seguro. II – Antes, pelo contrário, há que lançar mão do disposto no artigo 29.°, n.° 6, do citado decreto-lei, sendo necessário demandar o proprietário do veiculo como réu, juntamente com o Fundo de Garantia Automóvel ou (por se equivaler a este) com o Gabinete Português de Carta Verde, sob pena de ilegitimidade." *(Acórdão da Relação de Évora, de 92.10.22, Bol. Min. Just. n.° 420, pág. 666)*

INEXISTÊNCIA DE SEGURO AUTOMÓVEL; INTERVENÇÃO PRINCIPAL PROVOCADA: "Em acção de indemnização decorrente de acidente de viação proposta apenas contra a seguradora, não pode o autor, face à alegação da ré de que, na época do acidente, o veículo não se encontrava seguro, provocar a intervenção principal do proprietário e do condutor do veículo, por não se verificar quanto a eles o pressuposto da existência de interesse igual ao da ré na relação litigiosa, que lhe permitisse exercer um direito próprio, paralelo ao da ré e com ele coexistente." *(Acórdão da Relação do Porto, de 92.10.26, Bol. Min. Just. n.° 420, pág. 642)*

FALTA DE CONTESTAÇÃO DO SEGURADO: "I – A falta de contestação do segurado ou do condutor do veículo não tem o efeito cominatório previsto no n.° 2 do artigo 784.° do Código de Processo Civil. II – O proprietário do veículo causador do acidente de viação, quando tenha transferido a sua responsabilidade civil para uma companhia de seguros, quando não contesta a acção em que é demandado pelos prejuízos dele resultantes, beneficia da defesa que esta apresente, nomeadamente, quanto à invocação da prescrição." *(Acórdão da Relação do Porto, de 93.05.25, Col. Jurisp., 1993, Tomo III, pág. 216)*

ILEGITIMIDADE DO «CORRESPONDENTE»: "O «correspondente» (companhia seguradora) nacional só dispõe de legitimidade para ser demandado na acção de indemnização por acidente de viação ocorrido em Portugal se o gabinete gestor português ou a sociedade emissora – seguradora estrangeira – a tivesse mandatado para efeitos do disposto nos artigos 1157.° e seguintes do Código Civil." *(Acórdão da Relação de Évora, de 93.05.27, Col. Jurisp., 1993, Tomo III, pág. 277)*

VEÍCULO COM MATRÍCULA FRANCESA: "No caso de o contrato de seguro, em seguradora estrangeira, se encontrar sem defeito, tem legitimidade para a acção, por força do certificado internacional de seguro e ao abrigo da convenção complementar entre os Gabinetes Nacionais, o Gabinete Português de Certificado Internacional de Seguros, conhecido, também, por Gabinete Português da Carta Verde." *(Acórdão da Relação do Porto, de 94.01.06, Col. Jurisp., 1994, Tomo I, pág. 204)*

VEÍCULO MATRICULADO E SEGURADO NO ESTRANGEIRO: "I – Em acidente de viação ocorrido em Portugal, com intervenção de veículo matriculado e segurado na Alemanha, na acção para efectivação da responsabilidade civil, deve ser demandado, em princípio, o Gabinete Português do Certificado Internacional de Seguros, mas também o pode ser a seguradora, como directamente responsável. II – Fixada a indemnização em acção intentada contra a seguradora, tendo sido nomeada a esta um correspondente, é a esta que compete regularizar o sinistro, pagando a indemnização ao lesado. III – Se esta não pagar pode ser demandada para efeito da respectiva condenação." *(Acórdão do Supremo Tribunal de Justiça, de 94.02.08, Col. Jurisp., 1994, Tomo I, pág. 88)*

ADMISSIBILIDADE DE RECONVENÇÃO: "I – Em acção emergente de acidente de viação é admissível reconvenção contar o autor e ou a seguradora daquele. II – E, se o pedido reconvencional se contiver dentro dos limites do seguro obrigatório, só pode ser deduzido contra a dita seguradora." *(Acórdão da Relação de Lisboa, de 94.02.17, Col. Jurisp., 1994, Tomo I, pág. 126)*

LITISCONSÓRCIO NECESSÁRIO PASSIVO: "I – Nas acções destinadas a efectivar a responsabilidade civil derivada de acidentes de viação abrangidos pelo seguro obrigatório, impõe-se o litisconsórcio necessário passivo entre a seguradora e o lesante, no caso de o pedido formulado não ultrapassar os limites fixados para aquele seguro mas que, somado às indemnizações que a seguradora pagou ao lesado/autor, exceder o capital obrigatoriamente segurado. II – Em tal hipótese, a impugnação dos factos feita pelo réu civilmente responsável, aproveita à ré seguradora, apesar de esta, na sua contestação, os ter admitido ou confessado." *(Acórdão do Supremo Tribunal de Justiça, de 94.03.17, Col. Jurisp., 1994, Tomo I, pág. 168)*

RECONVENÇÃO CONTRA A SEGURADORA DO AUTOR: "Em acção cível por acidente de viação proposta contra a seguradora do lesante, esta pode deduzir reconvenção contra a seguradora do Autor, mas, para esse efeito, terá de lançar mão do incidente de intervenção principal." ***(Acórdão da Relação de Coimbra***, *de 94.03.22, Col. Jurisp., 1994, Tomo II, pág. 17)*

INTERVENÇÃO PRINCIPAL: "Em execução de sentença crime para liquidação e pagamento de indemnização por acidente de viação, é inadmissível a intervenção principal provocada da seguradora do executado, desde que não figure no título executivo." ***(Acórdão da Relação de Coimbra***, *de 95.05.02, Col. Jurisp., 1995, Tomo III, pág. 21)*

PRESCRIÇÃO DO DIREITO DE ACÇÃO; INEXISTÊNCIA DE CULPA: "I – Ainda que tenha prescrito o direito de acção contra o Fundo de Garantia Automóvel, a manutenção da responsabilidade do lesante, em acidente de viação, envolve manter-se a responsabilidade daquele Fundo, que tem sempre de acompanhar aquele. II – Apurando-se, porém, que o lesante nenhuma responsabilidade teve na eclosão do acidente gerador dos danos que se pretendiam ressarcidos, tem o Fundo de garantia Automóvel de ser, como foi, absolvido do pedido." ***(Acórdão da Relação de Lisboa***, *de 95.05.25, Col. Jurisp., 1995, Tomo III, pág. 117)*

FUNDO DE GARANTIA AUTOMÓVEL; LITISCONSÓRCIO NECESSÁRIO PASSIVO: "I – Ao impor o litisconsórcio necessário passivo do Fundo de Garantia Automóvel e do obrigado ao seguro, o artigo 29.°, n.° 6, do Dec.-Lei n.° 522/85, tem em vista, além do mais, facilitar ao máximo e com o maior benefício de celeridade e economia processuais, a efectivação dos direitos daquele instituto público e, ao mesmo tempo, assegurar ao lesado a satisfação do seu crédito, nomeadamente pondo também ao seu alcance a execução do património do devedor principal. II – Daí que, no caso de procedência da acção, se imponha sempre a condenação solidária de ambos os pedidos. III – Aliás, sendo de mera garantia a obrigação do Fundo de Garantia Automóvel, seria sempre mais lógica a exclusão deste da causa, que a do seu litisconsorte." ***(Acórdão da Relação do Porto***, *de 96.01.10, Col. Jurisp., 1996, Tomo I, pág. 231)*

DÍVIDAS HOSPITALARES; EXECUÇÃO CONTRA O TRANSPORTADOR E A SEGURADORA: "I – O n.° 2 do artigo 4.° do Dec.-Lei n.° 194/92, de 8 de Setembro, deve ser interpretado extensivamente aos demais comandos sobre cobrança de dívidas às instituições hospitalares, por serviços prestados a sinistrados em acidentes de viação. II – Assim, a execução para tal efeito, deverá ser instaurada contra o transportador e a respectiva seguradora se o assistido tiver sido passageiro do único veículo interveniente no acidente, ou apenas contra esta entidade, no caso de ser peão e, no caso de intervenção de vários veículos no sinistro, seja o assistido peão ou passageiro, contra todas as entidades seguradoras daqueles." *(Acórdão da Relação do Porto, de 96.03.28, Col. Jurisp., 1996, Tomo II, pág. 210)*

LITISCONSÓRCIO NECESSÁRIO; ALCANCE DA EXPRESSÃO 'RESPONSÁVEL CIVIL': "I – O Fundo de Garantia Automóvel deve ser demandado em litisconsórcio necessário passivo com o *responsável civil*. II – Nesta expressão abrange-se não só o condutor do veículo, como também o dono deste que não tenha feito prova da sua utilização abusiva." *(Acórdão da Relação do Porto, de 96.05.08, Col. Jurisp., 1996, Tomo III, pág. 225)*

LITISCONSÓRCIO NECESSÁRIO PASSIVO DA SEGURADORA: "I – A sentença da acção criminal que não deu por provado que, na altura do acidente, o condutor-arguido fosse portador de qualquer TAS, designadamente a resultante do exame, deve considerar-se absolutória e vale como simples presunção de que não era portador de TAS proibida. II – Existe litisconsórcio necessário passivo da seguradora, proprietário e condutor do veículo se o pedido formulado, somado às indemnizações já satisfeitas pela seguradora, exceder o limite fixado para o seguro obrigatório. III – O Adjunto de Notário tem competência para o reconhecimento da assinatura a rogo, acto não reservado por lei ao Notário." *(Acórdão da Relação de Coimbra, de 96.05.14, Col. Jurisp., 1996, Tomo III, pág. 10)*

PRESCRIÇÃO: "I – É o apuramento do facto e a sua qualificação como criminoso – e não a circunstância de ser ou não possível a exercício da acção penal – que determina o prazo mais longo de prescrição previsto no n.º 3 do artigo 498.º do Código Civil. II – Assim, o falecimento do culpado no acidente não obsta (em virtude da inerente extinção da acção penal) a que, após a instrução do processo, se conclua pela natureza criminal do seu facto e, em consequência, pela não aplicação da prescrição trienal estabelecida no n.º 1 do artigo 498.º do Código Civil. III – Enquanto estiver pendente o processo penal não começa a correr o prazo da prescrição do direito à indemnização civil. A pendência do processo crime (inquérito) representa uma interrupção contínua (*ex vi* artigo 323.º, n.ºs 2 e 4 do Código Civil), quer para o lesante, quer para aqueles que, como as seguradoras, com ele estão solidários na responsabilidade da reparação dos danos; interrupção esta que cessa, começando o prazo a correr, quando o lesado for notificado do arquivamento do processo crime. IV – Tendo a seguradora, antes de decorrido o prazo da prescrição, colocado à disposição do lesado determinada quantia (para reparação dos danos), ainda que inferior à pretendida, tem-se por interrompida a prescrição (artigo 325.º, n.º 1 do Código Civil), começando a correr novo prazo a partir da data em que a oferta foi feita (artigo 362.° do Código Civil)." *(Acórdão da Relação de Coimbra, de 96.11.05, Col. Jurisp., 1996, Tomo V, pág. 5)*

ACIDENTE PROVOCADO POR RETROESCAVADORA: "I – 'Acidente de viação' é todo o acidente de circulação automóvel. II – Tanto pode ocorrer em vias públicas como particulares e até em locais, em princípio, não destinados à circulação. III – A responsabilidade civil por danos provocados por uma retroescavadora, na sua função de escavação e não enquanto veículo circulante não emerge de um acidente de viação (inaplicável, por isso, o artigo 29.°, n.° 1, al. *a*) do Dec.-Lei 522/85" *(Acórdão da Relação de Coimbra, de 96.12.12, Col. Jurisp., 1996, Tomo V, pág. 139)*

VEÍCULO DE MATRÍCULA ESTRANGEIRA; INTERVENÇÃO PRINCIPAL PROVOCADA DO GABINETE PORTUGUÊS DE CARTA VERDE: "I – Apesar de ser um mero garante da obrigação de indemnizar, já que é posteriormente reembolsado do que pagar, o Gabinete Português de Carta Verde pode ser demandado inicialmente, embora também o possa ser directamente a seguradora do veículo matriculado no país estrangeiro. II – Nada impede que seja requerida a intervenção principal provocada do Gabinete Português de Carta Verde em acção em que foi demandada a seguradora estrangeira, que veio alegar irregularidade da sua citação." *(Acórdão da Relação de Coimbra, de 97.01.28, Col. Jurisp., 1997, Tomo I, pág. 36)*

DÍVIDAS HOSPITALARES: "I – Na hipótese do artigo 4.° do Dec.-Lei n.° 194/92 prevê-se que o sinistrado seja transportado num veículo, correndo a execução contra o transportador ou a sua seguradora, se seguro houver; no n.° 2 prevê-se o caso de o sinistrado não circular em qualquer veículo. II – Seguindo o sinistrado numa motorizada, onde era transportado, a execução corre contra o condutor do veículo onde seguia e não contra a seguradora do veículo em que embateu a motorizada." *(Acórdão da Relação de Coimbra, de 97.02.25, Col. Jurisp., 1997, Tomo II, pág. 8)*

INTERVENÇÃO PRINCIPAL; INTERVENÇÃO DO SEGURADO PEDIDA PELA SEGURADORA: "Em acção cível por acidente de viação, instaurada com base nos princípios que regem o seguro obrigatório, não é permitido à ré seguradora requerer a intervenção principal do seu segurado para deduzir pedido reconvencional." *(Acórdão da Relação de Lisboa, de 97.07.03, Col. Jurisp., 1997, Tomo IV, pág. 82)*

RESPONSABILIDADE DA COMPANHIA DE SEGUROS; PRAZO DE PRESCRIÇÃO: "I – Nas acções de indemnização por responsabilidade civil emergente de acidente de viação, a causa de pedir é um facto complexo, ou seja, não são diversos factos mas um só e este em si complexo, sendo o ou os danos um efeito do facto. II – Sendo o facto ilícito, gerador do dano, de natureza criminal, tem carácter pessoal a justificação do alongamento do prazo prescricional, previsto no n.º 3 do artigo 498.º do Código Civil, não se comunicando aos restantes devedores solidários o prescrito nesta disposição. III – Mas, a seguradora responde nos mesmos termos que o seu segurado, por força do firmado no contrato estabelecido entre ambos. Assim, se o seu segurado responder na base de culpa, o alargamento do prazo prescricional reflecte-se também quanto à seguradora; se com base no risco, não tem lugar esse alargamento e aquele prazo é o geral de 3 anos." *(Acórdão do Supremo Tribunal de Justiça, de 97.10.28, Col. Jurisp., Acórdãos do Sup. Trib. Just., 1997, Tomo III, pág. 103)*

VEÍCULO MATRICULADO EM PAÍS ESTRANGEIRO: "I – Numa acção em que seja pedida indemnização por prejuízos resultantes de acidente de viação, em que tenha tido intervenção um veículo automóvel matriculado num Estado Membro da Comunidade Europeia, deve ser demandado, em princípio, o Gabinete Português de Carta Verde. II – A Companhia Seguradora pode, neste caso, ser demandada, como directamente responsável pelos ditos prejuízos. III – Se assim acontecer, a sua correspondente em Portugal terá, também, de intervir." *(Acórdão da Relação de Évora, de 97.11.04, Col. Jurisp., 1997, Tomo V, pág. 257)*

ATRASO NA REPARAÇÃO; RESPONSABILIDADE DA SEGURADORA E DA OFICINA: "I – A oficina que procedeu à reparação de veículo sinistrado é responsável pelos danos resultantes do atraso nessa reparação, desde que não prove que esse atraso não resultou de culpa sua. II – A oficina antes de aceitar fazer a reparação da viatura deve certificar-se, com um grau de razoável certeza, se pode dispor em tempo útil das peças necessárias. III – Assim , a seguradora é responsável pelos danos sofridos pelo proprietário entre o momento do acidente e o fim da prazo previsto para essa reparação e a oficina pelos danos decorrentes entre essa data e a da efectiva entrega do veículo reparado. IV – Nestes casos, o lesado pode accionar simultaneamente a seguradora e a oficina, para haver a indemnização pela totalidade dos prejuízos." *(Acórdão da Relação de Coimbra, de 98.07.07, Col. Jurisp., 1998, Tomo IV, pág. 6)*

LITISCONSÓRCIO NECESSÁRIO; PEDIDO SUPERIOR AO SEGURO OBRIGATÓRIO: "Ultrapassando o pedido (em acção de responsabilidade civil emergente de acidente de viação) o máximo do seguro obrigatório, deve a acção ser proposta contra a seguradora e o civilmente responsável (ainda que haja seguro facultativo e o pedido o não ultrapasse." *(Acórdão do Supremo Tribunal de Justiça, de 98.10.13, Col. Jurisp., Acórdãos do Supremo Tribunal de Justiça, 1998, Tomo III, pág. 61)*

CAPÍTULO V
FISCALIZAÇÃO E PENALIDADES

ARTIGO 30.º
(Interdição e licenciamento para circulação)

1. Os veículos abrangidos pelo presente diploma só podem circular em território nacional desde que se encontre satisfeita a obrigação de segurar estabelecida no presente diploma.

2. A fim de garantir o cumprimento da obrigação referida no número anterior, as seguradoras devem comunicar à Direcção-Geral de Viação ou, no caso de ciclomotores, às câmaras municipais respectivas, no prazo de 30 dias contados do respectivo acto, todos os contratos de seguro efectuados ou cessados, com indicação da matrícula do veículo e da entidade obrigada ao seguro.

3. Em caso de cessação do contrato de seguro por alienação do veículo, a seguradora, quando não conheça a identidade da pessoa obrigada ao seguro, deverá comunicar, no mesmo prazo, às entidades referidas no número anterior a identificação do anterior proprietário.

4. A Direcção-Geral de Viação ou a câmara municipal, consoante os casos, notificarão as entidades responsáveis pelo seguro dos veículos cujo contrato cessou para, no prazo de oito dias, fazerem a entrega do livrete e do título de registo de propriedade em qualquer dos serviços da Direcção-Geral de Viação ou da câmara municipal, ou procederem à sua devolução por via postal, em ordem ao cancelamento da respectiva matrícula.

5. O cancelamento da matrícula não se efectuará sempre que, no referido prazo de oito dias, for feita a prova da efectivação do contrato de seguro do veículo perante a Direcção-Geral de Viação ou a câmara municipal ou ainda perante as autoridades policiais referidas no n.º 1 do artigo 32.º.

6. O cancelamento da matrícula por falta de cumprimento da obrigação referida no n.º 4 acarretará a apreensão do veículo.

7. As licenças dos veículos pesados de transporte colectivo de passageiros ou de mercadorias, de quaisquer veículos de aluguer, de automóveis ligeiros de táxi e de carros eléctricos circulando sobre carris não poderão ser passadas sem que o respectivo interessado apresente apólice de seguro que abranja as coberturas obrigatórias.

EVOLUÇÃO LEGISLATIVA

* O n.º 1 mantém a redacção inicial do Decreto-Lei n.º 522/85, de 31.12.
* Os restantes n.ºs são redacção do artigo *1.º do* Dec.-Lei n.º 130/94, de 19.05. O actual n.º 7 corresponde ao n.º 2, na redacção inicial.

REMISSÕES

2 – Ciclomotores – art. 107.º CE; matrícula – arts. 117.º a 119.º CE (em anot. ao art. 20.º; cfr. Legislação Complementar).
4 – Registo de propriedade automóvel – Decs. Lei n.º 54/75 e 55/75, ambos de 12.02 (em anot. ao art. 31.º).
4, 5, 6 – Cancelamento da matrícula – art. 119.º CE.

LEGISLAÇÃO COMPLEMENTAR

AUTORIZAÇÃO AO GOVERNO PARA TRANSFERIR PARA OS MUNICÍPIOS COMPETÊNCIAS RELATIVAS À ACTIVIDADE DE TRANSPORTES DE ALUGUER EM VEÍCULOS LIGEIROS DE PASSAGEIROS E A CRIAR REGRAS ESPECÍFICAS SOBRE O ACESSO À PROFISSÃO DE MOTORISTA DE TÁXIS: LEI N.º 18/97, DE 11 DE JUNHO

A Assembleia da República decreta, nos termos dos artigos 164.º, alínea e), 168.º, n.º 1, alínea s), e 169.º, n.º 3, da Constituição, o seguinte:

Artigo 1.º (Objecto)
1) É concedida ao Governo autorização legislativa para transferir para os municípios competências relativas à actividade de transporte de aluguer em automóveis ligeiros de passageiros.
2) É igualmente concedida ao Governo autorização legislativa para criar

regras próprias de acesso e exercício da profissão de motorista de veículos de aluguer ligeiros de passageiros.

Artigo 2.° (Sentido e extensão)
A presente autorização legislativa tem o seguinte sentido e extensão:
1) O decreto-lei a aprovar na sequência da presente autorização legislativa visa dotar os municípios de competências em matérias relativas à actividade de aluguer de veículos ligeiros de passageiros, importando a transferência de competências relativas às seguintes áreas:
a) Fixação de contingentes;
b) Atribuição de transmissão de licenças;
c) Licenciamento de veículos;
d) Isenção de normas de identificação de veículos;
e) Regime de exploração;
f) Fiscalização da actividade e aplicação do regime sancionatório;
2) O decreto-lei a aprovar ao abrigo da presente autorização legislativa, e que regulamentará o acesso e exercício da profissão de motorista de veículos de aluguer ligeiros de passageiros, visa a criação de condições de idoneidade e de aptidão profissional para aquela profissão e, nesse quadro, deverá incluir as seguintes regras:
a) Exigência de um certificado de aptidão para o exercício da profissão;
b) Determinação da entidade competente para a emissão dos certificados referidos na alínea anterior;
c) Determinação da entidade competente para a fiscalização do exercício da profissão.

Artigo 3.° (Duração)
A presente autorização legislativa tem a duração de um ano.

Artigo 4.° (Revogação do Decreto-Lei n.° 319/95, de 28 de Novembro)
É revogado, com efeitos reportados a 1 de Janeiro de 1996, o Decreto-Lei n.° 319/95, de 28 de Novembro, ficando salvaguardados todos os direitos que tenham sido criados a favor de particulares em execução do referido diploma.

Artigo 5.° (Repristinação de normas)
São repristinadas todas as normas anteriores à publicação do Decreto-Lei n.° 319/95, de 28 de Novembro, que expressa ou tacitamente tenham sido por ele revogadas.

MEDIDAS DE SEGURANÇA PARA OS MOTORISTAS DE TÁXI: LEI N.º 6/98, DE 31 DE JANEIRO

A Assembleia da República decreta, nos termos dos artigos 161.º, alínea c), e 166.º, n.º 3, da Constituição, o seguinte:

Artigo 1.º
 1. Nas áreas correspondentes aos comandos metropolitanos e distritais da PSP, nas quais seja tecnologicamente possível, é criado um serviço de alerta, a cargo da PSP, constituído pela disponibilização de um sistema de comunicações via satélite (GPS) e SOS rádio, entre os veículos ligeiros de passageiros de aluguer e uma central daquela força de segurança.
 2. O referido serviço estabelece uma comunicação directa à Polícia de Segurança Pública de qualquer ocorrência que justifique uma intervenção urgente das forças de segurança.
 3. A adesão pelos motoristas das viaturas referidas no n.º 1 ao serviço de alerta implica exclusivamente a assunção, por estes, dos encargos decorrentes da aquisição e manutenção do equipamento terminal a instalar nos respectivos veículos e o cumprimento das normas técnicas e regulamentares a aprovar pelo Governo.
 4. A aquisição do equipamento referido no número anterior poderá ser objecto de comparticipação financeira por parte do Estado até 50% do respectivo valor, nos termos a regulamentar.

Artigo 2.º
 Os veículos ligeiros de passageiros de aluguer que não adiram ao sistema previsto no artigo anterior devem instalar, pelo menos, como condição de licenciamento para a respectiva actividade, um dos seguintes sistemas ou dispositivos de segurança:
 a) Aparelho de rádio ligado a uma estação de rádio fixa com acesso às forças de segurança;
 b) Instalação de separadores entre os habitáculos do condutor e dos passageiros transportados:
 c) Sistema de luz avisadora exterior ou leitor automático de tarifas exterior que possibilite a mensagem SOS e, em qualquer dos casos, meio electrónico de pagamento.

Artigo 3.º
 O Governo regulamentará esta lei, designadamente as características técnicas, a colocação dos equipamentos, bem como a homologação dos modelos e a aprovação da respectiva instalação.

Artigo 4.º
 O presente diploma entra em vigor com a regulamentação prevista no artigo anterior.

CONDIÇÕES DE ACESSO À ACTIVIDADE E AO MERCADO DE TRANSPORTES EM TÁXI: DECRETO-LEI N.º 251/98, DE 11 DE AGOSTO

A experiência colhida na aplicação do regime jurídico relativo aos transportes de aluguer em veículos automóveis ligeiros de passageiros veio demonstrar a necessidade da sua revisão, visando sobretudo a melhoria de qualidade a que deve obedecer a prestação destes serviços.

Neste sentido, em paralelo com um diploma específico regulador da certificação profissional do motorista, este Decreto-Lei estrutura a realização destes transportes em duas vertentes fundamentais que se complementam: o acesso à actividade e o acesso ao mercado.

O licenciamento da actividade consubstancia-se na exigência de requisitos a preencher pelas sociedades comerciais o cooperativas que a pretendam exercer, as quais, por razões de solidez económica, eficácia e capacidade organizativa, passam a ser os únicos protagonistas desta actividade. A esta opção pela forma societária não foi alheia a consagração da sociedade unipessoal por quotas no nosso ordenamento jurídico, figura esta a que já podem aderir as pessoas pouco receptivas ao associativismo inerente às outras formas sociais.

No entanto, considerando que a actividade tem vindo tradicionalmente a ser exercida por empresários em nome individual e que o instituto de sociedade unipessoal é uma figura recente e, por isso, ainda pouco conhecida, tornou-se conveniente admitir que, ressalvado o preenchimento dos requisitos de idoneidade, capacidade técnica ou profissional e capacidade financeira, pudessem as referidas empresas continuar a exercer a actividade.

Ainda com o objectivo de promover melhoria da prestação dos serviços de transportes de aluguer em automóveis ligeiros de passageiros, os quais respondem a necessidades essencialmente locais, são conferidas competências aos municípios no âmbito de organização e acesso ao mercado, sem prejuízo da coordenação e mobilidade a nível nacional.

Assim, a intervenção da administração central em matéria de acesso ao mercado é meramente residual, circunscrevendo-se à resolução de questões de transporte em táxi com natureza extraconcelhia, em que o pólo gerador da procura não tenha tradução local e a coordenação de transportes se não confine a um município.

É também adoptado um regime sancionatório mais adequado a ao actual sistema de contra-ordenações, pretendendo-se que o mesmo exerça uma função dissuasora, sendo conferidas competências nessa matéria à administração local.

Finalmente, os direitos adquiridos pelas pessoas que já vêm exercendo a actividade foram devidamente acautelados, através da consagração de um regime transitório que, para além de atribuir relevância jurídica à experiência profissional permite a adaptação às novas regras de acesso à actividade num prazo suficientemente alargado.

Foram ouvidos os organismos representativos dos trabalhadores.
Foram ouvidos os órgãos de governo próprio das Regiões Autónomas.
Assim, no uso da autorização legislativa concedida pelo n.º 1 do artigo 1.º da Lei n.º 18/97 de 11 de Junho, nos termos da alíneas a) e b) do n.º 1 do artigo 198.º e do n.º 5 do artigo 112.º da Constituição, o governo decreta o seguinte:

CAPÍTULO I – Disposições Gerais

Artigo 1.º (Âmbito)

O presente diploma aplica-se aos transportes públicos de aluguer em veículos automóveis ligeiros, adiante designados por transportes em táxi.

Artigo 2.º (Definições)

Para efeitos do presente diploma considera-se:

a) Táxi: o veículo automóvel ligeiro de passageiros afecto ao transporte público equipado com aparelho de medição de tempo e distância (táximetro) e com distintivos próprios;

b) Transporte em táxi: o transporte efectuado por meio do veículo a que se refere a alínea *a*), ao serviço de uma só entidade segundo itinerário da sua escolha e mediante retribuição;

c) Transportador em táxi: a empresa habilitada com alvará para o exercício da actividade de transportes em táxi.

CAPÍTULO II – Acesso à Actividade

Artigo 3.º (Licenciamento da Actividade)

1. A actividade de transportes em táxi só pode ser exercida por sociedades comerciais ou cooperativas licenciadas pela Direcção geral de Transportes Terrestres (DGTT), sem prejuízo do disposto do artigo 308.º.

2. A licença para o exercício da actividade de transportes em táxi consubstancia-se num alvará, o qual é intransmissível e é imitido por um prazo não superior a cinco anos renovável mediante comprovação de que se mantêm os requisitos de acesso á actividade.

3. A DGTT procederá ao registo de todas as empresas titulares de alvará para o exercício desta actividade.

Artigo 4.º (Requisitos de Acesso)

São requisitos de acesso à actividade a idoneidade, a capacidade técnica ou profissional e a capacidade financeira.

Artigo 5.º (Idoneidade)
1. O requisito de idoneidade deve ser preenchido por todos os gerentes, directores ou administradores da empresa.
2. Para efeitos do disposto no presente diploma, não são consideradas idóneas, durante um período de três anos após o cumprimento da pena, as pessoas de tenham sido condenadas em pena de prisão efectiva igual ou superior a três anos, salvo reabilitação.
3. Nos termos do Código de Processo Penal, podem verificar-se os seguintes impedimentos:
a) Proibição legal do exercício do comércio;
b) Condenação, com trânsito em julgado, qualquer que tenha sido a natureza do crime, nos casos em que tenha sido decretada a interdição do exercício da profissão de transportador;
c) Condenação, com trânsito em julgado, por infracções graves ou repetidas à regulamentação sobre os tempos de condução e de repouso ou à regulamentação sobre a segurança rodoviária, nos casos em que tenha sido decretada a interdição do exercício da profissão de transportador;
d) Condenação, com transito em julgado, por infracções cometidas no exercício da actividade transportadora às normas relativas ao regime das prestações de natureza retributiva ou às condições de higiene e segurança no trabalho, nos casos em que tenha sido decretada a interdição do exercício da profissão de transportador.

Artigo 6.º (Capacidade técnica ou profissional)
1. O requisito de capacidade técnica ou profissional consiste na posse dos conhecimentos necessários para o exercício da actividade, verificada no âmbito de um exame efectuado pela DGTT, nos termos e sobre as matérias que vierem a ser definidas por portaria do membro do Governo responsável pela área dos transportes rodoviários de passageiros.
2. O requisito de capacidade técnica ou profissional deve ser preenchido, no caso de sociedades comerciais, por um gerente ou administrador e, nas cooperativas, por um dos seus directores que detenha a sua direcção efectiva.

Artigo 7.º (Capacidade financeira)
A capacidade financeira consiste na posse dos recurso financeiros necessários para garantir a boa gestão da empresa, nos termos a definir por portaria do membro do Governo responsável pela área dos transportes.

Artigo 8.º (Falta superveniente de requisitos)
1. A falta superveniente dos requisitos de idoneidade, de capacidade profissional ou de capacidade financeira deve ser suprida no prazo de um ano a contar a data da ocorrência.
2. Decorrido o prazo previsto no número anterior sem que a falta seja suprida, caduca o alvará para o exercício da actividade de transportador em táxi.

Artigo 9.° (Dever de informação)
As empresas devem comunicar à DGTT as alterações ao pacto social, designadamente modificações na administração, direcção ou gerência, bem como mudanças de sede, no prazo de 30 dias a contar da sua ocorrência.

CAPÍTULO III – Acesso ao mercado

Artigo 10.° (Veículos)
1. Nos transportes em táxi só podem ser utilizados veículos automóveis ligeiros de passageiros de matrícula nacional, com lotação não superior a nove lugares, incluindo o do condutor, equipados com taxímetro e conduzidos por motoristas habilitados com certificado de aptidão profissional.
2. As normas de identificação, o tipo de veículo e a sua idade máxima, as condições de afixação de publicidade e outras características a que devem obedecer os táxis são estabelecidas por portaria do membro do Governo responsável pela área dos transportes.

Artigo 11.° (Taxímetros)
1. A homologação e a aferição do taxímetros é efectuada pelas entidades reconhecidas para efeitos de controlo metrológico dos aparelhos de medição de tempo e distância.
2. Os taxímetro devem ser colocados na metade superior do tablier ou em cima deste, em local bem visível pelos passageiros, não podendo ser aferidos os que não respeitem esta condição.

Artigo 12.° (Licenciamento dos veículos)
1. Os veículos afectos aos transporte em táxi estão sujeitos a licença a emitir pelas câmara municipais e são averbados no alvará pela DGTT.
2. A licença do táxi caduca se não for iniciada a exploração no prazo fixado pela câmara municipal, que não pode ser inferior a 90 dias, sempre que não seja renovado o alvará.
3. A licença do táxi e o alvará ou a sua cópia certificada devem estar a bordo do veículo.

Artigo 13.° (Fixação de contingentes)
1. O número de táxi em cada concelho constará de contigentes fixados, com uma periodicidade não inferior a dois anos, pela câmara municipal, mediante audição prévia das entidades representativas do sector.
2. Os contingentes são estabelecidos por freguesia, para um conjunto de freguesias ou para as freguesias que constituem a sede do concelho.
3. Os contigentes e respectivos reajustamentos devem ser comunicados à DGTT aquando da sua fixação.

Artigo 14.º (Preenchimento dos lugares no contigente)
1. As câmaras municipais atribuem as licenças, dentro do contingente fixado, por meio de concurso público limitado a empresas habilitadas nos termos do artigo 3.º.
2. São definidos por regulamento municipal os termos gerais dos programas de concurso, o qual deve incluir os critérios aplicáveis à hierarquização dos concorrentes.

CAPÍTULO IV – Organização do mercado

Artigo 15.º (Tipos de serviço)
Os serviços de transporte em táxis são prestados em unção da distância percorrida e dos tempos de espera, ou

a) À hora, em função da duração do serviço;

b) A percurso, em função de preços estabelecidos para determinados itinerários;

c) A contrato, em função de acordo reduzido a escrito estabelecido por prazo não inferior a 30 dias, onde constem obrigatoriamente o respectivo prazo, a identificação das partes e o preço acordado.

Artigo 16.º (Regimes de estacionamento)
1. As câmaras municipais fixam por regulamento um ou vários dos seguintes regimes de estacionamento:

a) livre – os táxis podem circular livremente à disposição do público, não existindo locais obrigatórios para estacionamento;

b) condicionado – os táxis podem estacionar em qualquer dos locais reservados para o efeito, até ao limite do lugares fixados;

c) fixo – os táxis são obrigados a estacionar em locais determinados e constantes da respectiva licença;

d) escala – os táxis são obrigados a cumprir um regime sequencial de prestação de serviço

2. As câmaras municipais podem ainda definir, por regulamento, as condições em que autorizam estacionamento temporário dos táxis em local diferente do fixado para fazer face a situações de acréscimo excepcional e momentâneo da procura.

Artigo 17.º (Prestação obrigatória de serviços)
1. Os táxis devem estar à disposição do público de acordo com o regime de estacionamento que lhes for fixado, não podendo ser recusados os serviços solicitados em conformidade com a tipologia prevista no presente diploma, salvo o disposto no número seguinte.

2. Podem ser recusados os seguintes serviços:

a) Os que impliquem a circulação em vias manifestamente intransitáveis pelo difícil acesso ou em locais que ofereçam notório perigo para a segurança do veículo, dos passageiros ou do motorista;

b) Os que sejam solicitados por pessoas com comportamento suspeito de perigosidade.

Artigo 18.º *(Abandono do exercício da actividade)*
Salvo caso fortuito ou de força maior, considera-se que há abandono do exercício da actividade sempre que os táxis não estejam à disposição do público durante 30 dias consecutivos ou 60 interpolados dentro do período de um ano.

Artigo 19.º *(Transporte de bagagens e de animais)*
1. O transporte de bagagens só pode ser recusado nos casos em que as suas características prejudiquem a conservação do veículo.

2. É obrigatório o transporte de cães guia de passageiros invisuais e de cadeiras de rodas ou outros meios de marcha de pessoas com mobilidade reduzida, bem como de carrinhos e acessórios para o transporte de crianças.

3. Não pode ser recusado o transporte de animais de companhia, desde que devidamente acompanhados e acondicionados, salvo motivo atendível, designadamente a perigosidade, o estado de saúde ou de higiene.

Artigo 20.º *(Regime de preços)*
Os transportes em táxi estão sujeitos ao regime de preços fixado em legislação especial.

CAPÍTULO V – Regimes especiais

Artigo 21.º *(Regime especial)*
Nos casos em que o transporte em táxi tenha natureza predominantemente extraconcelhia, designadamente no de coordenação deste serviço com terminais de transporte terrestre, aéreo, marítimo ou intermodal, pode o director-geral de Transportes Terrestres fixar, por despacho, contigentes especiais e regimes de estacionamento.

Artigo 22.º *(Táxis para pessoas com mobilidade reduzida)*
1. Podem ser licenciados táxis para o transporte de pessoas com mobilidade reduzida, desde que devidamente adaptados, de acordo com as regras a definir por despacho do director-geral de Transportes Terrestres.

2. As licenças a que se refere o número anterior podem ser atribuídas pelas câmaras municipais fora do contigente a que se refere o artigo 13.º, de acordo com critérios a fixar por regulamento municipal, sempre que a necessidade deste tipo de veículos não possa ser assegurada pela adaptação dos táxis existentes no concelho.

Artigo 23.° (Veículos turísticos e isentos de distintivos)
1. O regime de acesso à actividade previsto no capítulo II do presente diploma aplica-se às empresas que efectuem transportes com veículos turísticos ou com veículos isentos de distintivos.
2. O regime aplicável ao acesso e organização do mercado será objecto de regulamentação especial.

Artigo 24.° (Transportes colectivos em táxi)
A DGTT pode autorizar a realização de transportes colectivos em táxi, em condições a definir por despacho do director-geral de Transportes Terrestres.

CAPÍTULO VI – *Fiscalização e regime sancionatório*

Artigo 25.° (Entidades fiscalizadoras)
São competentes para a fiscalização das normas constantes do presente diploma a DGTT, as câmaras municipais, a Guarda Nacional Republicana e a Polícia de Segurança Pública.

Artigo 26.° (Contra-Ordenações)
1. O processo de contra-ordenações inicia-se oficiosamente mediante denúncia das autoridades fiscalizadoras ou particular.
2. A tentativa e a negligência são puníveis.

Artigo 27.° (Competência para aplicação de coimas)
1. O processamento das contra-ordenações previstas nos artigos 28.° e 29.°, no n.° 1 do artigo 30.° e no artigo 31.° compete à DGTT e a aplicação das coimas, assim como das sanções acessórias previstas no artigo 33.°, é da competência do Director-Geral de Transportes Terrestres.
2. O processamento das contra-ordenações previstas no n.° 2 do artigo 30.° compete à câmara municipal e aplicação das coimas é da competência do presidente da câmara municipal respectiva.
3. As câmaras municipais devem comunicar à DGTT as infracções cometidas e respectivas sanções.
4. A DGTT organizará, nos termos a legislação em vigor, o registo das infracções cometidas e informará as câmaras municipais.

Artigo 28.° (Exercício da actividade sem licença)
O Exercício da actividade sem o alvará a que se refere o artigo 3.° é punível com coima de 250.000$00 a 750.000$00 ou de 1.000.000$00 a 3.000.000$00, consoante se trate de pessoa singular ou colectiva.

Artigo 29.º (Incumprimento do dever de informação)
O incumprimento do disposto no artigo 9.º é punível com coima de 20.000$00 a 60.000$00.

Artigo 30.º (Exercício irregular da actividade)
1. São puníveis com coima de 250.000$00 a 750.000$00 as seguintes infracções:
   a) A utilização de veículo não averbado no alvará para o exercício da actividade;
   b) A viciação do alvará ou da licença do veículo, sem prejuízo da responsabilidade criminal a que houver lugar.
2. São puníveis com coima de 30.000$00 a 90.000$00 as seguintes infracções:
   a) O incumprimento de qualquer dos regimes de estacionamento previstos no artigo 16.º;
   b) A inobservância das normas de identificação e características dos táxis referidos no artigo 10.º;
   c) A inexistência dos documentos a que se refere o n.º 3 do artigo 12.º;
   d) O abandono da exploração do táxi nos termos do artigo 18.º;
   e) O incumprimento do disposto no artigo 15.º

Artigo 31.º (Falta de apresentação de documentos)
A não apresentação da licença do táxi, do alvará ou da sua cópia certificada no acto de fiscalização constitui contra-ordenação e é punível com a coima prevista na alínea *c)* do n.º 2 do artigo 30.º, salvo se o documento em falta for apresentado no prazo de oito dias à autoridade indicada pelo agente de fiscalização, caso em que a coima é de 10.000$00 a 50.000$00.

Artigo 32.º (Imputabilidade das infracções)
As infracções ao disposto no presente diploma são da responsabilidade do titular do alvará, sem prejuízo do direito de regresso, salvo a infracção prevista no artigo 28.º, que é da responsabilidade do seu autor.

Artigo 33.º (Sanções acessórias)
1. Com a aplicação da coima prevista no artigo 28.º pode ser decretada a sanção acessória de interdição do exercício de actividade de transportador em táxi.
2. Com a aplicação de qualquer das coimas previstas no n.º 1 do artigo 30.º pode ser decretada a sanção acessória de suspensão da licença ou alvará.
3. As sanções de interdição de exercício da actividade ou de suspensão de licença ou alvará têm a duração máxima de dois anos.
4. No caso de suspensão de licença ou alvará, a empresa infractora é notificada para proceder voluntariamente ao depósito do respectivo alvará na DGTT, sob pena de apreensão.

Artigo 34.º (Produto das coimas)
O produto das coimas é distribuído da seguinte forma:
a) 20% para a entidade competente para a aplicação da coima, constituindo receita própria;
b) 20% para e entidade fiscalizadora, excepto quando esta não disponha da faculdade de arrecadar receitas próprias, revertendo neste caso para o Estado;
c) 60% para o Estado.

CAPÍTULO VII – Disposições finais e transitórias

Artigo 35.º (Modelos das licenças)
Os modelos das licenças e dos alvarás previstos no presente diploma são aprovados por despacho do director-geral e Transportes Terrestres.

Artigo 36.º (Afectação de receitas)
Constituem receita própria da DGTT os montantes que vierem a ser fixados por despacho conjunto dos Ministros do Equipamento, do Planeamento e da Administração do Território e das Finanças, para as inscrições no exame a que se refere o artigo 6.º e para emissão de certificados e do alvará para o exercício da actividade.

Artigo 37.º (Caducidade das licenças)
1. As licenças para a exploração da indústria de transportes de aluguer em veículos ligeiros de passageiros, emitidas ao abrigo do Regulamento de Transportes em automóveis (RTA), aprovado pelo Decreto n.º 37.272, de 31 de Dezembro de 1948, e suas posteriores alterações, caducam no prazo de três anos a contar da data da entrada em vigor do presente diploma.
2. Durante o período de três anos a que se refere o número anterior são substituídas as licenças dos veículos emitidas ao abrigo da legislação ora revogada pelas previstas no artigo 12.º do presente diploma, desde que os seus titulares tenham obtido o alvará para o exercício da actividade de transportador em táxi.
3. Em caso de morte do titular da licença no decurso do prazo a que se refere o n.º 1, a actividade pode continuar a ser exercida pelo cabeça-de-casal, provisoriamente, mediante substituição da licença, contando-se o prazo de caducidade a partir data do óbito.

Artigo 38.º (Licenciamento de empresa em nome individual)
1. As pessoas singulares que à data da publicação do presente diploma explorem a indústria de transportes de aluguer em veículos ligeiros de passageiros, titulares de uma única licença emitida ao abrigo do RTA, podem obter o alvará a que se refere o artigo 3.º, desde que comprovem possuir os requisitos de acesso à actividade.

2. Para efeitos do disposto no número anterior, a idoneidade deve ser comprovada nos termos do artigo 5.º, a capacidade profissional do próprio ou de um mandatário nos termos do artigo 40.º e a capacidade financeira por meio de garantia bancária no valor mínimo exigido para a constituição de uma sociedade.

Artigo 39.º (Transmissão de licenças)
Durante o período de três anos que dispõem para o preenchimento dos requisitos de acesso à actividade referidos no capítulo II podem os titulares de licenças para a exploração da indústria de transportes de aluguer em veículos ligeiros de passageiros proceder à sua transmissão exclusivamente para sociedades comerciais ou cooperativas com alvará para o exercício da actividade de transportador em táxi.

Artigo 40.º (Reconhecimento da capacidade profissional)
É reconhecida capacidade profissional às pessoas que à data da publicação do presente diploma sejam titulares de licenças a que se refere o n.º 1 do artigo 37.º, às que comprovem a qualidade de sócio de uma cooperativa titular destas licenças ou a de gerente, director ou administrador de uma sociedade que exerça a actividade de transporte de aluguer em veículos ligeiros de passageiros.

Artigo 41.º (Capacidade financeira)
Até à publicação da portaria a que se refere o artigo 7.º, considera-se que todas as empresas regularmente constituídas, ou que se constituam sob a forma de sociedades comerciais ou cooperativas, preenchem o requisito e capacidade financeira para efeitos de emissão de alvará para o exercício da actividade.

Artigo 42.º (Instalação de taxímetro)
Por portaria do membro do Governo responsável pelos transportes terrestres será fixado o prazo para a colocação e aferição e taxímetros nos veículos ligeiros de aluguer que à data da publicação do presente diploma não estejam sujeitos a esta obrigação.

Artigo 43.º (Serviço a quilómetro)
O serviço a quilómetro, previsto no artigo 27.º do Decreto n.º 37.272, de 31 de Dezembro de 1948, mantém-se em vigor até à publicação da portaria a que se refere o artigo anterior.

Artigo 44.º (Norma revogatória)
São revogadas todas as disposições aplicáveis aos transportes de aluguer em veículos ligeiros de passageiros que contrariem o presente diploma, designadamente:
  a) Os artigos 15.º, §§ 2.º e 3.º, 16.º a 20.º, 24.º a 45.º, 47.º, 49 e 50.º do Regulamento de Transportes em Automóveis (RTA), aprovado pelo Decreto n.º 37.272, de 31 de Dezembro de 1948;

b) A alínea *b)* do n.º 1 e a alínea *b)* do n.º 4 do artigo 210.º, bem como a alínea b) o n.º 1 do artigo 211.º do RTA, com a redacção dada pelo Decreto-Lei n.º 378/97, de 27 de Dezembro;
 c) Os Decretos-Leis n.ᵒˢ 448/80, de 6 de Outubro, e 74/79, de 4 de Abril;
 d) Os Decretos Regulamentares n.ᵒˢ 34/78, de 2 de Outubro, e 52/80, de 26 de Setembro;
 e) As portarias publicadas ao abrigo da legislação ora revogada.

Artigo 45.º *(Entrada em vigor)*
O presente diploma entra em vigor 90 dias a contar da data da sua publicação.

CONDIÇÕES DE ACESSO E DE EXERCÍCIO DA PROFISSÃO DE MOTORISTA DE TÁXI: DECRETO-LEI N.º 263/98, DE 19 DE AGOSTO

1 – A permanente mutação tecnológica e organizativa do trabalho tem vindo a reflectir-se numa crescente exigência de competências e qualificações necessárias para o exercício de certas profissões.
 Com o presente diploma visa-se assegurar o desejável incremento da qualidade do serviço de transporte público de aluguer em veículos ligeiros de passageiros, bem como da segurança de circulação destes veículos.
 2 – A prossecução destes objectivos desenvolve-se em dois vectores fundamentais, que o diploma introduz, por um lado, a exigência de qualificações adequadas, aferidas por certificado de aptidão profissional para o exercício da profissão de motorista de táxi, e, por outro, a enunciação dos deveres destes motoristas na óptica do utente.
 3 – Estando-se em face de uma actividade que tanto é exercida por profissionais por conta própria como por trabalhadores por conta de outrem, só neste último caso e por coincidência é que alguns desses deveres podem também revestir a natureza de obrigações laborais.
 Daí que o incumprimento de qualquer dos deveres dos motoristas de táxi seja sancionado em sede de direito contra-ordenacional, independentemente de se poder verificar também a violação de deveres profissionais para com a entidade patronal, sancionável nos termos do direito laboral.
 4 – As soluções encontradas enquadram-se na autorização legislativa concedida pela Lei n.º 18/97, de 11 de Junho, que autorizou o Governo a regulamentar o acesso e exercício da profissão em causa, e, no que respeita à certificação da aptidão profissional, inserem-se no regime legal instituído pelo Decreto-Lei n.º 95/92, de 23 de maio, na sequência dos princípios consagrados no Decreto-Lei n.º 401/91, de 16 de Outubro, e ainda no Decreto Regulamentar n.º 68/94, de 26 de Novembro.

5 – Em portaria regulamentar são estabelecidas as normas específicas de certificação, cujo conteúdo foi objecto de intervenção tripartida, no âmbito da estrutura do Sistema de Certificação Profissional, nos termos no n.º 3 do artigo 11.º do citado Decreto-Lei n.º 95/92, de 23 de Maio.

6 – A protecção das situações adquiridas pelo elevado número de motoristas de táxi que já exercem a profissão sem sujeição a exigências de habilitações específicas é acautela pela fixação de uma prolongada **vacatio legis** *dos diplomas que instituem o novo regime e pelo estabelecimento, em portaria regulamentar, de normas de transição que permitam evitar o indesejável desperdício do capital de experiência acumulada por esses profissionais.*

7 – No contexto da preparação do regime jurídico ora instituído foram publicados os projectos deste decreto-lei e da portaria que o regulamenta, para apreciação pública, na separata n.º 1 do **Boletim do Trabalho e do Emprego**, *de 17 de Abril de 1998, tendo o prazo para este efeito sido reduzido para 20 dias, nos termos do n.º 2 do artigo 5.º da Lei n.º 16/79, de 26 de Maio, justificando-se o carácter excepcional desta medida por motivo de urgência, decorrente da referida autorização legislativa concedida ao Governo para legislar sobre esta matéria.*

Emitiram pareceres duas associações patronais e uma federação sindical, tendo as suas críticas e sugestões sido consideradas aquando da elaboração dos textos finais de ambos os diplomas legais.

Foram ouvidos os órgãos próprios das Regiões Autónomas.

Assim:

No uso da autorização legislativa concedida pelo n.º 2 do artigo 1.º da Lei n.º 18/97, de 11 de Junho, e nos termos da alínea b) do n.º 1 do artigo 198.º e do n.º 5 do artigo 112.º da Constituição, o Governo decreta o seguinte:

Artigo 1.º (Objecto)
O presente diploma estabelece as condições de acesso e de exercício da profissão de motorista de veículos ligeiros de passageiros de transporte público de aluguer, adiante designado por motorista de táxi.

Artigo 2.º (Certificado de aptidão profissional)
1. É obrigatória a posse de certificado de aptidão profissional para o exercício da profissão de motorista de táxi.
2. É nulo o contrato pelo qual alguém se obrigue a exercer a profissão de motorista de táxi sem que possua o certificado de aptidão profissional.

Artigo 3.º (Entidade certificadora)
A Direcção-Geral de Transportes Terrestres é a entidade com competência para emitir certificados de aptidão profissional de motorista de táxi e para homologar os respectivos cursos de formação profissional.

Artigo 4.° *(**Emissão do certificado de aptidão profissional**)*
   1. Constitui requisito necessário para a emissão de certificado de aptidão profissional a idoneidade.
   2. Consideram-se não idóneas, durante um período de três anos após o cumprimento da pena, as pessoas que tenham sido condenadas em pena de prisão efectiva igual ou superior a três anos, salvo reabilitação.
   3. Por portaria dos Ministros do Equipamento, do Planeamento e da Administração do Território e do Trabalho e da Solidariedade são estabelecidas normas relativas a outras condições de emissão do certificado de aptidão profissional e de homologação dos cursos de formação profissional, nomeadamente:
   a) Requisitos gerais de acesso ao certificado tais como a idade e a escolaridade;
   b) Requisitos especiais tais como a frequência de cursos de formação profissional, condições de acesso à profissão e regime de avaliação;
   c) Validade do certificado e condições de renovação;
   d) Elaboração do manual de certificação;
   e) Regime transitório de acesso ao certificado.
   4. Por despacho conjunto dos Ministros das Finanças e do Equipamento, do Planeamento e da Administração do Território são estabelecidos os montantes devidos pela emissão e renovação do certificado de aptidão profissional, os quais constituem receita própria da Direcção-Geral de Transportes Terrestres.

Artigo 5.° *(**Deveres do motorista de táxi**)*
   Constituem deveres do motorista de táxi:
   a) Prestar os serviços de transporte que lhe forem solicitados, desde que abrangidos pela regulamentação aplicável ao exercício da actividade;
   b) Obedecer ao sinal de paragem de qualquer potencial utente quando se encontre na situação de livre;
   c) Usar de correcção e urbanidade no trato com os passageiros e terceiros;
   d) Auxiliar os passageiros que careçam de cuidados especiais na entrada e saída do veículo;
   e) Accionar o taxímetro de acordo com as regras estabelecidas e manter o respectivo mostrador sempre visível;
   f) Colocar no lado direito do *tablier*, de forma visível para os passageiros, o certificado de aptidão profissional;
   g) Cumprir o regime de preços estabelecido;
   h) Observar as orientações que o passageiro fornecer quanto ao itinerário e à velocidade, dentro dos limites em vigor, devendo, na falta de orientações expressas, adoptar o percurso mais curto;
   i) Cumprir as condições do serviço de transporte contratado, salvo causa justificativa;
   j) Transportar bagagens pessoais, nos termos estabelecidos, e proceder à respectiva carga e descarga, incluindo cadeiras de rodas de passageiros deficientes;

l) Transportar cães-guia de passageiros cegos e, salvo motivo atendível, como a perigosidade e o estado de saúde ou higiene, animais de companhia, devidamente acompanhados e acondicionados;

m) Emitir e assinar o recibo comprovativo do valor do serviço prestado, do qual deverá constar a identificação da empresa, endereço, número de contribuinte e a matrícula do veículo e, quando solicitado pelo passageiro, a hora, a origem e destino do serviço e os suplementos pagos;

n) facilitar o pagamento do serviço prestado, devendo para o efeito dispor de trocos até 2.000$;

o) Proceder diligentemente à entrega na autoridade policial ou ao próprio utente, se tal for possível, de objectos deixados no veículo;

p) Cuidar da sua apresentação pessoal;

q) Diligenciar pelo asseio interior e exterior do veículo;

r) Não se fazer acompanhar de pessoas estranhas ao serviço;

s) Não fumar quando transportar passageiros.

Artigo 6.° (Fiscalizações)
Sem prejuízo das competências atribuídas por lei a outras entidades, são competentes para a fiscalização do cumprimento do disposto no presente diploma:
a) A Guarda Nacional Republicana;
b) A Polícia de Segurança Pública;
c) A Direcção-Geral de Transportes Terrestres.

Artigo 7.° (Contra-ordenações)
1. As infracções ao disposto nos artigos 9.°, 10.° e 11.° constituem contra-ordenações.
2. O processo de contra-ordenação inicia-se oficiosamente mediante participação das autoridades policiais ou fiscalizadoras ou ainda mediante denúncia particular.
3. A tentativa e a negligência são puníveis.

Artigo 8.° (Processamento das contra-ordenações)
1. O processamento das contra-ordenações previstas neste diploma compete à Direcção-Geral de Transportes Terrestres.
2. A aplicação das coimas é da competência do director-geral de Transportes Terrestres.

Artigo 9.° (Exercício ilegal da profissão)
1. A condução do veículo, quando afecto ao transporte público de aluguer de passageiros, por quem não seja titular do certificado de aptidão profissional é punível com coima de 125.000$ a 375.000$, salvo se o condutor for o titular da licença do veículo, caso em que a coima é de 250.000$ a 750.000$.

2. A contratação, a qualquer título, de motorista que não seja titular do certificado de aptidão profissional é punível com coima de 125.000$ a 375.000$ ou de 250.000$ a 750.000$, consoante se trate de pessoa singular ou colectiva.

Artigo 10.º *(Falta de exibição do certificado de aptidão profissional)*

A não colocação do certificado de aptidão profissional no local exigido nos termos da alínea *f)* do artigo 5.º é punível com as coimas previstas no n.º 1 do artigo 9.º, salvo se apresentação se verificar de imediato ou no prazo de oito dias à autoridade fiscalizadora, caso em que a coima é de 10.000$ a 30.000$.

Artigo 11.º *(Violação dos deveres do motorista de táxi)*

1. São puníveis com a coima de 50.000$ a 150.000$ as seguintes infracções:
a) A cobrança de tarifas superiores às legalmente fixadas;
b) A ocultação, por qualquer forma, do mostrador do taxímetro;
c) O accionamento do taxímetro antes do início do serviço, salvo nos casos permitidos;
d) A não emissão de recibo.

2. São puníveis coma coima de 10.000$ a 30.000$ as seguintes infracções:
a) A não obediência ao sinal de paragem quando se encontre livre;
b) A não observância das orientações quanto ao itinerário e à velocidade e a adopção de itinerário mais longo do que o necessário, contar o interesse do passageiro;
c) A falta de correcção e urbanidade no trato com os passageiros e terceiros;
d) O abandono do passageiro sem que o serviço de transporte esteja terminado;
e) A não entrega diligente dos objectos deixados no veículo;
f) A falta de ajuda aos passageiros que careçam de cuidados especiais;
g) A recusa da prestação de serviços fora das condições legalmente previstas;
h) A recusa de transporte de bagagens nos termos fixados e da respectiva carga e descarga;
i) A recusa não permitida do transporte de animais;
j) Fazer-se acompanhar de pessoas estranhas ao serviço.

3. São puníveis com a coima de 5.000$ a 15.000$ as seguintes infracções:
a) A falta de cuidado na apresentação pessoal;
b) A falta de diligência pelo asseio interior e exterior do veículo;
c) A não facilitação do pagamento do serviço;
d) Fumar durante a prestação do serviço.

Artigo 12.º *(Sanção acessória)*

1. Com a aplicação da coima pode ser determinada a sanção acessória de interdição do exercício da profissão se o motorista tiver sido condenado pela prática de qualquer das infracções previstas no n.º 1 do artigo 11.º ou de três das infracções previstas nos n.ᵒˢ 2 e 3 do mesmo artigo quando cometidas no período de um ano a contar da data da primeira decisão condenatória.

2. A sanção acessória pode ser aplicada ainda que no processo contra-ordenacional tenha havido pagamento voluntário da coima.

3. A interdição do exercício da profissão não pode ser por período superior a dois anos.

4. No caso de interdição do exercício da profissão, o infractor é notificado para proceder voluntariamente ao depósito do certificado de aptidão profissional na Direcção-Geral de Transportes Terrestres, sob pena de o mesmo ser apreendido.

5. Quem exercer a profissão estando inibido de o fazer nos termos dos números anteriores por sentença transitada em julgado ou decisão administrativa definitiva incorre na prática do crime de desobediência qualificada.

Artigo 13.º (Produto das coimas)
O produto das coimas é distribuído pela seguinte forma:

a) 20% para a entidade que levantou o auto, excepto quando não disponha da faculdade de arrecadar receitas próprias, revertendo, nesse caso, para os cofres do Estado;

b) 20% para a Direcção-Geral de Transportes Terrestres, constituindo receita própria;

c) 60% para os cofres do Estado.

Artigo 14.º (Revogação)
1. É revogado o artigo 48.º do Regulamento de Transportes Automóveis, aprovado pelo Decreto n.º 37 272, de 31 de Dezembro de 1948.

2. É eliminada a referência ao mesmo artigo constante do n.º 6 do artigo 210.º daquele Regulamento, com a redacção do Decreto-Lei n.º 378/97, de 27 de Dezembro.

Artigo 15.º (Entrada em vigor)
O presente diploma entra em vigor 30 dias após a publicação da portaria referida no artigo 4.º, excepto no que respeita à obrigatoriedade do certificado de aptidão profissional previsto no artigo 2.º, a qual terá início em 1 de Janeiro de 2000.

PORTARIA N.° 1/99, DE 22 DE JANEIRO: FIXA AS TAXAS A COBRAR PELOS SERVIÇOS PRESTADOS PELA DIRECÇÃO-GERAL DE VIAÇÃO (REVOGA A PORTARIA N.° 278/97, DE 28 DE ABRIL)

TRANSPORTES RODOVIÁRIOS DE MERCADORIAS, POR CONTA DE OUTREM E POR CONTA PRÓPRIA, NACIONAIS E INTERNACIONAIS: DECRETO-LEI N.° 38/99, DE 6 DE FEVEREIRO

A experiência adquirida nos últimos anos com a aplicação das normas sobre transportes rodoviários de mercadorias veio permitir uma maior reflexão sobre a sua adequação, tendo em conta os imperativos de ordem económica, social e de política de transportes.

Importa deste modo proceder a algumas alterações através de nova regulamentação para este sector, bem como introduzir algumas medidas inovadoras, por forma a melhorar a capacidade competitiva das empresas atendendo à crescente concorrência no mercado comunitário.

Assim, são estabelecidas regras de acesso à actividade transportadora que visam garantir níveis qualitativos mais exigentes na prestação de serviços de transporte, paralelamente a uma maior abertura do mercado.

A simplificação do ordenamento jurídico dos transportes rodoviários de mercadorias levou à adopção de uma metodologia de uniformização, congregando-se num único diploma as normas relativas aos transportes por conta de outrem e por conta própria, nacionais e internacionais.

Através do presente diploma, procede-se à transposição da Directiva n.° 96/26/CE, do Conselho, de 29 de Abril de 1996, com as alterações introduzidas pela Directiva n.° 98/76/CE, do Conselho, de 1 de Outubro de 1998, no que se refere ao acesso à profissão de transportador rodoviário de mercadorias.

Foram incluídas neste diploma as condições de verificação da aptidão profissional dos responsáveis das empresas que exercem ou pretendem exercer esta actividade, bem como os montantes mínimos de avaliação da capacidade financeira, cujos detalhes constavam anteriormente de portarias. As matérias cujo conhecimento é obrigatório atestar em exame de capacidade profissional e a organização dos exames constituem anexos ao presente diploma.

No acesso à actividade, o cumprimento dos requisitos é exigido às empresas que pretendam realizar transportes com veículos de peso bruto superior a 3,5t, ficando sujeitas a regime diferente, e a consagrar em diploma posterior as que utilizem apenas veículos ligeiros.

Optou-se por um regime sancionatório consentâneo com a realidade actual, tendo sido incluídas medidas dissuasoras do exercício ilegal da actividade, nomeadamente instituindo a sanção acessória de interdição do exercício da

actividade. Foram ainda aperfeiçoados os mecanismos sancionatórios, nomeadamente a imobilização de veículos no caso de excesso de carga e na falta de depósito do valor das coimas aplicadas por infracções cometidas por transportadores não residentes.
Assim:
Nos termos da alínea a) do n.º 1 do artigo 198.º da Constituição, o Governo decreta o seguinte*:

CAPÍTULO I – Disposições gerais

Artigo 1.º (Âmbito)

1. O presente diploma aplica-se ao transporte rodoviário de mercadorias efectuado por meio de veículos automóveis ou conjuntos de veículos de mercadorias e transpõe a Directiva n.º 96/26/CE, do Conselho, de 29 de Abril de 1996, modificada pela Directiva n.º 98/76/CE, do Conselho, de 1 de Outubro de 1998.

2. Não estão abrangidos pelo presente diploma:

a) Os transportes de produtos ou mercadorias directamente ligados à gestão agrícola ou dela provenientes, efectuados por meio de reboques atrelados aos respectivos tractores agrícolas;

b) Os transportes de envios postais realizados por empresas prestadoras de serviços postais;

c) A circulação de veículos aos quais estejam ligados, de forma permanente e exclusiva, equipamentos ou máquinas.

Artigo 2.º (Definições)

Para efeitos do disposto no presente diploma e legislação complementar, considera-se:

a) Transporte por conta de outrem ou público: o transporte realizado por empresas habilitadas a exercer a actividade transportadora, bem como aquele que não cumpra alguma das condições previstas na alínea seguinte;

b) Transporte por conta própria ou particular: o transporte realizado por pessoas singulares ou colectivas em que se verifiquem cumulativamente as seguintes condições:

– As mercadorias transportadas sejam da sua propriedade, ou tenham sido vendidas, compradas, dadas ou tomadas de aluguer, produzidas, extraídas, transformadas ou reparadas pela entidade que realiza o transporte e que este constitua uma actividade acessória no conjunto das suas actividades;

---

* Apenas vão transcritos os artigos com maior interesse para o presente trabalho, pelo que, para os restantes, deve consultar-se o D.R. n.º 31/99, Série I-A, de 6 de Fevereiro.

– Os veículos utilizados sejam da sua propriedade, objecto de contrato de locação financeira ou alugados em regime de aluguer sem condutor;
– Os veículos, sejam em qualquer caso, conduzidos pelo proprietário ou locatário ou por pessoal ao seu serviço;

c) Mercadorias: toda a espécie de bens que possam ser transportados em veículos automóveis ou conjuntos de veículos;

d) Transporte nacional: o que se efectua totalmente em território nacional;

e) Transporte internacional: o que implica o atravessamento de fronteiras e se desenvolve parcialmente em território nacional;

f) Transporte combinado: o transporte de mercadorias em que, na parte inicial ou final do trajecto, se utiliza o modo rodoviário e na outra parte o modo ferroviário, o modo aéreo, a via fluvial ou a via marítima;

g) Transportador residente: qualquer pessoa estabelecida em território nacional habilitada a exercer a actividade transportadora;

h) Transportador não residente: qualquer empresa estabelecida num país estrangeiro habilitada a exercer a actividade nos termos da regulamentação desse país;

i) Cabotagem: a realização de transporte nacional por transportadores não residentes;

j) Transportes especiais: os transportes que, designadamente pela natureza ou dimensão das mercadorias transportadas, devem obedecer a condições técnicas ou a medidas de segurança especiais;

k) Transportes equiparados a transportes por conta própria: os que integrem um transporte combinado e se desenvolvam nos percursos rodoviários iniciais ou terminais, desde que seja cumprida a condição prevista no primeiro travessão da alínea b) e o veículo tractor seja propriedade da empresa expedidora, objecto de contrato de locação financeira ou de aluguer sem condutor, e seja conduzido pelo proprietário, locatário ou pessoal ao seu serviço, mesmo que o reboque esteja matriculado ou tenha sido alugado pela empresa destinatária, ou vice versa, no caso dos percursos rodoviários terminais;

l) Transportes em regime de carga completa: os transportes por conta de outrem em que o veículo é utilizado no conjunto da sua capacidade de carga por um único expedidor para um único destinatário.

CAPÍTULO II – Acesso à actividade

Artigo 3.° (Licenciamento da actividade)

1. A actividade de transportes rodoviários de mercadorias por conta de outrem, nacional ou internacional, só pode ser exercida por sociedades comerciais ou cooperativas, licenciadas pela Direcção-Geral de Transportes Terrestres (DGTT), sem prejuízo do disposto no artigo 37.°.

2. A licença para o exercício da actividade de transporte rodoviário de mercadorias por conta de outrem consubstancia-se num alvará, o qual é intransmissível e é emitido por um prazo não superior a cinco anos, renovável mediante comprovação de que se mantêm os requisitos de acesso à actividade.

3. As empresas que realizem transportes rodoviários de mercadorias apenas por meio de veículos automóveis com peso bruto igual ou inferior a 3,5t ficam sujeitas a um regime de licenciamento na actividade a definir em legislação especial.

4. A DGTT procederá ao registo de todas as empresas licenciadas para o exercício desta actividade, nos termos da lei em vigor.

Artigo 4.º (Requisitos de acesso à actividade)

São requisitos de acesso à actividade a idoneidade, a capacidade técnica e a capacidade financeira.

Artigo 5.º (Idoneidade)

1. A idoneidade é aferida pela inexistência de impedimentos legais, nomeadamente a condenação por determinados ilícitos praticados pelos administradores, directores ou gerentes.

2. São consideradas idóneas as pessoas relativamente às quais não se verifique algum dos seguintes impedimentos:

a) Proibição legal para o exercício do comércio;

b) Condenação com pena de prisão efectiva igual ou superior a 2 anos, transitada em julgado, por crime contra o património, por tráfico de estupefacientes, por branqueamento de capitais, por fraude fiscal ou aduaneira;

c) Condenação, com trânsito em julgado, na medida de segurança de interdição do exercício da profissão de transportador, independentemente da natureza do crime;

d) Condenação, com trânsito em julgado, por infracções graves à regulamentação sobre os tempos de condução e de repouso ou à regulamentação sobre a segurança rodoviária, nos casos em que tenha sido decretada a interdição do exercício da profissão de transportador;

e) Condenação, com trânsito em julgado, por infracções cometidas às normas relativas ao regime das prestações de natureza contributiva ou às condições de higiene e segurança no trabalho, à protecção do ambiente e à responsabilidade profissional, nos casos em que tenha sido decretada a interdição do exercício da profissão de transportador.

3. Para efeitos do presente diploma, quando for decretada a sanção acessória de interdição do exercício da actividade, os administradores, directores ou gerentes em funções à data da infracção que originou a sanção acessória deixam de preencher o requisito de idoneidade durante o período de interdição fixado na decisão condenatória.

Artigo 6.º (Capacidade técnica ou profissional)

1. A capacidade técnica ou profissional consiste na existência de recursos humanos que possuam conhecimentos adequados para o exercício da actividade, atestados por certificado de capacidade profissional, e de outros requisitos técnicos a definir por portaria.

2. A capacidade profissional deve ser preenchida por um administrador, director ou gerente que detenha poderes para obrigar a empresa, isolada ou conjuntamente, e que a dirija em permanência e efectividade.

3. Será emitido pela DGTT um certificado de capacidade profissional, para transportes rodoviários de mercadorias, nacionais ou internacionais, consoante o caso, às pessoas que:

a) Obtenham aprovação em exame realizado de acordo com as regras constantes do anexo II, complementadas por regulamento a definir por portaria, sobre as matérias referidas na lista do anexo I; ou

b) Comprovem curricularmente ter, pelo menos, cinco anos de experiência prática ao nível de direcção numa empresa licenciada para transportes rodoviários de mercadorias, nacionais ou internacionais, e obtenham aprovação em exame específico de controlo que obedecerá a regras a definir por portaria.

4. As pessoas diplomadas com curso do ensino superior ou com curso reconhecido oficialmente, que implique bom conhecimento de alguma ou algumas matérias referidas na lista do anexo ao presente diploma, podem ser dispensadas do exame relativamente a essa ou outras matérias.

5. A DGTT reconhecerá por certificados de capacidade profissional para transportes rodoviários de mercadorias, emitidos pelas entidades competentes de outros Estados membros da União Europeia, nos termos da Directiva n.º 96/26/CE, do Conselho, de 29 de Abril de 1996, modificada pela Directiva n.º 98/76/CE, do Conselho, de 1 de Outubro de 1998.

6. Até ser publicada a portaria a que se refere o n.º 1, considera-se preenchido o requisito da capacidade técnica ou profissional da empresa pela comprovação do disposto no n.º 2 deste artigo.

Artigo 7.º (Capacidade financeira)

1. A capacidade financeira consiste na posse dos recursos financeiros necessários para garantir o início de actividade e a boa gestão da empresa.

2. Para efeitos de início de actividade, as empresas devem dispor de um capital social mínimo de 10 milhões de escudos.

3. Durante o exercício da actividade, o montante de capital e reservas não pode ser inferior a 1 milhão e 800 mil escudos pelo primeiro veículo automóvel licenciado e 1 milhão de escudos por cada veículo adicional.

4. Pode ser concedido o prazo adicional de um ano para o cumprimento do disposto no número anterior, desde que a situação económica da empresa o justifique e mediante a apresentação de um plano financeiro.

5. A comprovação do disposto no n.º 2 será feita por certidão do registo comercial de que conste o capital social e a do disposto no n.º 3 por duplicado ou cópia autenticada do último balanço apresentado para efeitos do imposto sobre o rendimento de pessoas colectivas (IRC) ou por garantia bancária.

Artigo 8.º (Dever de informação)
1. Os requisitos de acesso à actividade são de verificação permanente, devendo as empresas comprovar o seu preenchimento sempre que lhes for solicitado.
2. As empresas têm o dever de comunicar à DGTT as alterações ao pacto social, designadamente modificações na administração, direcção ou gerência, bem como mudanças de sede, no prazo de 30 dias a contar da data da sua ocorrência.

Artigo 9.º (Falta superveniente de requisitos)
1. A falta superveniente de qualquer dos requisitos de acesso à actividade deve ser suprida no prazo de um ano a contar da data da sua ocorrência.
2. Decorrido o prazo previsto no número anterior sem que a falta seja suprida, caduca o alvará para o exercício da actividade.

(...)

REGULAMENTAÇÃO DA ACTIVIDADE DE TRANSPORTES EM TÁXI E EQUIPAMENTO OBRIGATÓRIO PARA O LICENCIAMENTO DOS VEÍCULOS AUTOMÓVEIS DE PASSAGEIROS: PORTARIA 277-A/99, DE 15 DE ABRIL

O Decreto-Lei n.º 251/98, de 11 de Agosto, relativo ao acesso à actividade de transportes em táxi, remete para regulamento a definição das características e as normas de identificação dos veículos a utilizar nesta actividade.

Importa assim definir essas regras, bem como regular as condições de afixação de publicidade e caracterizar os equipamentos e os elementos identificativos dos táxis.

Por outro lado, a Lei n.º 6/98, de 31 de Janeiro, determina que sejam regulamentados os sistemas de segurança a instalar nos táxis, sendo conveniente regular neste diploma o sistema de luz avisadora SOS em conjugação com a definição do modelo de dispositivo luminoso.

Os modelos do dispositivo luminoso e dos distintivos constam dos anexos que integram a presente portaria.
Assim:
Nos termos da alínea c) do artigo 2.º da Lei n.º 6/98, de 31 de Janeiro, e ao abrigo do n.º 2 do artigo 10.º e do artigo 42.º do Decreto-Lei n.º 251/98, de 11 de Agosto:
Manda o Governo, pelos Ministros da Administração Interna e do Equipamento, do Planeamento e da Administração do Território, o seguinte:

Artigo 1.º (Características dos táxis)
1. Para o exercício da actividade de transportes em táxi só podem ser licen-

ciados veículos automóveis de passageiros que, para além do taxímetro, estejam equipados com um dispositivo luminoso, possuam distintivos de identificação próprios e tenham as seguintes características:
1.1. Caixa fechada;
1.2. Distância mínima entre eixos de 2,5 m;
1.3. Quatro portas no mínimo, sendo duas obrigatoriamente do lado direito;
1.4. Lotação até nove lugares, incluindo o do condutor;
1.5. Caixa pintada nas cores bege-marfim ou verde-mar e preta, correspondendo, neste último caso, a primeira destas cores à metade superior do veículo e a segunda à metade inferior.
2. O disposto no n.º 1.2 é aplicável apenas a novos veículos a afectar à actividade.
3. A idade dos veículos afectos à actividade de transportes em táxi, contada a partir da data da primeira matrícula, não pode ser superior a 12 anos.

Artigo 2.º (Dispositivo luminoso)
1. O dispositivo luminoso identificativo do táxi e da tarifa deve obedecer ao modelo constante do anexo I, ser colocado na parte dianteira do tejadilho, em posição centrada, visível da frente e da retaguarda do veículo, e funcionar nas seguintes condições:

a) Os elementos identificadores de "táxi" e do concelho devem estar iluminados sempre que o veículo se encontre na situação de livre e apagados quando ocupado;

b) O elemento identificador da tarifa praticada ou do serviço a contrato ou a percurso deve estar iluminado com o algarismo ou letra correspondente, consoante o caso, sempre que o veículo se encontra na situação de ocupado, e apagado na operação de pagamento do serviço ou quando livre;

c) O elemento identificador da tarifa praticada pode ser usado, em caso de ameaça à segurança do condutor, para a emissão de uma mensagem visual SOS;

d) Sempre que o veículo estiver no respectivo local de estacionamento, pode ter o dispositivo luminoso apagado;

e) A circulação do veículo com o dispositivo luminoso apagado é indicativo de que não se encontra ao serviço.

2. Só podem ser instalados dispositivos luminosos certificados pelo Instituto Português da Qualidade.

Artigo 3.º (Distintivo identificador da licença)
1. O distintivo que identifica a freguesia ou concelho e o número da licença é conforme o modelo constante do anexo II e deve ser aposto nos guarda-lamas da frente e na retaguarda do veículo.

2. O número da licença é atribuído pela câmara municipal respectiva, de forma sequencial e dentro do contingente fixado para a freguesia, para o conjunto de freguesias ou para as freguesias que constituem a sede do concelho, consoante o caso.

Artigo 4.º *(Dístico indicador de aferição do taxímetro)*
O dístico com as características do modelo constante do anexo III, a emitir anualmente pelas entidades aferidoras, após verificação da aferição doa taxímetros, deve ser colocado na parte superior direita do vidro da frente do veículo.

Artigo 5.º *(Normas de afixação de publicidade)*
1. A afixação de mensagens de publicidade nos táxis só pode ocupar os guarda-lamas da retaguarda e as portas laterais do veículo, excluídos os vidros.
2. Na parte superior do pára-brisas e na parte superior ou inferior do vidro da retaguarda podem ser afixados dísticos onde conste a denominação da empresa proprietária do táxi ou, caso este esteja equipado com radiotelefone, a denominação da entidade que explora a central rádio, o respectivo número de telefone, bem como o número de adesão do táxi à central.
3. Os dísticos referidos no número anterior devem ser de material autocolante com altura não superior a 8 cm e ser colocados de forma a não prejudicar o campo de visão do condutor.

Artigo 6.º *(Normas transitórias)*
1. No prazo de três anos a contar da data da entrada em vigor do Decreto-Lei n.º 251/98, de 11 de Agosto, todos os veículos licenciados para o transporte em táxi devem estar equipados com taxímetro, com o dispositivo luminoso e com o distintivo identificador da licença a que se referem os n.ºs 2.º e 3.º da presente portaria, respectivamente.
2. O início da contagem dos preços através de taxímetro deverá ter início ao mesmo tempo em todas as localidades de cada concelho, dentro do prazo estabelecido no ponto anterior e de acordo com calendarização a fixar por despacho do director-geral de Transportes Terrestres.

Artigo 7.º *(Entrada em vigor)*
1. A presente portaria entra em vigor no dia imediato ao da sua publicação, excepto o disposto nos números seguintes.
2. O n.º 2 do n.º 1.º, relativo à distância mínima entre eixos, entra em vigor seis meses após a data da publicação da presente portaria.
3. Os veículos já licenciados para o transporte em táxi à data da publicação da presente portaria só estão sujeitos ao limite máximo de idade do veículo, a que se refere o n.º 3 do n.º 1.º, a partir de 1 de Janeiro de 2005.

Nota: *Seguem-se três anexos que deverão ser consultados no D.R. n.º 88/99, Série I-B, Suplemento, de 15 de Abril de 1999.*

ARTIGO 31.º
(Meios de controle)

1. Os condutores ou pessoas sobre as quais impende a obrigação de segurar terão de exibir o respectivo documento comprovativo da efectivação do seguro sempre que para tal sejam solicitados pelas autoridades competentes.

2. Nas operações de fiscalização rodoviária levadas a efeito pelas autoridades competentes deve, conjuntamente com os documentos legalmente exigíveis para a condução e circulação de veículos automóveis, ser exigida a exibição de qualquer dos documentos comprovativos da celebração do seguro referidos no artigo 20.º.

EVOLUÇÃO LEGISLATIVA

* Este preceito é redacção do Decreto-Lei n.º 522/85, de 31.12.
* Corresponde ao artigo 23.º do Decreto-Lei n.º 408/79, de 25.09.

LEGISLAÇÃO COMPLEMENTAR

DOCUMENTOS: CÓDIGO DA ESTRADA (REPUBLICADO PELO DECRETO-LEI N.º 2/98, DE 3 DE JANEIRO), ARTIGO 85.º

Artigo 85.º (Documentos de que o condutor deve ser portador)
1. Sempre que um veículo a motor transite na via pública o seu condutor deve ser portador dos seguintes documentos:
a) Documento legal de identificação pessoal;
b) Carta ou licença de condução;
c) Certificado de seguro.
2. Tratando-se de automóvel, motociclo, ciclomotor, tractor agrícola ou florestal ou reboque, o condutor deve ainda ser portador dos seguintes documentos:
a) Título de registo de propriedade do veículo ou documento equivalente;
b) Livrete do veículo ou documento equivalente;

c) Ficha de inspecção periódica do veículo, quando obrigatória nos termos legais.

3. Tratando-se de velocípede ou de veículo de tracção animal, o respectivo condutor deve ser portador de documento legal de identificação pessoal.

4. O condutor que se não fizer acompanhar de um ou mais documentos referidos nos n.ᵒˢ 1 e 2 é sancionado com coima de 10.000$ a 50.000$, salvo se os apresentar no prazo de oito dias à autoridade indicada pelo agente de fiscalização, caso em que é sancionado com coima de 5.000$ a 25.000$.

5. Quem infringir o disposto no n.º 3 é sancionado com coima de 5.000$ a 25.000$.

CASSAÇÃO DE CARTA OU LICENÇA DE CONDUÇÃO: CÓDIGO DA ESTRADA (REPUBLICADO PELO DECRETO-LEI N.º 2/98, DE 3 DE JANEIRO), ARTIGOS 148.º E 149.º

Artigo 148.º (Cassação da carta ou licença)
1. O tribunal pode ordenar a cassação da carta ou licença de condução quando.

a) Em face da gravidade da contra-ordenação praticada e da personalidade do condutor, este deva ser julgado inidóneo para a condução de veículos a motor;

b) O condutor seja considerado dependente ou com tendência para abusar de bebidas alcoólicas ou de substâncias estupefacientes ou psicotrópicas.

2. É susceptível de revelar a inidoneidade para a condução de veículos a motor a prática, num período de cinco anos, de:

a) Três contra-ordenações muito graves;

b) Cinco contra-ordenações graves ou muito graves.

3. O estado de dependência do álcool ou de substâncias estupefacientes ou psicotrópicas é determinado por exame pericial, que pode ser ordenado em caso de condução sob influência de qualquer daquelas bebidas ou substâncias.

4. É susceptível de revelar a tendência para abusar de bebidas alcoólicas ou de substâncias estupefacientes ou psicotrópicas a prática, num período de cinco anos, de três crimes ou contra-ordenações de condução sob a influência de qualquer daquelas bebidas ou substâncias.

5. Para efeitos do disposto no n.º 1, a entidade competente deve elaborar auto de notícia, do qual conste a indicação dos pressupostos da cassação, que remete ao Ministério Público, acompanhado de quaisquer outros elementos que considere necessários.

6. O Ministério Público pode determinar abertura de inquérito, seguindo-se os termos do processo comum, ou promover de imediato a remessa do auto de notícia para julgamento, seguindo-se os termos do processo sumaríssimo.

Artigo 149.º (Interdição da concessão de carta ou licença)
1. Quando ordenar a cassação da carta ou licença de condução, o tribunal

determina que não pode ser concedida ao seu titular nova carta ou licença de condução de veículos a motor, de qualquer categoria, pelo período de um a cinco anos.

2. Quando a cassação da carta ou licença de condução for ordenada ao abrigo da alínea *b)* do n.º 1 do artigo anterior, o período de interdição de concessão de carta ou licença de condução pode ser prorrogado por outro período de um a três anos se, findo o prazo determinado na sentença, o tribunal considerar que se mantém a situação que motivou a cassação.

3. O condutor a quem tiver sido cassada carta ou licença de condução só pode obter novo título após aprovação em exame especial, nos termos a fixar em regulamento.

APREENSÃO DE DOCUMENTOS: CÓDIGO DA ESTRADA (REPUBLICADO PELO DECRETO-LEI N.º 2/98, DE 3 DE JANEIRO), ARTIGOS 166.º A 168.º

Artigo 166.º (Apreensão preventiva de cartas e licenças de condução)
1. As cartas e licenças de condução devem ser preventivamente apreendidas pelas autoridades de investigação criminal ou de fiscalização do trânsito ou seus agentes, quando:

a) Suspeitem da sua contrafacção ou viciação fraudulenta;
b) Tiver expirado o seu prazo de validade;
c) Se encontrem em estado de conservação que torne ininteligível qualquer indicação ou averbamento.

2. Nos casos previstos nas alíneas *a)* e *c)* do número anterior, deve, em substituição da licença, ser fornecida uma guia de condução válida pelo tempo julgado necessário e renovável quando ocorra motivo justificado.

Artigo 167.º (Outros casos de apreensão de cartas e licenças de condução)
1. As cartas ou licenças de condução devem ser apreendidas para cumprimento da cassação da carta ou licença, proibição ou inibição de conduzir.

2. A entidade competente deve ainda determinar a apreensão das cartas ou licenças de condução quando:

a) Qualquer dos exames realizados nos termos dos n.ºs 1 a 3 do artigo 129.º revelar incapacidade técnica ou inaptidão física, mental ou psicológica do examinando para conduzir com segurança;
b) O condutor não se apresentar a qualquer dos exames referidos na alínea anterior ou no n.º 3 do artigo 148.º, salvo se justificar a falta no prazo de cinco dias;
c) A carta de condução tenha caducado nos termos do n.º 1 do artigo 130.º.

3. Nos casos previstos nos números anteriores, o condutor é notificado para, no prazo de 20 dias, entregar a carta ou licença de condução à entidade competente sob pena de desobediência.

4. Sem prejuízo da punição por desobediência, se o condutor não proceder à entrega da carta ou licença de condução nos termos do número anterior, pode a entidade competente determinar a sua apreensão, através da autoridade de fiscalização do trânsito e seus agentes.

Artigo 168.º *(Apreensão de livrete)*

1. O livrete deve ser apreendido pelas autoridades de investigação criminal ou de fiscalização do trânsito, ou seus agentes, quando:

a) Suspeitem da sua contrafacção ou viciação fraudulenta;

b) As características do veículo a que respeitam não confiram com as nele mencionadas, salvo tratando-se de motores de substituição devidamente registados ou de pneus de medida superior à indicada adaptáveis às rodas;

c) Se encontre em estado de conservação que torne ininteligível qualquer indicação ou averbamento;

d) O veículo, em consequência de acidente, se mostre inutilizado;

e) O veículo for apreendido;

f) O veículo for encontrado a circular não oferecendo condições de segurança;

g) Se verifique, em inspecção, que o veículo não oferece condições de segurança ou ainda, estando afectado a transportes públicos, não tenha a suficiente comodidade;

h) Seja determinada a apreensão do veículo nos termos do n.º 3 do artigo 152.º.

2. Com a apreensão do livrete procede-se também à de todos os outros documentos que à circulação do veículo digam respeito, os quais são restituídos em simultâneo com aquele documento.

3. Nos casos previstos nas alíneas *a)*, *c)* e *g)* do n.º 1, deve ser passada, em substituição do livrete, uma guia válida pelo prazo e nas condições na mesma indicados.

4. Nos casos previstos nas alíneas *b)*, *e)* e *f)* do n.º 1, deve ser passada guia válida apenas para o percurso até ao local de destino do veículo.

5. Deve ainda ser passada guia de substituição de livrete, válida para os percursos necessários às reparações a efectuar para regularização da situação do veículo, bem como para a sua apresentação a inspecção.

6. Sem prejuízo do disposto nos n.ºs 3 a 5, quem conduzir veículo cujo livrete tenha sido apreendido é sancionado com coima de 50.000$ a 250.000$, quando se trate de automóvel, motociclo ou reboque, e de 30.000$ a 150.000$, quando se trate de outro veículo a motor.

REGISTO DA PROPRIEDADE AUTOMÓVEL: DECRETO-LEI N.º 54/75, DE 12 DE FEVEREIRO

Artigo 1.º

O registo de automóveis tem essencialmente por fim individualizar os respectivos proprietários e, em geral, dar publicidade aos direitos inerentes aos veículos automóveis.

Artigo 2.°
1. Para efeitos de registo, são considerados veículos automóveis apenas os veículos como tais considerados pelo Código da Estrada que tenham matrícula atribuídas pelas direcções de viação, exceptuados os ciclomotores.
2. Os veículos com matrícula provisória só podem ser objecto de registo de propriedade.
3. Os negócios jurídicos que tenham por objecto veículos automóveis abrangem, salvo declaração em contrário, os aparelhos sobresselentes e as instalações ou objectos acessórios existentes no veículo, sejam ou não indispensáveis ao seu funcionamento.

Artigo 3.°
1. As direcções de viação comunicarão à conservatória competente todos os cancelamentos de matrícula que efectuarem, bem como a sua reposição.
2. Os registos lavrados posteriormente ao cancelamento da matrícula do veículo são nulos.
3. O cancelamento da matrícula feita pelas direcções de viação não prejudica os registos que tiverem em vigor sobre o veículo.

Artigo 4.°
1. Os veículos automóveis podem constituir objecto de hipotecas legais, judiciais ou voluntárias.
2. Às hipotecas sobre veículos automóveis são aplicáveis as disposições relativas à hipoteca de imóveis no que não forem contrariadas pelas disposições especiais do presente diploma.
3. A constituição ou modificação de hipoteca sobre veículos automóveis pode ser titulada por documento particular.

Artigo 5.° *
1. Estão sujeitos a registo:
 a) O direito de propriedade e usufruto;
 b) A reserva de propriedade estipulada em contratos de alienação de veículos automóveis;
 c) A hipoteca, a modificação e cessão do grau de prioridade do respectivo registo;
 d) A locação financeira e a transmissão dos direitos dela emergentes;
 e) A transmissão de direitos ou créditos registados e o penhor, o arresto e a penhora desses créditos;

---

* Redacção do art. 2.° do Decreto-Lei n.° 461/82, de 26 de Novembro.

f) O arresto e penhora de veículos automóveis, bem como a apreensão prevista neste diploma;

g) A extinção ou a modificação de direitos ou encargos anteriormente registados, a alteração da composição do nome ou denominação e a mudança da residência habitual ou sede dos proprietários, usufrutuários ou locatários dos veículos;

h) Quaisquer outros factos jurídicos que o Código Civil especialmente declara sujeitos a registo.

2. É obrigatório o registo da propriedade, do usufruto, da locação financeira e da transmissão dos direitos dela emergentes, bem como da reserva a que se refere a alínea *b)* do número anterior, e da mudança de nome ou denominação, residência habitual ou sede dos proprietários, usufrutuários e locatários dos veículos.

Artigo 6.º
Estão igualmente sujeitos a registo:

a) As acções que tenham por fim principal ou acessório o reconhecimento, modificação ou extinção de algum dos direitos referidos no artigo anterior;

b) As acções que tenham por fim principal ou acessório a reforma, a declaração de nulidade ou a anulação de um registo;

c) As decisões finais das acções abrangidas nas alíneas anteriores, logo que passem em julgado.

Artigo 7.º
1. Os direitos ou factos enumerados nos artigos 5.º e 6.º só podem ingressar no registo quando este deva ser efectuado com carácter definitivo.

2. Podem ser objecto de registo provisório por natureza a penhora, o arresto e as acções.

Artigo 8.º
Os veículos automóveis não podem ser objecto de penhor.

Artigo 9.º
1. Cada veículo automóvel corresponde a um título de registo de propriedade.

2. O título a que se refere o número anterior deve acompanhar sempre o veículo, sob a pena de o transgressor incorrer nas sanções aplicáveis às faltas correspondentes quanto ao livrete.

Artigo 10.º
1. Do título de registo de propriedade deverão constar todos os registos em vigor, exceptuados os da penhora, arresto ou apreensão.

2. Os conservadores do registo de automóveis quando tenham conhecimento de que as anotações do título de registo estão incompletas ou desactualizadas podem notificar o seu titular para o apresentar na conservatória dentro do prazo que lhe for designado, sob a cominação de incorrer nas sanções aplicáveis ao crime de desobediência.

Artigo 11.º
1. Nenhum acto sujeito a anotação no título de registo ou que tenha por objecto a extinção ou modificação de factos neles anotados pode ser efectuado sem que o título já emitido seja apresentado.
2. O credor que pretenda requerer o registo de hipoteca legal ou judicial e não disponha do título de registo, mediante a exibição do documento comprovativo do seu crédito, pode solicitar verbalmente ao notificado, para remeter à conservatória, dentro do prazo que lhe for designado, sob a cominação prevista no n.º 2 do artigo anterior.
3. A notificação será feita por carta registada com aviso de recepção, a expensas do interessado, ou, a solicitação deste, por qualquer outro meio ao alcance da conservatória.
4. Se a notificação não se vier a realizar ou o título não for remetido a conservatória dentro do prazo estabelecido, o conservador deverá pedir a apreensão desse documento a qualquer autoridade administrativa ou policial.
5. O disposto nos n.ºs 2.º a 4.º deste artigo é aplicável, com as necessárias adaptações, ao registo de acções e respectivas decisões finais.

Artigo 12.º
As direcções de viação, sempre que procedem à substituição ou à passagem de duplicados de antigos livretes, devem enviar o novo exemplar a conservatória competente, para fim de passagem do correspondente título de registo.

Artigo 13.º
Os títulos de registo em mau estado de conservação devem ser apreendidos pelas autoridades a quem compete a fiscalização das leis de trânsito e remetidos à conservatória que os haja emitido, para efeito de substituição.

Artigo 14.º
1. Quem prestar declarações falsas ou inexactas para obter a emissão de duplicados do título de registo responde pelos danos a que der causa e incorre, além disso, nas sanções aplicáveis ao crime de falsas declarações.
2. Em iguais responsabilidades e penas incorre o que, como dolo, utilize o duplicado do título obtido nas condições a que se refere o número anterior.

Artigo 15.º
1. Vencido e não pago o crédito hipotecário ou não cumpridas as obrigações que originaram a reserva de propriedade, o titular dos respectivos registos pode requerer em juízo a apreensão do veículo e dos seus documentos.
2. O requerente exporá na petição o fundamento do seu pedido e indicará a providência requerida, devendo a sua assinatura ser reconhecida por notário.
3. A petição será instruída com certidão, fotocópia ou cópia, obtida por qualquer processo de reprodução mecânica, dos registos invocados e dos documentos que lhes serviram de base.

Artigo 16.º
1. Provados os registos e o vencimento do crédito ou, quando se trate de reserva de propriedade, o não cumprimento do contrato por parte do adquirente, o juiz ordenará a imediata apreensão do veículo.
2. Se no acto de apreensão não forem encontrados os documentos do veículo, deverá o requerido ser notificado para os apresentar em juízo no prazo que lhe for designado, sob a sanção cominada para o crime de desobediência qualificada.

Artigo 17.º
1. A apreensão do veículo e dos documentos pode ser realizada directamente pelo tribunal ou, a requisição deste, por qualquer autoridade administrativa ou policial.
2. A autoridade que efectuar a apreensão fará recolher a viatura a uma garagem ou a outro local apropriado, onde ficará depositada à ordem do tribunal, e nomeará fiel depositário, lavrando-se auto da ocorrência.
3. Do auto de apreensão, logo após a sua junção ao processo e independentemente de despacho, o escrivão deve extrair, em papel comum, certidão e entregá-la ao requerente, o qual lhe deverá apor a estampilha fiscal devida antes de a apresentar para fins de registo.

Artigo 18.º
1. Dentro de quinze dias a contar da data da apreensão, o credor deve promover a venda do veículo apreendido, pelo processo de execução ou de venda de penhor, regulada na lei de processo civil, conforme haja ou não lugar a concurso de credores; dentro do mesmo prazo, o titular do registo de reserva de propriedade deve propor acção de resolução do contrato de alienação.
2. O processo e a acção a que se refere o número anterior não poderão prosseguir seus termos sem que lhes seja apenso o processo de apreensão, devidamente instruído com certidão comprovativa do respectivo registo ou documento equivalente.
3. Vendido o veículo ou passada em julgado a decisão declarativa da resolução do contrato de alienação com reserva de propriedade, os documentos apreendidos serão entregues pelo tribunal ao adquirente do veículo ou ao autor da acção, que tomará posse do veículo, independentemente de qualquer outro acto ou formalidade.

Artigo 19.º
1. A apreensão fica sem efeito nos seguintes casos:
a) Se o requerente não propuser a acção dentro do prazo legal ou se, tendo-a proposto, o processo estiver parado durante mais de trinta dias, por negligência sua em promover os respectivos termos;
b) Se a acção vier a ser julgada improcedente ou se o réu for absolvido da instância por decisão passada em julgado;

c) Se o requerido provar o pagamento da dívida ou o cumprimento das obrigações a que estava vinculado pelo contrato de alienação com reserva de propriedade.

2. Nos casos a que se referem as alíneas *b)* e *c)* do número anterior, a apreensão é levantada sem audiência do requerente; no caso da alínea *a)*, a apreensão só será levantada se, depois de ouvido, o requerente não mostrar que é inexacta a afirmação do requerido.

3. O levantamento da apreensão será imediatamente comunicado, pelo escrivão do processo, à conservatória, para que oficiosa e gratuitamente efectue o registo devido.

Artigo 20.º

O requerente da apreensão responde pelos danos a que der causa, se a apreensão vier a ser julgada injustificadas ou caducar, no caso de se verificar não ter agido com a prudência normal.

Artigo 21.º

O processo de apreensão e as acções relativas aos veículos apreendidos são da competência do tribunal de comarca em cuja área se situa a residência habitual ou sede do proprietário.

Artigo 22.º

1. A apreensão, a penhora e o arresto envolvem a proibição de o veículo circular.

2. A circulação do veículo com infracção da proibição legal sujeita o depositário às sanções aplicáveis ao crime de desobediência qualificada.

Artigo 23.º

1. É aplicável à penhora e ao arresto de veículos automóveis o disposto nos n.ᵒˢ 2 e 3 do artigo 16.º.

2. Aos registos de penhora e arresto a favor do Estado ou dos corpos administrativos, bem como aos de levantamento de alguma destas diligências, qualquer que seja o seu titular, é aplicável o disposto no n.º 3 do artigo 19.º.

Artigo 24.º (revogado pelo artigo único do Dec.-Lei n.º 403/88, de 9-11)

Nenhum veículo automóvel pode atravessar a fronteira do País, quer do continente, quer das ilhas adjacentes, sem que seja exibido, às estâncias alfandegárias do competente posto, o título de registo e o livrete.

Artigo 25.º (revogado pelo artigo único do Dec.-Lei n.º 403/88, de 9-11).

1. Se o veículo estiver sujeito a algum encargo ou tiver sido alienado com reserva de propriedade, não poderá transpor a fronteira sem que se mostre prestada caução idónea, salvo se o titular do respectivo direito a dispensar.

2. A caução será prestada nos termos previstos na lei do processo civil, devendo a sua dispensa constar de documento autentico ou autenticado.
3. A caução a que se refere o n.° 1 deste artigo presume-se prestada ou dispensada pelo credor, sempre que o condutor do veículo esteja munido de documento de passagem nas alfândegas emitido pelo Automóvel Clube de Portugal.

Artigo 26.°
São reconhecidos para todos os efeitos, as hipotecas legais para venda a prazo, registadas sobre veículos automóveis anteriormente a 1 de Junho de 1967.

Artigo 27.°
A execução de serviço de registo de automóveis poderá ser submetida, no todo ou em parte, a tratamento automático, de colaboração com o Centro de Informática do Ministério da Justiça, nos termos que vierem a ser determinados por despacho do Ministro da Justiça.

Artigo 28.°
Pelos actos praticados nas conservatórias de registo de automóveis serão cobrados os emolumentos e as taxas constantes da tabela anexa, salvo os casos de gratuitidade ou de isenção previstos na lei.

Artigo 29.°
São aplicáveis, com as necessárias adaptações, ao registo de automóveis as disposições relativas ao registo predial, mas apenas na medida indispensável ao suprimento das lacunas da regulamentação própria e compatível com a natureza de veículos automóveis e das disposições contidas neste diploma e no respectivo regulamento.

Artigo 30.°
O presente diploma entra em vigor trinta dias após a data da sua publicação.

REGULAMENTO DO REGISTO DE AUTOMÓVEIS: DECRETO-LEI N.° 55/75, DE 12 DE FEVEREIRO

CAPÍTULO I – Livros, verbetes e arquivo

SECÇÃO I – Livros e verbetes

Artigo 1.° (Livro de serviços de registo)
1. Especialmente destinado aos serviços de registo, haverá em cada conservatória ou, nas conservatórias divididas em secções, em cada secção um livro

denominado «Livro de apresentações e registos», que obedecerá ao modelo superiormente aprovado.

2. No livro a que se refere o número anterior serão anotados a apresentação dos requerimentos destinados a obter a realização de actos de registo ou de outros serviços, os direitos ou factos registados e os despachos proferidos pelo conservador sobre o requerido, bem como a soma de emolumentos e a das demais importâncias cobradas dos requerentes.

Artigo 2.º (Desdobramento do livro de registos)
O livro a que se refere o artigo 1.º pode ser desdobrado em vários volumes, destinando-se cada volume aos serviços de registos relativos a determinados grupos de veículos, ordenados com base nas correspondentes matrículas.

Artigo 3.º (Encadernação e numeração dos livros)
1. Os livros devem ser encadernados antes de utilizados e devidamente numerados.
2. O livro de apresentações e registos pode ser formado por folhas soltas, as quais devem ser encadernadas, depois de escrituradas, em volumes com o máximo de duzentas folhas.
3. Em caso de desdobramento, ao número de ordem de cada volume aditar-se-á uma letra, começando pela primeira letra do alfabeto, que será sempre a mesma para cada série de livros desdobrados.

Artigo 4.º (Legalização e selagem)
1. O livro de apresentações será legalizado e selado nas condições previstas para os livros de registo predial.
2. A legalização de todos os livros das Conservatórias de Lisboa e do Porto compete, porém, ao respectivo director.

Artigo 5.º (Organização dos verbetes)
1. Em cada conservatória ou secção haverá verbetes de veículos de modelo oficial, os quais devem ser catalogados, em arquivo próprio, por ordem crescente de matrículas.
2. Dos verbetes, além da matrícula, marca, classe, tipo e características principais do modelo do veículo, devem constar, pelo menos, o nome ou a denominação dos titulares dos direitos ou encargos em vigor, a sua espécie e elementos essenciais, quando o registo não seja de propriedade ou usufruto, bem como a residência habitual ou sede dos últimos proprietários e usufrutuários, o número de ordem e a data de cada registo.
3. A realização de qualquer acto de registo dará lugar à organização de novo verbete, o qual substituirá o verbete arquivado, que será inutilizado.

4. Nas conservatórias cujo o serviço de registo venha a ser submetido a tratamento automático, a catalogação dos verbetes será substituída pela introdução em suporte magnético dos elementos que integram o seu conteúdo.

SECÇÃO II – Arquivos

Artigo 6.° (Arquivamento de documentos)
1. Os requerimentos e documentos que serviam de base principal a actos de registo ou a emissão de segundas vias de títulos de registo devem ser arquivados, por ordem crescente de matrículas dos veículos a que respeitam e das respectivas apresentações, em condições que facilitem a sua consulta, a determinar pela direcção-geral dos Registos do Notariado.

2. Os requerimentos destinados a obter certidões ou documentos análogos e, bem assim, os documentos que hajam tido mera função acessória na realização dos registos, como livretes e títulos de registo, serão restituídos aos interessados.

Artigo 7.° (Substituição dos documentos arquivados)
1. Os documentos arquivados podem ser substituídos, a pedido verbal dos interessados, por fotocópia ou cópia extraída por qualquer processo mecânico, anotando-se nesta a data da substituição.

2. A substituição dos documentos nas condições previstas no número anterior ou mediante a sua microfilmagem pode também ser realizada oficiosamente, devendo, neste caso, ser destruído o original.

Artigo 8.° (Destruição de documentos)
1. Sendo cancelada pelos serviços de viação a matrícula de qualquer veículo, os requerimentos e documentos arquivados que lhe respeitem, com excepção dos que tiverem servido de base a algum registo ainda em vigor, serão destruídos.

2. Independentemente da circunstância prevista no número anterior, a Direcção-Geral dos Registo do Notariado pode autorizar, nas condições que em cada caso vierem a ser estabelecidas, a destruição dos requerimentos e documentos arquivados há mais de vinte anos.

CAPÍTULO II – Actos de registo em geral

SECÇÃO I – Requerentes

Artigo 9.° (Representação de pessoas colectivas e sociedades)
1. A regularidade da representação de pessoas colectivas ou sociedades interessadas no registo pelo signatário dos respectivos requerimentos ou docu-

mentos ter-se-á por provada sempre que o acto que pretende registar conste de documento autêntico em que o mesmo signatário figure nessa qualidade, ou desde que a sua assinatura seja reconhecida por notário, com a declaração de que o signatário é representante da pessoa colectiva ou sociedade e tem poderes para o acto, ou se o conservador ou ajudante tiver conhecimento pessoal destas circunstâncias.
    2. Presume-se que o signatário do requerimento ou declaração feita em nome do Estado ou de outra pessoa colectiva pública ou de quaisquer organismos oficiais é seu representante e tem poderes par ao acto se a assinatura se mostrar autenticada com o respectivo selo branco.
    3. O disposto no n.º 1 deste artigo é aplicável, com as necessárias adaptações, à representação voluntária das pessoas singulares.

Artigo 10.º (Dispensa da prova da regular constituição das pessoas colectivas)
    É dispensada a prova da regular constituição das pessoas colectivas e das sociedades que intervenham em requerimento ou documentos para serviço de registo.

SECÇÃO II – Requerimentos

Artigo 11.º (Requisitos dos requerimentos)
    1. Os requerimentos para actos de registo são formulados em impressos de modelo oficial, selados por estampilha, e devem conter os seguintes elementos:
        a) Nome completo, estado, profissão e residência habitual do requerente ou, tratando-se de pessoa colectiva ou sociedade, a denominação ou firma e a sua sede;
        b) A menção do registo requerido e do direito ou facto que deverá constituir o seu objecto, com especificação dos respectivos elementos essenciais;
        c) A identificação do veículo a que o registo respeita mediante a menção da sua matrícula, marca, classe, tipo e modelo;
        d) A indicação da natureza, data e entidade emitente de cada documento oferecido para instruir o pedido;
        e) A assinatura do requerente reconhecida por notário ou autenticada com selo branco, se for entidade oficial que assine nessa qualidade.
    2. Se o registo requerido for de propriedade, deverá constar do requerimento a menção de todas as características indicadas no livrete.
    3. Os requerimentos para registo de propriedade fundados em contrato verbal de compra e venda devem também conter a declaração de venda, assinada pelo vendedor, com reconhecimento notarial.
    4. Se o registo requerido for de compropriedade e as quotas-partes dos comproprietários não forem todas iguais, deverá indicar-se o número fraccionário correspondente a cada uma delas.

5. Se o registo for de hipoteca, do requerimento deverão constar as importâncias correspondentes ao capital e aos seus acessórios, devidamente discriminadas, bem como o montante global da quantia assegurada.

6. Se o registo requerido respeitar a veículo que faça parte de herança indivisa, deverá mencionar-se esta circunstância.

7. Sendo requerido apenas o registo de uma quota-parte da compropriedade do veículo, no requerimento deverá constar a identificação de todos os demais comproprietários.

8. Se o requerente for solteiro, deve indicar se é maior ou emancipado e, bem assim, se a emancipação é plena ou, sendo restrita, se lhe atribuiu capacidade para o acto.

9. Os requerimentos para os quais não haja impresso de modelo superiormente aprovado podem ser formulados em papel comum, do formato legal, selado por estampilha.

10. O disposto no número anterior é igualmente aplicável nos casos em que um só impresso não comporte todas as menções que hajam de ser feitas em relação ao acto de registo requerido, qualquer que seja o seu objectivo.

Artigo 12.° (Dispensa de reconhecimento das assinaturas)
1. O reconhecimento das assinaturas é dispensado nos requerimentos destinados a obter certidões ou documentos análogos e, em geral, quando seja apresentado o bilhete de identidade do signatário, ou este, estando presente, seja conhecido do conservador ou do ajudante, bem como, sendo estrangeiro ou nacional com residência habitual no estrangeiro, se identifique pela exibição do respectivo passaporte.

2. Exceptuam-se do disposto no número anterior os casos em que o reconhecimento deva conter a menção de alguma circunstância especial, salvo se esta for de conhecimento pessoal do conservador ou do ajudante.

Artigo 13.° (Requisitos formais)
1. Os requerimentos destinados a actos de registo devem ser escritos com letra bem legível, de preferência à máquina, e não podem conter emendas, rasuras ou entrelinhas, que não tenham sido ressalvadas.

2. Não se consideram devidamente feitas as ressalvadas que denotem ter sido exaradas por pessoa diversa do signatário do requerimento, desde que o possam prejudicar.

Artigo 14.° (Junção dos verbetes e seu preenchimento)
1. Os requerimentos destinados a obter a realização de qualquer acto de registo devem ser acompanhados de um verbete de modelo oficial preenchido pelos interessados, na parte correspondente à identificação e às características do veículo, ao registo requerido e aos anteriores anotados no respectivo título de propriedade, quando devam ser mantidos em vigor.

2. Se o registo requerido sobre o mesmo veículo for de compropriedade, o requerimento deverá ser acompanhado de tantos verbetes quantos os respectivos comproprietários.

3. O preenchimento dos verbetes deve ser feito com letra bem legível, de preferência à máquina, sem emendas, rasuras ou entrelinhas e, na parte que não deve executada pelo interessado, será completado pela conservatória.

4. No caso das menções a anotar excederem o espaço disponível no verbete, serão continuadas nos lugares correspondentes de outro exemplar.

SECÇÃO III – Títulos de registo

Artigo 15.° (Emissão do título)

Os títulos de registo de propriedade de automóvel são emitidos nos casos seguintes:

a) Quando se efectuar o primeiro registo de propriedade de veículo importado, montado, construído ou reconstruído em Portugal.

b) Quando as direcções de viação procedam à substituição de antigos livretes por livretes de novo modelo referentes a veículos ainda não titulados:

c) Quando der entrada na conservatória livrete antigo referente a veículo nas condições da alínea anterior.

Artigo 16.° (Passagem de novo título)

1. A realização de qualquer registo dá lugar a que seja passado novo título, inutilizando-se o anterior.

2. No novo título serão anotados, devidamente actualizados, o último registo de propriedade, precedido da menção do numero de registos desta espécie efectuados anteriormente, e os registos de espécie diferente em vigor.

Artigo 17.° (Modelo de título de registo)

O título de registo obedecerá ao modelo superiormente aprovado.

Artigo 18.° (Elementos a anotar no título)

1. Do título de registo deverão constar o seguintes elementos:

a) A data do registo, o respectivo número de ordem e a conservatória em que foi lavrado;

b) O direito ou facto registado, mediante a menção da respectiva espécie e seus elementos essenciais;

c) O nome completo, firma ou denominação da pessoa ou da sociedade a favor de quem foi lavrado o registo;

d) A residência habitual ou sede da pessoa ou sociedade proprietária ou usufrutuária do veículo.

2. A anotação do direito de propriedade ou usufruto consistirá na simples indicação da qualidade de proprietário ou usufrutuário do titular do direito registado tratando-se de registo de compropriedade, no caso de as quotas-partes dos comproprietários serem desiguais, indicar-se-á a fracção pertencente a cada um dos comproprietários.

3. No caso de transmissão de veículo com reserva de direito de propriedade, da anotação, além do nome ou denominação do comprador e do vendedor, deve constar a menção do evento cuja verificação limita a reserva convencionada.

4. Tratando-se do registo da hipoteca, a anotação deve conter, em especial, a menção da quantia global assegurada.

Artigo 19.° (Lançamento e rubrica das anotações)
1. As anotações serão lançadas nos títulos de registo logo que sejam lavrados os registos a elas sujeitos e devem ser rubricadas pelo conservador ou pelo ajudante.

2. O lançamento das anotações pode ser substituído, nas conservatórias apetrechadas para o efeito, pela reprodução mecânica da parte correspondente do conteúdo do verbete do respectivo veículo.

Artigo 20.° (Continuação das anotações em novo exemplar)
Esgotado o espaço do título reservado a anotações, estas serão continuadas em novo exemplar ligado ao anterior, fazendo-se as necessárias remissões nos dois exemplares.

Artigo 21.° (Substituição dos títulos deteriorados)
Os títulos de registo em mau estado de conservação serão substituídos por novos exemplares, oficiosamente ou a requerimento verbal dos interessados.

Artigo 22.° (Extravio ou destruição de título)
1. A emissão de duplicado do título de registo, no caso de extravio ou destruição, só pode ter lugar em face de requerimento do proprietário, usufrutuário ou adquirente do veículo sob reserva, escrito em papel selado, com reconhecimento presencial da assinatura.

2. Na hipótese de extravio, o requerente deve declarar, no requerimento, que se compromete a entregar na conservatória o exemplar perdido se o vier a recuperar e, na segunda hipótese, deve afirmar a efectiva destruição do título de registo.

3. Os títulos de registo de veículos de propriedade do Estado, de corpos administrativos ou de qualquer organismo oficial, quando extraviados ou destruídos, podem ser substituídos em face de simples ofício autenticado com o respectivo selo branco.

4. A passagem de novo exemplar de título de registo é sempre anotada na primeira página do novo título e no respectivo requerimento, mediante o lançamento da seguinte nota: "Duplicado de título emitido... (data por algarismos)."

Artigo 23.º (Passagem de guia de substituição do título e livrete)
1. Quanto por fundadas razões não for possível a restituição do título de registo e do livrete no próprio dia da sua entrega na conservatória para fins de realização de actos de registo, será passada pela conservatória uma guia de substituição que terá um prazo de validade nunca superior a quinze dias.
2. A guia de substituição será preenchida à mão, na parte não impressa, e deve ser assinada pelo conservador ou pelo ajudante.

SECÇÃO IV – Documentos

Artigo 24.º (Documentos para registo inicial de propriedade)
1. O registo inicial de propriedade de veículos importados, montados, construídos ou reconstruídos em Portugal terá por base o requerimento do respectivo modelo oficial, acompanhado do livrete e da guia passada, para fins de registo, pelas direcções de viação.
2. O registo inicial só pode ser efectuado a favor da pessoa indicada na guia.

Artigo 25.º (Documentos para outros registos de propriedade)
1. O registo posterior de propriedade adquirida por contrato verbal de compra e venda será efectuado em face de requerimento formulado pelo comprador e confirmado pelo vendedor em impresso de modelo próprio.
2. O registo de propriedade fundado em facto diverso do previsto no número anterior terá por base algum dos seguintes documentos:

a) Qualquer documento comprovativo de facto jurídico que importe o reconhecimento, a aquisição ou divisão do direito de propriedade do veículo;

b) Certidão de decisão judicial, passada em julgado, proferida no processo civil ou penal em, de modo expresso ou implícito, seja reconhecido o direito de propriedade do veículo a quem deva figurar como titular do registo;

c) Certidão extraída do processo de liquidação do imposto sobre as sucessões e doações da qual conste a inclusão do veículo na respectiva relação de bens, o nome de todos os interessados e do cônjuge meeiro, no caso de aquisição de propriedade por sucessão, bem como a declaração de não haver lugar a inventário obrigatório.

3. A certidão a que se refere a alínea *c)* do número anterior só é documento bastante para servir de base a registo a favor de todos os interessados na partilha, incluindo o cônjuge meeiro do *de cujus*, havendo-o, em comum, ou a favor de algum ou alguns dos interessados se estes e os demais assim o requererem.
4. O registo a favor de todos os interessados, nas condições previstas no número anterior, pode ser requerido pelo cabeça-de-casal.

Artigo 26.º (Falta de prova documental do consentimento de terceiro)
1. Não obsta ao registo de propriedade de veículo comprado ou vendido por menor a falta de prova documental do consentimento do seu representante legal,

se o outro contraente declarar no requerimento apresentado que, apesar dessa circunstância, pretende que o registo seja lavrado.

2. O disposto no número anterior é aplicável ao registo de propriedade de veículos transaccionados por mulher casada, no tocante à prova do consentimento do marido, quando exigível.

Artigo 27.º (Documento para registo de hipotecas voluntárias)
O registo de hipoteca voluntária terá por base o documento comprovativo do respectivo contrato.

Artigo 28.º (Documento para registo de extinção)
1. O registo de extinção de qualquer direito ou acto anteriormente registado efectua-se em face de documento comprovativo do facto a registar.

2. É dispensada a apresentação de documento comprovativo da extinção se, tratando-se de hipoteca ou de reserva de propriedade, o requerente for o credor ou o reservador.

Artigo 29.º (Documento para registo de mudança de residência ou sede)
A alteração da composição do nome ou denominação e a mudança da residência habitual ou sede do proprietário ou usufrutuário do veículo serão registadas mediante participação do interessado, feita no impresso do modelo oficial, instruída, no tocante à alteração do nome ou denominação, com o documento comprovativo.

Artigo 30.º (Reconhecimento das assinaturas)
1. As assinaturas apostas nos documentos particulares destinados a servir de base a registos devem ser objecto de reconhecimento presencial.

2. Tratando-se de documentos emanados do Estado ou quaisquer organismos públicos oficiais ou oficializados, as assinaturas neles apostas devem apenas ser autenticadas com o respectivo selo branco.

CAPÍTULO III – Actos de registo

SECÇÃO I – *Apresentações*

Artigo 31.º (Apresentação prévia)
Nenhum direito ou facto relativo a veículos automóveis pode ingressar no registo sem que se mostre lavrada a respectiva nota de apresentação.

Artigo 32.º (Quando pode ser lavrada)
1. A nota de apresentação só deve ser lavrada depois de o requerimento e documentos entregues na conservatória competente terem sido devidamente examinados e ser verificada a viabilidade do requerido.

2. Quando o requerimento e documentos forem entregues pessoalmente, o exame prévio deve efectuar-se acto seguido e, sempre que possível, na presença do portador.

Artigo 33.º (Nota de apresentação)
1. Terminado o exame prévio, se o registo requerido se mostrar em condições de ser efectuado, será logo lavrada a correspondente nota de apresentação.
2. Se no mesmo requerimento forem requeridos mais do que um acto de registo, lavrar-se-ão tantas notas de apresentação seguidas quantos os actos de registo que hajam de ser efectuados.
3. O facto de ser lavrada a nota de apresentação não obsta a que o registo requerido seja recusado se a sua inviabilidade só vier a ser reconhecida posteriormente.

Artigo 34.º (Preparo)
No acto de apresentação devem ser cobrados do portador do requerimento, como preparo, os emolumentos e demais encargos correspondentes ao registo requerido.

Artigo 35.º (Elementos da nota de apresentação)
1. A nota de apresentação deve conter os seguintes elementos:
a) Numero de ordem, dia, mês e ano da apresentação;
b) A identificação do veículo que o registo respeita, mediante a indicação da matrícula e classe, podendo esta ser referenciada apenas pela a letra inicial da respectiva designação;
c) Nome completo, firma ou denominação da pessoa ou sociedade a favor de quem o registo deve ser lavrado;
d) Menção da espécie do direito ou facto que deverá constituir objecto do registo.
2. A numeração das apresentações será recomeçada no início de cada dia.
3. Se forem vários os titulares do registo, mencionar-se-á o nome, a firma ou denominação do primeiro indicado no requerimento seguida dos vocábulos «e outro» ou «e outros».
4. Quando apresentação respeitar a registo inicial de propriedade, da menção do objecto do registo deverá fazer-se constar esta circunstância mediante a simples indicação das inicias dos correspondentes vocábulos.

Artigo 36.º (Senhas de apresentação)
1. Ao portador do requerimento deve ser entregue uma senha se o acto requerido não puder ser realizado imediatamente, da qual constará o numero de ordem e a data de apresentação, bem como a importância cobrada a título de preparo.
2. Realizado o registo, os documentos que não devam ficar arquivados serão

devolvidos contra a senha emitida, na falta desta, o conservador pode exigir que lhe seja passado recibo de devolução dos documentos a restituir.

Artigo 37.º *(Conservatória intermediária)*
1. Fora da localidade sede da conservatória competente, os requerimentos para actos de registo podem ser entregues em qualquer conservatória de registo de automóveis ou, na sua falta, de registo predial, a fim de serem remetidos oficiosamente àquela.
2. Com os requerimentos serão entregues os documentos neles mencionados e exibido o talão do vale do correio, endereçado à conservatória competente, como prova de remessa das importâncias que a estas forem devidas.

Artigo 38.º *(Anotação da apresentação em conservatória intermediária)*
1. A repartição intermediária lavrará nota de apresentação, no competente livro, do requerimento recebido, fazendo dela constar a conservatória para onde vai ser enviado, e, depois de anotar no requerimento apresentado o número e a estação emissora do respectivo vale do correio, remetê-lo-á, com os demais documentos, dentro do prazo de dois dias, à conservatória competente.
2. A conservatória intermediária deve passar e entregar ao apresentante, nas condições previstas no artigo 23.º, guia de substituição do livrete e do título de registo que lhe hajam sido entregues.
3. A apresentação efectuada nos termos deste artigo não confere nenhum direito de propriedade.

Artigo 39.º *(Anotação da apresentação na conservatória competente para o acto requerido)*
1. Recebidos os requerimentos e documentos remetidos nas condições previstas nos artigos anteriores, a conservatória competente, no caso de verificar que o acto de registo requerido está em condições de ser efectuado, lavrará a correspondente nota de apresentação no início do primeiro período de serviço do segundo dia útil imediato ao da recepção.
2. As apresentações, sempre que respeitem ao mesmo veículo, devem ser lançadas segundo a ordem de antiguidade dos factos ou actos a registar ou, no caso de terem a mesma data, com igual número de ordem.
3. Se o registo requerido não puder realizar-se, devolver-se-ão os requerimentos, documentos e vale do correio, com a indicação, no primeiro ou, na falta de espaço, em papel avulso, isento de selo, dos motivos da recusa.
4. A apresentação pode deixar de ser efectuada se as importâncias devidas não tiverem sido enviadas em vale do correio ou se este for de montante inferior ao devido.

Artigo 40.º *(Remessa pelo correio)*
1. Aos interessados é permitida a utilização directa dos serviços do correio

para remeterem à conservatória competente os requerimentos e documentos necessários ao acto de registo.

2. A remessa deve ser feita por carta registada com aviso de recepção, acompanhada da importância equivalente aos emolumentos e mais encargos devidos.

3. É aplicável aos actos requeridos, nos termos deste artigo, o disposto no artigo anterior.

Artigo 41.° (Domínio de aplicação das disposições desta secção)
O disposto nos artigos anteriores é aplicável, com as necessárias adaptações, aos requerimentos destinados a obter a passagem de certidões ou documentos análogos e de duplicados de títulos de registo extraviados ou destruídos.

SECÇÃO II – Registos

Artigo 42.° (Prazo em que devem ser requeridos)
1. O registo de propriedade deve ser requerido em condições de ser efectuado no prazo de trinta dias a contar, conforme os casos, da data da guia referida no artigo 24.° ou da data da aquisição do veículo.

2. Exceptua-se do disposto no número anterior a propriedade adquirida por sucessão, cujo registo deve ser requerido dentro do prazo de trinta dias a contar da data da junção da relação de bens ao processo de liquidação do respectivo imposto ou, havendo inventário judicial, da data em que este ver atingido o seu termo.

3. Se para a realização do registo for indispensável algum documento autêntico, o decurso do prazo sustar-se-á desde a data da requisição desse documento até à data da sua passagem, presumindo-se, até prova em contrário, que esse período teve a duração de oito dias.

4. A apresentação em conservatória intermediária faz sustar o prazo a que se refere este artigo desde a sua data até que hajam decorrido três dias úteis sobre a recepção dos documentos na conservatória competente; no caso de remessa nas condições previstas no artigo 40.°, o prazo sustar-se-á da data da expedição até três dias depois da data da recepção.

5. O disposto nos números anteriores é aplicável, com as necessárias adaptações, aos registos de usufruto e de reserva de propriedade.

Artigo 43.° (Ordem e conteúdo dos registos)
1. Os registos são lavrados segundo a ordem da nota da apresentação correspondente, determinado-se por esta e pelo requerimento e documentos que lhe tenham servido de base os titulares e o conteúdo do direito ou facto registado.

2. O número de ordem e a data do registo serão para todos efeitos os da apresentação que constitui sua parte integrante.

Artigo 44.° (Unidades do objecto do registo)
Cada acto de registo incidirá apenas sobre um veículo.

Artigo 45.° (Como são lavrados os registos)
1. O registo de direito ou facto a ele sujeito lavra-se mediante o simples lançamento, nas colunas do livro a que se refere o artigo 1.° a esse fim reservadas e na linha correspondente à ocupada pela respectiva apresentação, do vocábulo «Registado» ou «Registada» e da rubrica do conservador.
2. Tratando-se de registo provisório por natureza, ao vocábulo previsto no número anterior será adiantada a palavra «provisoriamente».
3. Logo após ser lavrado o registo, será este facto anotado na margem superior do requerimento ou do documento que lhe tenha servido de base, em termos idênticos aos previstos nos números anteriores.
4. A anotação a que se refere o número anterior pode efectuar-se por qualquer processo gráfico e deve ser rubricada pelo conservador ou o ajudante.

Artigo 46.° (Registo de reserva de propriedade)
A reserva de propriedade estipulada nos contratos de alienação de veículos automóveis constitui objecto do registo próprio.

Artigo 47.° (Reposição ou renovação de matrícula cancelada)
1. A reposição ou renovação de matrícula anteriormente cancelada, no caso de haver mudança de proprietário do veículo, dá lugar a novo registo de propriedade.
2. O registo de propriedade do veículo nas condições a que se refere o número anterior é equiparado ao registo inicial.

CAPÍTULO IV – Notas de registo

Artigo 48.° (Passagem de nota)
1. Efectuado algum acto de registo para o qual seja dispensável a apresentação do título de registo de propriedade, será extraída a respectiva nota, em impresso do modelo em uso.
2. Se o acto de registo tiver por objecto uma penhora ou arresto e for lavrado como provisório, por o veículo estar registado em nome de pessoa diversa do executado ou arrestado, da correspondente nota deverá fazer-se constar o nome, estado e residência do titular do respectivo registo.
3. Da nota de registo constará a discriminação dos emolumentos e demais encargos devidos não só pela nota como também pelo acto de registo a que a mesma respeita.

CAPÍTULO V – Recusa do registo

Artigo 49.º *(Casos especiais da recusa)*
Será recusado o acto de registo requerido se o requerimento, documentos e verbete que o devam instruir se não mostrem redigidos ou preenchidos claramente e nas demais condições previstas neste diploma.

Artigo 50.º *(Despacho de recusa)*
O despacho de recusa será exarado no requerimento do acto recusado, e devidamente datado e rubricado pelo conservador.

Artigo 51.º *(Indicação dos motivos de recusa)*
1. Os interessados serão sempre elucidados verbalmente dos motivos determinantes de recusa, os quais, a solicitação dos mesmos, podem ser anotados, em termos sucintos, no próprio requerimento do acto recusado ou em papel avulso, isento de selo.
2. Se o interessado pretender recorrer ou reclamar hierarquicamente, deve requerer que lhe seja passada nota especificada dos motivos da recusa, apresentando para esse fim, ao conservador os títulos do registo recusado.
3. A nota especificada dos motivos da recusa será passada em duplicado, arquivando-se um dos exemplares.

Artigo 52.º *(Prazo para a interposição do recurso)*
O prazo para a interposição de recurso é de sessenta dias, contados da data do despacho recorrido, sem prejuízo da reclamação hierárquica prevista na lei orgânica dos serviços.

CAPÍTULO VI – Publicidade do registo

SECÇÃO I – Certidões e documentos análogos

Artigo 53.º *(Quem os pode pedir)*
Qualquer pessoa pode obter certidões, fotocópias ou cópias dos actos de registo e dos documentos arquivados.

Artigo 54.º *(Elementos que lhe devem servir de base – Certidões)*
As certidões dos actos de registo terão por base as anotações lavradas no livro de apresentações e registos, os correspondentes títulos arquivados e o conteúdo dos verbetes dos respectivos veículos.

Artigo 55.º (Forma que devem revestir as certidões)
As certidões dos actos de registo serão passadas, sob a forma narrativa ou esquemática, em impressos do modelo oficial selados por estampilha.

Artigo 56.º (Certidões ,fotocópias ou cópias de documentos)
1. Dos requerimentos, verbetes e documentos arquivados podem ser passadas, a pedido dos interessados, não só certidões, mas também fotocópias ou cópias extraídas por processo mecânico, se a conservatória dispuser da aparelhagem necessária.
2. É aplicável às cópias a que se refere o número anterior o regime legal das fotocópias, no tocante à certificação da sua conformidade com o original e ao imposto do selo devido.

Artigo 57.º (Preparo)
1. Os requerimentos destinados a obter a passagem de certidões ou documentos análogos, quando não isentos, devem ser acompanhados, a título de preparo, da importância equivalente aos correspondentes encargos.
2. Os pedidos desacompanhados do preparo devido podem deixar de ser atendidos.

SECÇÃO II – Informações

Artigo 58.º (Informação prestada às autoridades e repartições públicas)
1. Os conservadores darão gratuitamente às autoridades e repartições publicas as informações que lhes forem solicitadas referentes a actos de registo quando possam ser prestadas em face dos livros e documentos arquivados ou, em caso de automação dos serviços, dos elementos fornecidos pelo o computador.
2. Os conservadores podem também facultar aos representantes credenciados das entidades a que se refere o número anterior o acesso à consulta directa dos livros e arquivos, para fim de recolha dos elementos de informação de que careçam, sem prejuízo do serviço da conservatória.

Artigo 59.º (Informação prestada a particulares)
1. As informações a que se refere o n.º 1 do artigo anterior, quando solicitadas por particulares, verbalmente ou por correspondência, só podem ser prestadas por escrito.
2. Os pedidos de informação feitos por correspondência que não venham acompanhados do emolumento devido e da franquia postal para a resposta podem deixar de ser atendidos.
3. Os emolumentos cobrados pelas as informações serão englobados diariamente numa única verba, que será registada com a indicação do número de informações a que corresponde.

SECÇÃO III – Comunicações obrigatórias

Artigo 60.° (Registos a comunicar)
Os registos de propriedade e usufruto de veículos automóveis, assim como os registos de alteração de nome ou denominação e de mudança de residência habitual ou sede do respectivo proprietário e usufrutuário, serão comunicados às direcções de viação em que o veículo estiver matriculado, aos comandos da Polícia de Segurança Pública e da Brigada de Trânsito da Guarda Nacional Republicana da área onde o proprietário tiver a residência ou sede, bem como à Direcção dos Serviços de Transporte do Exército.

Artigo 61.° (Como são feitas as comunicações)
1. As comunicações obrigatórias serão feitas pela conservatória, mediante a expedição de postais-avisos dos modelos em uso, os quais devem ser apresentados pelos interessados devidamente preenchidos com letra bem legível e dactilografados sempre que seja possível.
2. Nas conservatórias que vierem a ser dotadas com a aparelhagem necessária à produção mecânica dos verbetes, o preenchimento dos postais-avisos, por parte dos interessados, poderá, a pedido destes, ser substituído pela cópia do conteúdo do respectivo verbete, extraída pela conservatória mediante o pagamento, apenas, da correspondente taxa de reembolso.

SECÇÃO IV – Disposições diversas

Artigo 62.° (Modelos de impressos)
Compete ao director-geral dos Registos e do Notariado aprovar os modelos do livro e impressos previstos neste diploma.

Artigo 63.° (Fornecimento de impressos)
1. Os impressos de títulos de registo, requerimentos, notas de registo, verbetes e postais-avisos constituem exclusivo do Cofre dos Conservadores, Notários e Funcionários de Justiça, por quem serão fornecidos às conservatórias, que os venderão aos interessados mediante o pagamento do preço que vier a ser fixado por despacho do Ministério da Justiça.
2. Os impressos de modelo antigo podem continuar a ser utilizados, com as adaptações necessárias, até findarem.

Artigo 64.° (Preenchimento de impressos pelos serviços)
1. O disposto no artigo 54.° do Decreto-Lei n.° 44063, de 28 de Novembro de 1961, é aplicável ao preenchimento de impressos indispensáveis à realização do acto de registo.
2. Para efeitos do número anterior, o preenchimento de cada conjunto de impressos é equiparado a um requerimento destinado a obter certidões.

Artigo 65.° (Excesso de preparo)
Sempre que as importâncias recebidas como preparo de serviços requisitados por via postal sejam superiores aos respectivos encargos, o excesso apurado será devolvido à conservatória intermediária ou ao interessado, podendo a devolução ser feita em selos fiscais ou de correio, desde que não excedam 50$.

Artigo 66.° (Transferência de selo dos livros de modelo antigo)
O imposto do selo pago pelas folhas não utilizadas dos livros de registo em uso será transferido para o livro de apresentações e registos do novo modelo, mediante declaração do conservador, exarados nesse livro e naquele donde se faça a transferência.

Artigo 67.° (Entrada em vigor)
O presente diploma entra em vigor trinta dias após a data da sua publicação.

ARTIGO 32.º
(Apreensão do veículo)

1. A não apresentação, nos termos do artigo anterior, do documento comprovativo da realização do seguro até 8 dias a contar da data em que foi solicitada, determina a apreensão do veículo, que se manterá enquanto não for feita a prova da efectivação do contrato de seguro perante a entidade que ordenou a apreensão ou o posto da Guarda Nacional Republicana ou da Polícia de Segurança Pública da área de residência da pessoas a quem, nos termos do artigo 2.º, competir a efectivação do contrato de seguro.
2. Em caso de acidente, a falta de exibição do documento comprovativo da realização do seguro implica a imediata apreensão do veículo pela autoridade ou agente da autoridade que tomou conta da ocorrência, a qual se manterá até que seja feita prova, nos termos do número anterior, da existência, à data do sinistro, de contrato de seguro, ou até à prestação de caução pelo montante das quantias mínimas do seguro ou até ao pagamento da indemnização devida, salvo se este pagamento for efectuado pelo Fundo de Garantia Automóvel, caso em que a apreensão do veículo se manterá até ao seu integral ressarcimento pelas quantias e despesas efectuadas.
3. Se decorrido um ano após haver indemnizado o lesado o Fundo de Garantia Automóvel não se encontrar ressarcido das quantias e despesas efectuadas, assiste-lhe, quando o veículo apreendido for propriedade do responsável civil e não for susceptível de vir a ser declarado perdido a favor do Estado, nem prejudique inquérito ou instrução a correr em processo penal, por o veículo ter servido como instrumento do crime, o direito a ser, até ao montante despendido, ressarcido através da receita resultante da venda do veículo, a efectuar nos termos a regulamentar por portaria dos Ministros das Finanças e da Justiça.
4. O disposto nos números anteriores não se aplica aos seguros previstos nos n.ºˢ 3 e 4 do artigo 2.º, quando o veículo em causa não for propriedade das pessoas obrigadas a esse mesmo tipo de seguro.
5. O disposto nos n.ºˢ 1 e 2 não se aplica aos veículos matriculados nos Estados membros da Comunidade ou nos países terceiros cujo

gabinete nacional de seguros tenha aderido à Convenção Complementar entre Gabinetes Nacionais.

EVOLUÇÃO LEGISLATIVA

* Este preceito é redacção do Decreto-Lei n.º 522/85, de 31.12, à excepção do n.º 5, que foi aditado pelo artigo 1.º do Decreto-Lei n.º 122-A/86, de 30.05.
* Corresponde ao artigo 24.º do Decreto-Lei n.º 408/79, de 25.09.

LEGISLAÇÃO COMPLEMENTAR

APREENSÃO DE VEÍCULOS: CÓDIGO DA ESTRADA (REPUBLICADO PELO DECRETO-LEI N.º 2/98, DE 3 DE JANEIRO), ARTIGO 169.º

Artigo 169.º (Apreensão de veículos)
1. O veículo deve ser apreendido pelas autoridades de investigação criminal ou de fiscalização do trânsito ou seus agentes, quando:

a) Transite com números de matrícula que não lhe correspondam ou não tenham sido legalmente atribuídos;

b) Transite sem chapas de matrícula ou não se encontre matriculado, salvo nos casos permitidos por lei;

c) Transite com números de matrícula que não sejam válidos para o trânsito em território nacional;

d) Transite estando o respectivo livrete apreendido, salvo se este tiver sido substituído por guia passada nos termos do artigo anterior;[1]

e) O respectivo registo de propriedade não tenha sido regularizado no prazo legal;

f) Não tenha sido efectuado seguro de responsabilidade civil nos termos da lei.

2. Nos casos previstos no número anterior, o veículo não pode manter-se apreendido por mais de 90 dias devido a negligência do proprietário em promover a regularização da sua situação, sob pena de perda do mesmo a favor do Estado.

3. Nos casos previstos nas alíneas *a)* e *b)* do n.º 1, o veículo é colocado à disposição da autoridade judicial competente, sempre que tiver sido instaurado procedimento criminal.

4. Nos caso previstos nas alíneas *c)* a *f)* do n.º 1, pode o proprietário ser designado fiel depositário do veículo.

---

[1] Cfr. anot. ao artigo anterior.

5. No caso de acidente, a apreensão referida na alínea f) do n.º 1 mantém-se até que se mostrem satisfeitas as indemnizações dele derivadas ou, se o respectivo montante não tiver sido determinado, até que seja prestada caução por quantia equivalente ao valor mínimo do seguro obrigatório.

6. Exceptuam-se do disposto na primeira parte do número anterior os casos em que as indemnizações tenham sido satisfeitas pelo Fundo de Garantia Automóvel nos termos da legislação própria.

7. O proprietário, usufrutuário, adquirente com reserva de propriedade ou locatário em regime de locação financeira responde pelo pagamento das despesas causadas pela apreensão do veículo.

REMISSÃO PARA ACORDO MULTILATERAL DE GARANTIA ENTRE SERVIÇOS NACIONAIS DE SEGUROS: DECRETO-LEI N.º 130/94, DE 19.05, ARTIGO 2.º

Artigo 2.º
As referências feitas à convenção complementar entre gabinetes nacionais constantes dos artigos 4.º, 20.º, 21.º, 26.º, 32.º e 33.º do Decreto-Lei n.º 522/85, de 31 de Dezembro, com as alterações introduzidas pelo Decreto-Lei n.º 122-A/86, de 30 de Maio, e do artigo 2.º deste último diploma, consideram-se reportadas ao Acordo Multilateral de Garantia entre Serviços Nacionais de Seguros, assinado em Madrid em 15 de Março de 1991.

Nota: *Cfr., a este propósito, em Apêndice, Decisão da Comissão n.º 91/323/CEE, de 30.05.91 e Decisão da Comissão n.º 93/43/CEE, de 21.12.92.*

VEÍCULOS APREENDIDOS A FAVOR DO ESTADO: DECRETO-LEI N.º 31/85, DE 25 DE JANEIRO

Através da Lei n.º 25/81, de 21 de Agosto, nomeadamente pela aplicação dos artigos 10.º a 14.º, pretendeu evitar-se que os veículos automóveis apreendidos no decurso do processo crime permanecessem longos períodos sem utilização, ficando reduzidos pelo tempo e, muitas vezes, pela intempérie, a destroços sem utilidade.

Esse objectivo não foi alcançado, além do mais em virtude da necessidade do despacho judicial que se tornava indispensável para se iniciar tal utilização.

Encontravam-se, assim, apreendidas até há pouco tempo várias centenas de veículos automóveis, no valor estimado de cerca de meio milhão de contos, dos quais apenas algumas dezenas haviam sido declarados perdidos para o Estado, numa altura em que, por vezes, era já impensável, por não compensadora, a sua reparação.

O presente diploma visa obviar à situação descrita, ao mesmo tempo que se aproveitava para agrupar e classificar outras situações de veículos automóveis apreendidos, declarados perdidos ou abandonados, concedendo-lhes tratamento idêntico.

O texto final recolhe as principais sugestões de aperfeiçoamento provenientes do debate da proposta de autorização legislativa submetida pelo Governo à Assembleia da República.
Assim:
No uso da autorização legislativa concedida pelos artigos 1.° a 4.° da Lei n.° 35/84, de 27 de Dezembro, o Governo decreta, nos termos da alínea b) do n.° 1 do artigo 201.° da Constituição, o seguinte:

Artigo 1.° (Âmbito)
O presente diploma aplica-se aos seguintes veículos automóveis:
a) Apreendidos em processo crime ou de contra-ordenação que sejam susceptíveis de vir a ser declarados perdidos a favor do Estado;
b) Declarados perdidos definitivamente a favor do Estado;
c) Em situação de abandono por declaração expressa ou acto inequívoco do seu proprietário;
d) Em situação de abandono declarado por autoridade competente;
e) Considerados abandonados nos restantes casos previsto na lei.

Artigo 2.° (Veículos apreendidos em processo crime ou de contra ordenação)
1. Decorridos 90 dias sobre a apreensão, em processo crime ou de contra-ordenação, de um veículo automóvel susceptível de vir a ser declarado perdido a favor do Estado, o agente do Ministério Público ou o representante da Fazenda Nacional, após exame e avaliação, com recurso a meios fotográficos, se possível, comunicará à Direcção-Geral do Património do Estado (DGPE) as características do mesmo, nomeadamente marca, modelo, matrícula, valor atribuído e local em que se encontra.
2. Estando o processo na fase de instrução preparatória, a comunicação será efectuada após despacho do juiz de instrução e sem prejuízo do exame a que se refere o número anterior.
3. A partir da comunicação, o veículo automóvel fica à disposição da DGPE, nos termos e para os efeitos do disposto nos artigo 7.° a 10.°

Artigo 3.° (Decisão provisória sobre a susceptibilidade de perda em favor do Estado)
1. Se do processo crime ou de contra ordenação constar a identificação do dono ou legítimo possuidor do veículo automóvel, será este notificado de que o veículo foi posto à disposição da DGPE e de que poderá requerer ao juiz de instrução competente ou à autoridade administrativa que superintende no processo de contra-ordenação que profira despacho em que aprecie, provisoriamente, a susceptibilidade ou não de perda da viatura, a final, em favor do Estado.

2. A decisão da autoridade administrativa é susceptível de recurso para o tribunal comum.

3. Se o juiz de instrução ou a autoridade administrativa decidir provisoriamente pela insusceptibilidade de perda em favor do Estado, ordenará a restituição da posse do veículo automóvel ao seu dono ou legítimo possuidor logo que se torne desnecessário para a instrução, sem prejuízo da sua apresentação quando exigida pelo tribunal ou entidade investigadora, comunicando a decisão à DGPE.

Artigo 4.º *(Perda definitiva para o Estado)*
Os tribunais competentes, através do Ministério Público, e as autoridades administrativas, no processo de contra-ordenação, enviarão à DGPE certidão das decisões transitadas em julgado que tenham declarado definitivamente perdidos em favor do Estado quaisquer veículos automóveis, incluindo os que tenham sido colocados à disposição daquela Direcção-Geral.

Artigo 5.º *(Abandono por declaração expressa do proprietário)*
1. Consideram-se veículos abandonados em favor do Estado aqueles cujos proprietários tenham assinado declaração expressa nesse sentido, segundo as disposições legais aplicáveis, ou hajam manifestado, por forma inequívoca, a vontade de abandono.

2. A entidade receptora da declaração transmiti-la-á à DGPE no prazo de 5 dias, indicando as características do veículo conforme se dispõe no n.º 1 do artigo 2.º.

Artigo 6.º * *(Outros casos de abandono e perda a favor do Estado)*
1. Uma vez cumpridas as disposições legais aplicáveis, consideram-se igualmente abandonados em favor do Estado:

a) Os veículos automóveis apreendidos ou colocados à ordem das alfândegas quando, após decisão da autoridade competente, não forem iniciadas as formalidades relativas à admissão/importação, no prazo de 60 dias seguidos, ou não forem pagos ou garantidos os direitos e demais imposições em dívida no prazo de 10 dias contados em ambos os casos a partir da respectiva notificação, se dentro do mesmo prazo não for solicitada a sua reexpedição/reexportação;

b) Os veículos automóveis que se encontrem nas situações previstas nos n.ºs 1 e 4 do artigo 167.º do Código da Estrada.

2. Cumpridas as formalidades legais prévias do abandono ou da perda, a entidade que superintender no processo comunicará o facto à DGPE no prazo máximo de 10 dias, indicando as características do veículo nos termos do n.º 1 do artigo 2.º

Artigo 7.º *(Vistoria do veículo pela DGPE)*
1. Recebida a comunicação a que se referem os artigos anteriores, a DGPE fará a vistoria do veículo automóvel, informando a entidade respectiva em prazo

---
* *Red. do art. 1.º do Dec.-Lei n.º 26/97, de 23 de Janeiro.*

não superior a 30 dias sobre se a viatura está ou não em condições de ser afectada ao parque automóvel do Estado.

2. No caso de resposta afirmativa, a DGPE poderá tomar, logo a partir da vistoria, as providências necessárias à conservação da viatura, incluindo a sua remoção para local apropriado, do que dará conta ao tribunal ou entidade competente.

Artigo 8.º *(Auto de recepção de veículos apreendidos)*
1. A DGPE lavrará auto de recepção dos veículos automóveis apreendidos com descrição pormenorizada do seu estado de conservação, incluindo a mecânica, socorrendo-se de meios fotográficos, se possível.
2. O exame do veículo para efeito de recepção será efectuado por 2 técnicos da especialidade nos 60 dias seguintes à informação dada à entidade competente, enviando-se cópia do auto de recepção para junção ao processo.

Artigo 9.º *(Reparação e utilização de veículos apreendidos)*
1. Após o exame e auto de recepção a que se refere o artigo anterior, os veículos apreendidos poderão ser sujeitos às reparações necessárias à sua normal utilização e afectados ao parque do Estado, nas condições que vierem a ser fixadas por despacho do Ministério das Finanças e do Plano.
2. O Estado terá o uso e fruição de tais veículos, respondendo por eles como possuidor de boa fé.
3. Será organizado um processo burocrático para cada viatura, onde se anotarão todas as alterações, reparações e despesas efectuadas com a mesma.

Artigo 10.º *(Veículos sem interesse para o parque do Estado)*
1. Quando a DGPE informar que o veículo automóvel declarado perdido ou abandonado em favor do estado não reúne condições para ser afectado ao parque do Estado ou para ser desmantelado com vista à sua integração num banco de componentes, a entidade competente dar-lhe-á o destino previsto na lei
2. Na falta de disposição legal especial, proceder-se-á à venda da viatura, precedida de anúncio num dos jornais mais lidos na localidade onde se encontra, revertendo o produto para o Estado, após dedução das despesas efectuadas com a sua guarda, conservação, remoção e venda.
3. Os veículos desprovidos de matrícula ou com matrícula estrangeira, relativamente aos quais não possa determinar-se se foram introduzidos no consumo interno, ou os que, sendo embora de matrícula nacional, se presuma terem sido, ilegalmente, introduzidos no consumo, apenas poderão ser vendidos com a superintendência da alfândega, sob pena de a entidade que proceder à sua venda ser responsável pelo pagamento das imposições em dívida. *

---

* *Red. do art. 1.º do Dec.-Lei n.º 26/97, de 23 de Janeiro.*

4. Para efeitos do disposto no número anterior, os tribunais ou as entidades competentes comunicarão previamente à alfândega da respectiva área de jurisdição as decisões de venda de veículos, remetendo todos os elementos relativos aos mesmos, para que esta entidade nomeie um funcionário que superintenda tal venda e contabilize os direitos aduaneiros e as imposições fiscais que se mostrarem devidos.*

5. O disposto nos números anteriores aplicar-se-á igualmente aos veículos apreendidos em processo crime ou de contra-ordenação logo que a DGPE informe que não interessam ao parque do Estado e se tornem desnecessários para a instrução, depositando-se o produto da venda na Caixa Geral de Depósitos à ordem da entidade que superintender no processo.*

6. No caso previsto no número anterior, o veículo apreendido pode ser entregue ao seu proprietário, como fiel depositário, até à decisão final do processo, desde que se encontrem cumpridas as disposições legais relativas ao mesmo e seja prestada caução equivalente ao seu valor.*

Artigo 10.°-A (Restituição de veículos) ******

1. Um veículo automóvel declarado abandonado ou perdido a favor do Estado pela autoridade administrativa competente poderá ser restituído ao seu anterior proprietário desde que seja solicitada a sua restituição nos seguintes casos:

a) Quando se detecte ilegalidade na decisão do processo;

b) Quando haja decisão em sentido contrário, transitada em julgado, proferida pelo tribunal competente em recurso aduaneiro;

c) Quando no decurso do prazo concedido para a regularização da situação aduaneira do veículo ocorra a morte do proprietário, desde que os respectivos herdeiros apresentem requerimento para o efeito.

2. A restituição do veículo automóvel, nas situações previstas no número anterior, deverá ser solicitada no prazo de 60 dias seguidos após a ocorrência das mesmas.

Artigo 11.° (Indemnizações) *******

1. Se, por qualquer motivo, for ordenada a restituição de um veículo apreendido, perdido ou abandonado em favor do Estado, será feito o apuramento da desvalorização ocasionada pelo uso por parte do Estado, bem como das benfeitorias que o Estado efectuou durante a utilização.

2. Operada a compensação a que houver lugar, será indemnizado o titular do crédito por excedente que for apurado.

3. O apuramento referido nos números anteriores será homologado por despacho do Ministro das Finanças e do Plano, sob proposta do director-geral do Patri-

---

* *Red. do art. 1.° do Dec.-Lei n.° 26/97, de 23 de Janeiro.*
** *Adit. pelo art. 2.° do Dec.-Lei n.° 26/97, de 23 de Janeiro.*
*** *Epígrafe alt. pelo art. 1.° do Dec.-Lei n.° 26/97, de 23 de Janeiro.*

mónio do Estado, não prejudicando o recurso aos tribunais comuns em caso de não concordância do interessado.

4. Se o veículo automóvel tiver sido vendido, será entregue ao lesado o produto de venda, acrescido, se for caso disso, de indemnização pelos prejuízos, nos termos do n.º 1 do artigo 9.º do Decreto-Lei n.º 48051, de 21 de Novembro de 1967.

Artigo 12.º (Despesas com veículos não utilizados)
1. Em qualquer caso, os proprietários dos veículos cuja restituição seja ordenada pagarão as despesas de remoção, taxas de recolha, multas e demais encargos não relacionados com a utilização da viatura pelo Estado, segundo tabelas a aprovar pelo Ministro das Finanças e do Plano.

2. O Estado goza do direito de retenção pelos créditos referidos neste artigo e no artigo 11.º

Artigo 13.º (Fixação judicial da indemnização pelo uso)
1. Se o veículo automóvel for restituído definitivamente ao seu proprietário ou legítimo possuidor nos termos do artigo 11.º, e no caso de não concordância deste como apuramento indemnizatório a que se refere o n.º 3, poderá ser requerida a sua fixação judicial.

2. O pedido será deduzido na acção penal, correndo por apenso a esta, e, com a petição, o requerente oferecerá todas as provas, podendo o Estado contestar no prazo de 10 dias.

3. O juiz ordenará a produção de prova por arbitramento, se a considerar necessária, devendo o relatório pericial ser apresentado em prazo não superior a 15 dias.

4. O perito por parte do Estado será indicado pelo Ministério das Finanças e do Plano.

5. O pedido da fixação judicial da indemnização não obsta ao recebimento do montante apurado nos termos do n.º 3 do artigo 11.º, bem como à entrega da viatura, sem prejuízo do disposto no artigo 12.º.

6. No restante agora não previsto aplicar-se-ão as regras do processo civil para o processo sumário.

Artigo 14.º (Comunicação obrigatória de vendas ou leilões)
Não poderá efectuar-se qualquer leilão ou alienação do veículo apreendido, declarado perdido ou abandonado a favor do Estado sem prévia comunicação à DGPE, salvo se esta já tiver anteriormente informado que o veículo não interessa ao Estado.

Artigo 15.º* (Venda de veículos matriculados)
1. Os veículos portadores de matrícula nacional ou estrangeira, quando destinados a sucata, não podem ser vendidos sem que as chapas das matrículas sejam

retiradas e os livretes devolvidos à entidade emissora ou cancelados e juntos ao respectivo processo de venda.

2. A venda em leilão não dispensa o pagamento dos direitos aduaneiros e das imposições fiscais que se mostrarem devidos, caso sejam declarados para introdução no consumo.

Artigo 16.° (Identificação de veículos)

A Direcção-Geral de Viação tomará as medidas necessárias à regularização dos veículos que, sendo destinados ao Estado ou a venda, não possuam os elementos de identificação exigidos por lei.

Artigo 17.° (Norma revogatória)

Ficam revogados os artigos 10.° a 14.° da Lei n.° 25/81, de 21 de Agosto, e a Portaria n.° 118/82, de 28 de Janeiro.

Artigo 18.° (Entrada em vigor)

O presente Decreto-Lei entrará em vigor no dia imediato ao da sua publicação.

ARTIGO 33.º
(Entidades fiscalizadoras)

O cumprimento das obrigações estabelecidas neste diploma e disposições regulamentares será fiscalizado pelas autoridades com poderes de fiscalização referidas no n.º 3 do artigo 2.º do Código da Estrada e ainda pela Guarda Fiscal e pela Direcção-Geral das Alfândegas relativamente a veículos entrados por via marítima ou aérea que não se encontrem matriculados noutros Estados membros da Comunidade Económica Europeia ou em países terceiros, cujos gabinetes nacionais de seguros aderiram à Convenção Complementar entre Gabinetes Nacionais, e que não provenham de um Estado membro.

EVOLUÇÃO LEGISLATIVA

* Este preceito é redacção do artigo 1.º do Dec.-Lei n.º 122-A/86, de 30.05 (rectificado por Declaração de 05.08.86, in D.R., I Série, de 30.08.86)

Redacção anterior:

DECRETO-LEI N.º 522/85, DE 31.12

Artigo 33.º (Entidades fiscalizadoras)
O cumprimento das obrigações estabelecidas neste diploma e disposições regulamentares será fiscalizado pelas autoridades com poderes de fiscalização referidas no n.º 3 do artigo 2.º do Código da Estrada e ainda pela Guarda Fiscal e pela Direcção-Geral das Alfândegas.

* Corresponde ao artigo 25.º do Decreto-Lei n.º 408/79, de 25.09.

REMISSÕES

As autoridades com poder de fiscalização estão actualmente previstas nos arts. 7.º a 12.º do Dec.-Lei n.º 2/98, de 3 de Janeiro, que republicou o novo

Código da Estrada, aprovado pelo Dec.-Lei n.º 114/94, de 3 de Maio. Cfr., a este propósito, *infra* Legislação Complementar.

LEGISLAÇÃO COMPLEMENTAR

FISCALIZAÇÃO DO CUMPRIMENTO DAS DISPOSIÇÕES DO CÓDIGO DA ESTRADA: DECRETO-LEI N.º 2/98, DE 3 DE JANEIRO, ARTIGOS 7.º A 12.º E 14.º

Artigo 7.º
1. A fiscalização do cumprimento das disposições do Código da Estrada e legislação complementar incumbe:
  a) à Direcção-Geral de Viação e à Brigada de Trânsito da Guarda Nacional Republicana, em todas as vias públicas;
  b) à Guarda nacional Republicana e à Polícia de Segurança Pública;
  c) à Junta Autónoma das Estradas, nas vias públicas sob a sua jurisdição;
  d) às câmaras municipais, nas vias públicas sob a respectiva jurisdição.
2. A competência referida nas alíneas *c)* e *d)* do número anterior é exercida através do pessoal de fiscalização designado para o efeito e que, como tal, seja considerado ou equiparado a autoridade ou seu agente.
3. A competência referida na alínea *d)* do n.º 1 é exercida também através das polícias municipais, quando existam.
4. Cabe à Direcção-Geral de Viação promover a uniformização dos modos e critérios e coordenar o exercício da fiscalização do trânsito, expedindo, para o efeito, as necessárias instruções.
5. Cabe ainda à Direcção-Geral de Viação aprovar o uso de quaisquer aparelhos ou instrumentos na fiscalização do trânsito.
6. As entidades fiscalizadoras do trânsito devem remeter à Direcção-Geral de Viação cópia das participações de acidente de que tomem conhecimento, sempre que lhes seja solicitado.

Artigo 8.º
1. A sinalização das vias públicas compete à Junta Autónoma das Estradas e às câmaras municipais, nas vias públicas sob a sua jurisdição.
2. Nas auto-estradas e outras vias objecto de concessão de construção e exploração, a sinalização compete à entidade concessionária respectiva, devendo, no entanto, ser objecto de aprovação pela Direcção-Geral de Viação.
3. À Direcção-Geral de Viação compete verificar a conformidade da sinalização das vias públicas com a legislação aplicável e com os princípios do bom ordenamento e segurança da circulação rodoviária, devendo recomendar às entidades referidas nos números anteriores as correcções consideradas necessárias, bem como a colocação da sinalização que considere conveniente.

4. Caso as entidades referidas no número anterior discordem das recomendações, devem disso informar a Direcção-Geral de Viação, com a indicação dos fundamentos.

5. Se a Direcção-Geral de Viação entender que se mantém a necessidade de correcção ou colocação de sinalização, pode notificar a entidade competente para, no prazo que indicar, não inferior a 30 dias, implementar as medidas adequadas.

Artigo 9.º
1. O ordenamento do trânsito, incluindo a fixação dos limites de velocidade a que se refere o n.º 1 do artigo 28.º do Código da Estrada, compete à entidade gestora das respectivas vias públicas, salvo o disposto nos números seguintes.
2. Nos locais de intersecção de vias públicas sob gestão de entidades diferentes e na falta de acordo entre elas, o ordenamento do trânsito compete à Direcção-Geral de Viação.
3. Cabe ainda à Direcção-Geral de Viação o ordenamento do trânsito em quaisquer vias públicas no caso de festividades, manifestações públicas, provas desportivas ou outros acontecimentos que obriguem a adoptar providências excepcionais.
4. A verificação das circunstâncias a que se refere o número anterior é feita por despacho fundamentado do director-geral de Viação, cumprindo à Polícia de Segurança Pública e à Guarda Nacional Republicana participar na execução das providências aí previstas, sempre que a sua colaboração for solicitada.
5. A fixação de limites de velocidade nos termos da alínea *b)* do n.º 1 do artigo 28.º do Código da Estrada, quando superiores aos estabelecidos no mesmo Código, é realizada por despacho do director-geral de Viação, sob proposta da Junta Autónoma das Estradas ou das câmaras municipais, de acordo com a respectiva jurisdição nas vias públicas.

Artigo 10.º
1. Cabe à Direcção-Geral de Viação conceder a autorização prevista no artigo 58.º do Código da Estrada.
2. A Direcção-Geral de Viação pode condicionar a emissão da autorização a parecer favorável da Junta Autónoma das Estradas ou das câmaras municipais, consoante os casos, relativo à natureza do pavimento, à resistência das obras de arte, aos percursos autorizados ou às características técnicas das vias públicas, e restringir a utilização dos veículos às vias públicas cujas características técnicas o permitam.

Artigo 11.º
1. Compete também à Direcção-Geral de Viação:
a) A emissão das cartas de condução e das licenças especiais de condução a que se referem, respectivamente, o artigo 123.º e a alínea *a)* do n.º 1 do artigo 125.º do Código da Estrada;

b) A realização dos exames de condução previstos para a obtenção dos títulos referidos na alínea anterior, podendo recorrer, para o efeito, a centros de exames que funcionem sob a responsabilidade de entidades autorizadas nos termos de diploma próprio;

c) A realização dos exames psicológicos previstos no Código da Estrada e legislação complementar, podendo recorrer, para o efeito, a laboratórios com os quais estabeleça protocolos nesse sentido;

d) Determinar a realização da inspecção e exames previstos no artigo 12.º do Código da Estrada;

e) A aprovação dos modelos de automóveis, motociclos, ciclomotores, tractores agrícolas, tractocarros, reboques e semi-reboques, bem como dos respectivos sistemas, componentes e acessórios;

f) A aprovação da transformação de veículos referidos na alínea anterior;

g) A realização de inspecções a veículos, podendo recorrer, para o efeito, a centros de inspecção que funcionem sob a responsabilidade de entidades autorizadas nos termos de diploma próprio;

h) A matrícula dos veículos a motor e a emissão dos respectivos livretes, salvo o disposto no artigo seguinte;

i) O cancelamento das matrículas dos veículos referidos na alínea anterior;

j) Determinar a providência prevista no n.º 5 do artigo 5.º do Código da Estrada;

l) A elaboração do auto de notícia a que se refere o n.º 5 do artigo 148.º do Código da Estrada;

m) Determinar as apreensões de documentos previstas no n.º 2 do artigo 167.º do Código da Estrada.

2. A emissão de documentos, as aprovações, a matrícula, o cancelamento e as apreensões previstas no número anterior dependem da verificação prévia dos requisitos para o efeito previstos no Código da Estrada e legislação complementar.

3. A competência prevista na alínea *j)* não prejudica a competência das entidades gestoras das vias públicas para determinar aquela providência.

Artigo 12.º
1. Compete às câmaras municipais:

a) A emissão das licenças de condução de ciclomotores, de motociclos de cilindrada não superior a 50cm³ e de veículos agrícolas;

b) A matrícula de ciclomotores, de motociclos de cilindrada não superior a 50 cm³ e de veículos agrícolas.

2. A emissão das licenças a que se refere a alínea *a)* do número anterior depende de aprovação em exame de condução realizado pela Direcção-Geral de Viação ou por entidade por esta autorizada para o efeito.

Artigo 14.º
Nas Regiões Autónomas dos Açores e da Madeira as competências cometi-

das aos governadores civis e à Direcção-Geral de Viação são exercidas pelos organismos e serviços das respectivas administrações regionais.

DESPACHO NORMATIVO N.º 17/88, DE 08.04
(COMPETÊNCIA DE PROCESSAMENTO DE CONTRA-ORDENAÇÕES E APLICAÇÃO DE COIMAS):

O Decreto-Lei n.º 522/85, de 31 de Dezembro, veio introduzir alterações à disciplina legal do seguro de responsabilidade civil emergente de acidentes de viação, submetendo ainda ao regime das contra-ordenações as infracções às suas normas.

Não prevê, no entanto, o mesmo diploma qual a autoridade competente quer para o processamento das referidas infracções quer para a aplicação das coimas nele cominadas.

No silêncio da lei, e de acordo com o disposto no n.º 2 do artigo 34.º do Decreto-Lei n.º 433/82, de 27 de Outubro, serão competentes os serviços designados pelo membro do Governo responsável pela tutela dos interesses que a contra-ordenação visa defender ou promover. No entanto, a existência de interesses de vária ordem, que o Decreto-Lei n.º 522/85 visa proteger, tutelados por departamentos ministeriais diversos, tem originado dúvidas sobre quais os serviços competentes. Urge, por isso, a partir da definição do interesse ou interesses mais relevantes, determinar os serviços competentes para o processamento das referidas contra-ordenações, tanto mais que começa a ganhar volume o número de processos a aguardar decisão.

Nestes termos e considerando:

O facto da existência de tal seguro ser uma condição para a admissão dos veículos à circulação nas vias públicas;

Dever constituir o seguro obrigatório, também, uma medida de segurança rodoviária;

O facto de as obrigações impostas pelo Decreto-Lei n.º 522/85, de 31 de Dezembro, impenderem fundamentalmente sobre os proprietários e condutores dos veículos e estar em geral confiada à Direcção-Geral de Viação a competência para a execução das medidas a eles referentes;

Pertencer, do antecedente, a esta Direcção-Geral a competência para a instrução dos processos relativos a infracções do foro do seguro obrigatório automóvel:

Determina-se, nos termos do n.º 2 do artigo 34.º do Decreto-Lei n.º 433/82, de 27 de Outubro:

1. Compete à Direcção-Geral de Viação o processamento das contra-ordenações e a aplicação das coimas previstas no Decreto-Lei n.º 522/85, de 31 de Dezembro.

2. Quando tal se mostre necessário, a Direcção-Geral de Viação poderá solicitar a colaboração das entidades fiscalizadoras a que se refere o artigo 33.º do mesmo diploma para a instrução dos processos de contra-ordenação.

REMISSÃO PARA ACORDO MULTILATERAL DE GARANTIA ENTRE SERVIÇOS NACIONAIS DE SEGUROS: DECRETO-LEI N.º 130/94, DE 19.05, ARTIGO 2.º

Artigo 2.º
As referências feitas à convenção complementar entre gabinetes nacionais constantes dos artigos 4.º, 20.º, 21.º, 26.º, 32.º e 33.º do Decreto-Lei n.º 522/85, de 31 de Dezembro, com as alterações introduzidas pelo Decreto-Lei n.º 122-A/86, de 30 de Maio, e do artigo 2.º deste último diploma, consideram-se reportadas ao Acordo Multilateral de Garantia entre Serviços Nacionais de Seguros, assinado em Madrid em 15 de Março de 1991.

Nota: *Cfr., a este propósito, em Apêndice, Decisão da Comissão n.º 91/ /323/CEE, de 30.05.91 e Decisão da Comissão n.º 93/43/CEE, de 21.12.92.*

ARTIGO 34.º
(Contra-ordenação)

1. Constitui contra-ordenação, punida com coima entre 30.000$ e 200.000$, a colocação em circulação ou o mero consentimento dado para o efeito de veículo relativamente ao qual se não tenha efectuado, nos termos da respectiva legislação, o seguro de responsabilidade civil que da sua circulação resultar.
2. Constitui contra-ordenação, punida com coima entre 2.000$ e 8.000$, a falta de apresentação, no prazo de 8 dias, do documento comprovativo da realização do seguro pelo obrigado ao seguro, após notificação pelas autoridades a quem competir a respectiva fiscalização.
3. Constitui contra-ordenação, punida com coima entre 50.000$ e 200.000$, o uso indevido do documento comprovativo da realização do seguro.
4. Constitui contra-ordenação, punida com coima entre 1.000$ e 5.000$, a circulação de veículo abrangido pelo regime de seguro obrigatório desacompanhado do competente documento comprovativo da realização do seguro ou desacompanhado do dístico, quando obrigatório.
5. Constitui contra-ordenação, punida com coima entre 2.000$ e 8.000$, a não entrega do livrete e do título de registo de propriedade nos termos e para os efeitos previstos no n.º 4 do artigo 30.º, salvo se for feita prova da alienação do veículo ou de existência de seguro válido no prazo referido no n.º 5 do artigo 30.º.

EVOLUÇÃO LEGISLATIVA

* Os n.ºs 1, 2 e 3 são redacção do Decreto-Lei n.º 522/85, de 31.12.
* Os n.ºs 4 e 5 são redacção do artigo 1.º do Decreto-Lei n.º 130/94, de 19.05.

Redacção anterior do n.º 4:

DECRETO-LEI N.º 522/85, DE 31.12

4. Constitui contra-ordenação, punida com coima entre 1.000$ e 5.000$, a circulação de veículo abrangido pelo regime de seguro obrigatório desacompanhado do competente documento comprovativo da realização do seguro.

O n.º 5 é inovador.

* Corresponde ao artigo 26.º do Decreto-Lei n.º 408/79, de 25.09.

ARTIGO 35.º
(Documentos autênticos)

1. O certificado provisório de seguro, o aviso-recibo e o certificado de responsabilidade civil, bem como o certificado internacional (carta verde) ou seguro de fronteira, são considerados documentos autênticos, pelo que a sua falsificação ou a utilização dolosa desses documentos falsificados serão punidas nos termos do artigo 228.º do Código Penal.
2. Os documentos referidos no número anterior emitidos em território nacional serão considerados documentos autênticos desde que, nos termos a regulamentar por portaria conjunta dos Ministros das Finanças e da Administração Interna, sejam exarados em registo próprio, pela autoridade pública competente, os números de apólice dos contratos de seguro de responsabilidade civil automóvel a que aqueles documentos se reportem.

EVOLUÇÃO LEGISLATIVA

* O n.º 1 é redacção do Decreto-Lei n.º 522/85, de 31.12, e o n.º 2 é redacção do artigo 1.º do Decreto-Lei n.º 122-A/86, de 30.05, não tendo este correspondência no texto inicial.

* Corresponde ao artigo 27.º do Decreto-Lei n.º 408/79, de 25.09.

REMISSÕES

Falsificação de documento – art. 256.º CP; falsificação praticada por funcionário – art. 257.º CP; danificação ou subtracção de documento – art. 259.º CP; uso de documento de identificação alheia- art. 261.º CP.

LEGISLAÇÃO COMPLEMENTAR

DOCUMENTOS AUTÊNTICOS: CÓDIGO CIVIL, ARTIGOS 369.° A 372.°

Artigo 369.° (Competência da autoridade ou oficial público)
1. O documento só é autêntico quando a autoridade ou oficial público que o exara for competente, em razão da matéria e do lugar, e não estiver legalmente impedido de o lavrar.
2. Considera-se, porém, exarado por autoridade ou oficial público competente o documento lavrado por quem exerça publicamente as respectivas funções, a não ser que os intervenientes ou beneficiários conhecessem, no momento da sua feitura, a falsa qualidade da autoridade ou oficial público, a sua incompetência ou a irregularidade da sua investidura.

Artigo 370.° (Autenticidade)
1. Presume-se que o documento provém da autoridade ou oficial público a quem é atribuído, quando estiver subscrito pelo autor com assinatura reconhecida por notário ou com o selo do respectivo serviço.
2. A presunção de autenticidade pode ser ilidida mediante prova em contrário, e pode ser excluída oficiosamente pelo tribunal quando seja manifesta pelos sinais exteriores do documento a sua falta de autenticidade; em caso de dúvida, pode ser ouvida a autoridade ou oficial público a quem o documento é atribuído.
3. Quando o documento for anterior ao século XVIII, a sua autenticidade será estabelecida por meio de exame feito na Torre do Tombo, desde que seja contestada ou posta em dúvida por alguma das partes ou pela entidade a quem o documento for apresentado.

Artigo 371.° (Força probatória)
1. Os documentos autênticos fazem prova plena dos factos que referem como praticados pela autoridade ou oficial público respectivo, assim como dos factos que neles são atestados com base nas percepções da entidade documentadora; os meros juízos pessoais do documentador só valem como elementos sujeitos à livre apreciação do julgador.
2. Se o documento contiver palavras emendadas, truncadas ou escritas sobre rasuras ou entrelinhas, sem a devida ressalva, determinará o julgador livremente a medida em que os vícios externos do documento excluem ou reduzem a sua força probatória.

Artigo 372.° (Falsidade)
1. A força probatória dos documentos autênticos só pode ser ilidida com base na sua falsidade.

2. O documento é falso, quando nele se atesta como tendo sido objecto da percepção da autoridade ou oficial público qualquer facto que, na realidade se não verificou, ou como tendo sido praticado pela entidade responsável qualquer facto que na realidade o não foi.

3. Se a falsidade for evidente em face dos sinais exteriores do documento, pode o tribunal, oficiosamente, declará-lo falso.

PORTARIA N.° 656/79, DE 7 DE DEZEMBRO: APROVA O CERTIFICADO PROVISÓRIO DE SEGURO, A EMITIR PELAS COMPANHIAS DE SEGUROS PARA OS SEUS SEGURADOS DO RAMO DE RESPONSABILIDADE CIVIL AUTOMÓVEL

O Decreto-Lei n.° 408/79, de 25 de Setembro*, que instituiu o seguro obrigatório de responsabilidade civil do ramo automóvel, prevê no artigo 12.° a hipótese de as companhias seguradoras não apresentarem aos segurados o indispensável cartão de responsabilidade civil, no momento de aceitação dos seguros ou de qualquer alteração que obrigue à emissão de novos cartões. Estatui aquela norma, para estes casos, que a companhia de seguros respectiva deve entregar ao segurado um certificado provisório de seguro, o qual substituirá temporariamente o referido cartão.

O artigo 11.° do decreto-lei atrás mencionado estabelece que o certificado provisório de seguro constitui, do mesmo modo que o cartão de responsabilidade civil e até que este seja emitido, prova de realização do seguro.

Nestes termos:

Manda o Governo da República Portuguesa, pelo Ministro Adjunto para a Administração Interna, ao abrigo do disposto no artigo 1.° do Decreto-Lei n.° 68/79, de 30 de Março:

1.° É aprovado o certificado provisório de seguro a emitir pelas companhias de seguros para os seus segurados do ramo de responsabilidade civil automóvel.

2.° Do certificado referido no n.° 1 constará obrigatoriamente que o mesmo é emitido nos termos desta portaria e de acordo com o disposto no Decreto-Lei n.° 408/79, de 25 de Setembro. Constarão, ainda obrigatoriamente, o número que lhe é atribuído, o nome do segurado, o número da apólice, qual o seu período de validade, a marca do veículo, o número de matrícula ou de chássis, qual o máximo de garantia para responsabilidade civil e a menção de se incluir cobertura de passageiros transportados.

---

* O Decreto-Lei n.° 408/79, de 25.09, foi revogado pelo artigo 40.° do Decreto-Lei n.° 522/85, de 31.12. A presente Portaria mantém-se, no entanto, em vigor, ao abrigo do artigo em análise.

3.º O certificado provisório não necessita de ser visado pelo governador civil para ser tido em consideração pelos agentes policiais.

4.º Sobre a emissão do certificado provisório não recai a aplicação de quaisquer taxas.

5.º As companhias emitentes ficam obrigadas a manter em arquivo as listagens mensais ou as cópias dos certificados provisórios emitidos nos últimos doze meses.

6.º Caberá à Inspecção de Seguros controlar o cumprimento pelas empresas seguradoras, do disposto no n.º 5 do presente diploma.

7.º Este diploma entra em vigor no dia 1 de Janeiro de 1980.

CONTROLE PÚBLICO DA EMISSÃO DE DOCUMENTOS PROBATÓRIOS DO SEGURO AUTOMÓVEL: PORTARIA N.º 403/86, DE 26 DE JULHO

Considerando que o Decreto-Lei n.º 522/85, de 31 de Dezembro, revendo o regime jurídico do seguro obrigatório de responsabilidade civil automóvel, revogou, designadamente, a Portaria n.º 650/79, de 6 de Dezembro, que regulava um mecanismo de controle público da emissão de documentos probatórios do seguro automóvel;

Considerando que um tal mecanismo se justifica não apenas por imperativos de protecção de pessoas e bens e de prevenção da falsificação de tais documentos, mas ainda pelas especiais responsabilidades do Estado na fiscalização do cumprimento da obrigatoriedade do seguro automóvel:

Manda o Governo da República Portuguesa, pelos Ministros das Finanças e da Administração Interna, aprovar o seguinte:

1.º Em cumprimento do disposto no n.º 2 do artigo 35.º do Decreto-Lei n.º 522/85, de 31 de Dezembro, na redacção que lhe foi dada pelo Decreto-Lei n.º 122-A/86, de 30 de Maio, deverão as empresas seguradoras elaborar e apresentar, até ao dia 20 de cada mês, junto de um das entidades referidas no n.º 4.º, um documento em duplicado, modelo a aprovar pelo Instituto de Seguros de Portugal, do qual devem constar o primeiro e o último número de cada uma das sequências dos números atribuídos, no mês anterior, às cartas verdes em consequência dos recibos emitidos em contratos de seguro de responsabilidade civil automóvel.

2.º Com base no disposto no número anterior, os certificados de responsabilidade civil e os avisos-recibos previstos no artigo 20.º do referido diploma devem conter, para além dos elementos previstos nos n.ºs 6 e 13 a 15 daquele preceito, a menção do número de carta verde que lhe foi atribuído.

3.º Do documento a que se refere o n.º 1.º constará ainda o número de cartas verdes substituídas ou anuladas no mês anterior, para efeitos de dedução do pagamento das taxas decidas.

4.º A recepção e consequente confirmação, através de visto, dos documentos referidos no n.º 1.º é da competência dos governadores civis do distrito do local da emissão da apólice que procederão à devolução dos duplicados às empresas seguradoras respectivas, considerando-se deste modo visados, para todo e qualquer efeito, os documentos probatórios do seguro automóvel a que aqueles documentos respeitam.

5.º Na data em que as empresas seguradoras procederem ao envio dos documentos referidos no n.º 1.º, devem dos mesmos remeter cópia ao Instituto de Seguros de Portugal, acompanhada das importâncias correspondentes ao produto da taxa de 150$ pelo número de cartas verdes referidas nesse mesmo documento, observado o disposto no n.º 3.º

6.º Compete ao Instituto de Seguros de Portugal, até ao final de cada mês, distribuir pelos governos civis as importâncias arrecadadas nos termos do número anterior, com base em tabela percentual a fornecer pelo Ministério da Administração Interna.

7.º Compete ao Instituto de Seguros de Portugal a verificação do cumprimento do disposto na presente portaria.

8.º As empresas seguradoras dispõem de 90 dias, contados a partir da data de entrada em vigor da presente portaria, para dar cumprimento às obrigações nela previstas, relativamente ao período entretanto decorrido, dispondo o Instituto de Seguros de Portugal de um prazo de quinze dias, a contar do termo dos referidos 90 dias, para proceder em conformidade com o n.º 6.º

9.º Em relação aos documentos comprovativos da efectivação do seguro, emitidos a partir de 1 de Janeiro de 1986 até à data da entrada em vigor da presente portaria, serão devidos os pagamentos aos governos civis nos mesmos termos que eram devidos em Dezembro de 1985.

10.º Sem prejuízo da regulamentação que nas Regiões Autónomas dos Açores e da Madeira venha a ser efectuada pelos competentes órgãos de governo, a presente portaria é aplicável em relação aos recibos emitidos no território do continente.

11.º A presente portaria entra em vigor no primeiro dia do mês seguinte ao da sua publicação.

CAPÍTULO VI
DISPOSIÇÕES FINAIS

ARTIGO 36.º
(Inspecção de veículos)

1. No momento da celebração do contrato e sua alteração por substituição do veículo deverá ser apresentado às seguradoras o documento comprovativo da realização da inspecção periódica prevista no n.º 2 do artigo 36.º do Código da Estrada.

2. No caso da não apresentação do documento referido no número anterior ou de não ter sido efectuada a devida inspecção, as seguradoras comunicarão tal facto à Direcção-Geral de Viação.

EVOLUÇÃO LEGISLATIVA

* Este preceito é redacção do Decreto-Lei n.º 522/85, de 31.12.

REMISSÕES

1. A referência feita ao artigo 36.º, n.º 2 do Código da Estrada deve, actualmente, entender-se para a alínea *d)* do n.º 1 do artigo 116.º do novo Código da Estrada (republicado pelo Decreto-Lei n.º 2/98, de 3 de Janeiro).

LEGISLAÇÃO COMPLEMENTAR

INSPECÇÃO: CÓDIGO DA ESTRADA
(REPUBLICADO PELO DECRETO-LEI N.º 2/98, DE 3 DE JANEIRO), ARTIGO 116.º

Artigo 116.º (Inspecções)

1. Os veículos a motor e os seus reboques podem ser sujeitos, nos termos a fixar em regulamento, a inspecções para:
a) Aprovação do respectivo modelo;

b) Atribuição de matrícula;
c) Aprovação de alteração de características regulamentares;
d) Verificação periódica das suas características e condições de segurança.

2. Pode ainda determinar-se a sujeição dos veículos referidos no número anterior a inspecção quando, em consequência de alteração das características regulamentares do veículo, de acidente ou de outras causas, haja fundadas suspeitas sobre as suas condições de segurança ou dúvidas sobre a sua identificação.

REGIME DE INSPECÇÕES PERIÓDICAS OBRIGATÓRIAS: DECRETO-LEI N.º 254/92, DE 20 DE NOVEMBRO

Pelo Decreto-Lei n.º 352/89, de 13 de Outubro, foi definida a obrigatoriedade de a realização das inspecções periódicas obrigatórias de veículos automóveis ser objecto de concessão a outorgar a sociedade constituída ou a constituir que viesse a classificar-se em primeiro lugar em concurso público a promover para o efeito.

A prática veio a revelar alguns óbices à concretização do disposto naquele diploma, tanto no que respeita ao estabelecimento das condições enquadradoras de uma actividade que viria a ser exercida em regime efectivo de monopólio, como pela crescente disponibilização de meios humanos e de equipamento que foi ocorrendo em unidades empresariais pertencentes ou afins ao sector automóvel.

A possibilidade de as inspecções periódicas serem efectuadas em centros livremente instalados, com a qualidade técnica adequada e actuando concorrencialmente, constitui uma solução dinâmica, que permite a utilização da capacidade de inspecção já existente, com custos reduzidos para o País e para o utente.

Reconhece-se que a evolução ocorrida potencia uma maior abertura e reduz, por outro lado, os riscos cuja consideração fundamentava uma opção que conduzia, na prática, a uma configuração de monopólio.

Tendo em atenção estes pressupostos e também que é imperioso assegurar a imediata superação das insuficiências actuais, por forma a incrementar a prossecução dos objectivos de promoção da segurança rodoviária que subjazem a este tipo de infracções, estabelecem-se agora as disposições que passarão a incidir sobre esta actividade.

Assim:

Nos termos da alínea a) do n.º 1 do artigo 201.º da Constituição, o Governo decreta o seguinte:

Artigo 1.º

1. O presente diploma aprova o regime das inspecções periódicas para verificação das condições de segurança dos veículos e sua conformidade com o modelo aprovado.

2. Ficam sujeitos a inspecção periódica obrigatória os veículos que pertençam às categorias que vierem, a ser fixadas por portaria do Ministro da Administração Interna.

Artigo 2.º
1. Compete à Direcção-Geral de Viação a realização das inspecções periódicas obrigatórias de veículos.
2. Para efeitos do disposto no número anterior, poderão as inspecções periódicas ser efectuadas directamente pelo pessoal técnico da Direcção-Geral de Viação ou através de entidades autorizadas para o efeito, nos termos do presente diploma.

Artigo 3.º
1. A autorização para o exercício da actividade de inspecção, nos termos do n.º 2 do artigo anterior, será concedida, mediante proposta da Direcção-Geral de Viação, por despacho do Ministro da Administração Interna, a publicar no Diário da República.
2. A autorização referida no número anterior não poderá ser concedida a empresas que se dediquem ao fabrico, importação, comercialização ou reparação de veículos a motor, seus reboques e componentes ou acessórios para os mesmos.

Artigo 4.º
1. A realização de inspecções periódicas pelas entidades autorizadas efectuar-se-á em centros de inspecção aprovados e com pessoal credenciado, nos termos definidos no presente diploma.
2. As inspecções realizadas obedecerão a todas as disposições técnicas legais e regulamentares em vigor para as inspecções periódicas obrigatórias de veículos.

Artigo 5.º
As observações e verificações a realizar nas inspecções periódicas de veículos serão fixadas por portaria do Ministro da Administração Interna.

Artigo 6.º
1. As inspecções efectuar-se-ão com observância dos prazos estabelecidos no regulamento das inspecções periódicas obrigatórias de veículos, a aprovar por portaria do Ministro da Administração Interna.
2. A responsabilidade da apresentação do veículo para inspecção cabe ao proprietário, usufrutuário, adquirente com reserva de propriedade ou locatário financeiro do mesmo à data em que a inspecção se realiza.

Artigo 7.º
1. A comprovação da realização das inspecções periódicas a um veículo será efectuada através de uma ficha de inspecção, a qual deve acompanhar o veículo sempre que este transite nas vias públicas.

2. O modelo da ficha bem como as condições para a sua emissão serão aprovados por despacho do Ministro da Administração Interna.

Artigo 8.º
Os centros de inspecção devem manter-se aptos à realização de inspecções durante o horário do seu funcionamento, não podendo recusar qualquer pedido de inspecção.

Artigo 9.º
1. As inspecções serão efectuadas por inspectores devidamente habilitados, licenciados pela Direcção-Geral de Viação.
2. São requisitos mínimos para a obtenção da licença referida no número anterior:
a) Titularidade de licença de condução que habilite a conduzir veículos ligeiros e pesados;
b) Ensino secundário completo ou equivalente e experiência comprovada na reparação ou construção de automóveis, a avaliar nos termos a fixar por despacho do director-geral de Viação, ou frequência com aproveitamento de cursos de formação especialmente promovidos para o efeito, com currículos, avaliações e duração homologados pela Direcção-Geral de Viação.

Artigo 10.º
A Direcção-Geral de Viação licenciará os candidatos a inspectores que preencham os requisitos mínimos previstos no n.º 2 do artigo anterior sempre que lhe seja reconhecida capacidade e idoneidade para as funções e desde que não se encontrem nas condições a seguir tipificadas:
a) Tenham sido condenados por qualquer dos crimes seguintes, enquanto não forem reabilitados nos termos da lei:
Homicídio;
Associação criminosa;
Falsificação de documentos ou de elementos essenciais à identificação de veículos;
Corrupção, burla ou extorsão;
Roubo, furto ou abuso de confiança;
b) Tenham sido declarados delinquentes habituais ou por tendência;
c) Sejam proprietários, sócios ou trabalhadores de empresas transportadoras ou que se dediquem ao fabrico, importação, comercialização ou reparação de veículos a motor e seus reboques, bem como de equipamento e acessórios para os mesmos.

Artigo 11.º
Constitui dever das entidades autorizadas assegurar que o pessoal que exerce as funções de inspecção observe os seguintes requisitos:

a) Cumprir escrupulosamente, na realização das inspecções, as normas legais que disciplinam aquela actividade;
b) Usar de total isenção nas verificações efectuadas;
c) Usar de inteira correcção nas relações com o público.

Artigo 12.º
1. O início da actividade de inspecção por entidades autorizadas para o efeito fica dependente da aprovação das instalações, equipamentos e capacidade técnica dos centros de inspecção.
2. A aprovação mencionada no presente artigo é precedida de certificação do sistema de qualidade pelo Instituto Português da Qualidade, no âmbito do Sistema Nacional de Gestão da Qualidade, estabelecido no Decreto-Lei n.º 165/83, de 27 de Abril.
3. A definição dos requisitos a observar e dos trâmites processuais conducentes à aprovação referida nos números anteriores, bem como do seu acompanhamento, incluindo as auditorias periódicas aos centros de inspecção, será estabelecida por portaria conjunta dos Ministros da Administração Interna e da Indústria e Energia, que definirá também o regime transitório a aplicar aos acordos estabelecidos ao abrigo do n.º 2 do artigo 5.º do Decreto-Lei n.º 352/89, de 13 de Outubro.
4. Qualquer alteração de um centro de inspecção aprovado nos termos do número anterior carece de prévia aprovação pela Direcção-Geral de Viação, sem prejuízo do disposto no n.º 2 do presente artigo.

Artigo 13.º
1. As tarifas incidentes sobre as inspecções e reinspecções obrigatórias são fixadas anualmente por portaria conjunta dos Ministros da Administração Interna e do Comércio e Turismo.
2. As entidades autorizadas obrigam-se a constituir um fundo, para o qual reverterá uma quantia igual a 5% da receita bruta mensal, destinado a custear as despesas de fiscalização e acções de promoção e implementação de segurança rodoviária, nos termos a fixar por portaria do Ministro da Administração Interna.

Artigo 14.º
1. O controlo e a fiscalização das actividades das entidades autorizadas serão efectuados por técnicos fiscalizadores da Direcção-Geral de Viação e da Direcção-Geral de Inspecção Económica.
2. Para o exercício da actividade de controlo e fiscalização será facultado aos respectivos agentes livre acesso a todas as instalações.

Artigo 15.º
1. Os centros de inspecção deverão processar informaticamente toda a informação relativa às inspecções, devendo as entidades autorizadas manter actualiza-

dos todos os dados relativos aos veículos inspeccionados, de onde constem, nomeadamente, a data e o resultado de cada inspecção efectuada e os elementos que se mostrem relevantes para esclarecimento das decisões tomadas.

    2. A Direcção-Geral de Viação fixará a estrutura de dados cuja informatização será obrigatória, bem como as normas técnicas a que deverá obedecer a respectiva informatização, tendo em vista o disposto no n.º 4.

    3. Todos os dados serão confidenciais, não podendo as entidades autorizadas fazer deles qualquer uso para fins comerciais.

    4. Periodicamente, os dados serão comunicados, por suporte magnético ou teleprocessamento, à Direcção-Geral de Viação, sem prejuízo do acesso ao sistema de informação das entidades autorizadas que vier a ser determinado, em conformidade com o disposto no n.º 2, tendo em vista as necessidades de fiscalização.

    5. A Direcção-Geral de Viação poderá solicitar às entidades autorizadas quaisquer outras informações necessárias ao seu esclarecimento.

Artigo 16.º

    1. Constituem contra-ordenações, puníveis com coima de:

    a) 10.000$ a 50.000$, o não cumprimento do disposto no n.º 1 do artigo 7.º e nos n.ºs 1 e 5 do artigo 15.º;

    b) 50.000$ a 250.000$, o não cumprimento do disposto no n.º 2 do artigo 1.º

    2. Constituem contra-ordenações, puníveis com coima de:

    a) 100.000$ a 500.000$, o não cumprimento do disposto nos artigos 8.º e 11.º;

    b) 200.000$ a 1.000.000$, o não cumprimento do disposto nos artigos 3.º, 4.º e 12.º

    3. No caso de veículos não se fazerem acompanhar da ficha de inspecção periódica, para além da sanção prevista na alínea *a)* do n.º 1, a não apresentação do documento no prazo de oito dias será sancionada com coima de 50.000$ a 250.000$.

    4. Sem prejuízo da aplicação da coima prevista na alínea *a)* do n.º 2, a violação do disposto na artigo 11.º poderá determinar a suspensão do exercício de funções de inspecção do pessoal abrangido.

    5. Para além da aplicação de coimas, o director-geral de Viação poderá fixar à entidade autorizada um prazo razoável para a superação ou correcção da falta sancionada ou de qualquer incumprimento do disposto no presente diploma.

    6. Se, no caso previsto no número anterior, a entidade autorizada não cumprir as suas obrigações, haverá lugar ao cancelamento da autorização concedida.

Artigo 17.º

    O produto das coimas aplicadas nos termos do artigo anterior reverterá:

    a) 60% para o Orçamento do Estado;

    b) 40% para a Direcção-Geral de Viação.

Artigo 18.º
A instrução dos processos por contra-ordenação e a aplicação das coimas são competência da Direcção-Geral de Viação.

Artigo 19.º
1. É revogado o Decreto-Lei n.º 352/89, de 13 de Outubro.
2. Os diplomas regulamentares publicados em execução do Decreto-Lei n.º 154/85, de 9 de Maio, mantêm-se em vigor até à sua substituição pelos diplomas a publicar em execução do presente decreto-lei.

INSPECÇÃO PERIÓDICA DE VEÍCULOS AUTOMÓVEIS: PORTARIA N.º 267/93, DE 11 DE MARÇO

Considerando as recentes medidas instituídas pelo Decreto-Lei n.º 254/92, de 20 de Novembro, no sentido de introduzir uma maior dinâmica na realização das inspecções periódicas obrigatórias, torna-se necessário, de acordo com o previsto nos artigos 1.º, 5.º e 6.º daquele diploma, regulamentar a sua aplicação.

Simultaneamente, torna-se necessário harmonizar a legislação nacional com a legislação comunitária, nomeadamente com as Directivas nos 77/143/CEE, de 18 de Fevereiro, 88/449/CEE, de 12 de Agosto, e 91/328/CEE, de 6 de Julho.

Assim:

Ao abrigo do disposto nos artigos 1.º, 5.º e 6.º do Decreto-Lei n.º 254/93, de 20 de Novembro:

Manda o Governo, pelo Ministro da Administração Interna, o seguinte:

1.º a **11.º** *Revogados pelo n.º 4.º da Portaria n.º 117-A/96, de 15.04.*

12.º Os pedidos de autorização para o exercício da actividade de inspecção serão efectuados através de requerimento dirigido ao director-geral de Viação, indicando, nomeadamente, os seguintes elementos:

a) Denominação social da empresa;
b) Identificação dos titulares dos corpos gerentes;
c) Número de pessoa colectiva;
d) Sede social da empresa;
e) Declaração da empresa em como não se encontra abrangida pelo n.º 2 do artigo 3.º do Decreto-Lei n.º 254/92, de 20 de Novembro.

13.º O requerimento a que se refere o número anterior será acompanhado dos seguintes elementos:

a) Pacto social;
b) Memória descritiva relativa ao projecto de serviços proposto, incluindo:
Localização prevista dos centros;
Capacidade de inspecção anual prevista;
Tempo necessário para o exercício pleno da actividade;
Organização administrativa e sistema informático;

Quadro de pessoal.

14.º As entidades que possuam a autorização referida no n.º 12.º e exerçam efectivamente a actividade de inspecção, quando pretendam suspender total ou parcialmente essa actividade, devem dar do facto conhecimento à Direcção-Geral de Viação, com a antecedência mínima de 90 dias, indicando as causas e o período da suspensão *(red. do n.º 2.º da Portaria n.º 117-A/96, de 15.04)*.

14.º-A. Se as causas de suspensão inviabilizarem o normal exercício da actividade, ficam as entidades dispensadas do aviso prévio referido no número anterior, tendo a suspensão efeitos imediatos à data da comunicação *(adit. pelo n.º 3.º da Portaria n.º 117-A/96. de 15.04)*.

14.º-B. A cessação das causas que justificaram a suspensão da actividade num centro de inspecções deve ser comunicada à Direcção-Geral de Viação, que autorizará o reinício da actividade após a realização de uma vistoria destinada a comprovar que o centro reúne os requisitos legalmente exigidos para o exercício da actividade *(adit. pelo n.º 3.º da Portaria n.º 117-A/96, de 15.04)*.

15.º Os centros de inspecção deverão ter pessoal especializado, afecto às inspecções, que pertença aos quadros da entidade autorizada ou por ela recrutado, actuando sob a sua responsabilidade e afecto exclusivo a cada centro.

16.º Os funcionários da Direcção-Geral de Viação credenciados para funções de fiscalização poderão efectuar vistorias ou contra-inspecções que entendam convenientes, das quais elaborarão relatório, devendo dar conhecimento aos responsáveis dos centros, por escrito, das deficiências encontradas.

17.º *Revogado pelo n.º 4.º da Portaria n.º 117-A/96, de 15.04.*

18.º Todos os registos e documentos relativos às inspecções e à actividade dos centros devem ser mantidos em arquivo durante, pelo menos, cinco anos.

(...)

REGULAMENTO DE INSPECÇÕES PERIÓDICAS OBRIGATÓRIAS: PORTARIA N.º 117-A/96, DE 15 DE ABRIL

A experiência de três anos de vigência do sistema de inspecções periódicas obrigatórias, instituído pelo Decreto-Lei n.º 254/92, de 20 de Novembro, aconselha a sua reformulação no momento em que termina a fase transitória para apresentação dos veículos à primeira inspecção periódica.

Importa agora harmonizar a periodicidade relativa às inspecções subsequentes, tendo presente a necessidade de orientar as inspecções no sentido de garantir um acréscimo de segurança a todos os veículos automóveis em circulação, nomeadamente no que se refere a veículos de serviço público e pesados de mercadorias, sujeitos a um desgaste mais rápido, bem como proceder a algumas alterações no sentido de uma maior credibilização do sistema.

Aproveita-se a oportunidade para condensar num único regulamento a matéria que mais directamente se prende com o acto de inspecção e, por isso, mais interessa aos cidadãos.

Assim:
Ao abrigo do disposto nos artigos 1.° e 6.° do Decreto-Lei n.° 254/92, de 20 de Novembro, no n.° 3 do artigo 6.° do Decreto-Lei n.° 114/94, de 3 de Maio, no artigo 120.° do Código da Estrada, aprovado pelo mesmo diploma, e no n.° 1 do artigo 12.° do Decreto-Lei n.° 190/94, de 18 de Julho:
Manda o Governo, pelo Ministro da Administração Interna, o seguinte:
1.° É aprovado o Regulamento de Inspecções Periódicas Obrigatórias, anexo à presente portaria e que dela faz parte integrante.
2.° O n.° 14 da Portaria n.° 267/93, de 11 de Março, passa a ter a seguinte redacção: *(inserida infra no lugar próprio)*
3.° São aditados à referida Portaria os n.ºˢ 14.°-A e 14.°-B, com a seguinte redacção: *(inseridas infra no lugar próprio)*
4.° São revogados os n.ºˢ 1.° a 11.° e 17.° da Portaria n.° 267/93, de 11 de Março.
5.° Os veículos com obrigatoriedade de nova inspecção em 1996 e que à data da entrada em vigor da presente portaria tenham ficha de inspecção com validade posterior à que resulta da aplicação do Regulamento de Inspecções Periódicas Obrigatórias devem ser apresentados a inspecção até 31 de Dezembro de 1996, ou até ao mês limite de validade da ficha, caso este seja anterior, independentemente do mês de matrícula.
Ficam exceptuados desta obrigação os veículos já inspeccionados em 1996.
6.° Os veículos que à data da entrada em vigor desta portaria possuam ficha de inspecção com validade anterior à que resulta da aplicação do Regulamento referido devem ser apresentados a inspecção até à data limite constante daquela ficha.
7.° Os veículos incluídos na alínea *h)* do n.° 1 do Regulamento e matriculadas em 1993 e 1994 devem, até 31 de Dezembro de 1996, ser apresentados a inspecção, independentemente do mês de matrícula.
8.° Os veículos incluídos nas alíneas *a)* a *f)* do n.° 1 do Regulamento que à data em vigor desta portaria possuam ficha de inspecção devem ser apresentados às inspecções subsequentes, respeitando a periodicidade estabelecida na alínea *a)* do n.° 3 do mesmo Regulamento, independentemente do mês de matrícula.
9.° A presente portaria entra em vigor no dia 15 de Abril de 1996.

REGULAMENTO DE INSPECÇÕES PERIÓDICAS OBRIGATÓRIAS

1.° Os veículos sujeitos a inspecção periódica são os seguintes:
a) Veículos automóveis pesados;
b) Reboques e semi-reboques com peso bruto superior a 3500 kg (com excepção dos reboques agrícolas);
c) Veículos automóveis ligeiros licenciados para o transporte público de passageiros;

d) Ambulâncias;
e) Veículos utilizados no transporte escolar;
f) Veículos automóveis ligeiros licenciados para instrução;
g) Veículos automóveis ligeiros de passageiros;
h) Restantes veículos automóveis ligeiros.

2.° Ficam ainda sujeitos a inspecção os veículos de qualquer dos grupos previstos no número anterior nos quais, em virtude de acidente, tenha sido afectada a estrutura principal do veículo ou os sistemas de suspensão, travagem ou direcção, com consequente impossibilidade de o veículo se deslocar pelos próprios meios, haja ou não apreensão do livrete, nos termos do artigo 162.°, n.° 1, alínea *c*), do Código da Estrada, devendo observar-se o seguinte:

a) Enquanto não forem definidas as observações e verificações específicas para este tipo de inspecções, as mesmas obedecerão aos requisitos definidos para as inspecções periódicas;

b) Os procedimentos administrativos, designadamente os necessários à emissão da guia a que se refere o artigo 162.°, n.° 5, do Código da Estrada, serão definidos por despacho do director-geral de Viação;

c) As inspecções não alteram a periodicidade estabelecida no n.° 3 do presente Regulamento, salvo se forem realizadas durante os três meses imediatamente anteriores àquele em que a inspecção periódica deveria ter lugar;

d) As fichas de inspecção e correspondentes vinhetas emitidas para comprovar a aprovação dos veículos deverão conter a indicação da data em que, de acordo com o disposto no n.° 3 e na alínea anterior, os veículos devem ser submetidos a inspecção.

3.° Os veículos devem apresentar-se à primeira inspecção e às subsequentes, sem prejuízo das inspecções semestrais previstas na alínea *a*), durante o mês correspondente ao matrícula inicial, respeitando os seguintes intervalos, para cada um dos grupos referidos no n.° 1.°:

a) Veículos dos grupos constantes das alíneas *a*) a *f*) – um ano após a data da primeira matrícula e, em seguida, anualmente, até perfazerem sete anos; no 8.° ano e seguintes a inspecção deve ser realizada semestralmente;

b) Veículos do grupo constante da alínea *g*) – quatro anos após a data da primeira matrícula, em seguida de dois em dois anos, até perfazerem oito anos, e depois anualmente;

c) Veículos do grupo constante da alínea *h*) – dois anos após a data da primeira matrícula e em seguida anualmente.

4.° Os veículos poderão ser apresentados a inspecção em qualquer dos centros autorizados nos termos do Decreto-Lei n.° 254/92, de 20 de Novembro, junto do qual deverá ser efectuado o respectivo pedido de inspecção.

Se os veículos não forem aprovados, devem ser reinspeccionados para confirmação da correcção das deficiências detectadas. A reinspecção deve ser realizada no centro onde o veículo foi inspeccionado.

5.° Os veículos devem apresentar-se à inspecção em condições de limpeza que não prejudiquem a observação da estrutura, sistemas e componentes e elementos de identificação, não podendo transportar passageiros nem carga.

6.º Quem apresentar o veículo a inspecção deve exibir o livrete, o título de registo de propriedade e a ficha da última inspecção realizada.

7.º As observações e verificações a realizar na inspecção são, quando respeitem ao equipamento obrigatório do veículo inspeccionado, as que constam dos anexos I e II ao presente Regulamento, consoante se trate, respectivamente, de veículos incluídos nas alíneas *a)* a *f)* do n.º 1 ou nas alíneas *g)* e *h)* do mesmo número.

8.º As deficiências observadas nas inspecções são graduadas em três tipos:

Tipo 1 – deficiência que não afecte as condições de segurança do veículo;

Tipo 2 – deficiência que ponha em risco a segurança activa ou passiva do veículo e que implique reparação imediata;

Tipo 3 – deficiência grave que implique paralisação do veículo ou permita somente a sua deslocação até ao local de reparação.

9.º Par efeitos do disposto no número anterior, a classificação das deficiências será estabelecida por despacho do director-geral de Viação.

10.º Os veículos que apresentem deficiências do tipo 2 nos sistemas de direcção, suspensão ou travagem, ou do tipo 3, não podem transportar passageiros nem carga enquanto não forem aprovados em reinspecção.

11.º Os veículos são reprovados em inspecção sempre que:

a) Sejam verificadas mais de sete deficiências do tipo 1;

b) Sejam verificadas uma ou mais deficiências do tipo 2 ou 3.

12.º Para comprovar a realização das inspecções previstas no presente Regulamento será emitida, por cada veículo inspeccionado, uma ficha de inspecção e uma vinheta.

13.º O modelo da vinheta a que se refere o número anterior é o definido em diploma próprio.

14.º Em caso de aprovação, as fichas e vinhetas, identificáveis pela cor de fundo verde, deverão conter a data limite para apresentação à inspecção seguinte, correspondente à periodicidade indicada no n.º 3.º

15.º Em caso de reprovação, os veículos devem ser submetidos a reinspecção no prazo máximo de 30 dias após a data da inspecção. As correspondentes fichas e vinhetas deverão ser identificáveis pela cor de fundo vermelha e conter a indicação da data limite para apresentação e reinspecção.

16.º Quando as deficiências constatadas na inspecção ou reinspecção precedente não tiverem sido corrigidas, o prazo referido no número anterior será reduzido para 15 dias.

17.º Em caso de perda ou destruição involuntária da ficha de inspecção de um veículo, poderá o responsável pela apresentação do veículo a inspecção solicitar, por escrito, à entidade autorizada detentora do centro de inspecções emissor daquela ficha a confirmação da emissão da mesma, que será feita por impressão do conteúdo da ficha inicialmente emitida em folha com timbre da entidade autorizada, assinada por representante daquela entidade.

18.º A emissão do documento previsto no número anterior deve ficar convenientemente anotada nos registos relativos à inspecção do veículo.

19.º O responsável pela apresentação do veículo a inspecção que não se conforme com o resultado desta pode reclamar nos termos seguintes:

a) A reclamação deve ser devidamente fundamentada e entregue no centro de inspecções no prazo de vinte e quatro horas a contar do momento em que foi concluída a inspecção;

b) Para esse efeito, em cada centro de inspecção deve existir um livro de reclamações, do modelo fixado por despacho do director-geral de Viação;

c) A entidade autorizada que exerça actividade no centro, através do seu representante, procederá de imediato às averiguações que julgar convenientes e, se concluir que assiste razão ao reclamante, alterará o resultado anterior;

d) Se a entidade autorizada concluir que não assiste razão ao reclamante, confirmará o resultado anterior e dará conhecimento da reclamação, no prazo de vinte e quatro horas a contar da sua apresentação, à direcção de serviços de viação da área onde se localiza o centro, enviando também cópia do relatório de inspecção e outros elementos julgados necessários;

e) O director de serviços de viação deve proferir decisão no prazo de cinco dias úteis, a qual será comunicada ao reclamante e à entidade autorizada;

f) A apresentação da reclamação não tem efeito suspensivo;

g) Caso a entidade autorizada mantenha o resultado e não o comunique à direcção de serviços de viação, nos termos da alínea *d),* o interessado poderá recorrer para o respectivo director, que decidirá após a obtenção das informações necessárias.

20.º Ficam exceptuados da obrigatoriedade de inspecção periódica estabelecida no n.º 1.º os automóveis classificados como automóveis antigos, devendo observar-se o seguinte:

a) A qualidade de automóvel antigo é certificada pelo Clube Português de Automóveis Antigos;

b) O certificado referido na alínea anterior deve sempre acompanhar o livrete;

c) O Clube Português de Automóveis Antigos deve dispor de um registo actualizado dos veículos a que atribua certificados, o qual deverá estar sempre disponível para consulta pela Direcção-Geral de Viação.

ANEXO I
Veículos incluídos nas alíneas *a)* a *f)* do n.º 1.º do Regulamento de Inspecções Periódicas Obrigatórias

1 – Sistema de travagem;
   1.1 – Travão de serviço:
      1.1.1 – Estado mecânico.

1.1.2 – Eficiência.
1.1.3 – Equilíbrio.
1.1.4 – Bomba de vácuo e compressor.
1.2 – Travão de emergência:
   1.2.1 – Estado mecânico.
   1.2.2 – Eficiência.
   1.2.3 – Equilíbrio.
1.3 – Travão de estacionamento:
   1.3.1 – Estado mecânico.
   1.3.2 – Eficiência.
1.4 – Travão de reboque ou de semi-reboque:
   1.4.1 – Estado mecânico – travagem automática.
   1.4.2 – Eficiência.
2 – Direcção e volante:
   2.1 – Estado mecânico.
   2.2 – Volante de direcção.
   2.3 – Folgas na direcção.
3 – Visibilidade:
   3.1 – Campo de visibilidade.
   3.2 – Estado dos vidros.
   3.3 – Espelhos retrovisores.
   3.4 – Limpa-vidros.
   3.5 – Lava-vidros
4 – Luzes, sistemas reflectores e equipamento eléctrico:
   4.1 – Máximos e médios:
      4.1.1 – Estado de funcionamento.
      4.1.2 – Alinhamento.
      4.1.3 – Interruptores.
      4.1.4 – Eficiência visual.
   4.2 – Luzes de presença e luzes delimitadoras do veículo:
      4.2.1 – Estado de funcionamento.
      4.2.2 – Cor e eficiência visual.
   4.3 – Luzes de travagem:
      4.3.1 – Estado de funcionamento.
      4.3.2 – Cor e eficiência visual.
   4.4 – Luzes indicadoras de mudança de direcção:
      4.4.1 – Estado de funcionamento.
      4.4.2 – Cor e eficiência visual.
      4.4.3 – Interruptores.
      4.4.4 – Frequência e intermitência.
   4.5 – Luzes de nevoeiro da frente e da retaguarda:
      4.5.1 – Localização.
      4.5.2 – Estado de funcionamento.

4.5.3 – Cor e eficiência visual.
4.6 – Luzes de marcha atrás:
   4.6.1 – Estado de funcionamento.
4.7 – Luzes da chapa de matrícula à retaguarda.
4.8 – Reflectores:
   4.8.1 – Estado e cor.
4.9 – Avisadores.
   4.10 – Ligações eléctricas entre o veículo tractor e o reboque ou semi-reboque.
   4.11 – Instalação eléctrica.
5 – Eixos, rodas, pneus, suspensão:
   5.1 – Eixos.
   5.2 – Rodas e pneus.
   5.3 – Suspensão.
   5.4 – Transmissão.
6 – Quadro e acessórios do quadro:
   6.1 – Quadro ou *châssis* e acessórios:
      6.1.1 – Estado geral.
      6.1.2 – Tubos de escape e silenciadores.
      6.1.3 – Reservatórios e canalizações de combustível.
      6.1.4 – Características geométricas e estado do dispositivo de protecção à retaguarda de veículos pesados.
      6.1.5 – Suporte da roda de reserva.
      6.1.6 – Dispositivo de engate dos veículos tractores, reboques e semi-reboques.
   6.2 – Cabina e carroçaria:
      6.2.1 – Estado geral.
      6.2.2 – Fixação.
      6.2.3 – Portas e fechos.
      6.2.4 – Pavimento.
      6.2.5 – Lugar do condutor.
      6.2.6 – Degraus/estribos.
7 – Equipamentos diversos:
   7.1 – Cintos de segurança.
   7.2 – Extintor.
   7.3 – Fechos e dispositivos anti-roubo.
   7.4 – Triângulo de pré-sinalização.
   7.5 – Caixa de primeiros-socorros.
   7.6 – Calço(s) de roda(s).
   7.7- Avisador sonoro.
   7.8 – Velocímetro.
   7.9 – Tacógrafo (existência e selagem).
   7.10 – Limitadores de velocidade.

8 – Efeitos nocivos:
　8.1 – Ruído.
　8.2 – Emissões de escape.
　8.3 – Supressão de interferências de rádio.
9 – Controlos suplementares para veículos de transporte público:
　9.1 – Saída(s) de emergência (incluindo martelo para partir vidros), placas indicadoras da(s) saída(s) de emergência.
　9.2 – Aquecimento.
　9.3 – Ventilação.
　9.4 – Disposição dos bancos.
　9.5 – Iluminação interior.
10 – Identificação do veículo:
　10.1 – Chapas de matrícula.
　10.2 – Número do quadro.
　10.3 – Livrete.

ANEXO II
Veículos incluídos nas alíneas *g*) e *h*) do n.° 1.° do Regulamento de Inspecções Periódicas Obrigatórias

1 – Sistema de travagem:
　1.1 – Travão de serviço:
　　1.1.1 – Estado mecânico.
　　1.1.2 – Eficiência.
　　1.1.3 – Equilíbrio.
　1.2 – Travão de estacionamento:
　　1.2.1 – Estado mecânico.
　　1.2.2 – Eficiência.
2 – Direcção:
　2.1 – Estado mecânico.
　2.2 – Folgas na direcção.
　2.3 – Fixação do sistema de direcção.
　2.4 – Rolamentos das rodas.
3 – Visibilidade:
　3.1 – Campo de visibilidade.
　3.2 – Estado de vidros.
　3.3 – Espelhos retrovisores.
　3.4 – Limpa-vidros.
　3.5 – Lava-vidros.
4 – Equipamentos de iluminação:
　4.1 – Máximos e médios:
　　4.1.1 – Estado de funcionamento.

4.1.2 – Alinhamento.
4.1.3 – Interruptores.
4.2 – Estado de funcionamento, integridade das lentes, cor e eficiência visual de:
   4.2.1 – Luzes de presença.
   4.2.2 – Luzes de travagem.
   4.2.3 – Luzes indicadoras de mudança de direcção.
   4.2.4 – Luzes de marcha atrás.
   4.2.5 – Luzes de nevoeiro.
   4.2.6 – Luzes da chapa de matrícula.
   4.2.7 – Reflectores.
   4.2.8 – Luzes de perigo.
5 – Eixos, rodas, pneus, suspensão:
   5.1 – Eixos.
   5.2 – Rodas e pneus.
   5.3 – Suspensão.
   5.4 – Transmissão.
6 – Quadro e acessórios do quadro:
   6.1 – Quadro ou *châssis* e acessórios:
     6.1.1 – Estado geral.
     6.1.2 – Tubos de escape e silenciadores.
     6.1.3 – Reservatórios e canalizações de combustível.
     6.1.4 – Suporte da roda de reserva.
     6.1.5 – Segurança do dispositivo de engate (se for caso disso).
   6.2 – Carroçaria:
     6.2.1 – Estado da estrutura.
     6.2.2 – Portas e fechos.
7 – Equipamentos diversos:
   7.1 – Fixação do banco do condutor.
   7.2 – Fixação da bateria.
   7.3 – Avisador sonoro.
   7.4 – Triângulo de pré-sinalização.
   7.5 – Cintos de segurança:
     7.5.1 – Segurança da montagem.
     7.5.2 – Estado dos cintos.
     7.5.3 – Funcionamento.
8 – Efeitos nocivos:
   8.1 – Ruído.
   8.2 – Emissões de escape.
9 – Identificação do veículo:
   9.1 – Chapas de matrícula.
   9.2 – Número do quadro.
   9.3 – Livrete.

ARTIGO 37.º
(Sanções aplicáveis às seguradoras)

As transgressões, por parte das seguradoras, às disposições legais e regulamentares sobre o seguro obrigatório de responsabilidade civil automóvel serão puníveis nos termos dos preceitos aplicáveis às transgressões relativas ao exercício da actividade seguradora.

EVOLUÇÃO LEGISLATIVA

* Este preceito é redacção do Decreto-Lei n.º 522/85, de 31.12.
* Corresponde ao artigo 29.º do Decreto-Lei n.º 408/79, de 25.09.

LEGISLAÇÃO COMPLEMENTAR

SANÇÕES APLICÁVEIS ÀS COMPANHIAS DE SEGUROS E SEUS GESTORES: DECRETO-LEI N.º 91/82, DE 22 DE MARÇO (ALTERADO PELO DECRETO-LEI N.º 133/86, DE 12 DE JUNHO)

CAPÍTULO I – Âmbito de aplicação

Artigo 1.º
O presente decreto-lei aplica-se:
a) Às empresas de seguros e resseguros, quer se trate de empresas públicas ou de companhias com capital privado, às agências-gerais de companhias estrangeiras, às mútuas e às companhias de seguros, adiante designadas, genericamente, por "empresas";
b) Aos gestores públicos do sector de seguros e resseguros, aos gestores ou administradores que representem o capital privado em companhias de seguros, aos directores ou gerentes das agências-gerais das companhias estrangeiras e aos membros dos órgãos de gestão das mútuas e das cooperativas de seguros;
c) Aos mediadores de seguros.

CAPÍTULO II – Das seguradoras e resseguradoras

SECÇÃO I – Das infracções

Artigo 2.º
São puníveis nos termos dos artigos seguintes, como transgressões a disposições legislativas ou regulamentares as seguintes infracções:
a) Violação ou inobservância de qualquer disposições legais ou regulamentares, incluindo nestas últimas as emanadas dos organismos de coordenação e de fiscalização, que respeitem às condições de acesso, exploração e exercício da actividade seguradora e resseguradora;
b) Não envio, dentro dos prazos fixados, ou recusa de envio de elementos ou documentos a entidades oficiais ou públicas, nomeadamente ao ministério da tutela e aos organismos de coordenação e de fiscalização do sector;
c) Fornecimento de elementos ou documentos falsos ou incompletos às entidades referidas na alínea anterior.

SECÇÃO II – Das sanções

Artigo 3.º
As transgressões previstas no artigo anterior são passíveis de aplicação das seguintes sanções:
a) Multa;
b) Suspensão temporária, parcial ou total, da autorização;
c) Revogação, parcial ou total, da autorização.

SUBSECÇÃO I – Da multa

Artigo 4.º
1. Incorre na multa de 100.000$ a 10.000.000$ a empresa que, com violação ou inobservância das disposições legais, regulamentares ou normativas em vigor, pratique actos para os quais careça de autorização inicial, celebrando, nomeadamente, um contrato de seguro relativo a um ramo ou modalidade que não esteja autorizada a explorar ou realizando qualquer operação de seguro ou resseguro proibida.
2. Incorre na multa de 50.000$ a 5.000.000$ a empresa que, com violação ou inobservância das disposições legais, regulamentares ou normativas em vigor, pratique acto para o qual não disponha da competente autorização.
3. Incorre na multa de 25.000$ a 2.500.000$ a empresa que, com violação ou inobservância das disposições legais, regulamentares ou normativas em vigor, pratique qualquer infracção prevista no artigo 2.º relativamente à qual a lei ou os números anteriores não prevejam pena mais grave.

Artigo 5.º
   1. A sanção prevista no artigo anterior é graduada entre os respectivos limites mínimos e máximos em função da gravidade da infracção, dos montantes em causa ou do benefício económico que possa resultar para a própria empresa transgressora.
   2. Em caso de acumulação de infracções, dar-se-á a acumulação de multas.

Artigo 6.º
   Os limites mínimo e máximo das multas fixados no artigo 4.º são elevados para o dobro em caso de reincidência.

SUBSECÇÃO II – Da suspensão e da revogação da autorização

Artigo 7.º
   1. A sanção de suspensão temporária de autorização em relação a toda a actividade da empresa ou apenas a um determinado ramo é aplicável a infracções graves que, mesmo praticadas com dolo, não justifiquem a cessação definitiva da actividade ou da exploração do ramo.
   2. A suspensão prevista no número anterior traduz-se na interdição de celebração de novos contratos durante um lapso de tempo que, consoante a gravidade e natureza da infracção, pode ir de 180 dias a 3 anos, sem prejuízo de, em relação ao ramo "Vida", o ministro da tutela poder determinar um período de interdição mais amplo.
   3. A sanção prevista nos números anteriores abrange, em relação às seguradoras sediadas em Portugal, a actividade exercida quer em Portugal, quer no estrangeiro, devendo, para tanto, ser comunicada pelo Instituto de Seguros de Portugal às autoridades de controle dos países onde a seguradora se encontra autorizada. *(adit. pelo Dec.-Lei n.º 133/86, de 12.06)*
   4. A suspensão da autorização, nos termos dos n.ºs 1 e 2, para o exercício em Portugal de toda a actividade ou de um determinado ramo, quando aplicada a agências gerais de seguradoras sediadas no interior da Comunidade Económica Europeia, deve ser comunicada pelo Instituto de Seguros de Portugal à autoridade de controle do Estado membro onde se situa a respectiva sede. *(adit. pelo Dec.--Lei n.º 133/86, de 12.06)*
   5. A suspensão da autorização, nos termos dos n.ºs 1 e 2, para o exercício em Portugal de toda a actividade ou de um determinado ramo, quando aplicada a agências-gerais de seguradoras sediadas fora do território da Comunidade Económica Europeia, deve ser comunicada pelo Instituto de Seguros de Portugal às autoridades de controle dos restantes Estados membros onde essa seguradora se encontre autorizada a exercer a sua actividade ou à autoridade de controle encarregada de verificar a solvência global da seguradora no interior do território da Comunidade Económica Europeia. *(adit. pelo Dec.-Lei n.º 133/86, de 12.06)*

Artigo 8.°
1. A sanção de revogação da autorização em relação a toda a actividade da empresa ou apenas a um determinado ramo é aplicável a infracções graves que, praticadas com dolo, justifiquem a cessação definitiva da actividade ou da exploração do ramo.
2. A sanção prevista no número anterior implica a não celebração de contratos novos e a rescisão dos existentes nos respectivos vencimentos.
3. A revogação total da autorização implicará a dissolução da empresa.
4. A sanção prevista neste artigo, quando aplicada a seguradoras sediadas em Portugal, deve ser comunicada pelo Instituto de Seguros de Portugal às autoridades de controle dos restantes Estados membros da Comunidade Económica Europeia onde a seguradora se encontre autorizada a exercer a sua actividade. *(adit. pelo Dec.-Lei n.° 133/86, de 12.06)*
5. A sanção prevista neste artigo, quando aplicada a agências-gerais de seguradoras sediadas no interior do território da Comunidade Económica Europeia, deve ser previamente comunicada pelo Instituto de Seguros de Portugal à autoridade de controle do Estado membro onde se situe a respectiva sede. *(adit. pelo Dec.-Lei n.° 133/86, de 12.06)*
6. A sanção prevista neste artigo, quando aplicada a agências-gerais de seguradoras sediadas fora do território da Comunidade Económica Europeia, deve ser previamente comunicada pelo Instituto de Seguros de Portugal à autoridade de controle dos restantes Estados membros onde a seguradora se encontre autorizada a exercer a sua actividade ou à autoridade de controle encarregada de verificar a solvência global da seguradora no interior do território da Comunidade Económica Europeia. *(adit. pelo Dec.-Lei n.° 133/86, de 12.06)*

Artigo 9.°
As sanções previstas nos artigos 7.° e 8.° são cumulativas com a aplicação de multas, nos termos dos artigos 4.° a 6.°.

SUBSECÇÃO III – Dos processos de transgressão e da aplicação das sanções

Artigo 10.°
1. As infracções previstas no artigo 2.° serão verificadas pela Inspecção--Geral de Seguros, competindo-lhe igualmente a instauração dos respectivos processos de transgressão.
2. O Instituto Nacional de Seguros deve participar à Inspecção-Geral de Seguros as infracções de que tiver conhecimento.
3. A instrução dos processos a que se refere o n.° 1 do presente artigo obedecerá, na parte não especialmente regulada, às normas legais que regem a instrução preparatória em processo penal.

Artigo 11.º

1. Verificada a existência de indícios de transgressão e instaurado o respectivo processo pela Inspecção-Geral de Seguros, proceder-se-á, através de carta registada com aviso de recepção, à notificação do conselho de gestão ou do órgão de administração da empresa arguida, para, no prazo de 10 dias, deduzir, por escrito, a sua defesa, bem como juntar ou requerer os meios de prova que entender.

2. Se a entidade referida no número anterior se recusar a receber a notificação ou se esta não tiver sido possível, será a mesma feita, por éditos de 10 dias, com 5 de dilação, no *Diário da República*.

3. Após a produção da prova, o inspector-geral de Seguros, mediante despacho devidamente fundamentado, apreciará os elementos constantes do processo e, verificada a transgressão, proporá ao ministro da tutela a aplicação das sanções previstas no artigo 3.º

4. As sanções aplicadas serão notificadas, através de carta registada com aviso de recepção, ao conselho de gestão ou ao órgão de administração da empresa em causa, para, no prazo de 10 dias, dar cumprimento às medidas determinadas.

5. Das sanções aplicadas cabe, nos termos legais, recurso, com efeito devolutivo, para o Supremo Tribunal Administrativo.

6. No caso de a sanção ser de multa, se não for paga dentro do prazo previsto no n.º 4, será objecto de execução fiscal.

Artigo 12.º

1. A Inspecção-Geral de Seguros, através de circulares, dará conhecimento a toda a actividade seguradora e resseguradora das multas aplicadas.

2. As sanções de suspensão ou de revogação da autorização constam do despacho do ministro da tutela, publicado no *Diário da República*.

3. Em casos justificados poderá ainda o ministro da tutela determinar que as sanções de suspensão ou de revogação da autorização sejam divulgadas pela Inspecção-Geral de Seguros, mediante a sua publicação em 2 jornais diários, a expensas da empresa punida.

Artigo 13.º

Sem prejuízo da aplicação das sanções previstas no presente diploma, deverá a Inspecção-Geral de Seguros, nos casos em que for aplicável:

a) Impor à empresa infractora a rescisão do contrato de seguro irregularmente celebrado, respeitando, para o efeito, os prazos previstos na respectiva apólice;

b) Ordenar á empresa infractora a rectificação de taxas ou condições aplicadas a um contrato de seguro com violação ou inobservância das tarifas em vigor, sob pena de poder ser imposta a rescisão prevista na alínea anterior.

Capítulo III – Dos gestores das seguradoras e resseguradoras

Artigo 14.°
1. Os gestores ou administradores, os directores ou gerentes das agências--gerais de companhias estrangeiras e os membros dos órgãos de gestão das mútuas e cooperativas de seguros que sejam responsáveis pelas infracções previstas no artigo 2.° incorrem nas sanções de multa e de interdição do exercício das respectivas funções.
2. Sem prejuízo do disposto no número anterior, os gestores de empresas públicas e participadas pelo Estado do sector segurador deverão ainda observar os deveres gerais ou especiais constantes da legislação específica reguladora das relações de tutela, ficando sujeitos às sanções na mesma previstas.

Artigo 15.°
1. A multa é graduada entre 50.000$ e 200.000$, em função da gravidade da infracção.
2. Em caso de reincidência, os limites mínimo e máximo fixados no número anterior, são elevados para o dobro.

Artigo 16.°
1. Compete à Inspecção-Geral de Seguros investigar e verificar as responsabilidades dos gestores, nos termos do artigo 14.°, cabendo ao seu inspector-geral propor ao ministro da tutela a aplicação das respectivas sanções.
2. Ao processo referido no n.° 1 são aplicáveis, com as necessárias adaptações, as regras e trâmites previstos nos artigos 10.° e 11.° do presente diploma.

Capítulo IV – Dos mediadores de seguros

Artigo 17.°
1. O mediador de seguros que intervenha na celebração de um contrato de seguro relativamente ao qual se tenha verificado a infracção prevista na alínea *a)* do artigo 2.°, com incidência em condições tarifárias, perde o direito a toda e qualquer comissão decorrente desse contrato.
2. O mediador pode ainda incorrer na sanção de multa, que pode ir até 50 vezes o valor das comissões anuais decorrentes do contrato de seguro em causa.

Artigo 18.°
A investigação e a verificação dos fatos referidos no artigo anterior, bem como a aplicação das sanções competem à Inspecção-Geral de Seguros, nos termos previstos nos artigos 17.° e seguintes do Decreto-Lei n.° 145/79, de 23 de Maio.

Artigo 19.°
A aplicação das sanções previstas no presente capítulo não impede que sejam aplicadas ao mediador quaisquer outras sanções, nos termos do Decreto-Lei n.° 145/79, de 23 de Maio.

CAPÍTULO V – Disposições finais

Artigo 20.°
As sanções previstas no presente diploma não prejudicam a possibilidade de, nos termos legais em vigor, o Estado intervir na gestão de empresas privadas ou de serem nomeadas comissões administrativas.

ARTIGO 38.º
(Fundo de Garantia Automóvel)

O Fundo de Garantia Automóvel, criado ao abrigo do Decreto--Lei n.º 408/79, nos termos do Decreto Regulamentar n.º 58/79, ambos de 25 de Setembro, prosseguirá a sua existência, mantendo todos os seus direitos e obrigações.

EVOLUÇÃO LEGISLATIVA

* Este preceito é redacção do Decreto-Lei n.º 522/85, de 31.12.

LEGISLAÇÃO COMPLEMENTAR

LINHAS DE REGULAMENTAÇÃO DO SEGURO OBRIGATÓRIO: DECRETO-REGULAMENTAR N.º 58/79, DE 25 DE SETEMBRO

Instituídas as linhas fundamentais por que se rege o seguro obrigatório automóvel pelo Decreto-Lei n.º 408/79, torna-se necessário proceder à respectiva regulamentação.
O Governo decreta, nos termos da alínea e) do artigo 202.º da Constituição, o seguinte:

CAPÍTULO I

Artigo 1.º
As normas do presente regulamento são aplicáveis ao seguro obrigatório de responsabilidade civil derivada da circulação terrestre de veículos a motor a que se refere o Decreto-Lei n.º 408/79*, desta data.

---

* O Decreto-Lei n.º 408/79, de 25.09, foi revogado expressamente pelo artigo 40.º do Decreto-Lei n.º 522/85, de 31.12. No entanto, o artigo em anotação faz remissão para o diploma revogado, mas apenas no que nele se refere em matéria de Fundo de Garantia Automóvel.

CAPÍTULO II – Do Fundo de Garantia Automóvel

Artigo 2.º
1. É instituído o Fundo de Garantia Automóvel, integrado no Instituto Nacional de Seguros.*
2. Compete ao Fundo de Garantia Automóvel satisfazer as indemnizações de morte ou lesões corporais consequentes de acidentes originados por veículos sujeitos ao seguro obrigatório, nos casos previstos no artigo 20.º do Decreto-Lei n.º 408/79, desta data.
3. O limite, por acidente, das indemnizações a satisfazer pelo Fundo de Garantia Automóvel é determinado pelas quantias fixadas no diploma que torna obrigatório o seguro de responsabilidade civil automóvel.

Artigo 3.º
1. Serão excluídos do Fundo de Garantia Automóvel os danos causados às pessoas referidas no artigo 7.º do Decreto-Lei n.º 408/79, desta data.
2. Não beneficiam da garantia do Fundo de Garantia Automóvel os danos causados às pessoas dos autores, cúmplices e encobridores de roubo, furto ou furto de uso de qualquer veículo que intervenha no acidente.

Artigo 4.º
Só aproveitam do benefício do Fundo de Garantia Automóvel os lesados por acidentes ocorridos em Portugal.

Artigo 5.º
1. Satisfeita a indemnização, o Fundo de Garantia Automóvel fica sub-rogado nos direitos do lesado, tendo ainda direito ao juro de mora legal e ao reembolso das despesas que houver feito com a liquidação e cobrança.
2. No caso de falência, o Fundo de Garantia Automóvel fica sub-rogado apenas contra a seguradora falida.
3. As pessoas que, estando sujeitas à obrigação de segurar, não tenham efectuado seguro poderão ser demandadas pelo Fundo de Garantia Automóvel, nos termos do n.º 1, beneficiando do direito de regresso contra outros responsáveis pelo acidente, se os houver, relativamente às quantias que tiverem pago.

Artigo 6.º
1. Constitui receita do Fundo de Garantia Automóvel o montante, a liquidar por cada seguradora, resultante da aplicação de uma percentagem sobre os prémios simples (líquidos de adicionais) de seguros directos automóvel processados no ano anterior, líquidos de estornos e anulações.

---

* Hoje, Instituto de Seguros de Portugal, criado pelo Dec.-Lei n.º 251/97, de 26.09 (em anot. ao art. 22.º).

2. A percentagem referida no número anterior será fixada por portaria do Ministério das Finanças e do Plano, sob proposta do Instituto Nacional de Seguros.
3. O montante devido pelas seguradoras ao Fundo de Garantia Automóvel será fraccionado em quatro prestações iguais pagas no início de cada trimestre.
4. Para cumprimento da obrigação assumida pelo disposto no n.º 1 ficam as seguradoras autorizadas a cobrar dos seus segurados do ramo "Automóvel" um adicional, calculado sobre os prémios simples (líquidos de adicionais), igual à percentagem estabelecida nos termos do n.º 2.
5. Em situações excepcionais, devidamente comprovadas, o Estado poderá assegurar uma dotação correspondente ao montante dos encargos que excedam as receitas previstas do Fundo.

Artigo 7.º
1. A fim de habilitar o Fundo de Garantia Automóvel a solver eventuais compromissos superiores às suas disponibilidades de tesouraria, poderá este recorrer às seguradoras até ao limite de 0,25% da carteira de prémios de seguro directo automóvel processados no ano anterior, líquidos de estornos e anulações.
2. As importâncias arrecadadas nos termos do número anterior são reembolsáveis no fim de cada exercício.

Artigo 8.º
O lesado pode demandar directamente o Fundo de Garantia Automóvel, o qual tem a faculdade de fazer intervir no processo o obrigado ao seguro e os co-responsáveis.

CAPÍTULO III – Dos seguros tarifados pelo INS

Artigo 9.º
1. Sempre que a aceitação do seguro seja recusada, pelo menos, por três seguradoras ao abrigo do disposto nos n.ºs 1 e 2 do artigo 9.º do Decreto-Lei n.º 408/79, desta data, o proponente poderá recorrer ao Instituto Nacional de Seguros para que este defina as condições especiais de aceitação.
2. Sempre que a seguradora proponha agravamento das condições dos contratos em vigor que não mereça o acordo do segurado, aquela deverá solicitar ao Instituto nacional de Seguros as respectivas condições especiais de tarifação.
3. A seguradora escolhida pelo proponente ou segurado, quer nos caos previstos no n.º 1, quer no n.º 2, fica obrigada a aceitar a referido seguro, nas condições definidas pelo Instituto nacional de Seguros ou pelo Ministério das Finanças e do Plano, consoante tenha havido ou não recurso, sem prejuízo do disposto no n.º 5 do artigo 9.º do Decreto-Lei n.º 408/79, desta data.
4. Os resultados da gestão destes contratos serão rateados pelas companhias de seguros que exploram o ramo "Automóvel", de acordo com as normas a emitir

pelo Instituto Nacional de Seguros, que definirá não só a forma de determinação daqueles resultados como também o critério da sua repartição.

CAPÍTULO IV – Acidentes de viação e de trabalho

Artigo 10.º

No caso de o acidente ser simultaneamente de viação e de trabalho, o segurador responsável pelo acidente de viação ou o Fundo de Garantia Automóvel, na falta de seguro, notificará o devedor da indemnização de acidentes de trabalho, só devendo proceder ao pagamento da indemnização por acidentes de viação ao respectivo lesado após declaração da quantia necessária para garantir o crédito do responsável pela indemnização laboral correspondente às prestações efectivamente pagas por este até esse momento.

Artigo 11.º

Decorridos quarenta e cinco dias sobre a notificação a que se refere o artigo anterior sem que o segurador por acidente de trabalho ou o responsável directo, na falta de seguro, declare pretender sub-rogar nos direitos do lesado, o segurador responsável pelo acidente de viação ou o Fundo de Garantia Automóvel poderá pagar definitivamente a indemnização correspondente.

CAPÍTULO V – Seguro de fronteira

Artigo 12.º

A fim de possibilitar a emissão dos certificados de seguro de fronteira, a que se refere o artigo 14.º do Decreto-Lei n.º 408/79, desta data, e assegurar a efectivação das responsabilidades, será constituído um agrupamento complementar de empresas, de que farão obrigatoriamente parte todas as seguradoras autorizadas a explorar o ramo "Automóvel".

CAPÍTULO VI – Disposições finais

Artigo 13.º

É revogado o Decreto n.º 166/75, de 28 de Março.

Artigo 14.º

O presente diploma entrará em vigor em 1 de Janeiro de 1980.

ARTIGO 39.º
(Regulamentação)

1. Compete ao Instituto de Seguros de Portugal emitir, através de normas, as condições da apólice uniforme, tarifas e tabelas do ramo "Automóvel", adaptadas ao presente diploma legal, bem como emitir as normas necessárias ao correcto cumprimento deste mesmo diploma, nomeadamente no que concerne à rápida e eficaz regularização dos sinistros.
2. Com vista a uma racional gestão das coberturas estabelecidas neste diploma, o Instituto de Seguros de Portugal implementará um plano estatístico que permita um apuramento dos resultados do seguro obrigatório e seu relacionamento com os demais riscos do ramo "Automóvel".
3. Compete ao Instituto de Seguros de Portugal organizar um sistema que garanta às pessoas implicadas num acidente de viação conhecerem em curto espaço de tempo o nome das seguradoras que cobrem a responsabilidade civil resultante da utilização de cada um dos veículos implicados nesse acidente.

EVOLUÇÃO LEGISLATIVA

* Os n.ᵒˢ 1 e 2 são redacção do Decreto-Lei n.º 522/85, de 31.12.
* O n.º 3 foi aditado pelo artigo 1.º do Decreto-Lei n.º 130/94, de 19.05.

LEGISLAÇÃO COMPLEMENTAR

INFORMAÇÃO DE MATRÍCULAS AUTOMÓVEIS: DECRETO-LEI N.º 251/97, DE 26 DE SETEMBRO, ARTIGO 5.º, ALÍNEA *V*) (EM ANOT. AO ART. 22.º)

ARTIGO 40.º
(Norma revogatória)

São revogados o Decreto-Lei n.º 408/79 e o Decreto Regulamentar n.º 58/79, ambos de 25 de Setembro, as Portarias n.ºˢ 650/79, de 6 de Dezembro, 656/79, de 7 de Dezembro e 558/84, de 3 de Agosto, e os n.ºˢ 1.º, 2.º, 4.º, 5.º e 6.º da Portaria n.º 805/84, de 13 de Outubro, bem como toda a legislação em contrário.

EVOLUÇÃO LEGISLATIVA

* Este preceito é redacção do Decreto-Lei n.º 522/85, de 31.12.

ARTIGO 41.º
(Entrada em vigor)

1. O presente decreto-lei entra em vigor em 1 de Janeiro de 1986, aplicando-se a partir daquele momento a todos os contratos que venham a ser celebrados, bem como aos contratos vigentes àquela data.
2. Os contratos vigentes à data da entrada em vigor desta decreto-lei ficam automaticamente adaptados ao presente normativo, sem prejuízo do direito das seguradoras à parte do prémio que for devida, cuja cobrança deverá ser efectuada até ao termo da respectiva anuidade em curso.

EVOLUÇÃO LEGISLATIVA

* Este preceito é redacção do Decreto-Lei n.º 522/85, de 31.12.

JURISPRUDÊNCIA

CONTRATO CELEBRADO ANTERIORMENTE; APLICAÇÃO DAS LEIS NO TEMPO: "I – Um contrato de seguro celebrado antes da entrada em vigor do Decreto-Lei n.º 446/85, de 25 de Outubro, não pode reger-se por este diploma, dado o que resulta da conjugação do seu artigo 34.º e o n.º 2 do artigo 12.º do Código Civil. II – A validade da cláusula a que se refere o artigo 809.º do Código Civil, constituiria perigo enorme, principalmente nos sectores como o dos transportes, em que proliferam os contratos de adesão e só a existência da regra da nulidade, nos termos amplos em que ficou consignada na lei, poderá explicar a falta de normas que especificamente a afirmem, como se faz no direito alemão, nos sectores especiais do comércio jurídico em que ela é mais premente, em obediência a certos interesses de ordem geral. III – O contrato de seguro de responsabilidade civil é um contrato de terceiro e assim, o segurador, ao celebrar esse acto jurídico, obriga-se também para com o lesado a satisfazer a indemnização devida pelo segurado, ficando, assim, aquele com o direito de demandar directamente a seguradora, ou o segurado, ou ambos, em litisconsórcio voluntário. IV – A interpretação das declarações negociais constitui matéria de direito, susceptível, como

tal, de apreciação em recurso de revista. V – Se se admite incluir no círculo de protecção do contrato certas pessoas que, por força da sua situação relativamente ao credor e da sua proximidade da prestação, resultante das circunstâncias, se justifica beneficiar da protecção a que o devedor está adstrito perante o credor podendo esses terceiros recorrer em caso de lesão, ao regime de responsabilidade contratual, apesar de não figurarem formalmente como partes do contrato, por maioria de razão, o terceiro a favor de quem o contrato foi celebrado, terá o mesmo estatuto."
(Acórdão do Supremo Tribunal de Justiça, de 89.03.30, Bol. Min. Just. n.º 385, pág. 563)

CONTRATOS DE SEGURO ANTERIORES; PRÉMIO DE SEGURO: "I – Aos contratos de seguro automóvel celebrados na vigência do Decreto-Lei n.º 408/79, de 25 de Setembro, que se mantinham em vigor no dia 1 de Setembro de 1986, são aplicáveis as disposições do Decreto-Lei n.º 522/85, de 31 de Dezembro, por força do seu artigo 41.º, n.º 1. II – No que se refere ao pagamento do prémio do contrato de seguro e consequências do seu não pagamento, aplicam-se os artigos 12.º do Decreto-Lei n.º 522/85 e 445.º do Código Comercial. III – O artigo 445.º do Código Comercial, embora inserto na secção referente aos seguros contra fogos, é de aplicação genérica, extensiva aos seguros de qualquer natureza. IV – No caso de não pagamento de prémio de seguro vencido basta a seguradora provar que remeteu ao seu segurado carta registada a informá-lo de que o contrato de seguro será anulado se, entretanto, não for pago o prémio em dívida."
(Acórdão do Supremo Tribunal de Justiça, de 90.10.16, Bol. Min. Just. n.º 400, pág. 682)

SEGURO DE GARAGISTA: "I – O seguro obrigatório previsto no artigo 41.º, n.º 1, do Decreto-Lei n.º 522/85, de 31 de Dezembro, abrange: a) Os seguros obrigatórios existentes à data da sua entrada em vigor; b) Os seguros facultativos existentes à data da sua entrada em vigor de responsabilidade civil de circulação automóvel cujos destinatários sejam as pessoas transportadas no veículo seguro; c) Os seguros facultativos anteriores, de responsabilidade civil por danos de circulação automóvel utilizada no âmbito das actividades profissionais referida no n.º 3 do seu artigo 2.º. II – Assim, não abrange o seguro de garagista quando os danos são provenientes de acidente de viação em que um mecânico da garagem vai experimentar o carro reparado." *(Acórdão do Supremo Tribunal de Justiça, de 93.07.08, Col. Jurisp., 1993, Tomo II, pág. 192).*

LEGISLAÇÃO COMUNITÁRIA

**SEGUNDA DIRECTIVA DO CONSELHO
DE 30 DE DEZEMBRO DE 1983**

*relativa à aproximação das legislações dos Estados-membros
respeitantes ao seguro de responsabilidade civil
que resulta da circulação de veículos automóveis*

(84/5/CEE)

O CONSELHO DAS COMUNIDADES EUROPEIAS

Tendo em conta o Tratado que institui a Comunidade Económica Europeia e, nomeadamente, ao seu artigo 100.°,
Tendo em conta a proposta da Comissão,
Tendo em conta o parecer do Parlamento Europeu,
Tendo em conta o parecer do Comité Económico e Social,
Considerando que, pela Directiva 72/166/CEE, alterada pela Directiva 72/430/CEE, o Conselho procedeu à aproximação das legislações dos Estados--membros relativas ao seguro de responsabilidade civil que resulta da circulação de veículos automóveis e à fiscalização do cumprimento de segurar esta responsabilidade,
Considerando que a Directiva 72/166/CEE impõe, no seu artigo 3.°, que cada Estado-membro tome todas as medidas adequadas para que a responsabilidade civil relativa à circulação de veículos cujo estacionamento habitual seja no seu território, se encontre coberta por um contrato de seguro; que os danos cobertos e as modalidades desse seguro são determinadas no âmbito destas medidas;
Considerando, todavia, que, entre as legislações dos diversos Estados--membros, subsistem importantes divergências quanto à extensão desse seguro obrigatório; que estas divergências têm uma incidência directa sobre o estabelecimento e o funcionamento do mercado comum;
Considerando que se justifica o alargamento da obrigação de segurar, nomeadamente a responsabilidade por danos materiais;
Considerando que os montantes até cujo limite o seguro é obrigatório devem permitir, em toda e qualquer circunstância, que seja garantida às vítimas uma indemnização suficiente, seja qual for o Estado-membro onde o sinistro ocorra;

Considerando que é necessário prever a existência de um organismo que garanta que a vítima não ficará sem indemnização, no caso do veículo causador do sinistro não estar seguro ou não ser identificado; que, sem prejuízo das disposições aplicadas pelos Estados-membros relativamente à natureza, subsidiária ou não, da intervenção deste organismo, bem como às normas aplicáveis em matéria de subrogação, é importante prever que a vítima de um sinistro ocorrido naquelas circunstâncias se possa dirigir directa e prioritariamente a esse organismo; que é, todavia, conveniente, dar aos Estados-membros a possibilidade de aplicarem certas exclusões limitativas no que respeita à intervenção deste organismo e de prever, no caso de danos materiais causados por um veículo não identificado, devido aos riscos de fraude, que a indemnização por tais danos possa ser limitada ou excluída;

Considerando que é do interesse das vítimas que os efeitos de certas cláusulas de exclusão sejam limitados às relações entre a seguradora e o responsável pelo acidente; que os Estados-membros podem, todavia, prever que, no caso de veículos roubados ou obtidos por meios violentos, o referido organismo possa intervir para indemnizar a vítima;

Considerando que, para aliviar o encargo financeiro a ser suportado por este organismo, os Estados-membros podem prever a aplicação de certas franquias, sempre que o mesmo intervenha para indemnizar danos materiais causados por veículos não seguros, ou, se for caso disso, por veículos roubados ou obtidos por meios violentos;

Considerando que é conveniente conceder aos membros da família do tomador do seguro, do condutor ou de toda e qualquer outra pessoa responsável, uma protecção comparável à de outros terceiros vítimas, pelo menos no que respeita a danos corporais;

Considerando que a abolição da fiscalização do seguro está subordinada à concessão, pelo Serviço Nacional de Seguros do país visitado, de uma garantia de indemnização pelos danos causados por veículos que tenham o seu estacionamento habitual num dado Estado-membro; que, para determinar se um veículo tem o seu estacionamento habitual num dado Estado-membro, o critério mais simples é o da chapa de matrícula desse mesmo Estado; que, consequentemente, convém alterar nesse sentido o n.º 4, primeiro travessão, do artigo 1.º da Directiva 72/166/CEE;

Considerando que, dada a situação actual de certos Estados-membros em relação, por um lado, aos montantes mínimos e, por outro, à cobertura e às franquias aplicáveis pelo organismo acima referido em matéria de danos materiais, é conveniente estabelecer medidas transitórias quanto à aplicação progressiva nesses Estados-membros das disposições da presente Directiva relativas aos montantes mínimos e à indemnização dos danos materiais a ser concedida pelo referido organismo;

ADOPTOU A PRESENTE DIRECTIVA:

ARTIGO 1.º

1. O seguro referido no n.º 1 do artigo 3.º da Directiva 72/166/CEE, deve, obrigatoriamente, cobrir os danos materiais e os danos corporais.

2. Sem prejuízo de montantes de garantia superiores eventualmente estabelecidos pelos Estados-membros, cada Estado-membro deve exigir que os montantes pelos quais este seguro é obrigatório, se situem, pelo menos, nos seguintes valores:
- 350 000 ECUs, relativamente aos danos corporais, quando haja apenas uma vítima, devendo tal montante ser multiplicado pelo número de vítimas, sempre que haja mais do que uma vítima em consequência de um mesmo sinistro;
- 100 000 ECUs por sinistro, relativamente a danos materiais seja qual for o número de vítimas.

Os Estados-membros podem estabelecer, em vez dos montantes mínimos acima referidos, um montante mínimo de 500 000 ECUs para os danos corporais, sempre que haja mais que uma vítima em consequência d eu mesmo sinistro, ou um montante global mínimo de 600 000 ECUs por sinistro, para danos corporais e materiais seja qual for o número de vítimas ou a natureza dos danos.

3. Para efeitos do disposto na presente Directiva, entende-se por Ecu a unidade de conta definida no Artigo 1.º do Regulamento n.º 3180/78 (CEE). O contravalor em moeda nacional a tomar em consideração por períodos sucessivos de quatro anos, contados a partir do dia 1 de janeiro do primeiro ano de cada período, é o do último dia do mês de Setembro do ano anterior para o qual se encontrem disponíveis os contravalores do Ecu em todas as moedas da Comunidade. O primeiro período tem início em 1 de Janeiro de 1984.

4. Cada Estado-membro deve criar ou autorizar a criação de um organismo que tenha por missão reparar, pelo menos dentro dos limites da obrigação de seguro, os danos materiais ou corporais causados por veículos não identificados ou relativamente aos quais não tenha sido satisfeita a obrigação de seguro refe-rida no n.º 1. Esta disposição não prejudica o direito que assiste aos Estados--membros de atribuírem ou não à intervenção desse organismo um carácter susidiário, nem o direito de regulamentarem os sistemas de recursos entre este organismo e o ou os responsáveis pelo sinistro e outras seguradoras ou organismos de segurança social obrigados a indemnizar a vítima pelo mesmo sinistro.

A vítima pode, em qualquer caso, dirigir-se directamente ao organismo que, com base nas informações fornecidas a seu pedido pela vítima, é obrigado a dar--lhe uma resposta fundamentada quanto à sua intervenção.

Os Estados-membros podem, todavia, determinar que este organismo não intervenha, relativamente a pessoas que, por sua livre vontade, se encontrassem no veículo causador do sinistro, sempre que o organismo possa provar que elas tinham conhecimento de que o veículo não estava seguro.

Os Estados-membros podem limitar ou excluir a intervenção deste organismo, relativamente a danos materiais causados por um veículo não identificado.

Podem igualmente autorizar, relativamente aos danos materiais causados por um veículo não seguro, uma franquia oponível à vítima não superior a 500 ECUs.

Além disso, cada Estado-membro pode aplicar à intervenção do referido organismo as respectivas disposições legislativas, regulamentares e administrativas, sem prejuízo de qualquer outra prática mais favorável às vítimas.

ARTIGO 2.º

1. Cada Estado-membro tomará as medidas adequadas para que qualquer disposição legal ou cláusula contratual contida numa apólice de seguro, emitida em conformidade com o n.º 1 do artigo 3.º da Directiva 72/166/CEE, que exclua do seguro a utilização ou a condução de veículos por:

– pessoas que não estejam expressa ou implicitamente autorizadas para o fazer;

ou

– pessoas que não sejam titulares de uma carta de condução que lhes permita conduzir o veículo em causa;

ou

– pessoas que não cumpram as obrigações legais de carácter técnico relativamente ao estado e condições de segurança do veículo em causa,

seja, por aplicação do n.º 1 do artigo 3.º da Directiva 72/166/CEE, considerada sem efeito no que se refere ao recurso de terceiros vítimas de um sinistro.

Todavia, a disposição ou a cláusula a que se refere o primeiro travessão do n.º 1 poder ser oponível às pessoas que, por sua livre vontade se encontrassem no veículo causador do sinistro, sempre que a seguradora possa provar que elas tinham conhecimento de que o veículo tinha sido roubado.

Os Estados-membros têm a faculdade – relativamente aos sinistros ocorridos no seu território – de não aplicar o disposto no n.º 1 no caso de, e na medida em que, a vítima possa obter a indemnização pelo seu prejuízo através de um organismo de segurança social.

2. No caso de veículos roubados ou obtidos por meios violentos, os Estados--membros podem estabelecer que o organismo previsto no n.º 4 do artigo 1.º intervirá em substituição da seguradora nas condições estabelecidas no n.º 1 do presente artigo; se o veículo tiver o seu estacionamento habitual num outro Estado-membro, este organismo não terá possibilidade de recurso contra qualquer organismo desse Estado-membro

Os Estados-membros que, no caso de veículos roubados ou obtidos por meios violentos, prevejam a intervenção do organismo referido no n.º 4 do artigo

1.º podem fixar uma franquia para os danos materiais oponível à vítima não superior a 250 ECUs.

ARTIGO 3.º

Os membros da família do tomador do seguro, do condutor ou de qualquer outra pessoa cuja responsabilidade civil decorrente de um sinistro se encontre coberta pelo seguro mencionado no n.º 1 do artigo 1.º não podem por força desse parentesco, ser excluídos da garantia do seguro, relativamente aos danos corporais sofridos.

ARTIGO 4.º

O n.º 4, primeiro travessão, do artigo 1.º da Directiva 72/166/CEE passa a ter a seguinte redacção:
"– território de cujo Estado o veículo é portador de uma chapa de matrícula, ou"

ARTIGO 5.º

1. Os Estados-membros alterarão as suas disposições nacionais para darem cumprimento à presente Directiva o mais tardar até 31 de Dezembro de 1987: Desse facto informarão imediatamente a Comissão.
2. As disposições alteradas nos termos acima referidos serão aplicadas o mais tardar em 31 de Dezembro de 1988.
3. Por derrogação do n.º 2:
a) A República Helénica dispõe de um prazo até 31 de Dezembro de 1995 par aumentar os montantes de garantia para os valores previstos no n.º 1 do artigo 1.º. No caso de ser utilizada esta faculdade, os montantes de garantia devem, em relação aos valores previstos no referido artigo, atingir:
– uma percentagem superior a 16% o mais tardar em 31 de Dezembro de 1988;
– uma percentagem de 31% o mais tardar em 31 de Dezembro de 1992;
b) Os outros Estados-membros dispõem de um prazo até 31 de Dezembro de 1990 para aumentar os montantes de garantia para os valores previstos no n.º 2 do artigo 1.º. Os Estados-membros que fizerem uso dessa faculdade devem, dentro do prazo referido no n.º 1, aumentar as garantias pelo menos em metade da diferença entre os montantes de garantia em vigor em 1 de Janeiro de 1984 e os montantes previstos no n.º 2 do artigo 1.º.

4. Por derrogação do n.º 2:

a) A República Italiana pode prever que a franquia referida no n.º 4, quinto parágrafo, do artigo 1.º ascenda a 1.000 ECUs até 31 de Dezembro de 1990;

b) A República Helénica e a Irlanda podem prever que:
– a intervenção do organismo referido no n.º 4 do artigo 1.º, não se fará, relativamente à reparação por danos materiais, até 31 de Dezembro de 1992;
– as franquias referidas no n.º 4, quinto parágrafo, do artigo 1.º e no n.º 2, segundo parágrafo, do artigo 2.º se elevem a 1.500 ECUs até 31 de Dezembro de 1995.

ARTIGO 6.º

1. A Comissão apresentará ao Conselho, o mais tardar até 31 de Dezembro de 1989, um relatório sobre a situação nos Estados-membros que beneficiem das medidas transitórias previstas no n.º 3, alínea *a*) e n.º 4, alínea *b*), do artigo 5.º propondo, se for caso disso, a revisão dessas medidas, tendo em conta a evolução da situação.

2. A Comissão apresentará ao Conselho, o mais tardar até 31 de Dezembro de 1993, um relatório sobre a situação da aplicação da presente directiva, formulando, se for caso disso, propostas, nomeadamente no que respeita à adaptação dos montantes previstos nos n.ᵒˢ 2 e 4 do artigo 1.º.

ARTIGO 7.º

Os Estados-membros são destinatários da presente directiva.

TERCEIRA DIRECTIVA DO CONSELHO
DE 14 DE MAIO DE 1990

Relativa à aproximação das legislações dos Estados-membros respeitantes ao seguro de responsabilidade civil relativo à circulação de veículos automóveis

(90/232/CEE)

O CONSELHO DAS COMUNIDADES EUROPEIAS,

Tendo em conta o Tratado que institui a Comunidade Económica Europeia e, nomeadamente, o seu artigo 100.°-A,
Tendo em conta a proposta da Comissão,
Em cooperação com o Parlamento Europeu,
Tendo em conta o parecer do Comité Económico e Social,
Considerando que, pela Directiva 72/166/CEE, com a última redacção que lhe foi dada pela Directiva 84/5/CEE, o Conselho adoptou normas para a aproximação das legislações dos Estados-membros respeitantes ao seguro de responsabilidade civil relativo à circulação de veículos automóveis e à fiscalização do cumprimento da obrigação de segurar essa responsabilidade;
Considerando que a Directiva 72/166/CEE impõe, no seu artigo 3.°, que cada Estado-membro tome todas as medidas adequadas para que a responsabilidade civil relativa à circulação de veículos, cujo o estacionamento habitual seja no seu território, se encontre coberta por um contrato de seguro; que os danos cobertos e as modalidades desse seguro devem ser determinados no âmbito dessas medidas;
Considerando que a Directiva 84/5/CEE, com a redacção que lhe foi dada pelo Acto de Adesão de Espanha e de Portugal, reduziu consideravelmente as disparidades de nível e de conteúdo do seguro obrigatório de responsabilidade civil entre os Estados-membros; que ainda subsistem disparidades significativas nos riscos cobertos por esse tipo de seguro;
Considerando que deve ser garantido que as vítimas de acidente de

veículos automóveis recebam tratamento idêntico, independentemente dos locais da Comunidade onde ocorram os acidentes;

Considerando que, em particular, existem em certos Estados-membros lacunas na cobertura pelo seguro obrigatório dos passageiros dos veículos automóveis; que, para proteger essa categoria particularmente vulnerável de vítimas potenciais, é conveniente que essas lacunas sejam preenchidas;

Considerando que, no interesse do segurado, é conveniente, além disso, que cada apólice de seguro garanta, através de um prémio único em cada um dos Estados-membros, a cobertura exigida pela sua legislação do Estado-membro de estacionamento habitual, sempre que esta última for superior;

Considerando que, nos termos do n.º 4 do artigo 1.º da Directiva 84/5/CEE, todos os Estados-membros devem criar ou autorizar a criação de um organismo que tenha por missão indemnizar as vítimas de acidentes causados por veículos não segurados ou não identificados; que, todavia, essa disposição não prejudica o direito que assiste aos Estados-membros de atribuírem ou não um carácter subsidiário à intervenção desse organismo;

Considerando, todavia que, no caso de um acidente causado por um veículo não segurado, a vítima deve, em alguns Estados-membros, provar que a parte responsável não pode ou não quer pagar a indemnização antes de a poder reclamar ao referido organismo; que o organismo em questão está melhor colocado do que a vítima para intentar uma acção contra a parte responsável; que, consequentemente, é conveniente evitar que esse organismo possa exigir, para indemnizar, que a vítima prove que o responsável não pode ou não quer pagar;

Considerando que, na eventualidade de um litígio entre o organismo referido e o segurador da responsabilidade civil sobre a questão de saber qual deles deve indemnizar a vítima de um acidente, os Estados-membros devem, para evitar atrasos no pagamento da indemnização à vítima, providenciar para que seja designada a parte a quem, numa primeira fase, incumbe a obrigação de indemnizar a vítima, enquanto se aguada a resolução do litígio;

Considerando que as vítimas de acidentes de circulação deparam por vezes com dificuldades para conhecer o nome da empresa seguradora que cobre a responsabilidade civil resultante da utilização de um veículo automóvel implicado num acidente; que, no interesse dessas vítimas, é conveniente que os Estados-membros tomem as medidas necessárias para garantir que essa informação esteja disponível no mais curto espaço de tempo;

Considerando que, tendo em conta todas as considerações anteriores, é conveniente completar, de modo uniforme, as duas directivas anteriores em matéria de responsabilidade civil automóvel;

Considerando que, pelo facto de ter o efeito de reforçar a protecção dos segurados e das vítimas de acidentes, esse complemento facilitará ainda mais a passagem das fronteiras internas da Comunidade e, portanto, o estabelecimento e o funcionamento do mercado interno; que é assim conveniente tomar como base um nível elevado de protecção do consumidor;

Considerando que, nos termos do artigo 8.° C do Tratado, é conveniente ter em conta a amplitude do esforço que deve ser efectuado por algumas economias que apresentam diferenças de desenvolvimento; que, por conseguinte, é conveniente conceder a alguns Estados-membros um regime transitório que permita uma aplicação gradual de determinadas disposições da presente directiva,

ADOPTOU O SEGUINTE REGULAMENTO:

ARTIGO 1.°

Sem prejuízo do n.° 1, segundo parágrafo, do artigo 2.° da Directiva 84/5/CEE, o seguro referido no n.° 1 do artigo 3.° da Directiva 72/166/CEE cobrirá a responsabilidade por danos pessoais de todos os passageiros, além do condutor, resultantes da circulação de um veículo.

Para efeitos da presente directiva, o sentido da palavra "veículo" é definido no artigo 1.° da Directiva 72/166/CEE.

ARTIGO 2.°

Os Estados-membros tomarão todas as medidas necessárias para garantir que qualquer apólice de seguro obrigatório de responsabilidade civil relativo à circulação de veículos:

– abranja, com base num prémio único, a totalidade do território da Comunidade e
– garanta, com base no mesmo prémio único, em cada um dos Estados-membros, a cobertura exigida pela respectiva legislação ou a cobertura exigida pela legislação do Estado-membro em que o veículo tem o seu estacionamento habitual, sempre que esta última for superior.

ARTIGO 3.º

Ao n.º 4, primeiro parágrafo, do artigo 1.º da Directiva n.º 84/5/CEE, é ditado o seguinte período:
"Todavia, os Estados-membros não permitirão que o organismo em questão subordine o pagamento da indemnização à condição de a vítima provar, seja por que meio for, que a pessoa responsável não pode ou não quer pagar."

ARTIGO 4.º

Em caso de conflito entre o organismo referido no n.º 4 do artigo 1.º da Directiva 84/5/CEE e o segurador da responsabilidade civil quanto à questão de saber quem deve indemnizar a vítima, os Estados-membros tomarão as medidas adequadas para que seja designada a parte a quem, numa primeira fase, incube a obrigação de indemnizar imediatamente a vítima.

Se no final for decidido que a indemnização deveria ter sido paga, total ou parcialmente, pela outra parte, esta deve reembolsar, em conformidade, a parte que pagou.

ARTIGO 5.º

1. Os Estados-membros tomarão as medidas necessárias para garantir que as pessoas implicadas num acidente de circulação rodoviária possam conhecer no mais curto espaço de tempo o nome das empresas seguradoras que cobrem a responsabilidade civil resultante da utilização de cada um dos veículos implicados nesse acidente.

2. O mais tardar até 31 de Dezembro de 1995, a Comissão apresentará ao Parlamento Europeu e ao Concelho um relatório sobre a aplicação do n.º 1.

Se for caso disso, a Comissão apresentará ao Concelho propostas adequadas.

ARTIGO 6.º

1. Os Estados-membros tomarão todas as medidas necessárias para dar cumprimento à presente directiva, o mais tardar em 31 de Dezembro de 1992. Desse facto informação imediatamente a Comissão.

2. Em derrogação ao n.º 1:

– a República Helénica, o Reino de Espanha e a República Portuguesa disporão de um prazo suplementar até 31 de Dezembro de 1995 para dar cumprimento aos artigos 1.º e 2.º,
– a Irlanda disporá de um prazo até 31 de Dezembro de 1998 para dar cumprimento ao artigo 1.º no que respeita aos passageiros transportados na parte traseira dos motociclos e de um prazo até 31 de Dezembro de 1995 para dar cumprimento ao artigo 1.º no que respeita aos outros veículos, bem como para dar cumprimento ao artigo 2.º.

ARTIGO 7.º

Os Estados-membros são os destinatários da presente directiva.

DECISÃO DA COMISSÃO
DE 30 DE MAIO DE 1991

Sobre a aplicação da Directiva 72/166/CEE do Conselho, relativa à aproximação das legislações dos Estados-membros respeitantes ao seguro de responsabilidade civil que resulta da circulação de veículos automóveis e à fiscalização do cumprimento da obrigação de segurar esta responsabilidade

(91/323/CEE)

A COMISSÃO DAS COMUNIDADES EUROPEIAS,

Tendo em conta o Tratado que institui a Comunidade Económica Europeia,

Tendo em conta a Directiva 72/166/CEE do Conselho, de 24 de Abril de 1972, relativa à aproximação das legislações dos Estados-membros respeitantes ao seguro de responsabilidade civil que resulta da circulação dos veículos automóveis e a fiscalização do cumprimento da obrigação de segurar esta responsabilidade, com a última redacção que lhe foi dada pela Directiva 90/232/CEE, e, nomeadamente, o n.° 2 do seu artigo 2.° e o n.° 3 do seu artigo 7.°,

Considerando que as relacões existentes entre os serviços nacionais de seguros dos Estados-membros, da Áustria, da Finlândia, da Noruega, da Suécia, da Suíca, da Hungria e da Checoslováquia, tal como definidos no n.° 3 do artigo 1.° da Directiva 72/166/CEE («serviços nacionais»), que asseguram colectivamente os meios práticos no sentido da eliminação da fiscalização do seguro em relação aos veículos que tenham o seu estacionamento habitual nos territórios dos 19 países, são regulamentadas pelos seguintes acordos complementares ao acordo-tipo, de 2 de Novembro de 1951, relativo ao sistema de Carta Verde entre os serviços nacionais de seguros («acordos complementares»), que foram concluidos:

– em 12 de Dezembro de 1973, entre os serviços nacionais de nove Estados-membros e os da Áustria, Finlândia, Noruega, Suécia e

Suíca e alargado, em 15 de Março de 1986, aos serviços nacionais de Portugal e Espanha e, em 9 de Outubro de 1987, ao serviço nacional da Grécia;
– em 22 de Abril de 1974, entre os 14 signatários originais do acordo complementar de 12 de Dezembro de 1973 e o serviço nacional da Hungria;
– em 22 de Abril de 1974, entre os 14 signatários originais do acordo complementar de 12 de Dezembro de 1973 e o serviço nacional da Checoslováquia;
– em 14 de Março de 1986, entre o serviço nacional da Grécia e os da Checoslováquia e da Hungria;

Considerando que a Comissão adoptou posteriormente as Decisões 74/166/CEE, 74/167/CEE, 75/23/CEE, 86/218/CEE, 86/219/CEE, 86/220/ /CEE, 88/367/CEE, 88/368/CEE e 88/369/CEE, relativas à aplicação da Directiva 72/166/CEE, que impõe aos Estados-membros que se abstenham de efectuar a fiscalização do seguro de responsabilidade civil em relação aos veículos que tenham o seu estacionamento habitual no território europeu de outro Estado-membro ou nos territórios da Hungria, Checoslováquia, Suécia, Finlândia, Noruega, Áustria e Suíca e estejam abrangidos pelos acordos complementares;

Considerando que os serviços nacionais reviram e unificaram os textos dos acordos complementares e os substituíram por um único acordo (o «Acordo Multilateral de Garantia»), concluído em 15 de Março de 1991, em conformidade com os princípios estabelecidos no n.° 2 do artigo 2.° da Directiva 72/166/CEE;

Considerando que as decisões da Comissão relativas aos acordos complementares que impõem aos Estados-membros que se abstenham de efectuar a fiscalização do seguro de responsabilidade civil em relação aos veículos que tenham o seu estacionamento habitual no território europeu de outro Estado-membro ou nos territórios da Hungria, Checoslováquia, Suécia, Finlândia, Noruega, Áustria e Suíca devem, em consequência, ser revogadas e substituidas pela presente decisão,

ADOPTOU A PRESENTE DECISÃO:

ARTIGO 1.°

A partir de 1 de Junho de 1991, os Estados-membros abster-se-ão de efectuar a fiscalização do seguro de responsabilidade civil em relação aos veículos que tenham o seu estacionamento habitual no território Europeu de outro Estado-membro ou no território da Hungria, Checoslováquia, Suécia, Finlândia, Noruega, Áustria e Suíça e estejam abrangidos pelo Acordo Multilateral de Garantia celebrado entre os serviços nacionais de seguros, de 15 de Março de 1991.

ARTIGO 2.°

A presente decisão revoga e substitui, a partir de 1 de Junho de 1991, as Decisões 74/166/CEE, 74/167/CEE, 75/23/CEE, 86/218/CEE, 86/219/ /CEE, 86/220/CEE, 88/367/CEE, 88/368/CEE e 88/369/CEE.

ARTIGO 3.°

Os Estados-membros informarão imediatamente a Comissão das medidas que tomarem para dar cumprimento à presente decisão.

ARTIGO 4.°

Os Estados-membros são os destinatários da presente decisão.

ANEXO

ACORDO MULTILATERAL DE GARANTIA ENTRE SERVIÇOS NACIONAIS DE SEGUROS DE 15 DE MARÇO DE 1991

PREÂMBULO

OS SERVIÇOS NACIONAIS DOS SIGNATÁRIOS,

Tendo em conta a Recomendação n.° 5, adoptada em 25 de Janeiro de 1949 pelo Subcomité de Transportes Rodoviários do Comité de Transportes Internos da Comissão Económica para a Europa da Organização das Nações Unidas, com a alteração introduzida pelo anexo 2 da resolução consolidada com vista a facilitar o transporte rodoviário adoptada pelo subcomité na sua sessão de 25 a 29 de Junho de 1984 (adiante designadas por «Recomendações de Genebra»);

Considerando que o Conselho dos Serviços Nacionais ao qual aderiram todos os serviços signatários mencionados no artigo 9.° do presente acordo, e o orgão responsável, em conjunto com o Subcomité de Transportes Rodoviários, pela gestão e funcionamento do Sistema Internacional de Seguro de Responsabilidade Civil Automóvel (conhecido por «sistema da Carta Verde»), garantindo que todos os membros do Conselho actuem de acordo com as referidas recomendações de Genebra;

Tendo em conta a Directiva 72/166/CEE do Conselho das Comunidades Europeias, de 24 de Abril de 1972, relativa à aproximação das legislações dos Estados-membros respeitantes ao seguro de responsabilidade civil que resulta da circulação de veículos automóveis e à fiscalização do cumprimento da obrigação de segurar esta responsabilidade, que levou certos serviços nacionais a concluir entre si acordos para a regularização de sinistros resultantes da circulação internacional de veículos com estacionamento habitual nos países dos serviços nacionais dos signatários;

Considerando que é desejável que os serviços signatários revejam e unifiquem os textos dos seus vários acordos e que os substituam por um único acordo no qual sejam incluídos, na medida do possível e tendo em conta os objectivos desses acordos, as disposições do acordo-tipo entre os serviços nacionais,

CONCLUÍRAM ENTRE SI O PRESENTE ACORDO («ACORDO MULTILATERAL DE GARANTIA») APLICÁVEL NOS RESPECTIVOS TERRITÓRIOS MENCIONADOS NO ARTIGO 9.° (CLÁUSULA DE ASSINATURA):

ARTIGO 1.°
Âmbito e aplicação do acordo

a) Os serviços signatários actuam em nome de todas as seguradoras autorizadas a realizar, no respectivo país, operações de seguro obrigatório de responsabilidade civil automóvel.

b) As partes contratantes basear-se-ão nas Dircctivas 72/166/CEE, de 24 de Abril de 1972, 84/5/CEE, de 30 de Dezembro de 1983, e 90/232/ /CEE de 14 de Maio de 1990, do Conselho das Comunidades Europeias.

c) Em relação aos serviços nacionais de Estados não membros das Comunidades Europeias, a referência feita na alínea *b)* às directivas do Conselho das Comunidades Europeias diz unicamente respeito às disposições daquelas directivas que se relacionam com a circulação internacional de veículos automóveis.

d) Quando um veículo automóvel cujo estacionamento habitual é num dos territórios referidos no artigo 9.º passar a circular num outro território referido no mesmo artigo e ficar sujeito ao seguro obrigatório de responsabilidade civil automóvel em vigor nesse território, o proprietário, o possuidor, o utilizador e/ou o condutor são considerados como segurados, quer sejam ou não titulares de uma apólice de seguros válida.

e) Em consequência, cada serviço gestor assume a responsabilidade, de acordo com a legislação nacional e com a apólice de seguro, se existir, pela gestão e regularização de sinistros resultantes de acidentes causados por veículos sujeitos às disposições da legislação respeitante ao seguro obrigatório de responsabilidade civil automóvel no território daquele serviço com estacionamento habitual no território de um serviço emissor.

f) O presente acordo aplicar-se-á aos veículos definidos na alínea *b)* do artigo 2.º, mas não se aplica aos veículos especificados no anexo I.

g) Para efeitos do presente acordo os, territórios dos serviços signatários referidos no artigo 9.º devem ser considerados como um único território não dividido.

h) Sem prejuízo das disposições dos artigos 7.º e 8.º, o presente acordo será concluído por um prazo ilimitado, entrará em vigor na data fixada pelo presidente do Conselho dos Serviços Nacionais em conjunto com a Comissão das Comunidades Europeias e será aplicável a todos os acidentes que ocorram a partir daquela data.

ARTIGO 2.º
Definições

Para efeitos do presente acordo, os termos e expressões abaixo indicados terão, com exclusão de qualquer outro, o seguinte significado:

a) «Membro»: qualquer empresa de seguros ou grupo segurador membro de um serviço signatário.

b) «Veículo»: qualquer veículo terrestre a motor ou reboque, atrelado ou não, sujeito a seguro obrigatório no território visitado.

c) «Apólice de seguro»: qualquer apólice de seguro emitida por um membro de um serviço emissor para cobertura de responsabilidades resultantes da utilização de um veículo.

d) «Sinistro»: qualquer pedido ou conjunto de pedidos de reparação feito por um terceiro decorrente de um acidente, cuja responsabilidade, ao abrigo da legislação do território no qual ocorreu o acidente, deve estar coberta pelo seguro.

e) «Serviço signatário»: qualquer organização, constituída de acordo com as recomendações de Genebra, que agrupa todas as empresas seguradoras autorizadas a realizar, no território de um dos serviços signatários, referido no artigo 9.º, operações de seguro de responsabilidade civil automóvel.

f) «Serviço gestor»: o serviço (e/ou qualquer membro daquele serviço que actua em sua representação) com competência, no respectivo território, para a gestão e regularização dos sinistros, de acordo com as disposições do presente acordo e da sua legislação nacional, resultantes de um acidente provocado por um veículo automóvel com estacionamento habitual no território de um outro serviço signatário.

g) «Serviço emissor»: o serviço (e/ou qualquer membro daquele serviço) do território no qual tem o seu estacionamento habitual o veículo automóvel envolvido no acidente num outro território, a quem incumbe cumprir as obrigações perante o serviço gestor, nos termos do disposto no presente acordo.

h) «Território no qual o veículo tem o seu estacionamento habitual»:

– o território do Estado da chapa de matrícula do veículo, ou,
– em relação a um veículo para o qual não se exige uma placa de matrícula, o território de residência permanente do detentor do veículo.

ARTIGO 3.º
Gestão dos sinistros

a) Logo que é informado da ocorrência de um acidente que envolva um veículo com estacionamento habitual no território de um outro serviço signatário, o serviço gestor deve proceder imediatamente, mesmo antes de qualquer reclamação formal, à investigação das circunstâncias do acidente com vista à regularização de uma reclamação eventual. O serviço gestor deve comunicar imediatamente qualquer reclamação formal ao serviço emissor ou ao membro do serviço emissor que emitiu a apólice de seguro, se existir. O incumprimento pelo serviço gestor desta obrigação não pode ser invocado pelo serviço emissor nem isentar este serviço das suas obrigações, previstas no artigo 5.º

b) Pelo presente acordo, o serviço emissor autoriza o serviço gestor a recorrer a quaisquer procedimentos de natureza judicial ou extra-judicial tendentes ao pagamento de indemnizações decorrentes do acidente e a proceder à regularização dos sinistros.

c) O serviço gestor será responsável pela actuação do agente por si designado para a regularização de um sinistro. Não poderá, por sua própria iniciativa, ou sem consentimento escrito do serviço emissor, confiar ou permitir que um sinistro seja tratado por um agente ou por qualquer pessoa ao serviço de tal agente que, por força de obrigações de natureza contratual, esteja financeiramente interessado naquele pedido de indemnização. Se proceder desta forma, sem tal consentimento, o seu direito de reembolso do serviço emissor limitar-se-á a metade do montante que normalmente seria recebido.

d) O serviço gestor, de harmonia com a sua legislação nacional e as disposições da apólice de seguros, se existir, deverá actuar no interesse do serviço emissor. O serviço gestor terá competência exclusiva em todas as questões relativas à interpretação da legislação nacional e à regularização do sinistro. O serviço gestor poderá consultar, se tal lhe for pedido, o serviço emissor ou o membro que emitiu a apólice de seguros, antes de tomar uma acção definitiva. No entanto, quando a regularização pretendida exceder as condições ou limites das disposições relativas a terceiros da legislação respeitante ao seguro obrigatório de responsabilidade civil automóvel em vigor no território do serviço emissor, encontrando-se todavia abrangida pela apólice de seguros, deverá consultar, salvo disposição em contrário daquela legislação, o serviço emissor e obter o seu acordo no que respeita a parte do sinistro que exceda estas condições ou limites.

ARTIGO 4.º
Mandato para a gestão de sinistros

a) Se um membro do serviço emissor dispuser de uma filial ou sucursal estabelecida no território do serviço gestor e autorizada para realizar operações de seguro automóvel, o serviço gestor poderá confiar a sucursal ou filial, se tal lhe for pedido, a gestão e a regularização de sinistros.

b) Cláusula facultativa

O serviço emissor pode solicitar, em nome de um dos seus membros, ao serviço gestor que confie a gestão e a regularização de sinistros a um correspondente que pode ser:

   i) um membro do serviço gestor,
   ii) um organismo estabelecido no território do serviço gestor, especializado, em nome das empresas seguradoras, na gestão e regularização de sinistros decorrentes de acidentes provocados por um veículo.

A aceitação do pedido pelo serviço gestor, implica a concessão de mandato ao correspondente designado para gerir e regularizar sinistros. Deve informar os terceiros deste mandato e enviar ao correspondente todas as notificações relativas a estes sinistros.

Por seu turno, o membro do serviço emissor, ao solicitar a nomeação de um correspondente designado, compromete-se a confiar ao referido correspondente todos os sinistros no território do acidente e a dirigir-lhe todos os documentos de interesse para aqueles sinistros.

Na sua qualidade de agente devidamente mandatado do serviço gestor, o correspondente designado é responsável perante o referido serviço pela gestão do sinistro, devendo tomar em conta quaisquer instruções, gerais ou particulares, recebidas do serviço gestor.

Excepcionalmente, o serviço emissor pode atribuir, se tal lhe for solicitado, um mandato da mesma natureza do acima descrito a um correspondente designado para gerir um sinistro específico, apesar de este correspondente não ter recebido nenhum mandato geral.

c) Nos casos descritos nas alíneas a) e b),

> i) o membro do serviço emissor compromete-se perante o serviço emissor de que a sua sucursal, filial ou o seu correspondente designado regularizarão os sinistros na plena observância das disposições relativas a terceiros da legislação respeitante ao seguro obrigatório automóvel do país do serviço emissor ou da apólice de seguro, se existir. O serviço emissor assegurará o respeito desta obrigação,
>
> ii) o serviço gestor pode retomar, a qualquer momento e sem necessidade de prestar qualquer justificação, a gestão de um sinistro ou, no que respeita a um correspondente designado, revogar o seu mandato geral ou para aquele sinistro especifico.

ARTIGO 5.º
Reembolso ao serviço gestor

Quando o serviço gestor tiver já regularizado um sinistro, tem direito a reclamar, mediante comprovativos dos pagamentos efectuados, o reembolso pelo serviço emissor ou pelo membro do serviço emissor que emitiu a apólice de seguro, se existir, as seguintes verbas:

> i) o total da importância paga pelo serviço gestor a título de indemnização pelos danos causados e dos custos e encargos a que o sinis-

trado tem direito ao abrigo de sentença judicial, ou, em caso de acordo com o sinistrado, a quantia total da referida regularização, incluindo os custos e os encargos acordados,
ii) as importâncias efectivamente pagas pelo serviço gestor em relação aos serviços externos inerentes à investigação e regularização de cada sinistro e dos custos suportados de forma específica com acção judicial que teriam igualmente sido desembolsados, em circunstâncias semelhantes, por uma empresa de seguro automóvel estabelecida no país do acidente,
iii) uma comissão de gestão para cobertura de todas as despesas, calculada a taxa de 15% sobre o equivalente da quantia paga ao abrigo do subalínea *i)*, sem prejuízo de um montante mínimo e máximo cujos níveis e base serão determinados pelo Conselho dos Serviços Nacionais,
iv) as quantias mínima e máxima acima referidas são expressas em marcos alemães, calculadas à taxa de câmbio corrente à data do primeiro pedido de reembolso definitivo.

b) Quando, após o pagamento de uma comissão de gestão, se verificar a reabertura de um sinistro já regularizado, ou quando for apresentada uma nova reclamação resultante do mesmo acidente, o saldo eventual a pagar a título de comissão de gestão, deve ser calculado de acordo com as disposições em vigor à data da apresentação do pedido de reembolso em relação ao processo reaberto, ou a nova reclamação.

c) O reembolso da importância calculada de acordo com estas disposições, compreendendo a comissão mínima de gestão, terá lugar mesmo quando o sinistro seja regularizado sem qualquer pagamento a um terceiro.

d) As quantias devidas ao serviço gestor serão reembolsadas, a seu pedido, no respectivo país, na moeda nacional e sem quaisquer encargos.

e) O serviço emissor não será responsável pelo pagamento de multas aplicadas por força da lei penal.

f) Os pedidos de reembolso de pagamentos provisórios efectuados por um serviço emissor serão tratados da mesma forma que os pagamentos definitivos. A comissão de gestão só será devida após a regularização definitiva da reclamação e de acordo com as regras aplicáveis.

g) Se, no prazo de dois meses a contar da data do primeiro pedido de reembolso, o membro do serviço emissor não tiver pago o montante devido ao serviço gestor, o serviço emissor deve, a partir da recepção da notificação da falta de pagamento por parte do serviço gestor, efectuar ele mesmo este reembolso no prazo de um mês a contar da data de recepção da referida notificação. Esta obrigação acrescerá ao pagamento de juros a título de mora abaixo mencionados.

h) Se, no momento do pedido de reembolso, o serviço gestor não tiver sido notificado da existência de uma apólice de seguro, este pedido será apresentado ao serviço emissor. O serviço emissor deve, nestas circunstâncias, pagar a quantia devida no prazo de dois meses a contar da data do pedido.

i) Se, no prazo de dois meses a contar da data do primeiro pedido de reembolso provisório ou definitivo ao membro do serviço emissor, ou ao próprio serviço emissor, o pagamento não tiver sido recebido pelo serviço gestor ou pelo seu banco, serão acrescidos juros à importância devida ao serviço gestor, calculados à taxa anual de 12% a partir da data do primeiro pedido até à data da recepção do pagamento pelo serviço gestor.

j) Se tal lhe for solicitado, o serviço gestor deve fornecer a documentação relativa à regularização, sem que de tal facto resulte atraso no reembolso.

ARTIGO 6.º
Arbitragem

a) Qualquer litígio entre serviços respeitante à interpretação da expressão «com estacionamcnto habitual» na medida em que não tenha sido anteriormente definida, será apresentado a um tribunal de arbitragem. Este tribunal compreenderá o presidente do Conselho dos Serviços Nacionais em conjunto com um árbitro designado por cada um dos serviços nacionais envolvidos no litígio. Se o presidente do Conselho dos Serviços Nacionais tiver a mesma nacionalidade de um dos árbitros, deve designar, em sua substituição, um árbitro de nacionalidade diferente da sua e da dos outros árbitros.

b) Uma decisão judicial prevalecerá sempre sobre uma decisão arbitral, independentemente das respectivas datas, quando esta decisão judicial resultar de uma acção intentada pela vítima ou pelos seus herdeiros.

ARTIGO 7.º
Suspensão ou rescisão do acordo

a) Podem ser aplicadas sanções, que compreendem a suspensão ou rescisão do presente acordo com o serviço signatário envolvido, em qualquer uma das seguintes circunstâncias:

i) se o país do serviço signatário impedir a transferência dos fundos necessários para que esse serviço signatário possa satisfazer as obrigações que lhe incumbem por força do presente acordo;

ii) se a transferência dos fundos necessários de um país a outro não é efectuada ou se torna impossível;

iii) se o comportamento de um serviço signatário é de natureza a comprometer seriamente a aplicação do presente acordo.

b) O presidente do Conselho dos Scrviços Nacionais deve ser notificado no caso de se verificar qualquer uma das situações referidas, dando conhecimento de tal facto a todos os outros signatários que deverão decidir quanto à aplicação de uma das sanções refcridas na alínea *a)*. No caso de decisão afirmativa e unânime, os signatários mandatarão o presidente do Conselho dos Serviços Nacionais para tomar todas as medidas necessárias à execução desta decisão. Para o efeito, a decisão será notificada pelo presidente do Conselho dos Serviços Nacionais ao serviço signatário em falta e a suspensão ou a rescisão do acordo em relação a este serviço signatário entrará em vigor após um prazo de dois meses a contar da data de envio pelo correio da referida notiticação.

c) Os outros serviços signatários notificarão as autoridades governamentais, o presidente do Conselho dos serviços Nacionais e a Comissão das Comunidades Europeias de tal suspensão ou rescisão.

d) No caso de se verificar a situação referida na alínea *b)*, o presidente do Conselho dos Serviços Nacionais notificará todos os membros do Conselho, que convidará a apreciar a situação do serviço signatário em falta em relação ao acordo.

ARTIGO 8.º
Retirada do acordo

Se um serviço signatário decidir retirar-se do presente acordo, notificará imediatamente por escrito a sua decisão ao presidente do Conselho dos Serviços Nacionais que, por seu turno, informará os outros serviços signatários e a Comissão das Comunidades Europeias. Esta retirada entrará em vigor no termo de um prazo de seis meses a contar do dia seguinte à data de envio pelo correio da referida notificação. O serviço signatário em causa mantém a sua responsabilidade, ao abrigo do presente acordo, em relação aos pedidos de reembolso relativos a regularizações de sinistros resultantes de acidentes ocorridos até ao termo do referido prazo.

ARTIGO 9.º
Cláusula de asssinatura

O presente acordo é celebrado entre os serviços signatários abaixo mencionados, relativamente aos territórios abrangidos pelo âmbito da sua competência, em três exemplares em língua inglesa e três exemplares em língua francesa.

Um exemplar em cada uma das duas línguas será depositado, respectivamente, junto do Secretariado do Conselho dos Serviços Nacionais, do Secretariado-Geral do Comité Europeu de Seguros e da Comissão das Comunidades Europeias.

O secretário-geral do Conselho dos Serviços Nacionais entregará cópias autenticadas do presente acordo a cada um dos serviços signatários.

ANEXO I

DERROGAÇÕES

Alemanha

1. Veículos que, pela sua construção, não ultrapassem a velocidade máxima de 6 km/hora.

2. Máquinas operadoras automotoras cuja velocidade máxima não exceda os 20 km/hora.

3. Veículos e reboques com matrícula temporária (chapa de alfândega).

4. Veículos e reboques de tropas estrangeiras estacionadas em território submetido a soberania da Alemanha, do pessoal auxiliar civil ou dos membros efectivos e dos seus familiares, desde que esses veículos se encontrem matriculados pelas autoridades militares competentes.

5. Veículos e reboques dos quartéis-generais militares internacionais estacionados na Alemanha, por força do Tratado do Atlântico do Norte (OTAN).

Bélgica

Veículos com matrícula temporária (chapa de alfândega).

França (e Mónaco)

Veículos militares sujeitos a regimes de convenções internacionais.

Grécia

1. Veículos que pertencam a organizações intergovernamentais.
(Chapas verdes – letras «CD» e «DS» seguidas do número de matrícula).
2. Veículos que pertençam às forças armadas e a pessoal militar e civil da OTAN.
(Chapas amarelas – letras «EA» seguidas do número de matrícula).
3. Veículos que pertençam às forças armadas gregas.
(Chapas com as letras «ES»).
4. Veículos que pertençam às forças aliadas na Grécia.
(Chapas com as letras «AFG»).
5. Veículos com chapas de matrícula temporária (chapas de alfândega).
(Chapas brancas – letras «DIPEA» e «EY» seguidas do número de matrícula).
6. Veículos com chapas de exame.
(Chapas brancas – letras «DOKIMH» seguidas do número de matrícula).

Hungria

1. Veículos a motor que sejam portadores de uma chapa de matrícula com a indicação «DT» e «CK».
2. Veículos a motor que não sejam portadores de chapa de matrícula.

Irlanda

Veículos com matrícula temporária (chapa de alfândega).

Itália (e República de São Marinho e Estado do Vaticano)

1. Veículos com matrícula temporária.
2. Veículos de forças militares e de outro pessoal militar e civil sujeitos a regimes de convenções internacionais (como, por exemplo, a placa «AFI» e organizações internacionais como a OTAN).
3. Veículos sem chapa de matrícula (nomeadamente ciclomotores).
4. Máquinas agrícolas (tais como tractores agrícolas, seus reboques e quaisquer outros veículos afectos, pela sua estrutura, a trabalhos agrícolas).

Luxemburgo

Veículos com matrícula temporária (chapa de alfândega), após o termo do prazo mencionado na chapa da matrícula.

Países Baixos

1. Veículos com matrícula temporária (chapa de alfândega).
2. Veículos particulares dos militares neerlandeses e respectivas famílias estacionados na Alemanha.
3. Veículos pertencentes a militares alemães estacionados nos Países Baixos.
4. Veículos pertencentes a pessoas adstritas ao quartel-general das forças armadas na Europa Central.
5. Veículos ao serviço das forças armadas da OTAN.

Portugal

1. Máquinas agrícolas e equipamento mecânico motorizado para as quais a lei portuguesa não exige chapas de matrícula.
2. Veículos que pertencem a países estrangeiros e a organizações internacionais de que Portugal seja Estado-membro.
(Chapas brancas – caracteres vermelhos, precedidos das letras «CD» ou «FM»).
3. Veículos que pertencem ao Estado português.
(Chapas pretas – caracteres brancos, precedidos das letras «AM», «AP», «EP», «ME», «MG» ou «MX», conforme o organismo público respectivo).

Reino Unido da Grã-Bretanha e da Irlanda do Norte
(e ilhas da Mancha, Gibraltar e Ilha de Man)

1. Veículos da OTAN submetidos às disposições da Convenção de Londres de 19 de Junho de 1951 e do Protocolo de Paris de 28 de Agosto de 1952.
2. Veículos com chapas de matrícula temporária de Gibraltar (números precedidos pelas letras «GG»).

Suíça (e Liechtenstein)

Veículos operados manualmente e equipados com motor e máquinas para trabalhos agrícolas de um só eixo, exclusivamente conduzidas por uma pessoa a pé e que não se destinem a puxar reboques, mais de cinco meses após a data em que expirar a vinheta.

Ciclomotores e cadeiras de rodas de inválidos, cuja cilindrada de motor não exceda 50 cm^3 e cuja velocidade não possa, em circunstâncias normais, ultrapassar os 30 km/hora, mais de cinco meses após a data em que expirar a placa da matrícula.

Veículos com matrícula temporária (chapa de alfândega) além da data em que expira constante da chapa de matrícula.

ANEXO II

CLÁUSULAS SUSPENSIVAS

França (e Mónaco)

Cláusula suspensiva do Bureau central français:
O compromisso assumido pelo Bureau central français:
1. Produzirá efeitos em relação aos acidentes causados na Checoslováquia ou na Hungria por veículos que têm o seu estacionamento habitual em França ou no Mónaco, a partir da data de entrada em vigor das disposições legislativas ou regulamentares que assimilam a Checoslováquia e a Hungria aos outros países signatários do presente acordo e alteram, em conformidade, os artigos L 221.4, L 421.11 e 12, R 211.14, R 211.28, R 421.1, R 421.69 e A 421.1 do Código de Seguros.
2. Exclui, até notificação posterior, nas suas relações com todos os outros serviços signatários, o disposto na alínea *b*) do artigo 6.º .

Grécia

Cláusula suspensiva do Serviço das Seguradoras do Ramo Automóvel – Grécia

Até a revogação da presente cláusula, fica suspensa a aplicação do acordo complementar de 12 de Dezembro de 1973, aos acidentes ocorridos na Áustria, Checoslováquia, Finlândia, Noruéga, Hungria, Suíça e Suécia causados por veículos «com estacionamento habitual» na Grécia. O Serviço das Seguradoras do Ramo Automóvel – Grécia, apreciará, à luz das condições verificadas à data, a possibilidade de aplicar completamente o referido acordo com aqueles países até ao final de 1992, comprometendo-se, de qualquer forma, a tomar medidas para que entre em vigor, o mais tardar, até ao final de 1995.

Itália (e República de São Marinho e Estado do Vaticano)

Cláusula suspensiva de Ufficio Centrale Italiano.

a) No que diz respeito aos veículos a motor com estacionamento habitual em Itália e conduzidos na Áustria, o presente acordo entrará em vigor para os acidentes verificados a partir de 1 de Junho de 1992, inclusive.

b) No que diz respeito aos veículos a motor com estacionamento habitual na Itália e conduzidos na Hungria, Suíça e Liechtenstein, o presente acordo entrará em vigor em data a determinar pelos signatários interessados quando:

  i) forem tomadas as medidas necessárias pelos governos de tais Estados para assimilar, no caso de acidente nos seus territórios, os cidadãos italianos aos cidadãos nacionais destes territórios no que diz respeito às indemnizações atribuídas pelo Fundo de Garantia, desde que os cidadãos destes territórios já sejam equiparados aos cidadãos italianos no caso de serem vítimas de um acidente em Itália,

  ii) as autoridades italianas competentes tiveram realizado os necessários procedimentos administrativos, após terem recebido confirmação de que foram adoptadas as medidas referidas na subalínea *i)*.

DECISÃO DA COMISSÃO
DE 21 DE DEZEMBRO DE 1992

Sobre a aplicação da directiva 72/166/CEE do conselho, relativa à aproximação das legislações dos Estados-Membros respeitantes ao seguro de responsabilidade civil que resulta da circulação de veículos automóveis e à fiscalização do cumprimento da obrigação de segurar esta responsabilidade

(93/43/CEE)

A COMISSÃO DAS COMUNIDADES EUROPEIAS,

Tendo em conta o Tratado que institui a Comunidade Económica Europeia,

Tendo em conta a Directiva 72/166/CEE do Conselho, de 24 de Abril de 1972, relativa à aproximação das legislações dos Estados-membros respeitantes ao seguro de responsabilidade civil que resulta da circulação dos veículos automóveis e à fiscalização do cumprimento da obrigação de segurar esta responsabilidade, com a última redacção que lhe foi dada pela Directiva 90/232/CEE, e, nomeadamente, o n.° 2 do seu artigo 2.° e o n.° 3 do seu artigo 7.°,

Considerando que as relações existentes entre os serviços nacionais de seguros dos Estados-membros, da Áustria, da Finlândia, da Noruega, da Suécia, da Suíça, da Hungria e da Checoslováquia, tal como definidos no n.° 3 do artigo 1.° da Directiva 72/166/CEE («serviços nacionais»), que asseguram colectivamente os meios práticos no sentido da eliminação da fiscalização do seguro em relação aos veículos que tenham o seu estacionamento habitual nos territórios dos 19 países, são regulamentadas pelos seguintes acordos complementares ao acordo-tipo, de 2 de Novembro de 1951, relativo ao sistema de Carta Verde entre serviços nacionais de seguros («acordos complementares»), que foram concluídos:

- em 12 de Dezembro de 1973, entre os serviços nacionais de nove Estados-membros e os da Áustria, Finlândia, Noruega, Suécia e

Suíça e alargado, em 15 de Março de 1986, aos serviços nacionais de Portugal e Espanha e, em 9 de Outubro de 1987, ao serviço nacional da Grécia,
— em 22 de Abril de 1974, entre os 14 signatários originais do acordo complementar de 12 de Dezembro de 1973 e o serviço nacional da Hungria,
— em 22 de Abril de 1974, entre os 14 signatários originais do acordo complementar de 12 de Dezembro de 1973 e o serviço nacional da Checoslováquia,
— em 14 de Março de 1986, entre o serviço nacional da Grécia e os da Checoslováquia e da Hungria;

Considerando que a Comissão adoptou posteriormente as decisões 74/166/CEE, 74/167/CEE, 75/23/CEE, 86/218/CEE, 86/219/CEE, 86/220//CEE, 88/367/CEE, 88/368/CEE e 88/369/CEE, relativas à aplicação da Directiva 72/166/CEE, que impõe aos Estados-membros que se abstenham de efectuar a fiscalização do seguro de responsabilidade civil em relação aos veículos que tenham o seu estacionamento habitual no território europeu de outro Estado-membro ou nos territórios da Hungria, Checoslováquia, Suécia, Finlândia, Noruega, Áustria e Suíça e estejam abrangidos pelos acordos complementares;

Considerando que os serviços nacionais reviram e unificaram os textos dos acordos complementares e os substituíram por um único acordo (o «Acordo Multilateral de Garantia»), concluído em 15 de Março de 1991, em conformidade com os princípios estabelecidos no n.° 2 do artigo 2.° da Directiva 72/166/CEE;

Considerando que a Comissão adoptou posteriormente a Decisão 91/323/CEE, de 30 de Maio de 1991, que revoga os acordos complementares que impõem aos Estados-membros que se abstenham de efectuar a fiscalização do seguro de responsabilidade civil em relação aos veículos que tenham o seu estacionamento habitual no território europeu de outro Estado-membro ou nos territórios da Hungria, Checoslováquia, Suécia, Finlândia, Noruega, Áustria e Suíça, substituindo estes acordos complementares pelo Acordo Multilateral de Garantia a partir de 1 de Junho de 1991;

Considerando que a Islândia assinou o Acordo Multilateral de Garantia em 3 de Dezembro de 1992,

ADOPTOU A PRESENTE DECISÃO:

ARTIGO 1.º

A partir de 1 de Janeiro de 1993, os Estados-membros abster-se-ão de efectuar a fiscalização do seguro de responsabilidade civil em relação aos veículos que tenham o seu estacionamento habitual no território da Islândia e estejam abrangidos pelo Acordo Multilateral de Garantia concluído entre os serviços nacionais de seguros, de 15 de Março de 1991.

ARTIGO 2.º

Os Estados-membros informarão imediatamente a Comissão das medidas que tomarem para dar cumprimento à presente decisão.

ARTIGO 3.º

Os Estados-membros são os destinatários da presente decisão.

Feito em Bruxelas, em 21 de Dezembro de 1992.

ÍNDICE

LEGISLAÇÃO COMPLEMENTAR

CÓDIGO CIVIL
Pág.
- Artigos 369.º a 372.º – documentos autênticos 382
- Artigos 443.º a 451.º – contrato a favor de terceiro 124
- Artigos 503.º a 508.º – responsabilidade civil nos acidentes causados por veículos 34
- Artigos 562.º a 572.º – obrigação de indemnização 36

CÓDIGO DE PROCESSO CIVIL
- Artigos 26.º, 28.º e 29.º – legitimidade das partes e litisconsórcio necessário 295
- Artigos 325.º a 329.º – intervenção provocada 295

CÓDIGO DA ESTRADA
- Artigo 8.º – restrições à circulação 110
- Artigos 54.º e 55.º – transporte de pessoas nos veículos 88
- Artigo 81.º – proibição da condução sob a influência do álcool ou de estupefacientes ou psicotrópicos 229
- Artigo 85.º – documentos 337
- Artigo 91.º – transporte de passageiros nos motociclos 88
- Artigos 105.º a 113.º – classificação dos veículos 32
- Artigo 116.º – inspecções 387
- Artigos 117.º a 119.º – matrícula dos veículos automóveis 243
- Artigos 121.º a 130.º – habilitação legal para conduzir 221
- Artigo 132.º – seguro de provas desportivas 110
- Artigos 148.º e 149.º – cassação de carta ou licença de condução 236
- Artigos 158.º a 165.º – fiscalização da condução sob a influência do álcool ou de substâncias estupefacientes ou psicotrópicas 230
- Artigos 166.º a 168.º – apreensão de documentos 339
- Artigo 169.º – apreensão de veículos 364

CÓDIGO COMERCIAL
- Artigos 425.º a 431.º – dos seguros 114
- Artigos 450.º a 454.º – seguro de transportes 97

CÓDIGO PENAL
– Artigos 291.º e 292.º – condução sob a influência do álcool 228

LEGISLAÇÃO NÃO CODIFICADA
– Decreto-Lei n.º 38 523, de 23.11.51 – responsabilidade do Estado por acidentes dos seus servidores 171
– Decreto-Lei n.º 54/75, de 12.02 – registo da propriedade automóvel 340
– Decreto-Lei n.º 55/75, de 12.02 – regulamento do registo de automóveis 346
– Decreto-Lei n.º 514/77, de 14.12 – convenções bilaterais ou multilaterais para reconhecimento de certificados internacionais de seguro de automóveis 259
– Despacho Normativo n.º 20/78, de 24.01 – Gabinete Português do Certificado Internacional de Seguro de Automóveis 260
– Decreto regulamentar n.º 58/79, de 25.09 – regulamentação do seguro obrigatório 411
– Portaria n.º 656/79, de 07.12 – certificado provisório de seguro 383
– Decreto-Lei n.º 91/82, de 22.03 (alt. pelo Decreto-Lei n.º 133/86, de 12.06) – sanções aplicáveis ás companhias de seguros e seus gestores 403
– Decreto-Lei n.º 31/85, de 25.01 – veículos apreendidos a favor do Estado 365
– Decreto-Lei n.º 446/85, de 25.10 (alt. pelo Dec.-Lei n.º 220/95, de 31.08) – cláusulas contratuais gerais 115
– Portaria n.º 403/86, de 26.07 – controle público da emissão de documentos probatórios do seguro automóvel 384
– Portaria n.º 530/87, de 29.06 – certificado de isenção de seguro 68
– Despacho Normativo n.º 17/88, de 08.04 – competência de processamento de contra-ordenações e aplicação de coimas 377
– Decreto-Lei n.º 133/91, de 02.04 – excesso de carga transportada em veículos de mercadorias 98
– Decreto-Lei n.º 26/92, de 14.10 – atribuição de matrícula de exportação ... 245
– Decreto-Lei n.º 254/92, de 20.11 – regime de inspecções periódicas obrigatórias 388
– Portaria n.º 267/93, de 11.03 – inspecção periódica de veículos automóveis .. 393
– Portaria n.º 52/94, de 21.01 – atribuição de matrícula nacional 247
– Decreto-Lei n.º 105/94, de 23.04 – pagamento dos prémios 151
– Decreto-Lei n.º 130/94, de 19.05 – obrigatoriedade de aposição de dístico 69
– Decreto-Lei n.º 215/94, de 19.08 – altera o Dec.-Lei n.º 105/94, de 23.04. 154
– Decreto-Lei n.º 317/94, de 24.12 – registo individual do condutor 206
– Portaria n.º 56/95, de 25.01 – dístico nos veículos terrestres a motor 250
– Decreto-Lei n.º 149/95, de 24.06 – regime jurídico do contrato de locação financeira 58
– Decreto-Lei n.º 176/95, de 26.07 – regras de transparência para a actividade seguradora 126
– Portaria n.º 117-A/96, de 15.04 – regulamento de inspecções periódicas obrigatórias 394
– Decreto-Lei n.º 77/97, de 05.04 – transporte rodoviário de mercadorias perigosas 89
– Lei n.º 18/97, de 11.06 – transferência de competências para os municípios 310

– Portaria n.º 335/97, de 16.06 – transporte de resíduos dentro do território nacional 95
– Decreto-Lei n.º 214/97, de 16.08 – regras de transparência em matéria de sobresseguro nos contratos de seguro automóvel facultativo 141
– Lei n.º 100/97, de 13.09 – regime jurídico dos acidentes de trabalho e das doenças profissionais 180
– Decreto-Lei n.º 251/97, de 26.09 – Instituto de Seguros de Portugal 262
– Decreto-Lei n.º 336/97, de 02.12 – regulamento de inspecção para avaliação da aptidão física, mental e psicológica dos condutores 211
– Decreto-Lei n.º 2/98, de 03.01, artigos 7.º a 12.º – fiscalização do cumprimento das disposições do Código da Estrada 374
– *Idem*, artigos 13.º e 14.º – autorização para utilização das vias públicas 109
– *Idem*, artigos 15.º a 18.º – alienação de salvados 158
– Norma Regulamentar n.º 8/98-R, do Instituto de Seguros de Portugal, de 16.06 – seguro de "danos próprios"; regulamentação do Dec.-Lei n.º 214/97, de 16.08 144
– Lei n.º 6/98, de 31.01 – Medidas de segurança para os motoristas de táxi.. 312
– Lei n.º 65/98, de 02.09 – conversão de "TAE" em "TAS" 229
– Decreto-Lei n.º 251/98, de 11.08 – Condições de acesso à actividade e ao mercado de transportes em táxi 313
– Decreto-Lei n.º 263/98, de 19.08 – Condições de acesso e de exercício da profissão de motorista de táxi 323
– Decreto-Lei n.º 38/99, de 06.02 – Transportes rodoviários de mercadorias, por conta de outrem ou por conta própria, nacionais e internacionais 329
– Portaria n.º 277-A/99, de 15.04 – Actividade de transportes em táxi e equipamento obrigatório para o seu licenciamento 334
– Decreto-Lei n.º 142/99, de 30.04 – Fundo de Acidentes de Trabalho 194

LEGISLAÇÃO COMUNITÁRIA
– Directiva 84/5/CEE do Conselho, de 30 de Dezembro de 1983 – aproximação das legislações respeitantes ao seguro automóvel 423
– Directiva 90/232/CEE do Conselho, de 14.05.90 – aproximação das legislações respeitantes ao seguro automóvel 429
– Decisão da Comissão 91/323/CEE, de 30.05.91 – sobre a aplicação da Directiva 72/166/CEE do Conselho 435
– Decisão da Comissão 93/43/CEE, de 21.12.92 – sobre a aplicação da Directiva 72/166/CEE do Conselho 451

ÍNDICE GERAL

	Pág.
NOTA EXPLICATIVA	5
Decreto-Lei n.º 522/85, de 31.12.	7
Decreto-Lei n.º 122-A/86, de 30.05.	9
Decreto-Lei n.º 436/86, de 31.12.	11
Decreto-Lei n.º 81/87, de 20.02.	13
Decreto-Lei n.º 394/87, de 31.12.	15
Decreto-Lei n.º 122/92, de 02.07.	17
Decreto-Lei n.º 18/93, de 23.01.	19
Decreto-Lei n.º 358/93, de 14.10.	21
Decreto-Lei n.º 130/94, de 19.05.	23
Decreto-Lei n.º 3/96, de 25.01.	27
Decreto-Lei n.º 68/97, de 03.04.	29

CAPÍTULO I – DO ÂMBITO DO SEGURO OBRIGATÓRIO

Artigo 1.º (Da obrigação de segurar)	31
Artigo 2.º (Sujeitos da obrigação de seguro)	57
Artigo 3.º (Sujeitos isentos da obrigação de segurar)	67
Artigo 4.º (Âmbito territorial do seguro)	71
Artigo 5.º (Âmbito de cobertura)	73
Artigo 6.º (Capital seguro)	77
Artigo 7.º (Exclusões)	85
Artigo 8.º (Pessoas cuja responsabilidade é garantida)	105
Artigo 9.º (Seguro de provas desportivas)	109

CAPÍTULO II – DO CONTRATO DE SEGURO E DA PROVA

Artigo 10.º (Contratação do seguro automóvel)	113
Artigo 11.º (Condições especiais de aceitação dos contratos)	149
Artigo 12.º (Pagamento do prémio)	151
Artigo 13.º (Alienação de veículo)	157
Artigo 14.º (Oponibilidade de excepções aos lesados)	161
Artigo 15.º (Pluralidade de seguros)	163
Artigo 16.º (Insuficiência do capital)	165
Artigo 17.º (Indemnizações sob a forma de renda)	167
Artigo 18.º (Acidentes de viação e de trabalho)	171
Artigo 19.º (Direito de regresso da seguradora)	205
Artigo 20.º (Prova do seguro)	239

CAPÍTULO III – DO FUNDO DE GARANTIA AUTOMÓVEL

SECÇÃO I – *Disposições gerais*
Artigo 21.º (Âmbito do Fundo) 253
Artigo 22.º (Enquadramento do Fundo) 259

SECÇÃO II – *Do funcionamento*
Artigo 23.º (Indemnizações do Fundo) 277
Artigo 24.º (Exclusões) 279
Artigo 25.º (Sub-rogação do Fundo) 281
Artigo 26.º (Reembolso do Fundo ao Gabinete Português de Carta Verde e outros reembolsos entre Fundos de Garantia) 283

SECÇÃO III – *Do financiamento*
Artigo 27.º (Receitas e despesas do Fundo) 287
Artigo 28.º (Recursos financeiros do Fundo) 291

CAPÍTULO IV – DAS NORMAS PROCESSUAIS

Artigo 29.º (Legitimidade das partes e outras regras) 293

CAPÍTULO V – FISCALIZAÇÃO E PENALIDADES

Artigo 30.º (Interdição e licenciamento para circulação) 309
Artigo 31.º (Meios de controle) 337
Artigo 32.º (Apreensão de veículo) 363
Artigo 33.º (Entidades fiscalizadoras) 373
Artigo 34.º (Contra-ordenação) 379
Artigo 35.º (Documentos autênticos) 381

CAPÍTULO VI – DISPOSIÇÕES FINAIS

Artigo 36.º (Inspecção de veículos) 387
Artigo 37.º (Sanções aplicáveis às seguradoras) 403
Artigo 38.º (Fundo de Garantia Automóvel) 411
Artigo 39.º (Regulamentação) 415
Artigo 40.º (Norma revogatória) 417
Artigo 41.º (Entrada em vigor) 419

LEGISLAÇÃO COMUNITÁRIA

Segunda Directiva do Conselho, de 30 de Dezembro de 1983 (84/5/CEE) 423
Terceira Directiva do Conselho, de 14 de Maio de 1990 (90/232/CEE) 429
Decisão da Comissão, de 30 de Maio de 1991 (91/323/CEE) 435
Decisão da Comissão, de 21 de Dezembro de 1992 (93/43/CEE) 451

ÍNDICE DE LEGISLAÇÃO COMPLEMENTAR 455

ÍNDICE GERAL 459

NOTA DO AUTOR

*Já depois de estar impresso esta obra, foi publicado o **Decreto-Lei n.º 249/99, de 7 de Julho**, que alterou o **Decreto-Lei n.º 446/85, de 25 de Outubro**, que estabelece o regime jurídico das cláusulas contratuais gerais, que vai em anotação ao artigo 10.º.*

Sugere-se que o respectivo texto seja alterado nos locais próprios, conforme consta deste anexo.

Alterações ao Decreto-Lei n.º 446/85, de 25 de Outubro

Artigo 1.º (Âmbito de aplicação)
1. *(...)*
2. O presente diploma aplica-se igualmente às cláusulas inseridas em contratos individualizados, mas cujo conteúdo previamente elaborado o destinatário não pode influenciar.
3. *(Anterior n.º 2)*.

Redacção do art. 1.º do Dec.-Lei n.º 249/99, de 7 de Julho

Artigo 11.º (...)
1. *(...)*
2. *(...)*
3. O disposto no número anterior não se aplica no âmbito das acções inibitórias.

Redacção do art. 1.º do Dec.-Lei n.º 249/99, de 7 de Julho

Artigo 23.º (Direito aplicável)
1. Independentemente da lei escolhida pelas partes para regular o contrato, as normas desta secção aplicam-se sempre que o mesmo apresente uma conexão estreita com o território português.
2. No caso de o contrato apresentar uma conexão estreita com o território de outro Estado membro da Comunidade Europeia aplicam-se as disposições correspondentes desse país na medida em que este determine a sua aplicação.

Redacção do art. 1.º do Dec.-Lei n.º 249/99, de 7 de Julho